中国医师协会－北京大学
患者安全与医患关系研究中心 论丛

U0803014

医事法里程碑判例

Landmark Cases in Medical Law

原　著　乔纳森·赫林
　　　　杰西·沃尔
主　译　王　岳

译者名单（以姓氏汉语拼音为序）

常　伟　贺婉容　黄　翠　顾晴晴
郭志鹏　李若男　梁　洪　林传培
马庆华　马燕军　倪秉泽　潘叙如
孙　言　王江颖　王均强　王羽琪
王　岳　魏　佳　魏　玮　肖少鸣
杨健一　杨俏寒　姚秋琦　张东锐
张思源

北京大学医学出版社

YISHIFA LICHENGBEI PANLI

图书在版编目（CIP）数据

医事法里程碑判例 /（英）乔纳森 · 赫林 (Jonathan Herring) ,（英）杰西 · 沃尔 (Jesse Wall) 原著 ; 王岳主译 . – 北京 : 北京大学医学出版社 , 2020.8

书名原文 : Landmark Cases in Medical Law
ISBN 978-7-5659-1840-7

Ⅰ . ①英… Ⅱ . ①乔… ②杰… ③王… Ⅲ . ①卫生法—判例—英国 Ⅳ . ① D956.121.6

中国版本图书馆 CIP 数据核字 (2018) 第 171045 号

北京市版权局著作权合同登记号：图字：01-2017-5349

医事法里程碑判例

主　　译：王　岳
出版发行：北京大学医学出版社
地　　址：（100083）北京市海淀区学院路 38 号　北京大学医学部院内
电　　话：发行部 010-82802230；图书邮购 010-82802495
网　　址：http：//www.pumpress.com.cn
E – mail：booksale@bjmu.edu.cn
印　　刷：中煤（北京）印务有限公司
经　　销：新华书店
责任编辑：刘　燕　**责任校对**：靳新强　**责任印制**：李　啸
开　　本：710 mm × 1000 mm　1/16　**印张**：25.75　**字数**：345 千字
版　　次：2020 年 8 月第 1 版　2020 年 8 月第 1 次印刷
书　　号：ISBN 978-7-5659-1840-7
定　　价：120.00 元

关于本书

哈特出版社出版的“里程碑判例系列丛书”汇聚了医事法领域的相关专家。他们共同讨论了医事法中的经典判例。这些判例或是为医事法指明了新的方向，阐明了法律的重要发展地位；或是标示出法律未来可能的发展模式。通过探究这些判例的社会和历史背景，我们能更好地理解影响医事法发展的因素。本书就医事法对社会的变化进行了深刻的解读，并阐述了法律与社会的相互作用以及对个人、疾病和医学专家的影响。

将本书献给皮特·斯凯格 (Peter Skegg) 教授

原著者名单

Charles Foster is a Fellow of Green Templeton College, University of Oxford.

Marie Fox is a Professor of Socio-legal Studies at the University of Birmingham.

Imogen Goold is a Fellow in Law at St Anne's College, University of Oxford.

Kate Greasley is a Junior Research Fellow at University College, University of Oxford.

Sarah Green is a Fellow in Law at St Hilda's College, University of Oxford.

Jonathan Herring is a Professor of Law at the University of Oxford.

Laura Hoyano is a Fellow in Law at Wadham College, University of Oxford.

Kirsty Keywood is a Senior Lecturer at the University of Manchester.

José Miola is a Professor of Medical Law at the University of Leicester.

Kirsty Moreton is a PhD candidate and Postgraduate Teaching Assistant at Birmingham University.

Shaun D Pattinson is Professor of Medical Law and Ethics at Durham University.

Genevra Richardson is a Professor of Law at King's College

London.

Loane Skene is Professor of Law at the University of Melbourne.

Mark Taylor is a Senior Lecturer at the University of Sheffi eld.

Jesse Wall is a Lecturer at the University of Otago.

译者前言

呈现在读者面前的《医事法里程碑判例》是医事法领域一部非常优秀的作品，主编是乔纳森·赫林（Jonathan Herring）和杰西·沃尔（Jesse Wall）。

赫林教授在牛津大学获得了法学学士学位和民法学学士学位。他拥有律师资格，曾经是剑桥大学纽霍学院（New Hall）的法学教员和教学主管，并且曾是牛津大学基督教会学院（Christ Church College）的法学讲师。1999 年以来，赫林一直在埃克塞特大学（Exeter College）任教。除了本书之外，他还著有《医事法和伦理学：伟大的辩论》（*Medical Law and Ethics: Great Debates*）（2018 第 2 版）以及《刑法》（*Criminal Law*）（2018 第 8 版）等著作。

沃尔博士在法理学方面颇有钻研。他的著作涉及财产法、侵权法、身体权、自主决定权和个人身份等领域。沃尔博士曾任牛津大学默顿学院（Merton College）法律讲师和初级研究员，目前在奥塔哥大学（University of Otago）任教。他现在主要教授法理学、刑法学和医事法学，是生命伦理学和卫生法硕士学院的召集人。

医事法（medical law）是调整医疗法律行为规范的总称。医事法学则是专门研究和探讨与医疗事务相关法律体系、法律理论和法律制度的学科。由于法学是一门与实践紧密相连的学科，法律规则的建立与社会实践息息相关，因此，在学习医事法时进行判例研习是非常必要的。法学判例研习实际上也是一种历史回顾性研究，通过回顾、分析与展望，为未来政策与立法提供智库决策建议。这应当成为今后医事法研究的一个重要维度。本人自 2019 年开始在北京大学医学人文学院开始招收“医药政策与法制史”方向的博士研究生，就是希望开辟一条医事法研究的新路径和新方法，以期加强医学人文学科群的互动与融合。但我国医事法学的研究尚处于起步阶段，各项制度和体系还不甚健全，相关的典型司法判例也很少，这给初学者的学习带来了困难。2011 年我与邓虹教授等同道共同出版的《外国医事法研究》介绍了部分外国医事法领域典型判例，还着重介绍了国外知情同意书的格式和特点。但是，毕竟《外国医事法研究》是国内学者视角下的医事法，缺乏全局性和系统性。好在国外学者早已经有了比较成熟的研究成果。他山之石，可以攻玉。因此，我们选取了赫林教授和沃尔博士的《医事法里程碑判例》进行翻译。相信本书中的经典判例可以帮助我们开拓学习视野，启迪法律思维。

本书中判例反映的皆是医事法领域颇具争议性的话题，如安乐死合法化以及医疗数据合理使用的问题。这些问题目前仍被学界和立法界广泛地讨论。本书作者以判例的形式为我们思考这些问题提供了新的思路。

1. 安乐死合法化的争论

在本书第五章，作者讨论了安乐死。尽管安乐死的话题在哲学家、医学家、法学家以及社会大众中得到了广泛的辩论，但安乐死至今在世界上绝大部分国家仍属于法律禁区。本书作者就介绍了一起这样的判例。患者托尼·布兰德（Tony Bland）是利物浦足球队的球迷。在 1989 年 4 月 15 日的一场足球迷骚乱中，他因受到人群挤压胸部受伤后成为植物人。在接下来的四年中，他一直依靠人工喂食管和抗生素维持生命。1992 年 11 月 19 日，英国高等法院家事法院判决陷入持续性植物状态的布兰德有权利死亡。医师可以拔除维持其生命的人工喂食管，并停止提供防止感染的抗生素，让他在无痛苦状态下“在最大的尊严和最少的痛苦中平静地死去”。上诉法院也在同年 12 月 19 日维持原判决。医学界与法学界对此判决十分雀跃，认为此举符合人道及人权。家事法院院长史蒂芬 · 布朗（Stephen Brown）说：“布兰德在足球场被挤压后，已陷入持续性植物状态，不可能再恢复清醒。对其父母而言，他已不在人世。”所以医师可以切断一切治疗，包括呼吸器、营养、水和其他治疗手段。布朗提到，“布兰德将因缺乏食物，在 10~14 天内死去”。布兰德的主治医师表示：“布兰德在停止治疗后，在两个星期内将毫无痛苦地死去。”

这样的判决对布兰德而言是一种解脱。主治医师同意法官所言，“布兰德是医疗科技的囚犯，因为如果没有医疗专家，布兰德就不可能生存”，因此，“那些对法院裁决感到震惊的人应该来看看他，他们就不会感到如此惊恐，而坚持让他活下去。”但反对团体则从医师应通过人工喂食管供给食物，即医师有维持布兰德生命的义务的角度，坚持上诉至上议院，并以一种合法、正当和民主的方式力争到底。1993 年 5 月（当时布兰德 17 岁），上议院最终裁决：同意布兰德的医师对其实施尊严死。上议院的裁决表示基于患者自主决定权的尊严死是合法行为，但缺少自主决定权的尊严死仍为非法行为。综观判决的理论基础，主要在尊重患者的自主决定权上。而在植物人状态患者的意思探求上，则采用美国代行判断之法理，医师与法官相互之间也会从患者的最佳利益方面考量。本案判决确定后引起了各界的争议。

在第十三章，作者介绍了另一个有关协助安乐死的判例。就生命末期患者而言，虽然长期以来传统医学伦理都禁止医师任何有意地杀死患者，或者帮助患者自杀的行为，但基于患者自主决定权的行使，对于有极度疼痛，处于临终状态，已无生存尊严，更谈不上生命质量的生命末期患者而言，如果他们行使自主决定权，选择提前结束生命，医师或亲属能否不顾传统伦理，协助患者结束他们的生命呢？这是一个值得深思的问题。黛安 · 普莉提（Diane Pretty）是一位 43 岁的女性，颈部以下出现瘫痪，存在运动功能麻痹、语言功能和吞咽功能不良，于 1991 年被确诊罹患运动神经元疾病。医师认为她只剩下数星期至数月的生命。她感到极为痛苦，认为生命毫无尊严，希望能掌握自己的生命，在无痛苦、有尊严中死去。她请求检察官协助她死亡，但遭到了拒绝。她认为检察官违反了 2000 年施行的英国《人权法案》，便向法院请求判决她有权死亡。这是英国第一例神志完全清醒的患者申请终止其维持生命的治疗。上诉法院在 2001 年 10 月 18 日判决，认为《人权法案》虽然保护个人权利和个人尊严，但驳回了普莉提求死的请求。上议院也于同年 11 月 29 日做出了维持上诉法院的判决。普莉提的要求和英国法院的判决再次引起有关安乐死的大讨论。判决败诉后隔年普莉提只好在丈夫的帮助下坐在轮椅上向斯特拉斯堡的欧洲人权法院提出申诉，请求推翻英国上议院的裁决，准许她在丈夫的协助下有尊严、安静地死去。然而，在 2002 年 4 月 19 日的判决中，欧洲人权法院驳回了她的申诉，并做出禁止任何人协助其实施安乐死的最终裁决。普莉提遭受败诉挫折后，于当年 5 月 11 日去世。

受这些案件的影响，2004 年 12 月 15 日英国下议院以 297 票对 203 票的结果终于通过了一项涉及安乐死问题的法案。这一法案使目前不敢公开讨论的安乐死行为合法化。该法案被称作《心智能力法》（Mental Capacity Bill）。法案中明确法律认可每个人都有权决定是否接受治疗，除非他被证明丧失了判断能力。在患者丧失了判断能力的情况下，这项法案允许第三者代理做出决定。在一定程度上，这些有着广泛社会影响的案件推动了立法的进程。

2. 医疗数据合理使用的问题

本书第九章谈到了医疗数据与隐私保护的问题。确实，随着医疗行业信息化的发展，医疗数据的数量呈现井喷之势，给医学的发展带来了新的机遇。然而，随着越来越多个人信息的聚集、局域网电子病历数据库的共享以及各大数据库的关联等，个人数据的使用和共享也给医疗隐私保护带来了风险，影响了医学大数据的健康发展，主要表现如下。

第一，数据的分享增加了医疗隐私泄露的风险。以个体化医疗为例，个体化医疗意味着更全面地搜集每一位患者的大量信息，在共享的基础上通过综合分析，制订出适合每一位患者独特的、最佳的治疗和预防方案。但是，当人们的诊疗信息和其他相关的健康保健信息能够在不同的医疗、卫生、保险、科研机构以及医药企业等实现共享时，医疗隐私泄露的风险也大大增加了。数据共享与隐私风险就如同一枚硬币的两面一样互相共存。

第二，数据的挖掘对医疗隐私的保护造成更大的威胁。大数据的价值更多地源于对它的二次利用。在数据的利用过程中，通过挖掘，可能导致从原本看似不相关的数据中发现个人隐私：有的数据表面上不是个人数据，但经由大数据处理之后就可以追溯到个人；有的数据不是敏感信息，但对个人的一些属性信息进行组合，在背景知识或其他外部信息的帮助下可识别出个体敏感信息。这种二次利用涉及的隐私问题是对医疗隐私保护的更大威胁，因为在数据搜集时可以通过主体的知情同意来实现个人隐私的保护。但在进行数据挖掘时，这种知情同意很难实现，即使是在主体授权下使用个人数据，有时也不能保证知情同意语境的完整性。

第三，医疗隐私泄露的风险和医疗隐私保护的困难引发了人们的隐私焦虑，从而使人们不愿意提供真实数据，影响了数据加工服务的有效性。患者的病历信息通常具有极高的敏感性和隐私性，一旦泄露，将对患者造成极大的影响。个人隐私信息的泄露也引发了部分患者的忧虑和恐慌。他们担心自己的隐私数据难以得到保护。这种担心和忧虑进一步导致患者在提供个人数据时不愿意提供真实数据，特别是隐私信息，从而影响到医学数据挖掘分析的有效性。这是因为数据分析和输出结果的可信度在很大程度上取决于收集数据质量的高低。患者不愿意提供真实数据的行为使患者个人信息的真实性和准确性大大降低，医疗数据也就失去了在医学领域的实际价值。如果没有很好的策略解决患者个人隐私信息的保护问题，将对医疗行业信息化的发展和医学大数据的整合利用造成不良影响。

作者向我们介绍了 R 诉卫生署以及单方面源信息技术有限公司案（R v Department of Health, ex parte Source Informatics Ltd）。从本案的判决中，我们了解到了欧洲国家对于医疗数据收集和使用时的审慎态度。本案的意义在于明确了医疗机构及其他商业机构在使用数据前需要寻求数据主体以获得明确的事先同意。并且，有时在使用匿名数据之前也应该征得患者的同意。本案法官强调，需要尊重个人自主决定权，并善意使用信息。在医疗数据合理使用这一问题中，体现出了科技与法律之间的矛盾关系。本人认为，当将医疗科技用于为人类服务，嘉惠人类的全面发展时，创新的科技就是珍贵的资源，但应将医疗科技的发展控制在社会能够承受的道德底线之内。既然科技是由人类所创造的并服务于人类，那么其用途便应受制于人类和人类的道德价值。

就本人的体会而言，本书简洁却细致，深入又浅出，冷静而深刻。本书中的 NHS 指国家医疗服务体系（National Health Service）。为了让读者获得阅读上的愉悦，译者对译稿进行了再三的校读与修订。特别要感谢我的学生——中国政法大学法学院的李若男同学、北京大学法学院的常伟同学和王均强法官在书稿翻译和审校中的付出。存在不当之处或者错误总是在所难免的，请各位读者朋友不吝赐教。最后，请对这个领域感兴趣的您拿起它，读下去，相信必有收获。

王　岳　法学博士，教授，博士生导师

北京大学医学人文学院　逸夫楼

2020 年 2 月 14 日

目　录

导　言
Introduction

乔纳森·赫林（Jonathan Hering）和杰西·沃尔（Jesse Wall）

与其他学科相比，医事法是近些年才在学术界兴起的。正如两位顶尖的医事法律师所言："在1980年之前的法律报告中，描述医师的民事责任或者法律该如何应对医学伦理争议性问题的判例少之又少，仅用一只手就能数得过来。"[1]

现在的情况大不相同了。当今的名牌大学所设的法律课程中必然要包含一门医事法或卫生法。现在这一学科非常热门。相应地，涌现出了大量医事法教材、专题著作和期刊。各高校也培养出了众多医事法或卫生法学硕士。从婴儿一样的初创阶段，发展到今日的建立了众多成熟完备的法律院校，医事法进步飞速。现在正是回首医事法发展之路上诸多里程碑事件的黄金时点。这就是本书所要讨论的内容。

关于医事法的研究范畴，学界有过激烈的争论，也许这是医事法走向成熟的一个标志。最明显的一个争论点便是我们应该称其为"医事法"（medical law）还是"卫生法"（health law）。如何准确地界定医事法的研究范畴和研究重点一直是一个充满争议的话题。有人诟病长期以来这一学科忽略了对公共卫生法（public health law）的思考[2]，也忽略了非专业医疗护理人员所扮演的角色[3]。其他人则抱怨只关注医师所面临的问题，而对其他医疗专业人员的问题不够重视[4]。

当然，我们喜欢把判例和研究人为地放置在一个“学术盒子”里。比如，对于一例关于“同意两性关系的心智能力”的判例，称其为刑法判例、家庭法判例还是医事法判例，一切取决于个人偏好。此外，一些更广泛的争论探讨的是这些问题该如何被呈现出来。这些被医事法律师（medical lawyers）谈论的问题经常出现在媒体上，而且这些都是全社会需要面对的意义深远的问题：在资源有限的条件下医疗服务的配给、胎儿的伦理地位以及生命权等。政治学、社会学、“同性恋研究”（queer studies）、哲学、医学伦理学和女权主义都可以用来阐释上述问题。此外，也可以将其他学科视角添加到其中来。

在本书中，我们并不力求解决这些争论。我们所要关注的，是出现在医事法这个相对短暂的历史框架内，对医事法律师而言具有里程碑意义的关键判例。肯定有些读者会对本书选择的判例产生怀疑，并诧异为什么某些判例被忽略了。也许时间会告诉我们，与单纯地讲述奠定了该学科发展基础的判例相比，本书选取的判例是否能反映更多的现代生活中的问题。

1. 概况内容及范围[5]

接下来的章节将讨论一些影响深远、具有权威性的判例。它们决定了医事法的基本轮廓。这些里程碑判例指导我们去审视整个医事法学界的概貌。与此同时，这些判例也说明了法律如何管理医疗卫生供给。本书的所有判例都是名副其实、值得肯定的重要事件。有三大主题贯穿全书：一些作者告诫，这些里程碑判例需要在现有法律界概况的背景下加以解释；另一些作者质疑这些判例是否符合根本性的道德标准；同时，其他作者把这些判例作为界定已有的法律和悬而未决的法律问题的界限。在导言部分，我们将以此三大主题为线索，提供一个全书的宏观概述。

A. 里程碑判例与法律界现状概览

本书的一大主题是作者希望以现行法律为背景来认真研读每一个里程碑判例。一些判例需要人们对它们展现的内容认真地进行理解；还有一些判例也许需要被修正（甚至是被更改或颠覆），以使其与最新的判例或者法律原则相适应。

马克·泰勒（Mark Taylor）希望我们抵制诱惑，不要认为“源信息技术公司案”[6]（Source Informatics）允许人们将其持有的私人匿名信息透露给第三方。泰勒担心这样的态度会“淡化数据匿名化及其后续使用对个人的影响”[7]。而且，在对“保密”这项常见法律义务的研究中，泰勒解释了应该合理地运用法律，以保护信息匿名化与保密之间的关系。这两项都理应受到法律的保护。虽然该判决有助于确立在建立起个人信息保护方面的范围和性质，但是泰勒的研究表明该判例也许会提供一种禁止个人信息的不正当使用的方式。也正因为如此，该里程碑案件才值得我们认真思考。

何塞·米奥拉（José Miola）对博勒姆（Bolam）案[8]的解释给我们如何看待里程碑判例或新型案件提供了一个警示性的讲述视角。它相当客观地回顾了那些影响深远的里程碑判例。米奥拉解释说，医务人员运用“满足医疗过失的要件需要司法机关人员具备某种特殊技能”，其后续“描述性”理解已然否认了“法院监督医疗行为的权力”。并且，他把博勒姆案的影响拓展到“预期的界限之外，并且在医事法中无处不在”。“司法态度”的改变对博勒姆案中的护理标准提供了另一种“规范”的解释。这在一定程度上把博勒姆案修正到了“适当的范围里”。正如米奥拉解释的那样，许多医事法理论正是通过“博勒姆化”和“去博勒姆化”形成的。因此，博勒姆案不是一个确立法律的静态判决，而是已成为用于扩大或缩小司法机关在确定过失时司法权力的动态判例。

肖恩·帕丁森（Shaun Pattinson）认为，伯克（Burke）诉讼案[9]的

“真正意义”不在于它做了什么，而在于它没做什么。鉴于马柏法官（Munby J）在一审中“试图认定患者有合法权利获得延续生命治疗的情况”，上诉法院错过了正确识别[10]潜在弱势患者这一权利的机会。虽然伯克案仍然是“影响深远并且独一无二”的权威判例，它强调了患者对持续性人工营养物质和人工水分的需求，但是帕丁森认为，该判决应该在随后出现的判例法背景下进行理解。这些判例法“体现了给予以往那些无行为能力的患者更多自主决定权的愿望”。在伯克诉讼案中，不愿意接受治疗的权利堪称一个里程碑。我们应该从法律如何从实现患者先前表达的愿望的角度来看待这个判例。在帕丁森的分析中，如果从最近的判例来看，伯克案可能就没有那么重要了。

萨拉·格林（Sarah Green）对加斯特诉阿夫沙尔（Chester v Afshar）[11]案的分析说明了这一具有里程碑意义的判例为何不能适用于其他法律情形。根据格林的观点，加斯特既不符合传统的因果原则，也没有合理地参照这些原则之外的特例。上议院的大多数人违背了“外科医师有警告患者手术相关的风险的义务与责任”这一常规原则。正如格林解释的，“这些说法都不足以支持与既定因果关系原则发生根本性偏离的做法”。相反，在诸如加斯特（Chester）案的情况下，“由于可能发生的事情完全独立于‘被告’的行动”，被告“不应该对这种可能出现的结果负责”。格林认为加斯特案制造了“恶法”，并且“事实上这意味着它是一个里程碑，不过我们只能希望它的影响少一些”。

B. 里程碑判例与道德伦理

有些章节更关心法律是如何做到与基本伦理问题一致的。对于一些里程碑判例而言，在法律和伦理之间存在一个鸿沟。而对于其他判例而言，法律与潜在的伦理假设之间也有重要的联系。

乔纳森·赫林对 Re B 判例[12]的解释反驳了“该案件是进步的象

征”这一观点。法院反对父母认为残疾儿童最好的归宿就是结束生命这一观念。虽然这一做法十分正确，但是赫林证明了判决中的推理“揭示了许多歧视残疾人的态度”。此外，赫林认为，后来的判例法、法律条文和评注仍强调“能力强的人与残疾人之间的巨大不同”，并且继续倡导“没有‘残疾’的世界将是更加美好的”这一观念。与此相反，赫林认为“残疾是人类固有的，而不是人类的可憎产物”。因此，尽管赫林同意 Re B 案件的结果，但他依然认为，关于残疾人的基本假设是有误导性的，并影响着医事法领域。

玛丽·福克斯（Marie Fox）和柯蒂斯·莫里顿（Kirsty Moreton）对 Re MB 案件[13]以及圣·乔治医疗中心 NHS 信托（St George's Healthcare NHS Trust）[14]案的评论质疑了这些判决的价值观——“着眼于文字层面而非实践层面”。虽然“它们的关键贡献在于通过保障有决策能力的成年孕妇拒绝任何医学治疗的权利，肯定了自我决策和尊重身体完整性的核心价值”，但这两个判例的逻辑都承认孕妇承担了某种附加的“个人责任”。从“体现伦理关怀的有利原则”[15]来看，福克斯和莫里顿强调了“对女性身体多重解释”的需要，即“错综复杂的意识形态根植于物质上的利他主义概念和牺牲概念”。他们建议，虽然“怀孕的女性确实有照顾即将出生的胎儿的道德义务”，但同样重要的是，法律也应该避免要求怀孕女性屈从于某些医疗干预来强制执行这一义务，而这些医疗干预是她不想要的。里程碑判例提供了一个“表面上看来明确了女性自主权的立场”，但是在理解和建设伦理问题的方式上目前仍需要改变。

通过查尔斯·福斯特（Charles Foster）对布兰德（Bland）案[16]的分析，让我们研究了允许安东尼·布兰德（Anthony Bland）死亡的判决所占的比例。在对每个判决进行仔细解读后，福斯特确定了八种成分（伦理的、形而上学的和法律的），其特征在每一判决中都有不同程度的体现。对福斯特来说，该判决“在事实方面是正确的，并且它没有像有人担心的那样会损害生命的神圣性”。该判例也因“严肃考量了道德伦理”而被称赞。从该判决的各种伦理、形而上学和法律维度看，福斯特暗示了布兰德案为何可被看作一个具有里程碑意义的判例，因为它“尝试映射出医学法律和医学伦理之间的界限”。福斯特赞扬了布兰德案中伦理分析的深度，本节下一个将要讨论的判例正是由于伦理分析的缺失产生的问题。

这本书中年代最久远的判例是伍德沃德诉斯彭斯案（Doodeward v Spence）[17]。罗恩·斯基恩（Loane Skene）在分析该判例时，解释了该如何保留这一判决某些方面的效力，并且被用于应对当代问题。因此，她认为有一条法则在审判中未被应用，即人类的身体不能等同于财产，除非其身体受到某项“劳动或技能”（work and skill）的改变。然而，“劳动或技能”特例已经发展为一种通过发挥才干而生成财产权的方式，特别是澳大利亚的法律对这一点的体现尤为明显。值得注意的是，后续的判例法主要涉及的是当事人希望在辅助生殖中使用的生殖材料。对于判决伍德沃德判例的法官而言，使用这种材料是不可想象的。这项 1908 年的判决仍然被用于处理不同情况下的人体组织纠纷，这反映了议会不愿意在这个极具争议和麻烦的领域进行立法。实际上，值得注意的是，在英国，法律主要将该许可职能委托于一个非政府组织——“人类受精和胚胎管理中心”（Human Fertilisation and Embryology Authority），使其能对技术进步和不断变化的社会实践做出回应，从而避免立法机关卷入颇具争议的问题中。

在她的姊妹篇中，斯基恩认真探究了解决伍德沃德案遗产的一个具体判例，即耶尔沃兹等诉北布里斯托 NHS 信托案（Yearworth and others v North Bristol NHS Trust）[18]。斯基恩指出，虽然大多数人认为，对于男性，如果其存储的精子因医院的疏忽大意而毁坏，则其有权获得损害赔偿，但是其论据本质上是“实用主义的”。耶尔沃兹案揭示的主要问题是伍德沃德案推理过程中道德基础的缺失。因此，这两种情况可以显现出探索医事法与伦理学之间复杂相互作用的重要性。如果伍德沃德案包含了对非财产规则的详尽解释，那么法庭在耶尔沃兹案中的任务将容易得多。这可以解释为什么该原则不适用于本案件，甚至社会和技术的变化都要求重新审视这项原则。然而，非财产规则在伍德沃德案中仅以未经论证的重要法条出现，因此，法院不得不依靠技术法律工具（委托法）来得出看似正确的结论。

杰西·沃尔对 ex parte B 案[19]的分析解释了为什么医事法在很大程度上会认同政府当局对医疗卫生资源的分配。这是因为如果判决要求对该案件中的治疗进行资助，则涉及高度的多中心体制，需要对相互竞争的医疗效果进行评估，并根据一般法定义务而制定，不资助治疗的判决只属于“理性软约束”。沃尔表示，这种资源分配决策的法律途径应基于一种伦理假设，即医疗资源的分配应该是为了使所有患者的寿命和生活质量达到最大化。对于沃尔来说，在医疗资源分配的法律格局与如何分配医疗资源的道德维度之间存在重要的联系。

R（适用于波迪案件）诉检察官案（Director of Public Prosecutions）[20]可以看作关于安乐死争论的拐点判例。凯特·格雷斯利（Kate Greasley）认为，在该判决之后，安乐死的法律问题之争总是建立在“禁止安乐死违反了一项基本人权”这一前提下。这个判例的一个重要特征是体现了人权在分析和推理中所起的作用。正如她引用的结语所表明的，许多人认为该判例中的人权是争论的起点。如果选择死亡的权利是起点，那么反对安乐死的人就必须提供反对的理由。这与法院缺少基于权利分析的做法恰恰相反，即杀害或协助另一人的自杀属于刑事犯罪。如果要对其进行去刑罪化，是需要理由的。

格雷斯利的分析揭示，安乐死争论的核心是关于重大原则的争论。若将之过度简化，则有时体现为自主权与生命的神圣性之争。但在判例法中，特别是波迪案中，个人的悲剧和抗争的故事也混杂其中。实际上，格雷斯利认为黛比·波迪（Debbie Purdy）是值得赞赏的，因为她推动法院提供了一种满足她以及与其情况类似者的需求的办法。法律在寻找解决办法时的创造力反映了对这些个体不幸地位的认同。事实上，一旦判例被认为属于《欧洲人权公约》（European Convention on Human Rights，ECHR）第8条范围内，法院就必须解释该权利每一项限制的合理性。皇家检察院（Crown Prosecution Service）的指导成为诉讼的焦点。这不是因为它给波迪提供了解决方案，而是因为它最容易受到法律的挑战。它之所以容易受到挑战，是因为它未能为第8条权利打造一个足够独特适合的例外判例。有趣的是，在诉讼成功之后，据报道波迪已经提出了一些安乐死的计划。[21] 正如格雷斯利所言，波迪案之后争论的法律结构反映在公众对安乐死的争论中。在随后的争论中，生命神圣性的理念被顾及得越来越少。在格雷斯利看来，"将有一场关于人从安乐死中的获益与开放安乐死所带来消极影响的权衡问题论战"。在施行安乐死的领域，其法律和道德环境至少在某种程度上已经融合了。

C. 里程碑判例及面临的问题概况 [22]

里程碑判例是法律已取得成就以及仍需要法律来解决问题的重要标志。正如一些作者所阐释的，除了里程碑事件的发展外，仍然有一些法律问题亟需解决。

吉纳弗拉·理查德森（Genevra Richardson）对伯恩伍德案（Bournewood）[23] 的解释强调了一个"影响高度脆弱的巨大患者群体"的重要问题，该问题"在15年后仍未完全解决"。正如理查德森解释的那样，伯恩伍德案的判决"密切关注了精神障碍者有关法律规定的明显差异"。这种差异产生于1983年《精神卫生法》（Mental Health Act，MHA）规定的"在没有患者同意的情况下实施医院拘留和治疗"以及"为绝大多数精神障碍患者提供非正式的护理和治疗"之间存在的法律效力差异。这反映了心智无行为能力（mental incapacity）

与精神残疾（mental disability）之间的重要区别。理查德森解释说，2005年《心智能力法》（Mental Capacity Act）中“剥夺自由保障制度”（Deprivation of Liberty Safeguards，DoLS）的实施，正是一种对伯恩伍德案法律缺陷的回应。然而，据理查德森说，在管理精神障碍（mental disorder）的法律原则与管理心智无行为能力（mental incapacity）的法律原则之间存在着“潜在的紧张关系”，《联合国残疾人权利公约》（UN Convention of the Rights of Persons with Disabilities）对“剥夺自由保障制度”与《精神卫生法》的影响也有疑问。

伊默金·戈尔德（Imogen Goold）认为，A、B、C诉爱尔兰案（A，B and C v Ireland）[24]在某种程度上是一座“逆里程碑”。戈尔德解释说，欧洲人权法院的判决具有“不可争辩的重大影响”。由于它明确指出，在允许堕胎的情况下，有关立法机关必须制定明确的法案，规定何时堕胎是合法的或不合法的。最终结果是，“应制定明确的法律，以规定女性在生命受到威胁时可实施堕胎”。然而，戈尔德也仔细地从两个角度解释了为什么说该案采用了保守主义的判决：“爱尔兰的堕胎立场在本质上没有变化”，以及该判例“对欧洲司法没有重大影响”。正是因为欧洲法院允许“爱尔兰的广泛自由裁量权”，以至于它“不那么倾向于阻止干预合法权利的行使”[25]。允许戈尔德对A、B、C案的解释说明了欧洲尚有一系列未被解决的实质性法律问题。

在柯蒂斯·凯伍德（Kirsty Keywood）关于Re B（未成年人）（监护：绝育）[26]的章节中，她探讨了“最佳利益”概念以及对缺乏行为能力人群的态度。这种观念往往主导着法律对无法为自己做出决策人群的态度与处理方式。她指出，本案的判决考虑的是心智水平有限的、意图绝育女性的最佳利益。该判决在当年被宣布时并没有太多争议。事实上，她指出，学术评论家把关注的焦点过多地放在了法律程序和司法管辖的正确性上，而非实际结果。

凯伍德认为，在学习障碍者（learning disabilities）的绝育问题上争议越来越大。判例中未充分考虑性别因素，几乎每个判例都涉及女性。回顾该判例时，她研究了当时人们对学习障碍者性行为的态度在判决中是如何体现的。她意识到该判例发生在传统言论和传统范例存在巨大鸿沟的时代，而这些言论和范例塑造了政策对障碍患者——特别是学习障碍患者的立场。先前由家长主义主导的研究关注女性和每一个新生儿的幸福、恐惧障碍者的性行为，甚至主张优生学，但现在正在被“人权、正义和赋权”的相关研究所取代。正如凯伍德所说，在很大程度上，这种改变是基于更多地倾听学习障碍者的意愿，以及更充分地认识到社会结构的缺陷。无论如何，正如她所指出的，对这些问题的探索还没有结束。依赖、关心和脆弱的概念在当今应对残障问题时也发挥着重要作用。这些不同的应对措施将如何塑造未来的法律，现在尚不可知。不过可以肯定的是，随着法院继续发展其案件处理的方式，Re B 案的“最佳利益”分析将会显得过于狭窄。

麦克法兰诉泰赛德卫生署案[27]（McFarlane v Tayside Health Board）和坎特拿曲诉梅尔基奥尔案[28]（Cattanach v Melchior）都探讨了不当受孕的问题，即由绝育手术失误导致的意外怀孕。劳拉·霍亚诺（Laura Hoyano）对这些判决的复杂分析表明司法判决缺乏法理。正如她指出的，多数法官的意见更多地是急于避免可察觉的隐患，而不是明确界定一条道路来横跨他们眼中的那个“诡诈沼泽”。她观察到，做出该判决的法官成员都是男性，这也许部分解释了为什么意外怀孕的赔偿问题会如此棘手。

霍亚诺揭示了判例法中正义观念的冲突现象。纠正正义、分配正义和报应正义（corrective justice, distributive justice and retributive justice）都可以在各种各样的意见中识别出来。她阐述了明确建立过失法的理论基础是失败的，在这些判例法中是表露无遗的。她引用柯尔比（Kirby）法官的话，将这一领域的判决描述为“压倒性的情感法律分析”[29]。与此同时，人们也想知道对意外怀孕的困境进行情感视角的分析是否能为法庭照亮一条不同的道路。

霍亚诺注意到，“坎特拿曲诉梅尔基奥尔案发生于焦虑不安的政治氛围中，公众对医疗赔偿和公共责任保险费的大幅突然增加感到焦虑”。正如该评论所指出的，许多临床疏忽的核心问题也许是：人们怀疑公共卫生预算中的巨额支出只给了少数幸运的成功诉讼者，这明显不是公共资金的最佳使用方法。这笔资金原本可以满足许多人的医疗需求。

当有关损失的本质问题被提出时，这种怀疑就会被急剧放大。正如霍亚诺指出的，这个棘手的伦理问题很少会在法庭上公开解决。

2. 结　论

对于本书所讨论的判例，在我们大学的讲堂和图书馆，甚至在厨桌和报摊上，人们都耗用了相当多的时间和空间来探索它们。希望本书对一些医事法律和医学伦理有争议的初步探讨可以吸引读者。正如这些判例所揭示的，一些判决在当时看来是完全合乎情理的，但是在极其短暂的时间过后，人们就会发现它充满偏见。这些判决更多地是符合时代的标准，而非固守的法律原则。但是在其他判决中，我们看到为法庭所面临的复杂问题提供真正见解的一些法律原则是在不断完善的。随着支撑着社会的伦理原则转型与技术的进步，法律环境也在转变，正在开辟新的视野。毫无疑问，一些我们已经确定的判例将会消逝，一些其他判例将建立在不断发展的判例法和法律分析的基础上，成为重要的里程碑。问题在于，在现阶段很难判断下列各章讨论的各个判例将会面临怎样的命运。

（王　岳译）

注　释

1 M Brazier and N Glover, ‘Does medical law have a future ?’ in D Hayton (ed), Law’s Futures (Oxford, Hart Publishing, 2000)。

2 J Coggon, What Makes Health Public? (Cambridge, Cambridge University Press, 2013)。

3 J Herring, Caring and the Law (Oxford, Hart Publishing, 2013)。

4 V Harpwood, ‘The manipulation of medical practice’ in M Freeman (ed), Law and Medicine (Oxford, Oxford University Press 2000)。

5 译者注：该标题应该是使用了象征手法，目的是用这三个词表达卫生法律学界的概况、事实和学科边界。此处译者应用直译方法，列出了三个单词的含义。

6 译者注：这是一起判例，原文引用为 R v Department of Health ex parte Source Informatics Ltd [2000] 1 All ER 786。原书在本章节的后续部分会经常使用这种引用判例的方式，即使用判例当中的一个词作为指代。

7 译者注：原文为 underplays the impact that the anonymization and subsequent use of abstracted or transformed data might have upon individuals。

8 Bolam v Friern Hospital Management Committee [1957] 1 WLR 582。

9 Re B (a minor) (wardship: medical treatment) [1990] 3 All ER 927。

10 译者注：此处的 proper 是指“正确地”还是“适当地”，译者没有百分百的把握，但倾向于“正确地”。

11 Chester v Afshar [2004] UKHL 41。

12 Re B (a minor) (wardship: medical treatment) [1990] 3 All ER 927。

13 Re MB (an adult: medical treatment) [1997] EWCA Civ 1361。

14 St George’s Healthcare NHS Trust v S [1998] EWCA Civ 1349。

15 译者注：vantage point of an embodied ethic of care。

16 Airedale NHS Trust v Bland [1993] AC 783。

17 Doodeward v Spence (1908) 6 CLR 406。

18 Yearworth and others v North Bristol NHS Trust [2009] EWCA Civ 37。

19 译者注：原文脚注为 R v Cambridge Health Authority, ex parte B (a minor) (1995) 23 BMLR 1，这应该是涉及剑桥卫生当局的一个判例，“ex parte”意思为偏袒的、片面的、单方面的，此处由于是概述性部分，没有前后文对照，译者只好按照原文誊写了 ex parte B 判例，具体案情在正文相应部分会有详述。

20 译者注：原文脚注为 R (on the application of Purdy) v Director of Public Prosecutions [2009] UKHL 45。

21 BBC News, ‘Campaigner Debbie Purdy “stopped suicide plans”’, at: www.

bbc.co.uk/ news/uk-england-leeds-13104708。

22 译者注：此处的 horizons 原意是指“地平线”“范围”。原作者应是采用了象征手法，表达的意思是法律的学科边界和范围。上一节重点谈论的是道德伦理，这一节则侧重法律。

23 R v Bournewood Community and Mental Health NHS Trust, ex parte L [1999] 1 AC 458。

24 A, B and C v Ireland [2010] ECHR 2032。

25 译者注：这句话是个强调句，原文为 It is because the European Court afforded Ireland ‘a wide margin of appreciation’ that it was ‘less inclined to intervene to prevent interferences with qualified rights’，语义比较复杂，这里的“it”应该是指欧洲法院，但是这句话到底什么意思可能要看过具体判例后才能更清楚。

26 Re B (a minor) (wardship: sterilisation) [1988] AC 199。

27 McFarlane v Tayside Health Board [2000] 2 AC 59 (SC (HL)。

28 Cattanach v Melchior [2003] HCA 38, (2003) 215 CLR 1。

29 ibid [151]。

第一章

伍德沃德诉斯彭斯案 [1908]
Doodeward v Spence [1908]

罗恩·斯基恩（Loane Skene）

1. 导　　言

伍德沃德诉斯彭斯（Doodeward v Spence）案[1]于1908年在澳大利亚高级法院判决。然而，时至今日，它所建立的原则仍是澳大利亚人体组织财产权益获得问题的核心原则。高等法院裁定，人体组织已经被移除的人（“来源者”，originator）在该组织被移除后对其没有所有权——这一原则通常被解读为“身体组织不具有财产属性”或“你并不拥有你自己的身体”。但是，另一个人可能通过承担对该身体组织的“劳动或技能”来获得来源者所移除的身体组织的所有权[2]；或者改变它，使其具有“不同的属性”。

这一案件对澳大利亚的法律之所以有这么大的影响力，一个原因是，在伍德沃德案之前，澳大利亚高等法院从没有过关于这些问题的判例。州法院已经有了许多类似的案件（特别是本章稍后讨论的关于遗孀在丈夫死后使用其精液的案件）。但是，根据澳大利亚的法律先例原则（principles of legal precedent），州法院受到高等法院裁决的约束，而高等法院没有什么机会重新审视伍德沃德案所规定的基本法律原则。在议会干预之前，州法官受到伍德沃德案所设立的“非财产”原则约束，而且他们必须修订该原则，以便在现代情况下公正应用，因为现在的某些情况绝非是在判决伍德沃德案时能考虑到的。

另一方面，在英国，上诉法院对这些问题的考量已然比以前多得多。2009 年，在耶尔沃兹等诉北布里斯托尔 NHS 信托判例中[3]，英格兰和威尔士上诉法院全面批评了伍德沃德案中确立的“非财产原则”以及基于其他理由应用该原则的判例。但是，它并没有完全否定伍德沃德案的意义。特别是它接受了格里菲斯大法官（Griffiths CJ）在伍德沃德案中的观点（下文引用），即获得所有权可以通过使用劳动或技能获得，或也可以通过改变身体组织而使其获得“不同的属性”获得。这一原则也是 2004 年《人体组织法》（Human Tissue Act）部分条款的基础，适用于英格兰、威尔士和北爱尔兰，并涉及了技术应用[4]。

然而，在耶尔沃兹案中，上诉法院认为所有权也可能以其他方式产生，并且或许存在有利于“来源者”的权利。这意味着澳大利亚和英国的法律已经产生分歧，因为澳大利亚法院没有接受后者的提议，即来源者可以在不承担“劳动或技能”的情况下获得所有权，或组织获得“不同的属性”。自耶尔沃兹案起，在这两个具有十分相似情况的国家之间在应用分析与原则上已经不同。

2. 伍德沃德诉斯彭斯案的事实

伍德沃德案的事实载于格里菲斯大法官和希金斯法官（Higgins J）的判决书中。上诉人提出了侵占[5]与非法占有行为，并要求归还被称为“双头宝宝”（畸形婴儿）的死胎。该胎儿是 40 年前一名新西兰女性产出的死胎。母亲的医师带走了胎儿，将其置于瓶子中并使用酒精保存，把它当作一件陈设品摆在手术室。医师死后，此标本与该医师的其他个人财产被一起拍卖出售[6]。上诉人的父亲在拍卖会上以36英镑的价格购买了该瓶子和内容物，并将其展览从而获利。被告方是一名警局副警司。他曾持搜查令没收了瓶子和内容物。后来他归还了瓶子和酒精，但把胚胎留在了大学博物馆。

最高法院引用的判例涉及了有待埋葬的尸体，并规定死亡的人体不属于任何人所有，尽管有些人有义务埋葬尸体，而且可能会起诉，要求法院判令交付尸体进行埋葬，如R诉Fox案[7]。但是，如果人体被非法取走，那么它就不能成为盗窃的对象，因为它不归任何人所有。

基于这些原则，最高法院认为，尸体不能成为财产权的对象，因此，尸体不能作为返还之诉的对象，并且（根据普瑞法官）同样的原则也适用于从身体上移除的组织。高等法院同意这一观点，但是在司法推理方面尚存在一些差异。

3. 判　　决

格里菲斯大法官

格里菲斯大法官说，这一案件有两个主要问题。首先，尚未埋葬的尸体（或者广义上被移除的人体组织）属于财产吗？第二，某个人是否可以获得与这样的尸体或组织相关的财产权，从而他（她）可以起诉要求归还被非法占有的组织？

关于“非财产”的论点，格里菲斯大法官并不认同如果某个东西不能成为盗窃罪的对象，那么在它被非法取走的情况下，也就不能作为非法占有的对象。例如，“野生动物在死亡时尸体是不属于任何人的，但其尸体可能被发现者所‘占有’”。他认为对这些事情没有统一的规则。即使有规则，也只适用于个例。他不会“接受古代文字作家从字面上看似绝对正确的教条”。他指出，“多年来人们对医学的认识是逐步提升的，有时医疗科学甚至接受了巫术的存在”[8]。法院可以“自由地把该案视为 20 世纪的初审，并依据一般法律原则来判决，这通常与理性和常识是相符的”。

采用这种方法，他看重上诉人拥有的保留胎儿的权利。无论是基于宗教、公共卫生还是公德风俗的立场，都没有任何理由可以说这种所有权属于非法。如果上诉人合法拥有胎儿，“法律将通过适当的补救措施来纠正任何……(对法定拥有)的干扰”[9]。而且，术语“合法拥有”意味着当事人有权援引法律来保护所有权[10]。人体组织也是如此。否则，“科学机构制作并保存的有价值的解剖和病理标本及制剂将是违反法律的”。因此，他得出结论，某个人可以合法地拥有人体或人体组织，人体可以合法地成为财产对象。此外，合法拥有这类财产的人还可以将所有权转让给另一个人，并且有权在其被非法占有时要求返还。

目前格里菲斯关于某个人具有保留身体组织合法权利的论述已被广泛引用：

> 当某个人对人体或者人体组织进行某项合法的工作或操作时，人体或人体组织就已经具备了与等候埋葬的尸体相比不同的属性。这个人也就获得了保留拥有人体或人体组织的权利，至少可以阻止其他未经授权的人私自以埋葬为目的取得人体。当然，在特殊情况下，这一原则受到所有禁止保留人体或人体组织的成文法的约束。

在这种情况下，医师最初合法地获得了畸形胎儿，并且他给予“一些——可能不是很多的——劳动和技能……并且它已经获得了某种实际上的金钱价值”，因为它在医师死后被出售了。因此，任何妨碍上诉人的合法拥有权的行为都是可诉的。

巴顿法官（Barton J）

巴顿法官看重是否存在一种埋葬胎儿的义务，因而保留未埋葬的胎儿属于轻罪。类似地，医师拥有或保留胎儿也属于非法。他的结论是，不存在为死胎提供基督葬礼的义务。它“从来没有在正常意义上的人类生活中存活过……从来没有呼吸过生命的气息”，而且“在四十年里，作为一件摆设它一直被保存在酒精里”。这是一个“保存完整的自然怪胎标本”，不能属于“尚未埋葬的尸体”这一术语涵盖的范围。该术语是判例和教科书中提到的。判例与教科书认为，对人类尸体而言，人们有着将其埋葬的义务。在保存期间，该标本已经获得了物质价值。这不是因为它是一个人体，恰恰相反，正因为它不是。他完全同意大法官的理由，并委婉地认同了医师对胎儿的先占和保留是合法的这一结论。首先，医师没有义务埋葬这样的胎儿。其次，通过保存，它已经获得了不同的属性。巴顿法官补充说，他并不是在质疑法律通则中的“未经埋葬的尸体不属于财产对象”这一原则。

因此，格里菲斯大法官和巴顿法官都同意，医师有权合法拥有胎儿，法律将强制执行把胎儿归还给医师（或其继承者）的命令。但是，他们所认为的获得所有权的理由是不同的。格里菲斯大法官认为，这是因为医师在保存胎儿时付出了“劳动或技能”。而巴顿法官说，上诉人有权保留所有权，因为他和任何其他人都没有埋葬胎儿的义务。实际上，占有人可以合法地保留所有权，除非有人能证明其拥有“更好”的所有权。格里菲斯大法官提到了“非财产原则”，而巴顿法官在这一点上并未发表观点。

希金斯法官（Higgins J）

希金斯法官确实考虑并似乎接受了“劳动或技能”的论点。他举了一个“木乃伊可能属于财产”的例子，因为“木乃伊已经通过防腐师的技术变得与以前大不相同了”。但他说，在本案中，“胎儿没有受到劳动或技能的影响，而且它的特点也没有发生变化”。他更同意胎儿不是财产的观点。但是他说：

如果这个尸体要算作某个人的财产的话，那么它也应该是原告的财产。原告拥有尸体无须赘言，被告也没有比原告更好的理由拥有尸体。

这种看法似乎与巴顿法官类似，正如我们前面所讨论的那样。要求拥有某物的依据也许仅是某人处于拥有的状态[11]，因为，以希金斯的话说，“即使仅仅拥有，也受到法律的保护，就像法律不允许他人不妥当地拿走其财产”。

虽然希金斯法官认为胎儿不是财产，因为它没有受到“劳动或技能”的影响，但是他同样说胎儿“也许不是”财产。胎儿“是不具备作为财产能力的事物”，所以返还诉讼或追索诉讼无法立足。在这种情况下，即使某个人声称他是持有人（possessor），而非所有人（owner），其实都是一样的，因为财产属性在这两种情况下都至关重要。追索诉讼行为不会发生在鹰或鹿的身上，“财产涉及排他的权利和永久拥有的权利”，并且“没有人听说过对于以人为对象的追索诉讼或者返还诉讼，无论是活人还是死人，除了奴隶的情况外（奴隶是商品——财产——而不是一个人）”。然后，他引用了许多判例指出，对于尸体不存在财产[12]。他说，死胎并没有脱离母体独自存活过，本质上也属于尸体。在回顾以往的权威观点后，结论非常明显——即在尸体中不存在财产。他不理解我们怎么能忽视这样一个明确的决定和法律声明。他没有解释他对木乃伊的陈述是否也在“非财产”原则的反对范围内。

最后，希金斯法官质疑了上诉人寻求对胎儿的占有权的法律依据。他说：“原告并未告知我们他想要尸体的原因……他一直在为了获得利益而展览尸体，并且可能希望在将来继续获得收益——如果他能逃避警察的管制的话。”他还说：“如果尸体仍未被埋葬，我不明白为什么大学博物馆没有和原告一样的占有权。”

因此，总而言之，格里菲斯大法官接受的观点是：尸体不是某种财产，但是如果它受到了“劳动或技能”的影响，则可以产生财产权。巴顿法官判决的理论基础是，如果没有谁有更好的占有权利的话，占有权是存在的，他没有讨论占有权的法律依据。他提到胎儿在被保存的过程中已经获得了不同的属性，但他并不想质疑“非财产”原则。同样，希金斯法官虽然对木乃伊可成为财产进行了评论，似乎是反对人体中可以出现财产权这一观点，因为人体是不具备成为财产的能力的。他拒绝占有权只能在占有的事实上产生这一观念，并且认为后来的占有者貌似也拥有与前任占有者相同的占有权。

通过对这三个判定的考察，我们可以总结出，虽然这三位法官广义上都接受“非财产”原则，但是他们对“劳动或技能”或对赋予人体“不同属性”来确定产权的观念是有所不同的。只有格里菲斯大法官采取了该原则，另外两个法官几乎没有提到这一点。然而，这一原则已经在判例法中被广泛引用。

4. 后续判例

自从伍德沃德案判决以来，人体组织不能作为财产的一般原则在不同法律领域的诸多判例中被弃用，这通常出于实用主义的考虑而非理性推断。例如，1974 年，一所英国法院认为尿是财产，所以未经授权获取他人的尿液属于盗窃[13]。1976 年也有类似的关于血液的判决[14]。1992 年，一所澳大利亚法院认定，血液制品是受消费者保护法保护的货物[15]。1998 年，一所法院认定，一名艺术家出于绘画目的，转移了皇家外科医学院的人体组织，此举构成了盗窃[16]。2000 年，西澳大利亚最高法院院长认为被存储的人体组织是财产，并对法医检验进行了授权[17]。在最后一个判例中，该院长观察到，“伍德沃德案是在沃森和克里克描述 DNA 双螺旋结构前约 50 年判决的。双螺旋理论对人体组织不被视为财产的理由提出了挑战”。

伍德沃德案中提及的另一个原则也受到了质疑，即某个人必须要对人体组织通过“劳动或者技能”方式才能合法地将其占有并获得所有权。在摩尔（Moore）诉加利福尼亚大学董事会判例中[18]，法院认为，研究人员未经细胞拥有者同意而擅自培养新细胞系用于研究（为十分有争议的非法行为），其仍然有权获得利润，而细胞原有者无权分享利润。研究人员最初拥有细胞的“合法性”问题并没有影响该判决。这一判决无疑旨在保护至关重要的生物科技产业的发展，从而保护公众的利益。

然而，伍德沃德案引用的主要原则，即被摘除的人体组织的财产权可以通过以“劳动或技能”方式或赋予其以“不同属性”获得，这在英国、美国和澳大利亚仍然具有影响力。一旦摘除的人体组织可以因前述方式而成为财产这一观念被接受，那么更棘手的一个问题就是谁拥有财产权。正是在这个问题上，伍德沃德案被引用得最多。例如，前述的被艺术家偷走的人体组织已经通过解剖并保存为展览或教学标本而获得了“不同属性”，进而成为财产[19]。类似的是，前述细胞系案的研究人员也明确地进行了“劳动或技能”上的加工，或给原有者的细胞赋予了“不同的属性”[20]。然而，将“劳动和技能”和“不同的属性”的观点用于尿液和血液时就没有那么容易立足了，因为这些物质仅仅只是从身体中分离出来用于法医检验的。

最近，认为人体组织只有通过施加“劳动或技能”或者赋予其“不同的属性”才产生财产权的观点在司法中遭到了批判，尤其在英格兰以及澳大利亚。在耶尔沃兹判例中[21]，英格兰和威尔士的上诉法院认为，对于在癌症治疗前把精子提存进行冷冻的男子，若精子因为保存失误而被破坏，那么精子的所有者有权要求赔偿。这些权利并非基于有人对精液施加“劳动或技能”方面的影响。法院认为，该男子对被取出的精子具有所有权，因为当精子被存放在相关机构时，其被存放的唯一目的就是在某种情况下可以为他所用。因此，这里存在一种财产委托关系。而只有承认男人对精子的所有权，才能对保存失误进行索偿。考虑到当前判例（保存失职）和其他因素的影响，法院呼吁“重新分析普通法中对活的人体的组成部分或产物的法律看法和处理方法”。

澳大利亚法院对伍德沃德案也抱有批判态度。在某个判例中，怀特法官（White J）提到“无财产”规则中奇怪的“伍德沃德例外”[22]。但是，像其他国家法官一样，她也被高级法院所限制，并且必须遵循伍德沃德案。尽管有伍德沃德这一先例所带来的限制，州法院在像耶尔沃兹这样的关于精子所有权的判例讨论中采用了一种有趣的推理方法。在耶尔沃兹判案中，精子被用于死后的生育治疗。

在耶尔沃兹案中，争论的焦点是那些储存了精子以备后用的男人的权利问题。在澳大利亚的判例中，焦点在于去世男人的遗孀的权利。这类判例的第一个例子是贝兹利诉卫斯理·蒙纳士 IVF 有限公司案[23]（Bazley v Wesley Monash IVF Pty Ltd）（一家试管受精公司）。在该判例中，遗孀声称对丈夫的精子具有所有权，因为她是丈夫的（执行遗产事宜的）私人代表和财产的主要受益人。昆士兰最高法院出于对她丧失生育机会的同情而接受了这一说法。类似地，在另一个判例——乔斯琳·爱德华兹：已故马克·爱德华兹遗产案（Jocelyn Edwards：Re the estate of the late Mark Edwards）中[24]，法院也承认了遗孀拥有死去丈夫精子的所有权。但在该判例中，精子是在法院的指示下在其丈夫死后取出来的，所以就不属于他的遗产。类似的判决也出现在 Re H 案中[25]。在这一判例中，一位遗孀最终被判决享有其丈夫存放的精子的所有权，依据的是伍德沃德案中建立的“劳动或技能”原则。精子是在法院的指示下合法收集的，而且在收集睾丸活检的过程中也存在“劳动和技能”。因此，精子属于财产。而在判决所有者的过程中，与爱德华兹判例中的赫尔姆法官（Hulme J）一样，上诉法院法官格雷（Gray JA）认为精子取出的目标对象（受精对象）——遗孀——拥有所有权。

因为这些判例中的法官被伍德沃德案所制约，所以保存的精液不能被当作财产，除非精液包涵了“劳动或技能”，或者在保存过程中获得了“不同的属性”。但是，即使是这样，保存精液过程中涉及的“劳动或技能”并非来自于遗孀，所以遗孀并不能依据“劳动和技能”原则而要求财产权。关于这一说法的反对说法可能是：“劳动或技能”虽然不是遗孀亲自施行的，却是代表她们施行的。也就是说，医师是作为遗孀的“代理人”来对其丈夫的精液进行留取并保存的。“代理人”的概念是由赫尔姆法官在爱德华兹判例中提出的。他说，比起把医师和技术人员看作是为了他们自己的目的而保存爱德华兹先生的精液，把他们当作是爱德华兹夫人的代理人，代表她来对精液进行保存，是一个更好的角度[26]。在 Re H 判例中也采取了这一说法。

耶尔沃兹案和贝兹利案中并没有提到代理人的概念，虽然这两个判例的情形也可以适用。但是，在耶尔沃兹判例中，就像前面提到的，上诉法院明确地选择不适用伍德沃德案确立的原则，所以并不存在“代理人”的概念，而法院最后的判决依据的是其他理由，即男人对其精液具有财产权，因为他对其进行寄存以备后用，因此，当寄存的精液因为保存失误而被破坏时，他们有权要求索赔。

5. 结　　论

判决以后，多年以来伍德沃德案的某些论点广受争议，比如，“人体组织只有在包含了‘劳动或技能’，或者获得了其他属性后，才能成为财产”这一论断。但是，所谓的关于人体组织的“非财产规则”中存在“伍德沃德例外”。这一例外可能倾向于把财产权赋予实施“劳动或技能”的人，依然具有很强的影响力，尤其是在澳大利亚的判例法中。最近，这一“例外”通过“代理人”原则进一步延伸：没有亲自实施“劳动或技能”的人也可以拥有财产权。尽管“伍德沃德例外”饱受批评，在耶尔沃兹案中遭到否认，澳大利亚法官也承认这一例外缺乏逻辑，但澳大利亚法院依然被伍德沃德案所约束，因为这是澳大利亚高级法院的判决，所以州法院也要遵守。

在最近的判例中，也就是在贝兹利、爱德华和Re H案中，涉及遗孀对其丈夫的精液是否具有所有权的问题，澳大利亚法院已经认可精液可以作为财产，也可以被遗孀用于生育治疗，理由是保存精液的“劳动或技能”是代表男人进行的，保存的目的是为其遗孀所用。“伍德沃德例外”中运用的“代理人”概念主要是澳大利亚人的创新，尽管在耶尔沃兹案中本来也有类似的论断。但如果要在更大的范围内将伍德沃德案确立的原则否认的话，将需要通过立法来改变。

（倪秉泽　顾晴晴　王　岳 译）

注　释

1 Doodeward v Spence (1908) 6 CLR 406; [1908] HCA 45 (31 July 1908) (Doodeward)。

2 这一原则应该也适用于进行组织移除的人，如果该组织包涵了此人的劳动或技能。但没有直接的权威条例指明这一点。

3 Jonathan Yearworth and others v North Bristol NHS Trust [2009] EWCA Civ 37 (Yearworth); available at: www.bailii.org/ew/cases/EWCA/Civ/2009/37.html。该判例在本书第十四章讨论。

4 精子不受该法案的管辖，而是由1990年《人工生殖和胚胎法》(Human Fertilisation and Embryology Act 1990) 管辖。

5 译者注：“conversion”的意思是财产转换。维基百科：Conversion is a common law tort。A conversion is a voluntary act by one person inconsistent with the ownership rights of another。

6 除非另作说明，本段中以及本章内后面出现的引言都引自该判决书。

7 R v Fox (1841) 2 QB 246。

8 译者注：“equally respectable authority, and of equal antiquity, may be cited for establishing as a matter of law the reality of witchcraft”中“现实的巫术”应该是比喻手法。

9 译者注：原文为“the law will by appropriate remedies redress any…

disturbance (with that lawful possession)”。

10 这一观点和希金斯在伍德沃德案中的观点引发了对上诉人所有权的争议。希金斯认为:“此案中的医务人员取得了该尸体的所有权，但没有证据表明该尸体的父母同意医务人员这么做。再者，即使是尸体的父母，他们也不能授予他人该尸体的所有权。”根据他的观点，“如果法律支持复原一具从别人手中夺来的尸体，那么法庭就会成为抢尸者的爪牙”。

11 主张所有权可能基于排除其他人的所有权。

12 引 自: L Skene, ‘The current approach of the courts [regarding proprietary interests in human bodily material]’ (2013) 40 Journal of Medical Ethics 1008–24。除了本段中提到的判例，还可参见: v North Tyneside Health Authority [1996] EWCA Civ 1301; [1997] 1 WLR 596; Hecht v Superior Court of Los Angeles County (Kane) (1993) 20 Cal Rptr 2d 275。

13 R v Welsh [1974] RTR 478。

14 R v Rothery [1976] RTR 550。

15 PQ v Australian Red Cross Society [1992] 1 VR 19。

16 R v Kelly; R v Lindsay [1998] EWCA Crim 1578; [1999] QB 621。

17 Roche v Douglas [2000] WASC 146。

18 Moore v Regents of the University of California, 51 Cal 3d 120, 271 Cal Rptr 146, 793 P 2d 479, 499 US 936 (1991)。

19 R v Kelly; R v Lindsay [1998] EWCA Crim 1578; [1999] QB 621。

20 Moore v Regents of the University of California, 51 Cal 3d 120, 271 Cal Rptr 146, 793 P 2d 479, cert denied 499 US 936 (1991)。

21 Yearworth (n 3 above)。

22 Kate Jane Bazley v Wesley Monash IVF Pty Ltd [2010] QSC 118, [31] (Bazley)。

23 ibid。

24 Jocelyn Edwards; Re the estate of the late Mark Edwards [2011] NSWSC 478。

25 Re H, AE (No 3) [2013] SASC 196。

26 [2011] NSWSC 478, [88]。

第二章

博勒姆诉弗赖恩医院管理委员会[1957]：医事法的扩张与限制 (Bolam v Friern Hospital Management Committee [1957]: Medical Law's Accordion)

何塞·米奥拉（José Miola）

1. 导　　言

博勒姆（Bolam）一案是在1957年由麦克奈尔法官（McNair J）裁决的。乍一看它似乎并没有资格作为医事法的标准判例[1]，但是，在20世纪80年代和90年代早期，它确实被当成了标准判例。对其判决的解读使得原告以医师“失职”为由的胜诉概率几乎为零，并且法院否认了对医疗行为的监督权。同时，这一判决被扩展到了整个医事法领域。因此，很多伦理问题也依据这一判决得到了定性：医师应该让患者知多少“情”后患者的同意才有效，是否应该对有学习障碍的成年人实行绝育，是否应该对长期处于植物状态的人停止人工输入营养和水分。

博勒姆案的影响远远超过麦克奈尔法官的预期。因此，从20世纪90年代开始出现了一些尝试，意欲缩小它的影响（尤其是上述提到的伦理领域），让它只限于失职的判例，同时重新解读这一判例的判决，让法院不只是一个“橡皮图章”。事实上，值得注意的是，博勒姆案引发的问题并不是判决本身，而是在于之后法院对它的解读。这些后续的解读扩大了博勒姆案的适用范围，所以后续的法院对改正这一错误至少负有部分责任。在作者看来，今天对博勒姆案的解读方式与麦克奈尔法官的意图更为相近（虽然还不是完全一致），但是将近40年来，博勒姆案一直处于“失控”状态，并且统治着医事法。

2. 事实和判决

这个案子的事实相对比较简单。约翰·博勒姆（John Bolam）是一家精神病医院的志愿患者，接受抑郁症治疗。医院向他提出实施电休克疗法（electro convulsive therapy，ECT），他同意了。不幸的是，在电休克疗法实施过程中博勒姆出现了严重的骨折。他以三个理由提起诉讼：

1. 医院应该在治疗前告知他有发生骨折的风险，这样他才能自己决定是否同意治疗。

2. 医院应该给予肌肉松弛药，但事实上并没有给。

3. 医院本应该有更多有效的约束性操作以避免骨折。

后面两项本来可以减少骨折的风险。我们可以看到，这三个诉讼理由中有两个是关于技术层面的（也就是对医疗规范的失职），另一个是关于知情同意。麦克奈尔法官主张这三点的判定都应该依据合理的医疗实践而定，然而做电休克疗法的医师仅仅遵循他的医疗知识进行操作，按照这家医院当时的电休克疗法规程实施。关键的问题是他的做法是否是一个理性医师会采取的做法，以及是如何决定的。法官首先通过对“失职”的定义来裁定这一问题：

在一个不涉及任何特殊技能的普通案子中，法律上的“过失”意味着没有做一个理性的（reasonable）人在相同情形下会做的某个行为，或者做了一个理性的人在相同情形下不会做的行为……但是如果在某个情形下涉及特殊的技能或能力，那么对于是否存在过失的判断，标准是无须掌握最高技能。他只要做到拥有常规的（ordinary）这种技术的人常规该做的就可以了[2]。

因此，为了“理性地”操作，医师必须拥有“常规的技能”。但这又意味着什么？虽然作为博勒姆案的初步解读不受欢迎，但麦克奈尔法官在一篇文章中澄清说，为了证明被告的医师是失职的，仅仅证明其他人在相同情况下会做出不同的举动是不够的：

一个医师如果按照特定“可靠的”（responsible）医学群体认为适当的实践来行动，那他就是没有失职的。也就是说，如果某个医师的行为符合公认的实践方法，那他就没有失职，即使他采取的团队意见和自己的意见相左[3]。

因此，仅仅医师的行为不符合常规还不足以证明医师的行为是失职的。而对博勒姆案解读的困难在于对这一专家证人证据地位的认定问题。在上面两段的引用中，“合理的”（reasonable）、“可靠的”（responsible）和“常规的”（ordinary）是争议的核心。这三个词麦克奈尔法官全都使用了，另外还有第四个，即“得体的”（respectable），用来描述被告医师必须引证的证据。这四个形容词可以分为两类[4]：第一类，“常规的”（ordinary）是描述性的。如果医师必须进行“常规看护”（ordinary care），那么他的行为必须符合其他医师在相同情况下的做法。对这一问题的认定并没有评定的空间：如果确定了其他医师也会有同样的做法，那么法院只是个“橡皮图章”。相反，“合理的”“可靠的”和“得体的”这三个形容词是规范性的，不仅仅需要简单地确定医师做什么，而且要求法院评估证据的质量。即使整个医疗界以某种方式采取医疗行为，这一行为自然是“常规的”，但仍可能是“不合理的”（unreasonable）、“不可靠的”（irresponsible）或“不得体的”（not respectable）。因为后三个形容词是关于行为的质量，而不是行为的存在性。像诺里（Norrie）说的那样，规范性赋予了法院裁决在一定条件下“本该做什么”[5]。

描述性和规范性的手段赋予了法院不同的角色。如果采用描述性手段，法官或陪审团的唯一工作就是确定是否存在一个证据主体在相同情况下会采取同样的行为。如果有，那么被告医师就显然在进行“常规看护”，因此也尽到了职责。这样，法院的角色是被动的，证据本身（关于行为的内容）几乎是“非实质的”（immaterial）。而对博勒姆案的规范性解读要求法院真正地与“证据”进行交涉，搞清医师“应该”做什么。因此，在这种情况下，法院的交涉对象是证据本身，而不是提供证据的人或是否提供证据。

在讨论法院采用的对博勒姆案的解读方式之前，我们应该弄清楚麦克奈尔法官的本意。确实，因为在医事法中，很多案子似乎都在遵循博勒姆案的判决，所以我们至少应该确定它没有被误用。本书作者认为，很显然的是，麦克奈尔法官的本意是让陪审团采用规范性的手段。因为他让陪审团来判断医师的责任，这足以说明他们有权对证据进行评估，而不仅是核实证据的存在性。从下面的这段他对陪审团的指示中可以很明显地看出这一意图：

> 你们不一定要判断哪种做法更好，只要你认为医师的做法符合可靠的行为人普遍接受的做法即可。但是如果证据显示某一种做法比另一种更好，那么这就是更强的理由[6]。

从以上叙述中，我们可以具体地看到麦克奈尔法官给了陪审团选择采纳被告或原告证据的自由。这一点我们之后还会谈到。但是，法院一开始选择了对这一判例进行描述性的解读。

3. “旧的”博勒姆案及其扩张

如果说这种描述性解读是因为法官的热切倾向，那么这一说法就有些轻描淡写了。尤其是在 20 世纪 80 年代，医事法中没有任何法条免于博勒姆案的控制，正如戴维斯（Davies）所说，司法机关的态度变成了“如果有疑问，就遵照博勒姆案的做法（‘博勒姆化’）”[7]。因此，博勒姆案在两个方面有了重要意义：第一，对麦克奈尔法官的裁决的描述性解读对患者有严格的限制性，医师只需要有其他人证明他们也可能在相同情形下做出同样的做法即可。第二，博勒姆案的影响被放大了。博勒姆的裁决本来是关于医疗技术问题的判定（尽管这个案子确实包含知情同意的因素）。但是，“博勒姆化”的一个特征是法院认为几乎所有的医疗行为都涉及医疗技术的实施问题，因此，所有的医疗行为都要受到博勒姆案的约束。因此，博勒姆案扩大了涵盖的范围，包括知情同意的问题，是否要向未成年人提供避孕的建议和治疗问题，以及是否要让有学习障碍的成人绝育的问题[8]。值得注意的是，刚才提到的这些问题其实并不涉及医疗技术技能，而更多的是与伦理相关，但一度都遵循博勒姆案的判决，因此很大程度上增加了它的影响力，以使得这种解读在接下来的几十年里构成了医事法的基础。后面我们将谈到这种限制性的解读和不断扩大的影响。在这段时期内，法院和立法还没有限制这一影响，这段时期被叫作“旧博勒姆时期”[9]。

法院对博勒姆案一个最典型的解读方式就是英国国会上议院对梅纳德案（Maynard）[10] 的裁断。在该案中有关于是否在检查霍奇金病之前做结核的检测（如果结核检测为阳性，将不用再进行有创性的霍奇金病的检查）。初审法官已经接受了原告专家的证据，这意味着被告的证据被否定了。上议院的问题很简单：初审法官是否有权否定被告的证据，而倾向于原告的证据？斯卡曼大法官（Lord

Scarman）认为法官无权这样做：

对于两个同样专业的意见，如果医师的行为符合其中某个专业主体的标准，但法官倾向于另一个专业主体的意见，那么这并不足以证明这个医师是失职的。如果法官以此为由裁决，那么就犯了法律错误……因为在诊断和治疗的范围内，失职的判定并不是对某一专业主体意见的青睐。如果某个医师是某一专业的专家，那么必须证明他未具备一个专业医师常规的技能才能认定他是失职的[11]……

这一鉴定是开放的、描述性的，但似乎也需要“真实的”证据，法官无权否定。这不只是这一解读的唯一例子，很容易理解为什么原告很难胜诉。就像我与玛戈特·布雷热（Margot Brazier）争论的那样：

一系列的裁决……产生了一种概念：博勒姆案应用的条件只有如下这条：被告的医学专家可以证实其他医生也会对原告患者进行同样的做法……法官的角色不包括对证据的评估[12]。

法律因此变成了“橡皮图章”，而且就像前面提到的那样，法律对博勒姆案采用了不利于原告的限制性解读。很容易理解为什么这一司法解读会引起不满，“旧的博勒姆案”的影响持续扩大到其他领域（在这些领域运用博勒姆的判决更加不合适），因此加重了这种不满。其中第一个就是知情同意。1985年，上议院在赛德威（Sidaway）案中确认了医师必须向患者披露每一个操作中内在的实质性风险，但关于如何确定风险和风险实质性的定义出现了分歧[13]。分歧双方（其实还有第三方，即妥协方）涉及对博勒姆案的定位问题[14]。斯卡曼大法官认为，自主权是一项基本人权。因此，向患者披露多少信息应该由患者而不是医师来决定。他认为以下情形中引用博勒姆案是不合适的。

我们的法律无疑承认患者有权决定是否接受或拒绝医师建议的治疗，因此，法院没有理由认为法律应该允许医师决定是否有、以及什么情况下有义务警告患者治疗方案内在的风险[15]。

相反，迪普洛克大法官（Lord Diplock）用博勒姆案来确定实质性和风险。他的解读更偏向家长式：

如果风险会影响患者的思想，那么唯一的影响就是使患者拒绝接受医师出于专业意见建议的治疗，而医师认为此治疗对患者是有利的[16]。

迪普洛克的裁断并没有想象中的无视患者的自主权——但确实没有像斯卡曼一样重视患者的权利[17]。然而，在赛德威之后的两个上诉法院判例中，法院企图用博勒姆案结束家长式作风。在这两个判例中，法院必须在两种思路中选择一种（即迪普洛克方式和斯卡曼方式）。在1987年裁决的哥尔多案（Gold）和布莱思案（Blyth）中，上诉法院都采用了迪普洛克的方式，即家长式的决定[18]。在哥尔多案中涉及一个问题，即是否应该根据区分治疗和非治疗性干预来确定要为患者提供多少信息。法院认为不应该区分，都应该照常运用博勒姆案。在布莱思案中，关于“医师是否应该对患者提出的问题给予完全的回答”这一问题，法院的意见更为清楚。上诉法院法官尼尔（Neill LJ）认为医师没有义务完全回答，而只需要做博勒姆案中所要求的即可：

没有法律要求医师有义务对患者提出的疑问提供所有的信息……提供信息的多少取决于不同的情况，通常情况下遵循博勒姆原则[19]。

在这两个判例中都没有提到患者的自主权。因此，对博勒姆案的应用可能导致家长式作风和自主权的缺失（在布莱思案中扩展到了非技术性医疗领域）。自主权的问题在“最佳利益”的概念中也很明显。因为这一问题的很多法律案件是关于学习障碍成人的绝育问题（以及其他失能患者）。因此，在任何情况下，如果符合患者的最佳利益，那么实施（或取消）某种治疗就是合法的。这包括是否绝育，是否要对患有痴呆症的老人进行复苏，以及是否要对昏迷的患者停止人工营养及水分补充或人工呼吸。尤其是这些决策本质上并不是关于医疗技术问题。

但是这些问题都被博勒姆化了。在 1989 年 F 诉西伯克郡卫生署案（F v West Berkshire Health Authority）中，上议院需要判断对一个有学习障碍的成人进行绝育是否是合法的[20]。布兰登大法官（Lord Brandon）认为对一个无法自我决策的患者来说只能接受符合其最佳利益的治疗，之后布兰登大法官继续试图定义“最佳利益”这一概念。尽管上诉法院一致认为用博勒姆案来定义患者的最佳利益是不严格的，但布兰登大法官并没有因此而让步[21]。他认为：

对于一个无法给出同意的患者来说，医师在判断某个手术或治疗是否符合患者的最佳利益时，如果我们还要求医师比博勒姆案中更严格地征求患者的意见，那么患者可能（至少在某些情况下可能）无法享受正常患者会同意并接受的医疗[22]。

关于知情同意，一种家长式的观点认为对患者“最好”就是最佳的医疗效果，而是否“最好”则是由医务人员决定。这也显现了博勒姆案影响力的扩大，而且对患者有很大的限制性。虽然上述谈到的两个话题很大，几乎涉及医事法的所有元素，但是博勒姆案的范围不只限于它公开运用的领域，有其他一些例子援引了博勒姆原则。麻烦的是，有时还隐喻着医学伦理，因此，对博勒姆案的运用实际上是默认博勒姆化在本质上是符合医学伦理的。有一个例子就是未成年人的同意问题。玛戈特·布雷热和我把它描述为隐藏的博勒姆化[23]。就像我们说过的，在吉利克案（Gillick）中从未提到过博勒姆案（吉利克案是关于向一个 16 岁未成年孩子征求同意的问题），但很显然这两个判例是有关联的[24]。上议院认为如果孩子有能力对自己的医疗进行决策，而且医师认为治疗是符合其最佳利益的，那么提供避孕建议和治疗就是合法的[25]。

然而，“成熟”（maturity）和“利益”这两个概念的定义和范围在本质上并不是医学专业的概念，因为并不只有医务人员才有能力对其进行裁定。即便如此，关于“利益”，在吉利克案中，弗雷泽大法官（Lord Fraser）认为即使这样，将利益的概念医疗化也是合适的：

在现代，医务人员被赋予了临床裁断之外的广泛的自由裁量权。我认为把这一责任也赋予他们是并不奇怪的，况且他们本身就有能力做好这件事[26]。

为了确保良好的医疗行为，之后关于未成年同意的案子更明显地偏向于信任医学伦理[27]。如此，我们可以看到，虽然没有明确地使用博勒姆案，但它确实公然地成为了一种向医师赋予决策权的机制（即使法院已经明确了这些决策本质上并不是医疗性的）。因此，在医事法中到处都有博勒姆案的身影，而且最大程度地限制了患者的权利。因此，希拉·麦克林（Sheila McLean）认为博勒姆化侵犯了患者的人权：

法律本应在医疗化和人权之间作为缓冲，但是在裁定和控制一些本质上与医疗无关的问题上，法律显得不情愿、无能为力且效率低下[28]。

显然，这种情况是不可持续的，却经历了很长时间，我们才有了足够的压力削弱博勒姆案对医事法的统治。下面我们将看到，博勒姆帝国的萎缩已经开始，但最具有标志性的时间是在 1997 年。这时对于博勒姆案的解读才开始由压倒性的、描述性的转向规范性的。

4. 博莱索案——新的博勒姆案的到来

博莱索案（Bolitho）的事实比法律问题简单得多[29]。帕特里克·博莱索（Patrick Bolitho）由于呼吸困难被送到医院。在医院里，他有过三次呼吸受阻发作。他每一次都呼叫了医师，但是医师都没有来。其中有两次他的呼吸变得正常了。但是第三次由于缺氧造成了脑损伤。医学证据表明避免这一结果的唯一方法就是插管。法院面临的法律问题实际上是关于造成这一结果的原因以及如何解读博勒姆案[30]。但是，我们这里关注的是对博勒姆案的解读。

关于对博勒姆案的解读，布朗·威尔金森大法官（Lord Browne-Wilkinson）认为法院有权审查，并在“适当情况”下否认医学证据[31]。因此，法院不一定非得接受存在的证据。在定义拒绝证据的“适当情况”时，布朗·威尔金森大法官设定了很高的标准：

法院必须认为意见主体可以说明他所提供的意见有逻辑基础……如果（在少数判例中）结果表明专业意见经不起逻辑分析，那么法官有权认为意见主体是不合理的或不可靠的[32]。

上述表述是很关键的。确实，博莱索案解读的版本不允许法官简单地偏向原告的证据。相反，它允许法官拒绝缺乏逻辑的医学证据。也就是说，证据的逻辑必须缺乏到没有人能为之辩护[33]。这样做并不是为了让法官成为医疗行为的裁断者，仅仅简单地选择自己偏好的专家意见。很明显，这样做是把拒绝证据的权利作为一种极少使用的权利[34]。这一点可以从布朗·威尔金森大法官引用的前例中看出来：他除了引用了博勒姆案本身外，还引用了梅纳德案。关于博勒姆案，他准确地指出了麦克奈尔法官使用的规范性字眼：

对于博勒姆案本身，麦克奈尔法官说被告的行为必须符合一个“可靠的医学主体”的标准。之后，他又提到“由一个理性的、合理的意见主体所接受的行为标准”[35]。

但他引用梅纳德案来支持规范化的解读这一做法颇具争议。在指出在博勒姆案中的规范性字眼之后，他认为在梅纳德案中：

斯卡曼大法官提到了“得体的”专业意见主体。对于这些形容词的使用（“可靠的”“理性的”“得体的”），说明法院必须核实证据所依赖的意见主体可以证明意见具有逻辑基础[36]。

威尔金森大法官是对的，斯卡曼大法官确实提到了“得体的”意见主体，所以从技术层面来说，梅纳德案并不否认法官可以拒绝一个不得体的意见主体的证据。然而，从梅纳德案的判决来看（尤其是本章前面引用的那段话），斯卡曼大法官并不认为梅纳德案可以适用于博莱索案。因此，为了重新解读博勒姆案，威尔金森大法官本质上是引用了斯卡曼大法官判决的一个漏洞。

有一些人，包括玛戈特·布雷热和我，认为博莱索案让博勒姆案退回到了“合适的界限”[37]。我现在要修改一下这个观点。我认为博莱索案并没有完全符合博勒姆案的意图[38]。博莱索案不允许法官偏向某一方专家，而是允许法官拒绝专家提出的不合逻辑的证据。而博勒姆案确实允许简单的“偏好”。实际上，就像本章前面所述，麦克奈尔法官给了陪审团机会去选择倾向于哪一方的专家。

所以，尽管博莱索案让博勒姆案的解读从描述性走向了规范性（至少重新归还了法律评估证据的权利），但还没有完全贴近原来法官的意图。因此，如果上议院愿意的话，博莱索案本来可以走得更远。但是，博莱索案表明了法院不会再盲目地遵循医疗实践——这是伍尔夫大法官（Lord Woolf）支持的观点（伍尔夫在2001年写了一篇文章，承认法官过去太过顺从医学专家，但未来不会这样了，并说明了理由）[39]。还要注意的是，正如下面要提到的，博莱索案并不是突然的、没有预示的司法转变。相反，它是“去博勒姆化”的一部分，在医事法的其他领域已经开始“去博勒姆化”了。在“博勒姆化”扩张之后，萎缩开始了。

5. 再次收缩——某些城墙的塌陷

A. 博莱索案之前——基础的奠定

在博莱索案之前，医事法就有征兆，预示“旧的博勒姆”将必然被摒弃。最早感觉到这种征兆的领域是那些博勒姆化扩展后被侵犯的边缘问题的领域。也就是说，在博勒姆案中医疗失职的情形被重新考虑之前，博勒姆案已经在其所扩展的领域受到质疑了。本章前面提到的三个博勒姆案扩展的例子展示了这一转变的过程。第一个例子是关于知情同意，这一领域的医事法已经出现了很大变化，而且是在博莱索案之前就开始了。但是，最开始的变化起源于澳大利亚。

在罗杰斯诉惠特克案（Rogers v Whitaker）这一标志性判例中，澳大利亚的最高法院完全否决了博勒姆案关于知情同意和实质性风险的判定，因为法律的目的是保护患者的自主权[40]。因此：

因为医疗的选择需要患者决定，而患者的决定是在医务人员所知晓的、而患者不知晓的信息基础上做出的，所以单独让医务人员来决定提供给患者信息的数量，这一点是不合逻辑的[41]。

尽管这一说理与斯卡曼在赛德威案中的说理相似，但澳大利亚最高法院不仅要求医师告知患者一个“理性的”（reasonable）患者希望被告知的信息，并且引入了一个主观元素，即认为在某些情况下，患者应该被告知他作为一个个体想要知晓的信息：

在某些情况下，一个理性的人站在患者的立场，若被告知了某种风险，他可能对这一风险加以重视。或者如果医务人员认识到患者被告知了某种风险，就会重视这种风险，那么这个风险就是实质性的[42]。

英国的法院采用了这一判决，几乎立即趋避了迪普洛克大法官在赛德威案中做出的博勒姆化的判决。因此，在1994年之后，博莱索案之前的两个案子中法院不仅提到了布里奇大法官（Lord Bridge）的妥协性判决是赛德威案中的主导判决，而且否认了支持被告的医学证据，进而支持原告的证据[43]。其中，在史密斯案（Smith）中，法院实际上参考了罗杰斯案的判决[44]。值得注意的是，在这两个案子中，因为法院试图远离博勒姆案的影响，所以更加强调了患者的自主权。因此，这样看来，在知情同意的案子里，法院已经认识到了旧的博勒姆化限制了患者的自主权，所以否决了博勒姆案。正如我们将要看到的，这一改变在布莱索案之后开始加速。但是早在博莱索案之前，博勒姆案在知情同意中的运用清晰可见。

相似地，立法者在博莱索案之前就“运用法律上最佳利益”的概念，开始去博勒姆化。实际上，在F诉西伯克郡卫生署（F v West Berkshire Health Authority）案中，上议院在判决中将"最佳利益"进行了博勒姆化的解读。这一解读引起了公众很大的恐慌，不久后法律委员会就决定审查关于无行为能力的成年人（incapable adults）的法律[45]。报告的开头列举了为什么上议院决定要审核法律，以及指出这一法律不能提供一个全面的解决方案——这是采用一种文明的方式来表达不满[46]。实际上，在后来的报告中可以明显看出，当时的判决是缺乏支持的，医学界都不赞成保留F案中的判定：

将评估业务过失的标准与对待无法给予同意的个体的标准合并，一直是引起强烈批评的原因。在意见征求中，没有医务人员或主体支持这样一种"最佳利益"的定义。英国医学协会（British Medical Association，BMA）"毫无保留地"支持我们关于法定指导的暂行建议[47]。

人们再次感受到博勒姆标准对患者的自主决定不够敏感，所以不能只从医学角度出发定义患者的最佳利益，还需要有其他考量来平衡。于是有人建议在医学利益之外加上一个"替代判断"，可以自我设问患者如果有能力，他们想要的是什么。由此，博勒姆案变得相关但不再具有决定性（这与博莱索案采取的方式是类似的），并且一直延续到了2005年《心智能力法》（Mental Capacity Act，MCA）。这一点之后我们会再谈到。

相反，关于未成年同意的问题走了另一条途径。1991年和1992年，在两个上诉法院上，唐纳森大法官（Lord Donaldson MR）认为虽然吉利克案赋予了未成年人同意治疗的权利，但并没有赋予他们拒绝的权利[48]。因此，即使是在患者拒绝同意的情况下，如果父母中有一位同意（即使另一位拒绝），医师也可以对患者进行治疗。但是，上诉法院民事审判庭大法官认为在这种情况下，医师的治疗不是强制性的。但是这样一来，医师面临的是"一个专业问题、伦理问题，而不是法律问题"。而在Re W案中[49]，法官承认自己留下了一块法律空隙，但他相信医师可以做出正确的决定：

即使十六七岁的未成年人拒绝同意，医师也可能在父母的同意下实施流产。这种可能性想起来有些令人恐惧。这或许是一个法律问题，但是，我没有看到医学伦理问题，除非流产确实不符合孩子的最佳利益，虽然不能说这种情况不会发生[50]。

这里采取的方法是不同的，看来博勒姆案的影响依然存在。医学界依然有决策权，对医师决策权的质疑还局限在博勒姆案的框架里。而且，法院似乎不仅对此很满意，而且还积极地鼓励。

但这一问题和前两个问题还是有区别的。在这一问题中，法院很可能只是想保护孩子。也就是说，患者的医疗效益被优先化了，因为法官觉得这是最佳选择——他们可以在以后的人生中获得更大的自主权并且受到博勒姆案的影响更少。

尽管上述三个案子对于博勒姆案的解读采取了不同的方法，很明显的是，博勒姆案的影响至少在两个案例中有所减弱，而第三个案子或许只是因为具有特殊性才没有体现其影响力的减弱。由此，从这几个案子的司法态度我们可以看出，博莱索案只是一个过程的顶点，而非令人震惊的单一事件。总之，“旧的博勒姆”已经过时了，博莱索案只是发起了致命的一击。但如果用它以前被解读的方式来定义“旧的博勒姆”的话，那么“新的博勒姆”的定义就是新的解读方式。前面说过了，上述案子中的解读方式是不同的。

B．博莱索案之后——获得均衡？

博莱索案为加速知情同意的法律改革亮了绿灯。在上议院判决的一年后，上诉法院有机会再次考虑风险实质性的问题，而后在皮尔斯案（Pearce）中，上诉法院民事审判庭伍尔夫大法官继续推进了法律的革新[51]。这一案子的事实并不重要，但在这一案子中，首席法官伍尔夫大法官结合了理性（reasonable）医师（博勒姆）和理性患者（赛德威案中斯卡曼）这两个标准，认为“如果存在某个会影响理性患者判断的重大风险”，那么理性医师就有义务告知患者这一风险[52]。因此，尽管风险实质性的问题还是由理性医师来判断，伍尔夫大法官要求理性医师披露一个理性患者想要了解的所有信息[53]。由此，他巧妙地避开了正面交锋。这一旁路使他在无形中引进了斯卡曼大法官的判定，理由仍然是患者自主权优先。而且，在 2003 年的怀亚特诉柯蒂斯案（ Wyatt v Curtis ）中，上诉法院认为当理性医师和理性患者在关于披露多少信息存在争议时，医师有义务披露患者希望被告知的信息[54]。因此，在不到 20 年的时间里，对于知情同意，从博勒姆的忠实信徒转而在实质上接受了斯卡曼在赛德威案中理性患者的判定途径。法院在因果关系的陈述中再进一步深入，甚至因为既定的法律没有充分尊重自主权而对其进行更改，不过这不在本文的讨论范围[55]。此外，另一个澳大利亚的相关判例也充分说明，将来罗杰斯案极有可能被采用[56]。总而言之，可以说知情同意几乎完全地去博勒姆化了，并且法律的大致方向表明这个过程需要宜早不宜迟地完成。

在涉及最佳利益时情况则稍有不同。2005 年《心智能力法》在 2007 年生效，医疗上将最佳利益和替代判断相结合作为追求利益最大化的方法，并被保留下来成为该法案的第 4 条[57]。但早在法案生效之前，法院已经自行开始了将博勒姆案从最佳利益中分离开来的过程。例如，在上诉法院的 Re SL 案中，上诉法院法官巴特勒 - 斯洛斯（ Butler-Sloss LJ ）已经明确表示，博勒姆案仅仅可以缩小选择范围，毕竟可信的意见主体可能不止一个，但是最佳利益需要的是一个唯一答案[58]。这意味着，法院在参考博勒姆案后，会考虑更加广泛的因素来确定哪一种方案符合患者的最佳利益。再者，博勒姆案在确定患者的福祉方面被认为是不够严格的（ F 案中一个上诉法院的观点）。并且值得注意的是，比起简单地听从医学界的声音，法院现在更愿意依照自己的思路来填补空白。

至于《心智能力法》，法院也用相同的方式给予解释。事实上，正如邓恩（Dunn）和福斯特（Foster）所指出的，考量患者的最佳利益事实上是在自主权与获益之间进行平衡[59]。该法案对于考察患者的过去、现在的愿望以及从亲属获得的关于患者需求的建议两方面做出了特别的要求。再者，自主权已经或多或少地被当成对博勒姆案的约束。目前最佳利益远不仅是单纯的医学概念，但并不是说这与博勒姆案毫不相关，或者关于福祉的考量总是排在自主权之后。这可以从最近的一起成年神经性厌食症患者求死的E案中看出[60]。患者曾多次表达出这个愿望，甚至对此主动提出要求（尽管法官发现她无行为能力去这样做）[61]。

即使是患者的父母，也极不情愿且心痛地认识到，满足患者的愿望才是最好的结果。法院为了平衡患者的各方利益，分别列举了支持其死亡和支持强制喂食的原因。前者是基于她明确要求死亡的这一事实（即便她有行为能力时也坚持如此），而后者认为这有违于她的医疗利益[62]。在那种情况下，法院要优先考虑患者的医疗利益，从而通过了强迫喂食方案。这个判例也许很极端，但是它表明，尽管博勒姆案并不是唯一的考虑因素，但没有像在知情同意中那样被边缘化，做出任何决定时都要考虑无行为能力患者的医疗利益是相当正确的。

相比之下，有关未成年人决策的法律仍然坚持以医学方法处理，因此博勒姆主义依旧隐约存在。关于Re R案和Re W案的决策依旧是良法，因此，儿童可以同意但不能全权拒绝治疗。即便儿童拒绝治疗，并且获得父母的支持，法院也将毫不犹豫地推翻他们的意愿，并基于对孩子的最佳（医疗）利益而授权治疗。在一起判例中，即使被故意隐瞒了信息，孩子的拒绝仍然被驳回[63]。因此，虽然关于法律条文的公平性存在争议，但是相关法律的存在毋庸置疑[64]。所以，就儿童的知情同意而言，医疗利益始终处于优势地位。如前所述，这并不令人感到惊异，也是合乎情理的。这是博勒姆案依旧适用的一个领域，也是大势所趋中的一个例外。

如果博勒姆案的意义不在于判决，而是在解读上，那么对于博莱索案来说肯定也是如此。所以该案是如何自然存在并且发展的呢？是因为过失吗？最初的研究发现，法院不愿意适用博莱索案[65]。但从那时起，法院开始热衷于对此案进行解释。时至今日，博莱索案已是无可争议的[66]。而且，对该案的解释契合了威尔金森大法官的本意。法院提出的是两个有关医学证明的问题：是否有与医师的意见相同的意见主体？如果有的话，这些意见是否能经受住逻辑分析？如前文所述，尽管博莱索案比 1997 年之前的适用更加接近博勒姆案本身的意图，但这远未达到麦克奈尔法官的目标。

6. 博勒姆案现今以及以后的地位

我们似乎没有走多远。博勒姆案在两个意义上还远未恢复到“合理限制”。其一，博莱索案并没有发挥如麦克奈尔法官所期望的功用，因为法院依旧不能简单地倾向于一方提交的证据。其二，有关博勒姆案在过失以外的应用并未被撤销。事实上，我们在这三个问题上已经看到了一系列解决方法：知情同意已经几乎彻底去博勒姆化了。有关最佳利益的法律比以前更加强调自主权的重要性，并且导致博勒姆案的影响力减弱，尽管它依旧有一定的作用。有趣的是，在这两起案件中，博勒姆案被认为是与自主权相对立的，并且根据相应的情况区别对待——如增加对无行为能力成年人的福祉考量就是博勒姆案的残存部分。自主权与福祉之间的平衡，以及对后者的优先考虑也能够说明未成年人对于自身医疗行为的决定权缺乏相关的去博勒姆化。我认为，博莱索案是一个过程的最终结果，而不是出乎意料的事件。司法态度在本质上发生了改变，并且无论是从阻止扩张还是规范化解释的方面来说，博勒姆案都必须被改变。因此，现在它乘着医事法的盛行之风，而这股风气比它自身更加强调自主权，这标志着又一次改变，因为这一次它引领了趋势。

（潘叙如　顾晴晴　王　岳译）

注　释

1　Bolam v Friern Hospital Management Committee [1957] 1 WLR 582。

2　ibid 586。

3　ibid 587。

4　K Norrie, 'Common Practice and the Standard of Care in Medical Negligence' [1985] Juridical Review 145。

5　ibid 152。

6　Bolam (n 1 above) 587。

7　M Davies, 'The New Bolam: Another False Dawn for Medical Negligence?' (1996) 12 Professional Negligence 120, 120。

8　第一条和最后一条已经公开地博勒姆化，而第二条则隐秘地博勒姆化(在这一点上我与玛戈特·布雷热存在争论)。见：M Brazier and J Miola, 'Bye-Bye Bolam: A Medical Litigation Revoluntion?' (2000) 8 Medical Law Review 85。

9　更确切地说，以下提到的改变被一些人(比如 Davies) 描述为"新"博勒姆期。

10　Maynard v West Midlands Regional Health Authority [1984] 1 WLR 634。

11　ibid 639。

12　Brazier and Miola (n 8 above) 88。

13　Sidaway v Board of Governors of Bethlem Royal Hospital [1985] 1 All ER 643。不同判决和解释参见：J Miola, 'On the Materiality of Risk:Paper Tigers and Panaceas' (2009) 17 Medical Law Review 76。

14　布里奇大法官尤为明确地表示，第三条也是如此。在本章后面部分我们会看到他的判决。

15　Sidaway (n 13 above) 649。

16　ibid 659。

17　见：Miola, 'On the Materiality of Risk' (n 13 above)。

18　Gold v Haringey Health Authority [1987] 2 All ER 888; Blyth v Bloomsbury Health Authority [1993] 4 Med LR 151。应当注意，斯卡曼大法官在英国皇家医学会的一次演讲中表明，他本人对此持相反意见。参见：Lord Scarman, 'Consent, Communication and Responsibility' (1986) 79 Journal of the Royal Society of Medicine 697。

19 Blyth (n 18 above) 160。

20 F v West Berkshire Health Authority [1990] 2 AC 1。

21 ibid 67。

22 ibid 68。

23 见：Brazier and Miola (n 8 above) 93-95。

24 Gillick v West Norfolk and Wisbech Health Authority [1985] 3 All ER 402。

25 Brazier and Miola (n 8 above) 93-95。

26 Gillick (n 23 above) 413。

27 见：Re R (A Minor) (Wardship: Medical Treatment) [1991] 4 All ER 177; Re W (A Minor) (Wardship: Medical Treatment) [1992] 4 All ER 627 and J Miola, Medical Ethics and Medical Law: A Symbiotic Relationship (Oxford, Hart Publishing, 2007) ch 5。

28 S MacLean, Old Law, New Medicine: Medical Ethics and Human Rights (London, Pandora Publishing, 1999) 2。

29 Bolitho v City and Hackney Health Authority [1998] AC 232。

30 关于这一判例有一篇精彩的描述和分析，见：A Grubb，'Negligence: Causation and Bolam' (1998) 6 Medical Law Review 378。

31 Bolitho (n 29 above) 241。

32 ibid 233。

33 ibid。

34 因此用"rare"一词。

35 Bolitho (n 29 above) 241。

36 ibid 242。

37 Brazier and Miola (n 8 above) 107。See also Grubb (n 30 above) 378, who declared of the Bolitho judgment: 'Eureka! The courts have got it at last'。

38 指乔安妮·贝斯威克博士 2013 年在曼切斯特大学进行的答辩。她提出了这一观点。

39 Lord Woolf, 'Are the Courts Excessively Deferential to the Medical Profession?' (2001)9 Medical Law Review 1。

40 Rogers v Whitaker [1992] HCA 58, (1992) 175 CLR 479。

41 ibid 489。

42 ibid 490。

43 McAllister v Lewisham and North Southwark Health Authority [1994] 5 Med LR 343; Smith v Tunbridge Wells Health Authority [1994] 5 Med LR 334. J Miola, 'On the Materiality of Risk' (n 13 above) Section V。

44 法官声称，他无法遵从罗杰斯案的判决，但他的意图很明显：他本来是愿意这么做的。支持这一观点的内容参见玛格丽特·普克松（Margaret Puxon）所写的法律报告底端的评论。

45 Law Commission, Mental Incapacity (Law Com 231, 1995)。

46 ibid [1.4]。

47 ibid [3.26]。

48 Re R and Re W (n 27 above)。

49 Re R (n 27 above)184。

50 Re W (n 27 above) 635。

51 Pearce v United Bristol Healthcare NHS Trust [1999] PIQR 53。

52 ibid 59。

53 见：R Heywood, ‘Subjectivity in Risk Disclosure: Considering the Position of the Particular Patient’ (2009) 25 Professional Negligence 3。

54 Wyatt v Curtis [2003] EWCA Civ 1779。

55 Chester v Afshar [2004] 4 All ER 587。 见：S Devaney, ‘Autonomy Rules OK’ (2005) 13 Medical Law Review 102。

56 指 Chapel v Hart (1998) 195 CLR 232 案。

57 M Donnelly, ‘Best Interests, Patient Participation and the Mental Capacity Act 2005’ (2009) 17 Medical Law Review 1。

58 Re SL (Adult Patient: Sterilisation) [2000] Lloyds Rep Med 339。

59 M Dunn and C Foster, ‘Autonomy and Welfare as Amici Curiae’ (2010) 18 Medical Law Review 86。

60 A Health Authority v E [2012] EWHC 1639 (Fam)。

61 见：J Coggon, ‘Anorexia Nervosa, Best Interests and the Patient’ s Human Right to “A Wholesale Overwhelming of Her Autonomy” A Health Authority v. E [2012] EWHC 1639 (COP) [2012] HRLR 29’ (2014) 22 Medical Law Review 119, 网址见：medlaw.oxfordjournals.org/content/early/2013/11/05/medlaw.fwt031。

62 ibid [115]–[116]。

63 Re L (Medical Treatment: Gillick Competency) [1998] 2 FLR 810。

64 见：S Gilmore and J Herring, ‘“No” is the Hardest Word’ (2011) 23 Child & Family Law Quarterly 3 and E Cave and J Wallbank, ‘Minors’ Capacity to Refuse Treatment: A Reply to Gilmore and Herring’ (2012) 20 Medical Law Review 423。

65 A Maclean, ‘Beyond Bolam and Bolitho’ (2002) 5 Medical Law International 205。

66 R Mulheron, 'Trumping Bolam: A Critical Analysis of Bolitho's "Gloss"'(2010) 69 Cambridge Law Journal 609。

第三章

Re B（未成年人）（监护：绝育）[1988]：像我们这样的人不会拥有孩子[1]——学习障碍、潜在父母以及法律转型

Re B(A Minor) (Wardship: Sterilisation [1988]:'People'Like Us Don't Have Babies: Learning Disability, Prospective Parenthood and Legal Transformations

柯丝蒂·基伍德（Kirsty Keywood）

1. 导　　言

1987 年，距珍妮特（Jeanette）18 岁生日还有 3 个星期，这个有学习障碍的年轻女性成为了上议院[2]裁决的对象。上议院议员们必须决定上诉法院确认珍妮特接受绝育手术是否是正确的。这一案件标志着英格兰和威尔士的上诉法院首次开始考虑绝育措施的法律问题，尤其是出于控制生育的目的，对有学习障碍而不能出具有法律效力同意书的人使用绝育措施是否合法。这显然不是必需的医疗措施，而且珍妮特并未同意接受手术；她也没有患有需要绝育干预的特殊疾病。为珍妮特进行绝育的原因很显然是"社会的"[3]。许多

照顾她的人表示，她是一个性成熟的年轻女性，而且对于自己的身体和可能有的性愉悦有着日益增长的兴趣。但是对于她来说，由于性接触而怀孕的风险是灾难性的。当时，对珍尼特的裁决结果几乎没有受到学术批判[4]，大多数评论家关注司法程序的合法性和考虑问题诸因素的关联性[5]。考虑到许多其他的法域禁止这种绝育行为，再留意一下为了优生优育许多国家倡导的大规模绝育计划，这多少有些令人惊讶[6]。

近 30 年来，法院陆续收到关于建议对有学习障碍的成年人以及年轻人进行绝育的申请。值得注意的是，除了两个例外，上报的判例都与对女性执行绝育相关。本章在当时的法律诉讼背景下重新审视了珍妮特案，以探究法律应如何对患有学习障碍者逐渐成熟的性意识做出回应。我认为，珍妮特案的专家、家庭乃至法律上的回应发生在一个特殊的历史节点上。自启蒙运动以来，传统论点及规范开始针对残疾人，尤其是患有学习障碍的人制定对策。此外，我发现其他重要的转变也在进行。当这个判例进入法律领域时，法律对于医疗权利的尊重这一传统假设遭到质疑，性的智力化概念和青少年自主权化正在经历着严格的考问。本章探讨了有关珍妮特案中一些新兴概念以及政策转变可能带来的影响。

随着时间的推移，当我探究最近司法对有学习障碍的人进行绝育回应时发现，在政策上和学术上，绝育者本人、护工和代讼人从不同视角对绝育问题都持有不同观点，焦点在于选择、内涵和授权问题。不断变化的理性范式已经引发了从残疾的本质概念向社会结构缺陷的转变，这在最近促使法院所提的问题与当年在珍妮特案中所提的问题截然不同。近期，有关于弱势群体等问题的学术文献重点已被确定为促进司法叙述的潜在转变。本章最后就法律在未来如何对这些新型范式做出回应进行了思考。

2. 学习障碍的出现：医学知识以及社会政策

为了理解法院对珍妮特案是如何回应的，我们首先应该了解法律和社会领域对学习障碍的理解。对历史以及社会政治方面的审视可以使读者认识到珍妮特案在那个历史节点上在法院内外的认知过程。为此，我们从博尔绍伊（Borsay）对残疾的社会政策的考查开始。在这里，她指出了自启蒙运动以来就影响残疾政策制定并深深地植根于20世纪80年代英国的政策结构中的现代性特征。这些影响残疾政策制定的特征体现为：理性思想和知识是社会工程和社会福利事业建设的重要基础；发达的资本主义经济会根据收入以及财富的多少划分不同等级的社会分层；个人权利法典为有关学习障碍社会政策的制定奠定了基石[7]。对相关政策制定同样至关重要的是医疗话语作为一种主导性的认知在18世纪开始出现。在工业化[8]带来经济、文化上的发展变化以及公民期盼做出社会贡献[9]的背景下，通过制定医学规范使医学知识占据主导地位成为可能，同时，也使得诊断、治疗和管理技术得以发展，疾病分级制度得以建立[10]。这种医疗话语权不仅有助于产生和巩固职业等级制度，而且还界定了医疗领域的边界，从而制止了其他领域的干涉[11]。虽然许多学习障碍患者在家中得到供养，并从事家庭手工业经济生产，然而，工业革命的到来预示着这些人很可能会被安排到福利机构中（如济贫院、收容所、可长期住院的医院乃至居民家中），或者服从专业人士的管理而继续生活在社区里[12]。

在经济和社会转型时期，医学所扮演的角色并不是次要的。乔安娜·瑞安（Joanna Ryan）在研究学习障碍患者收容机构的发展时指出："不仅医院要妥善应对那些被社会所排斥的人……医学专业人员也已经创造了一套完整、正当的思维方法来批驳这种排斥做法[13]。"如今这种对于学习障碍患者的医疗和体制化管理依旧方兴未艾，因为根据1983年《精神卫生法》(Mental Health Act)[14]，这些人可在治疗机构中进行疾病评估[15]，或者接受社区评估，然后接受一般或专业人员提供的干预治疗，从而在住宅区内享有服务[16]。虽然在20世纪60年代和70年代[17]，政府优先考虑将学习障碍者安置在社区而不是医院，但人们依然支持帮助像珍妮特一样的人，人们对残疾的认知并没有改变。对于学习障碍患者的辨别、管理和照看有助于构建了解学习障碍的框架，将患有学习障碍的人从身体和心理角度进行区分，从而产生了一系列社会对其排斥的政策[18]。20世纪80年代初期，杰恩·克拉普顿(Jayne Clapton)将她作为宿舍管理员与众多患有学习障碍的青少年一起生活的经历记录了下来，重点描述了他们与正常人们生活的不同所产生的混乱。在记叙学习障碍患者的生活时，这一点常常缺失。她注意到：

在记述有关这类人群(学习障碍患者)的时候，能够很容易地注意到他们的定义缺失。关于患者个人的传统记述多是关于他们智力上的缺失或不足……他们的日常生活缺少个人的历史回顾——故事和照片；家庭关系的缺失；日常生活选择的缺失。这些缺陷都是由社会对他们的污名化和不负责引起的[19]。

这种有关学习障碍的记述方法在当时引起了许多关爱者的共鸣，并且与20世纪70年代有关学习障碍者照护和管理的政策一脉相承。这些叙述大量结合了相关学习障碍人士的特点。这部分人因自身的内在缺陷而需要更加具体的规定。尽管对于支持患者的人群来说，在道德观上的主要论点是机会平等，但他们仍然保持着深刻的医学化的残疾观念。相关的例子有很多，这里列举两个。1971年的题为《为精神障碍人士提供更好的服务》(*Better Services for the Mentally Handicapped*)的报道倡导人们帮助精神障碍者离开长期住院机构[20]，把他们安置到社区住宅中。乍一看，离院显然预示着增加社会包容性的巨大潜力，但这并不一定能实现[21]。在20世纪70年代医院似乎也没有采取这样的行动，1971年的报道将残疾描述为缺陷和悲剧。

报道的介绍部分将其定义为给家庭成员带来的“巨大压力”[22]，父母的隔绝与孤独感[23]以及其他兄弟姐妹感受到的“痛苦感”[24]。尽管主张“每个残疾人都应该与自己的家庭成员一起生活，只要这不会对双方造成无尽的负担，并且家庭以及本人应该得到充分的建议和支持”，还是很难想象一个患有学习障碍的人在当时除了被当成一个负担，还会有什么其他可能性。事实上，这也解释了为什么在倡导这个举措十余年后，依旧有许多患者长期住院，而并不是像 1971 年那篇报告所预期的那样回归社会[25]。许多政策文件中倡导的赋予人们平等机会的想法[26]，在确认这些人的残疾人身份后被冲淡，因为他们个人的缺陷，社会的行动就只能停留在言语上。玛丽·沃诺克（Mary Warnock）的《特殊教育需求：残疾儿童和青少年教育调查委员会报告》（*Special Educational Needs: Report of the Committee of Enquiry into the Education of Handicapped Children and Young People*）[27]为 1981 年《教育法案》提供了依据，并且对孩子长期远离卫生服务管理起到了积极影响[28]。即使在这里，残疾依然被作为一种缺陷。沃诺克对于委员会达成的成就指出：

无论我们的意图如何，我们还没有完全避免这种老式的心理障碍治疗模式。我们仍然认为，有特殊教育需求的孩子与普通孩子是有些不同的，至少从老师的角度是这么看待的[29]。

他们在社会中被排斥以及追求有意义的生活时遇到的障碍，都要归因于他们自身的智力水平，而非制造上述重大限制的现代英国制度。国际上也承认，权利意识需要被支持和认可，但也需要在残疾人能力允许的范围内[30]。

根据学习障碍政策的特点，沃尔芬伯格（Wolfensberger）将其大致分为四类：去除人们的感知差异，隔离；恢复性治疗，以及预防[31]。在 Re B 案中，我们看到通过对珍妮特进行绝育来预防的法律解决方案。这样做时，法官将残疾认定为缺陷，从而复制了现代残疾的医学“模式”。上议院拼凑了三个主题，以强调珍妮特的残疾，并为拟议的手术解决方案辩护。这些观点复制了对智障的医学认识模式，将珍妮特的需求定性为基本上是“医疗”方面的需求，并拒绝讨论人权。

3. 上议院对学习障碍的看法

法院在讲述珍妮特的生平故事时强调了她的缺陷以及异常之处。尽管她与母亲一直保持联系，但是从 4 岁开始，珍妮特就住在一个法院安排的病房中。黑尔什姆大法官（Lord Hailsham）关于珍妮特案的意见对法院裁定绝育是否符合珍妮特的最佳利益起了关键作用，并从而合法地行使法院的监护权：

目前被监护人的心理年龄只有五六岁。她只能简单地说一两个词构成的句子。虽然她的病情由药物控制，但是她患有癫痫。她不了解，也不能了解性交、怀孕与生育之间的因果关系。她将无法就婚姻而给予有效的同意。她不明白，也不能轻易地接受怀孕所带来的不便与痛苦。当她月经不规律的时候，怀孕的情况就很难被及时发现，进而及时终止。如果她怀孕了并需要生产，那么她不会明白发生了什么，并且很有可能会惊慌失措，需要剖宫产。但是鉴于她的情绪状态，以及有很高的痛觉阈值，她很可能会撕裂手术伤口。无论如何，在正常的分娩过程中，她会变得“惊恐、紧张甚至极度暴力”。她没有母性本能，也不太可能后天培养出这种本能。她不想要孩子，并且一旦她生了孩子，也将无法照料孩子[32]。

这个描述的每一部分都强调了她自身的局限性以及能力的缺失，或者强调了她与常人在智力和身体上的区别。对于她缺失的正常人行为，我们知之甚少。例如，她喜欢什么，她是否希望有性关系，她是否想要孩子，她希望自己将来成为什么样的人。如果不能确定这些事项，也就没有必要讨论对这些事情所需要采取的干预措施了。

这些事项被轻易视为不在法官用于确定珍妮特的最佳利益的参考框架内。相似地，我们看到法院提及了她的脆弱性，就像对于她而言损害是命该如此，而不是由环境影响所致。黑尔什姆法官认为，她存在受到性剥削的风险，鉴于她曾被发现“以一种有损名声的状态处于浴室内”[33]，并且奥利弗大法官（Lord Oliver）提到，她曾经受性驱动而试图接近工作人员，并且一直在触摸自己的生殖器。对于珍妮特的性脆弱方面而言，没有其他有效措施，只有采取帮助和干预的方式。

对于残疾人的描述是固有存在的，而不是社会、政治和经济的产物，它驱使法院在此提出对学习障碍的解释。它符合对学习障碍患者的传统叙述，即中世纪以来，人们将学习障碍视为某种形式的缺陷[34]。由于优生理念的社会地位的上升，这种观点在 20 世纪初被进一步完善而成为主流观点并在社会上蔓延。学习障碍患者以及其他未成年群体的生育行为被认为是造成社会衰退的原因。为了调查社会退化的潜在生物学原因以及提高种族遗传的纯度，医学知识的发展以及方向不仅巩固了医学从业者在学习障碍领域具有的领先地位（与志愿组织和外行人员提供的照顾和支持有所不同），而且将学习障碍患者固化为天生危险的人。尽管美国最高法院在巴克诉贝尔案（Buck v Bell）中已经证实了绝育的宪法适用性，声称“三代傻瓜已经足够了”[35]，但在英国，管理学习障碍患者可能带来的社会风险的主要途径仍然是通过机构内部的性别隔离。虽然存在这种理论方式，但其实施手段有所不同。事实上，1933 年绝育委员会（Departmental Committee on Sterilisation）注意到，对“缺陷者”进行自愿（意思是不反对，而不是主动）绝育不能消除进行机构隔离的需要。他们指出，“无法生殖并不会排除他们对社会的威胁”[36]。到珍妮特案被呈递到上议院时，优生意识的破坏性影响不断暴露出来[37]。令人感兴趣的是，司法机构是否愿意听从专业临床知识，而不是沿用历史上的优生政策执行方式。毫无疑问，在优生意识的阴影下，为了保证人群中的遗传优越性，仍有成千上万有社会缺陷的人受到大规模的绝育[38]，这是大法官过去一直审议的。

法官强力否认他们的决策与优生优育形态之间存在联系[39]。尽管如此，人们常会焦虑地提及珍妮特案。这与这个时代中有关学习障碍患者的性别观点是一致的。在法律的其他领域中广泛地报道学习障碍与动物本能之间的联系，法院对此也有表述。珍妮特可能遭受的性剥削不仅仅是她自身幸福的危险，同时也可能是“对他人的危害”[40]。然而，法官所想的“危险”在这里并没有具体地说明。我们也被告知，当珍妮特刚刚被安置在疗养院时，她就“像一只野生动物”[41]。20 世纪 70 年代后期，在医院中照护成年学习障碍患者的护理人员常用动物来比喻这些住院患者，并且如果有学习障碍的女性患者表现出“动物本能”[42]，护理人员则通过限制患者的方法来保护她们免于性犯罪。这种与动物本性相关的行为有助于强调珍妮特案的差异，并使一系列本不能被接受的干预措施合法化，同时阻止了其他为她提供更多帮助的想法。在这项评估中，对于珍妮特的天性性欲以及冲动的探索是完全缺失的，因为人们假设她在这一方面是不可知的，也不可估量。人们认为，她的性需求无法被兼顾，需要通过外科手术进行抑制。

4. 法律遵从医学

在绝育过程中，医疗话语权占主导地位，这主要是通过考量珍妮特的医学最佳利益而确定的。先前珍妮特的知情同意权很大程度上不被法官所考虑。在珍妮特案中，绝育这一决定被认为是基于对其医学最佳利益考量下的唯一解决方案。虽然其他专业人士和非专业人士都参与了对珍妮特的护理，但是，能够确定其最佳利益的是医学关于风险的说法。这也证实了贝克（Beck）的观察中所说的：“法律的‘第三力量’必须求助于医学的管控。根据社会理性，这最终只能由医务人员而非其他人来决定。”[43] 值得注意的是，在评估执行绝育而非采用其他避孕方法的相对风险和利益时，风险评估的方法非常不同。法院对避孕失败的风险进行了非常详尽的评估，这与怀孕风险的推测性质的讨论形成了鲜明对比。我们被告知，珍妮特正在“表现出性意识以及性冲动”[44]，仅仅因为此就可以预见到其怀孕的风险。

虽然最佳利益原则为上议院授权绝育手术提供了法律依据，但更重要的是，法院应该咨询妇产科、儿科以及青少年精神科医师，以确定什么是珍妮特的最佳利益。毫不奇怪，讨论的重点转向对其他避孕选择的风险以及珍妮特分娩的后果进行详细评估，而不是考虑与珍妮特的情感幸福和未来发展相关的更广泛的福祉因素。消除医学上确定的“不可接受的怀孕风险”[45] 是法官认定的唯一有效的解决方案，但是没有对出于避免怀孕风险而对珍妮特进行手术治疗的心理以及情感影响进行任何评估，社会关怀的观点在珍妮特案中被边缘化，并且只有在以下情形才有意义，即能够明确地表明她能够可靠地接受避孕药物治疗[46]。在司法机构用没有法律支撑的严谨的医学分析的情况下，决定这种最佳利益的方式被认为是一种“变相的博勒姆主义”。司法机构认为自己有效避免了必须支持某一方的医学建议，或者完全拒绝另一方提出的有效医学建议[47]。在对待珍妮特的医疗需求时，法院的做法仅仅基于个别需求。这样，上议院的问题不是“我们能为她做什么”，而是“我们能对她做什么”。

将医学知识作为知识来源，来确定应该对珍妮特做什么，在上议院裁决的另外两个方面中得以体现。法官拒绝承认两种绝育的差别：一种在其他领域中被称为“治疗性的”，是针对疾病的治疗；另一种是“非治疗性的”，将其描述为一种避孕方法。其他领域中承认这种差异的存在，以便确定是否可以合法地执行绝育[48]，或者是否需要事先进行司法批准以合法地执行[49]。法官认为，这种区别没有可信价值，与决定福祉的方式方法无关[50]。此外，除了坦普尔曼法官

（Lord Templeman），其他法官都认为实施绝育不需要明确的授权[51]。福祉的医学评估，也就是医疗决策的依据，并不被认为仅仅是部分地、想当然地评估珍妮特的需求。这种评估被认为是一项私人事务，应当在医师和患者的父母（或者履行父母责任的人）之间解决，而不必开庭进行公众监督。家庭在私人领域方面的地位与一系列法律干预产生了共鸣，将严重的问题从批判的眼光中掩盖了起来[52]。它进一步重新塑造了“自然”的家庭（或者在珍妮特案中，正式的照护）关系，其中由医疗专业人士推荐的避孕决策也被视为家庭生活的一部分。这一部分是法律不需要，也不应该干预的。

5. 权利问题

从对人权的论述中发现，对帮助法官决策的主流医学观点有潜在的反对声音。在 Re D 案，即 1976 年的一项涉及患有索托斯综合征的 11 岁女孩绝育案中，海尔布隆法官（Heilbron J）驳回了妇产科医师所提供的证词，即认为确定 Re D 的最佳利益应当完全是一项医疗工作[53]。对于海尔布隆法官来说，最佳利益的确定也必须要考虑到对 Re D 造成的短期以及长期社会影响，并认识到这一过程对 Re D 的生育权的影响。对于人权的重视是否能在法庭上取代医疗的特权地位？在 Re B 案中，法庭判决减缓了两个权利的冲突：人身自由权以及生育权。珍妮特的判例围绕着关于从儿童时代（被密切关注着）向成年期转变的一些担忧和成见。这对于患有学习障碍的人来说并不鲜见，并且在此期间引起了国内外法律界和政界相当大的关注[54]。然而，让珍妮特与同时代其他孩子不同的，是她的残疾以及她住在医疗机构。

对于英格兰和威尔士的学习障碍患者来说，20 世纪 70 年代和 80 年代开始终止长期住院的原因，很大程度上是经济因素（如维护和维修成本，人员配置成本，机构中人员满载，加上不断增长的学习障碍患者人数）[55]，而不是有关社会正义的残疾人活动倡导取得了成功。在这期间，学习障碍患者被视为专职的受捐助对象，而非权利的拥有者。虽然人们可能认为，这个时期预示着他们融入了社区，在这期间，患者将享有“尽可能接近常规的生活模式”[56]，但是，个人自由被视为是一种交易性商品——以牺牲生殖能力为代价来确保人身自由。当然，精神福利官员和医疗监管人员根据1913年《智力缺陷法》所做出的叙述性描述，直到1959年仍旧有效。许诺将目前居住在社区内的患者纳入护理机构，或者在有迹象表明他们正在谈恋爱或者准备结婚时，将其置于更严格的社区监督和控制之下[57]。当时，专业干预导致身体自由的丧失，而保留了生殖自由。在20世纪80年代，情况被扭转了[58]。在珍妮特案中，上诉法院指出，其他保护她免于怀孕的方式对她享有自由产生了不利影响。上诉法院法官狄龙（Dillon LJ）指出：“如果给她的自由越大，那么显然性交和怀孕的风险也就越大。”[59]根据法院的说法，如果要使珍妮特更加自由，那么必然要限制她生育的选择。

此外，珍妮特的生殖权利不仅仅取决于她的自由程度，而且也取决于她的行为能力。海耳布隆法官（Lord Heilbron）在12年前对患有学习障碍的11岁女孩的绝育案件做出判决时明确承认了绝育行为对女童生育权的影响[60]。在珍妮特案中，法官不予考虑这个论据的价值。奥利弗法官指出：“生育权只有在当事人有做出选择的能力时才有价值。在这个案子里，毫无疑问，这个未成年人无法做出这样的选择，或者说她甚至都感觉不到做出决定的必要性。”[61]根据法官所述，生育权这种依情况而定的性质表明并不是所有权利都被平等享受。

本案中法官关于行使权利所需能力的讨论特别令人惊讶，因为在珍妮特案发生的这一时期，关于法律语境中青少年决策的问题已经上升到至关重要的位置了。就在这一案件发生的两年前，法官曾参与决断了一则卫生和社会事务部（DHSS）通告的合法性。这则通告意在为16岁以下的女孩提供避孕咨询和治疗[62]。费雷泽法官（Lord Fraser）认为仅以年龄为由不足以认定16岁以下的年轻人缺乏做出医疗决定的法律行为能力。他表示：

无论是男孩或女孩，如果患者能够理解所提出的建议，并表达自己的意愿，我认为没有理由认为其缺乏合法有效的表达能力，也没有理由认为其无法授权医务人员进行检查或者治疗[63]。

在吉利克案中，孩子的智力能力对做出医疗决定很重要，这对于法官的判决非常关键。在这一判决中，法官使用了规范性的语言，用相当长的篇幅叙述了哪些情况下孩子对避孕建议和治疗的同意是有效的[64]。乍一看，吉利克案的裁决似乎为孩子的自主权翻开了新的篇章，为年轻人更多地参与自己医疗保健方面的决定提供了可能，即使是在父母反对的情况下。1989年，随着英国同意了《联合国儿童权利公约》（UN Convention on the Rights of the Child），将青少年视为潜在自主权持有人的概念得到了加强。该公约规定了缔约国有义务

确保有主见能力的儿童有权对影响到其本人的一切事项自由发表自己的意见，对儿童的意见应按照其年龄和成熟程度给予适当的看待[65]。

尽管在1985年法院对青少年自主权的概念似乎已开始发生重大转变[66]，这从而招致了人们对法律限制父母权限全面的批评，但是在这些分析中对珍妮特这类女性的分析是缺失的。在某种程度上，读者可能不会对这一点感到惊讶，因为上议院确认了珍妮特的局限性。但是作为所有年轻人共同转型阶段，在青春期个人能力得到发展，父母和其他决策代理人的干预也应随之减弱，但这一点都被排除了。然而，无论是在品质上还是规范上，珍妮特决策的权利和机会被认为与吉利克那样的非残疾年轻人不同。在法院的解读下，珍妮特的残疾需要一种相当不同的法律方法来分析和回应。

尽管在这段时间里，包容和支持学习障碍者的制度框架发生了

相当大的变化，但现代关于残疾的叙述和话语仍然为珍妮特判例奠定了基础。然而，现在我们回头看，显然对学习障碍者的缺陷、人权和性行为有了一系列新的思考方式，人们越来越多地考虑学习障碍者的人权和性行为。本章将继续研究这些相互矛盾的叙述对于珍妮特案以及像她这样面临绝育的年轻和成年女性的影响。这些思考不是为了说明法院在处理珍妮特案时为什么做错了，而是为了强调在 Re B 案中的判决对这些诉讼请求没有回应，其原因将在本章末尾探讨。

6. 自然性与残疾性、本能与残疾的社会冲突

法官对珍妮特性行为这一问题的概括，正处于学术研究文献中广泛刊登关于残疾人性行为一些新的叙述时。这一工作很大程度上依赖于在 20 世纪七八十年代流行的社会建构主义这一社会学方法[67]，旨在否定将性行为这一概念当作固有不变的想法，而将重点放在性欲在社会中的定位以及其产生上。1976 年，福柯（Foucault）在其关于性的历史的著述中进一步描绘了不同的历史转变以及“兴起的表象”。这使得随着时间的推移，人们对性行为产生了非常不同的社会和政治反应[68]。他的那些探讨医学在规范特定性行为与性伴侣中的作用的作品，很可能挑战了以医学为中心建构的绝育框架，尽管在当时绝育被作为一种适当的医疗应对措施而被广泛适用。值得注意的是，例如，让珍妮特绝育这一建议几乎完全是通过参考医疗风险来构建的，而在这种分析中应该考虑社会、情感以及发展性的观点（例如，看珍妮特是否想要发生性关系以及要孩子；她现在或者未来是否能做关于性接触的决定；如果她不想发生性接触，如何保护她不受到虐待）都没有涉及。建构主义的方法是将性行为视为社会现象而非自然现象。这不仅探究了学习障碍者性行为的两个主要刻板印

象（兽性和无辜者），而且为思考性行为开辟了新的道路。这一著作对于探询各利益攸关方对学习障碍者性行为的态度较有影响力。它还探讨了如何在政策[69]、业务规划[70]、职员和家庭成员技能培训[71]以及对学习障碍者的个人支持[72]等方面给予支持和安排。

同样，这种建构主义的做法迫使人们对残疾的本质进行彻底的反思，并对其做出合适的社会回应。1975年，身体残障者反隔离联盟（Union of the Physically Impaired Against Segregation）在残疾的概念上不再将其视为个人缺陷，而是认为社会结构和社会安排应为残疾负责："在我们看来，是社会让身体受损的人残疾。残疾是通过不必要的隔离以及社会的排挤强加在我们身体损伤之上的。"[73]这种对残疾的看法在20世纪七八十年代对政策和研究产生了三个至关重要的影响。首先，它为人们承认社会环境是残疾的源头和人类社会排挤的成因铺平了道路。其次，它让残疾的影响成为了一个公众关心的问题，而不是一个自身面对的个人悲剧。最后，它对解决由残疾造成的不平等现象提出了要求。它要求人们从社会层面上而不是个人层面上做出应对[74]。尽管活动家和学者倡导的社会模式花了一些时间嵌入国家和国际层面的政策框架，但有人认为在这段时间的社会政策和议会报告中确实有了残疾社会模式的痕迹。1979年"心理障碍护理报告"（*Report into Mental Handicap Nursing and Care*）审查了应向学习障碍者提供的专业支持的适当形式[75]。虽然报告中的建议未获得通过，但报告书被认为是制定了"一套指导所有服务的原则，在语言上非常接近于正式文本中以及英国和其他地区多种出版物和教学中的那种语言[76]。"当然，个人得到社会重视这种精神应得以确立[77]。该报告确定了三项主要原则。这三项原则与支持残疾的社会模式中许多价值观相符合：享有正常生活方式的权利；被视为个体；以及获得适当的支持，以便其从公共利益中受益并发挥他们的潜力[78]。此外，白皮书《关爱他人：未来十年及以后的社区护理》[79]（*Caring for People: Community Care in the Next Decade and Beyond*）引出了1990年的《国家卫生服务和社区护理法》（National

Health Service and Commnity Care Act）。这已被公认为一个系统的、以人为本的提供护理的框架（即使它没有被实施，至少也有其基本价值）。这被认为是保持对选择、包容[80]、权利和独立[81]等价值观的忠诚。这些价值观继续支持当代关于学习障碍患者的社会政策[82]。

7. 重新定位“医疗”

尽管本案中法官坚持用医学知识来定义珍妮特的最佳利益，但在法庭上有关儿童医学知识和代理决策的主导地位开始在国内外受到了挑战。司法对知情同意伦理原则的介入，使得医生在确定患者需要依据何种信息做出医疗决定时，需要对司法机构的标准进行考量。简言之，要确定的问题是司法机关是否应该依靠医学专业知识，即关于患者所接受治疗方法的风险、副作用以及可能的替代疗法的信息。在珍妮特案裁决之时，许多司法管辖区驳回了这一控诉，即信息告知只是临床医师专业的一部分，因此，应根据常规的临床上的过失原则来确定。根据一个站在患者角度的理智人想知道的信息而不是一个理智的医师认为可以告知的信息来确定责任，这种方式被认为有效地尊重了患者的自主权以及限制了医师在其中起到的作用[83]。尽管上议院在1985年拒绝了这种做法[84]，但是在赛德威一案中大多数法官承认有些医疗风险是医疗从业者义不容辞必须要告知的，无论临床判断的界限如何[85]。虽然这里对临床酌处权的限制确实不大，但是我们看到了一场司法进步的开始。人们开始认真考虑患者自主权的重要性以及必须采取必要的司法监督来对合法行使医疗酌处权进行评估。这个判决仅做到了“将博勒姆案恢复到适当的限度”[86]，但它至少表明了对医疗权力提出挑战的意愿，尽管这是它最极端和最特殊的表现。推动这一发展的还有上议院在吉利克案中的裁决。吉利克是一名不满16岁的年轻人，因此，他不在1969年

《家庭法改革法》(Family Law Peform Act)的管辖范围内，但他获得了医疗和咨询的决策权，而且这些权利不能被其父母推翻或否决。在吉利克案中儿童医疗的背景下出现了权利资格的论述，例如，“当孩子对某事有足够的理解并能够依靠自己的思考做出决定时，父母应向孩子的权利让步，并让他们做出自己的决定”[87]。这为年轻人在卫生领域提供了更多的决策机会。同时也可以理解，逻辑上暗含的意思是未成年人对医疗和建议的拒绝也不能被推翻，由此限制不必要的医疗干预。

在这两个判例中，这些司法创新都承认临床判断在“特殊”情况下会被取代或受限。它们至少提供了一种不同的分析方式来分析医学知识在珍妮特案之类的案件中起到的作用。随着对残疾和性观念的转变，我们可能停下来反思这些变化带来的影响(如果有的话)。

8. 法律变迁的可能性

在珍妮特案中法官采用的推理方式为之后报告的绝育案奠定了基调。除了两个案子外其余都是关于女性绝育，并且大多数是关于成人而不是未成年人被建议绝育。司法上根据医学知识来决定某个人的最佳利益的做法继续主导着整个 20 世纪 80 年代的诉讼程序，导致忠于个人而非社会残疾模式的损伤概念的形成[88]。法院继续将对学习障碍者简单的陈述作为他们判决的前提。这些陈述中充满了关于悲剧和功能障碍的叙述。叙述中都是参考人们的心理年龄[89]、功能残疾以及否定社会及情感进步的可能性等方面的能力[90]。此外，将学习障碍者的性行为描述为原始的动物本能或像孩子一样天真好奇[91]，没有对如何支持残障人士过上正常性生活进行认真细致的评价[92]，而且忽视了在 20 世纪 90 年代已被明文记载的性虐待风险[93]。

事实上，1989 年这种对于医学知识的遵从进一步加固了。当时上议院裁定，博勒姆原则将提供法律机制。在这种机制下对于缺乏能力的成年人，通过其临床决定来做出符合其最佳利益的决策[94]。这种做法的影响令人震惊，并招致了指控，这“将甚至保护那些完全的特立独行者，虽然他们的同事没有一个会支持其绝育的决定”[95]，直到十年后上诉法院限制了博勒姆原则在这一领域的作用。

9. 监管增强了吗？

在20世纪90年代后期，司法机构逐渐转变，开始采取更主动的做法。这包括法官更加仔细地审查怀孕风险以及检查与绝育相关的风险。比如，在Re S案中，约翰逊法官（Johnson J）明确承认，关于将来怀孕的风险大部分是推测性的，必须权衡轻重，考虑绝育手术可能带来的更大风险[96]，并且需要承认存在性虐待的风险，这不会被手术情况的好坏所掩盖[97]。然而，人们仍依赖绝育来适当给予社区里学习障碍者更多的自由，并且很少有人认识到这对社会造成的危害，即牺牲生育的自由[98]，而缺乏相关的支持措施。

在接下来的几年中，法院的思路也在慢慢演进。在法律和政策进一步发展的背景下，从社会基础的残疾模式扩大到全球发展问题[99]，国家发展战略改善对弱势群体的包容[100]，引入残疾歧视立法[101]，到1998年《人权法案》生效，再到近来的，2007年英国签署了联合国《残疾人权利公约》[102]。

可悲的是，这种转型的速度看起来有点儿慢。当然某种程度上是因为概念转换不可避免地需要相当长的时间才能落实到地方和国家的政策上，而且在运作实施方面需要更长的时间[103]。同样重要的是要注意到，这一领域的很多法律与政策相互交织，并没有产生一套统一的主张，可以为患有学习障碍的年轻人提供一个可靠方案。举个例子，20世纪80年代中期在法庭上重新定位临床诊断的法律转型并没有坚持下来。尽管吉利克案的裁决翻开了青少年自主权的新篇章，让人感到有些乐观，但是法院迅速对青少年治疗决定权的任何授予退避三舍，并明确表示医疗专家是儿童决策机会的把关人物。Re R 案[104]的判决标志着从吉利克案开始的又一次急剧倒退。这表明有能力决策的儿童有权对于那些医师认为符合其最佳利益的疗法做决策。尽管治疗措施是由父母或法院提出的，但孩子拒绝这种治疗。因此，这不是吉利克案中有决策能力的孩子同意或者拒绝接受的治疗决定了医学治疗的合法性，而是由符合患者的最佳利益的诊断和治疗来决定的。吉利克案的倒退可能促使评论员重新审视 Re R 案判决，审视隐藏在看似解放的（儿童权利）表面之后的东西，即法院坚持尊重医疗专业人士的意见，决定何时应该提供避孕建议和治疗[105]。对权利的褒扬和立法规范，无论是在国内层面还是国际层面，对年轻人决策的现状没有产生重大转变[106]。此外，尽管在医疗信息过失披露领域司法对医学知识的尊重还存在进一步的限制，以及当时已更广泛地承认了患者自主权在医疗决策中的首要地位[107]，关于司法机关可以在多大程度上认定信息披露存在过失的问题，即使运用了临床判断，直到 2015 年仍存在激烈的争议[108]。医学知识在法庭上的主导地位持续了近 30 年。

10. 一个对改变做出回应的系统？

多年来人们一直在努力实现法律转型，但转变为一种不同的对待学习障碍者的思维方式仍进展缓慢。这种医学占主导地位的系统理论分析将司法尊重的理由不仅定位为医学专业化的要求和体现，也被看作是确保法律一致性和规范完整性的手段之一[109]。如果我们把法律看作是一个专门的制度，有自己的运作规则和可行性规范，我们必须承认，需要通过各种媒介来间接获取非法律知识。采用这种观点，约翰·哈灵顿（John Harrington）强调了很多司法推理的循环性，证明法律中自相矛盾的一面，即司法裁决以道德规范为前提，而道德规范又以法律声明为前提。它不同于其他形式的知识，但它必须与其他知识相结合，并且不能牺牲其学科的完整性[110]。这种完整性是通过一系列规划战略来维护的，其中包括一种“区分和取代的混合”[111]，以便在法律裁判中重新创造非法律知识并将其合理化。像这种取代——对医学知识的遵从——已经在绝育判例里最佳利益的语境中得到体现，不利于广纳各种不同意见。

以这种方式来看，我们可能会发现司法对于医学的遵从可能被视作法律有效运作的一个重要策略，尽管最终不会有太大的帮助。然而，这并不意味着其他旨在改变的策略被排除在外。尽管法律有规范化封闭的特性，但其在认知上仍然是开放的，而且能够回应社会系统或者其他封闭子系统（如医学）的问题。值得认真考虑法律如何应对不断变化的残疾概念，没有必要将非医疗因素纳入最佳利益的决策中。这是通过改进博勒姆原则在普通法框架下为缺乏能力的成年人所起到的作用，以及对未成年人最佳利益决策有关因素的重新评估而实现的。2000 年，上诉法院确定了最佳利益决策过程的两个阶段，表明临床判断的作用是通过负责任的医疗实践概括能提供给患者的医疗选择范围[112]。然后，法院和决策者则是在考虑一系列非医疗因素后从中做出最佳的选择[113]。因此，尽管人们也许可以从医疗选择中找到最佳选择，但情况未必如此。这种区分将博勒姆案确立的原则限于学理之上，借此给法院一些空间来考虑一系列非临床因素，如患者的心理健康[114]、愿望[115]、未来情况变化的可能性[116]，支持并帮助患者做出决定的机会[117]，以及患者的幸福[118]。虽然这些广泛的非医学观点没有立即提供给法院进行审议，但很显然人们对这些因素相关性的认识有所增加，尽管进展缓慢而且有些零碎。假如珍妮特今天再上法庭的话，她的案子很有可能受到与之前非常不一样的法律审查。

当然，法律要对社会环境以及在残疾政策上面临的进一步挑战做出回应。诸如容易受到伤害[119]这种新范例为进一步重构对学习障碍年轻人性行为的法律对策提供了可能性。法律转型的动态性以及依情况而定的性质意味着关于绝育的故事还没有结束。故事将继续发展，新的可能将会出现。随着这些转型，会有新的改变机会，也会遇到一些认识上的阻力。

（潘叙如　顾晴晴　王　岳 译）

注　释

1 D Atkinson and F Williams (eds), Know Me As I Am： An Anthology of Prose, Poetry and Art by People with Learning Difficulties(Oxford, Oxford University Press, 1990) 175。

2 Re B (a minor) (wardship: sterilisation)[1988] AC 199, [1987] 2 All ER 206。

3 尽管目前社会性绝育和治疗性绝育的概念仍有争议。可参考《法院对使用绝育方法进行痛经处理的回应：Re GF（患者）》[1991]，FCR 786，sub nom Re GF (medical treatment) [1992] 1 FLR 293。

4 见：R Lee and D Morgan, 'Sterilisation and Mental Handicap：Sapping the Strength of the State ?' (1988) 15 Journal of Law & Society 229。

5 见：A Grubb and D Pearl, 'Sterilisation and the Courts' (1987) 46 Cambridge Law Journal 439; J Fortin, 'Sterilisation, the Mentally Ill and Consent to Treatment' (1988) 51 Modern Law Review 634; J Shaw, 'Sterilisation of Mentally Handicapped People: Judges Rule Ok ?' (1990) 53 Modern Law Review 91。

6 In re Eve (1986) 31 DLR (4th) 1。

7 A Borsay, Disability and Social Policy in Britain since 1750: A History of Exclusion (Basingstoke, Palgrave, 2004) 1-8。

8 BS Turner, Medical Power and Social Knowledge, 3rd edn (London, Sage, 1995) pt III; M Oliver and C Barnes, The New Politics of Disablement (Basingstoke, Palgrave Macmillan, 2012) ch 3。

9 SL Snyder and DT Mitchell, Cultural Locations of Disability (Chicago IL, University of Chicago Press, 2010); MH Rioux, 'Disability: the place of judgement in a world of fact' (1997) 41 Journal of Intellectual Disability Research 102。

10 参见，例如：D Armstrong，'The Rise of Surveillance Medicine' (1995) 17 Sociology of Health & Illness 393。

11 参见，例如：M Foucault, The Birth of the Clinic (London, Routledge, 2003)。

12 关于学习障碍的历史，参见：D Atkinson, M Jacobs and J Walmsley, Forgotten Lives : Exploring the History of Learning Disability (Kidderminster, BILD, 1997); L Brigham, D Atkinson, M Jackson, S Rolph and J Walmsley (eds), Crossing Boundaries : Change and Continuity in the History of Learning Disability (Kidderminster, BILD, 2000); D Wright and A Digby (eds), From Idiocy to Mental Deficiency: Historical Perspectives on People with Learning Disabilities (Abingdon, Routledge, 1996)。

13 J Ryan and F Thomas, The Politics of Mental Handicap (London, Free Association Books, 1987) 15。

14 Mental Health Act 1983, s 1(2)(a)。

15 最近的关于学习障碍者对这些机构长期使用的问题见：'People with Learning Disabilities " Stuck in Institutions" , New Statistics Reveal' (Learning Disability Today, 2014):www.learningdisabilitytoday.co.uk/people_with_learning_disabilities_stuck_in_institutions_new_statistics_reveal_25769814687. aspx; Department of Health, DH Winterbourne View Review Concordat: Programme of Action (Department of Health, 2012)。

16 需要注意的是，一部分国家卫生服务的资金分配与学习障碍的服务回应措施相关，如基层医疗工作者需要照护许多学习障碍患者。NHS, Quality and Outcomes Framework Guidance for GMS Contract 2013 (NHS Employers, 2013)。社区内的学习障碍患者服务安排的结果分析，见：Transforming Care and Commissioning Steering Group, Winterbourne View—Time for Change: Transforming the Commissioning of Services for People with Learning Disabilities and/or Autism(NHS England, 2014)。

17 见：Ministry of Health, A Hospital Plan for England and Wales (Cmnd 1604, 1962); DHSS, Better Services for the Mentally Handicapped (Cmn 4683, 1971)。

18 如 IQ 测试这样的技术也被用于测试某些智力异常，比如鉴别出那些被认为不适合接受教育的人并对他们加以限制。考虑到珍妮特案需求的复杂性，她本应该成为限制"精神残疾"者接受学校教育举措的一个受益人，因为这些人"不适合学校教育"：Education (Handicapped Children) Act 1970 and The Education of Handicapped Children (Transfer of Staff and Property) Order 1971 (SI 1971/341)。

19 J Clapton，'The Quilter's Journal' in S Rolph, D Atkinson, M Nind and J

Welshman, Witness to Change: Families, Learning Difficulties and History (Kidderminster, BILD, 2005) 267。

20 DHSS, Better Services (1971)。

21 见：NA Malin and DG Race, 'The Impact of Social Policy on Changes in Professional Practice Within Learning Disability Services: Different Standards for Children and Adults? A Two-Part Examination' (2010) 14 Journal of Intellectual Disabilities 315, 319。

22 DHSS (n 17 above) [14]。

23 ibid [16]。

24 ibid [17]。

25 Ryan and Thomas, The Politics (1987) n 13 above, 156。

26 M Warnock, 'The Work of the Warnock Committee' in P Mittler and V Sinason (eds), Changing Policy and Practice for People with Learning Disabilities (Cassell Education) (New York, Continuum Publishing Co, 1996) ch 5, 56。

27 M Warnock, Special Educational Needs: Report of the Committee of Enquiry into the Education of Handicapped Children and Young People (Cmnd 7212, 1981)。

28 Malin and Race, 'The Impact of Social Policy' (2010) n 21 above, 317。

29 Warnock, 'The Work' (1996) n 26 above, 56。

30 United Nations, Declaration on the Rights of Mentally Retarded Persons (General Assembly Resolution 2856 (XXVI) of 20 December 1971) art 1。见：too, the criticism of the World Health Organisation's (now lapsed) International Classification of Impairments, Disabilities and Handicaps (WHO 1980), in C Barnes and G Mercer, Disability (Polity, 2003) 13-15。

31 W Wolfensberger, Normalization: The Principle of Normalization in Human Services (National Institute of Mental Retardation, 1972) 24。

32 Re B (n 2 above) 202。

33 ibid 203。

34 Ryan and Thomas (n 13 above) ch 5。

35 Buck v Bell 274 US 200 (1927) 207 (Oliver Wendell Holmes Jr)。

36 Report of the Departmental Committee on Sterilisation (Cmd 4485, 1933) [53]。注意，虽然报道出于优生学的目的匿名建议“自愿”绝育，但是这个建议从来没有实施过。

37 在20世纪70年代后期，许多司法机构已经废除了出于优生目的的绝育法律。见：BM Dickens, 'Sterilization and Retardation' (1982) 5 International

Journal of Law & Psychiatry 295, 304。

38 见：G Broberg and N Roll-Hansen (eds), Eugenics and the Welfare State: Sterilization Policy in Norway, Sweden, Denmark, and Finland (Michigan State University Press, 2005); PA Lombardo (ed), A Century of Eugenics in America: From the Indiana Experiment to the Human Genome Era (Indiana University Press, 2011); E Dyck, Facing Eugenics : Reproduction, Sterilization, and the Politics of Choice (University of Toronto Press, 2013); A Bashford and P Levine (eds), The Oxford Handbook of the History of Eugenics (OUP, 2010)。

39 Re B (n 2 above) 202 (Lord Hailsham); 204 (Lord Bridge); 207 (Lord Oliver)。

40 ibid 202。

41 ibid 204。

42 "他们就像牲口一样，不是吗？……他们就像一群蠢猴子，不是吗？" Ryan and Thomas (n 13 above) 62。患有学习障碍且有动物天性的女性形象可能将为非法性侵辩护，这在1866年的案件中第一次出现，即R v Fletcher(1866) LR 1 CCR 39。"由纯粹的动物天性产生的同意足以使这一行为不构成强奸"。在R v Jenkins (2000)案中同样可见，有关一名护工非法性侵一名"缺陷者"，这违背了1956年《性侵法》(Sexual Offences Act 1956, s 7)。在此情况下，初审法官认为当女性依靠自己的"动物天性"时，同意就成立。这个案件的简述可见：Law Commission, Consent in Sex Offences: A Report to the Home Office Sex Offences Review(Law Comm, 2000)。

43 U Beck, Risk Society : Towards a New Modernity (New Delhi, Sage, 1992) 210。

44 Re B (n 2 above) 208。

45 Re B (n 2 above) 206 (Lord Templeman)。

46 ibid 209。

47 M Brazier and J Miola, 'Bye Bye Bolam: A Medical Litigation Revolution ?' (2000) 8 Medical Law Review 85。

48 Re Eve (n 6 above) 1。

49 见：Marion's Case (1992) 175 CLR 218。

50 见：Re B (n 2 above) 203 (Lord Hailsham)。

51 ibid 205–6。

52 见：S Boyd (ed), Challenging the Public/private Divide : Feminism, Law, and Public Policy (Toronto ONT, University of Toronto Press, 1997)。

53 Re D (a minor) (wardship: sterilisation) [1976] Fam 185, 198。

54 见：UN Convention on the Rights of the Child 1989, General Assembly

resolution 44/25 of 20 November 1989; BC Hafen and JO Hafen, 'Abandoning Children to Their Autonomy: The United Nations Convention on the Rights of the Child' (1996) 37 Harvard International Law Journal 449; The Children Act 1989。

55 DHSS (n 17 above) [118]。

56 B Nirje, 'The Normalization Principle and its Human Management Implications' in RB Kugel and W Wolfensberger (eds), Changing Patterns for Residential Services for the Mentally Retarded (Washington DC, President's Committee for the Mentally Retarded, 1969)。

57 S Rolph, D Atkinson, M Nind and J Welshman, Witness to Change : Families, Learning Difficulties and History (Kidderminster, BILD, 2005) 117。

58 见: E Brantlinger, 'Attitudes toward the Sterilization of People with Learning Disabilities' (1992) 17 Journal of the Association of Persons with Severe Handicaps 4; L Patterson-Keels, E Quint, D Brown, 'Family Views on Sterilization for their Mentally Retarded Children' (1994) 39 Journal of Reproductive Medicine 701。

59 Re B (a minor) (wardship: sterilisation) [1987] 2 All ER 206, 209 h。

60 Re D (n 53 above) 193。

61 Re B (n 2 above) 211 (Lord Oliver).

62 Gillick v West Norfolk and Wisbech Area Health Authority and another [1985] 3 All ER 402。

63 ibid 409。

64 Gillick (n 62 above) 423 (Lord Scarman):"她了解所提供建议的本质还不够:她应该足够成熟并理解其中所涉及的内容。其中有与道德和家庭有关的问题,特别是她与她父母的关系以及与怀孕、终止妊娠有关的长期情绪上的影响,同时还有在她那个年龄进行性行为的健康风险,以及避孕措施可能减少但无法消除的风险。因此,医师在进一步讨论她是否有能力同意接受避孕治疗之前必须确认她能对这些因素进行评估。"

65 UN Convention on the Rights of the Child 1989 (n 54 above) Art 12。

66 关于法官在吉利克案判决第二部分的回避情况 (Retreat from) 在本书其他地方进行了讨论,主要侧重于在青少年同意接受治疗时对于父母权力的限制。

67 这种分析方法的起源很大程度上归功于: PL Berger and T Luckmann, The Social Construction of Reality: A Treatise in the Sociology of Knowledge (New York, Anchor Books, 1966)。

68 M Foucault, The History of Sexuality Volume 1: An Introduction (New York,

Vintage, 1990)。

69 A Craft (ed), Mental Handicap and Sexuality: Issues and Perspective (Tunbridge Wells, Costello, 1987)。

70 A Craft and M Craft, Sex Education and Counselling for Mentally Handicapped People (Tunbridge Wells, Costello, 1983)。

71 A Craft and M Craft (eds), Sex and the Mentally Handicapped: Guide for Parents and Carers (Routledge & Kegan Paul, 1978)。

72 H Dixon, Sexuality and Mental Handicap: An Educator's Resource Book (Wisbech, LDA, 1988)。

73 The Union of the Physically Impaired Against Segregation and the Disability Alliance, Fundamental Principles of Disability (London, UPIAS, 1975) 3。

74 见：M Oliver and C Barnes, The New Politics of Disablement (2012) ch 1:"社会模式打破了障碍与残疾之间的因果关系。障碍的事实没有被否认，但这不是造成残疾人在经济和社会上不利地位的成因。相反，重点转移到了社会在多大程度上，以及以什么方式限制了他们参与主流经济和社会活动的机会，让他们多多少少依赖……因此，社会模式将注意力转移到残疾人的一些共同经历：压迫、受排斥以及可以通过行动和社会变革改变的方面。"

75 Report into Mental Handicap Nursing and Care (Cmnd 7468, 1979)。

76 Malin and Race (n 21 above) 316。

77 Report into Mental Handicap (1979) n 75 above, ch 3。

78 ibid [89]。

79 Caring for People: Community Care in the Next Decade and Beyond (Cm 849, 1989)。

80 Malin and Race (n 21 above) 323。

81 K Bunning and S Horton, '"Border Crossing" as a Route to Inclusion: A Shared Cause with People with a Learning Disability' (2007) 21 Aphasiology 9, 14。

82 Department of Health, Valuing People: A New Strategy for Learning Disability for the 21st Century (Cm 5082, 2001)。

83 见：Reibl v Hughes [1980] 2 SCR 880。

84 Sidaway v Board of Governors of the Bethlem Royal Hospital and the Maudsley Hospital and Others [1985] AC 871。

85 ibid 895 (Lord Keith); 900 (Lord Bridge); 903 (Lord Templeman)。

86 见：Brazier and Miola, 'Bye Bye Bolam' (2008) n 47 above。

87 Gillick (n 62 above) 422 (Lord Scarman)。

88 见：T v T [1988] Fam 52。

89 见：Re P (a minor) (wardship: sterilization) [1989] 1 FLR 182。

90 Re M (a minor) (wardship: sterilization) [1988] 2 FLR 497。

91 Re SL (adult patient) (medical treatment) [2001] Fam 15; Re A (medical treatment: male sterilisation) [2000] 1 FLR 549。关于性行为的批判性评论，见：K Keywood, '"I' d Rather Keep Him Chaste" : Retelling the Story of Sterilisation, Learning Disability and (Non-)Sexed Embodiment' (2001) 9 Feminist Legal Studies 185。

92 在 Re W (mental patient) (sterilisation) [1993] 1 FLR 381, 383, 霍利斯法官评论道：你不能教一个 20 岁的女子保护自己不接受不想要的性行为，这便造成了一个风险，即有人可以利用她。然而，我们并不承认消除怀孕的风险对消除性虐待的风险是没有任何作用的。

93 1989 年出版的关于性虐待和学习障碍的早期研究为之后性虐待发生率的研究铺平了道路。见：A Craft and H Brown (eds), Thinking the Unthinkable: Papers on Sexual Abuse and People with Learning Difficulties (London, FPA Education, 1989); V Turk and H Brown, 'The Sexual Abuse of Adults with Learning Disabilities: Results of a Two-Year Incidence Survey' (1993) 6 Mental Handicap Research 193。

94 Re F (mental patient: sterilisation) [1990] 2 AC 1。

95 M Brazier, 'Down the Slippery Slope' (1990) 6 Professional Negligence 25, 27。

96 Re S (medical treatment: adult sterilisation) [1998] Fam Law 325。

97 见：Re LC (medical treatment: sterilisation) [1997] 2 FLR 258。

98 约翰逊法官的言论在这里尤其引人注目："讽刺的是，如果一个年轻女性受到关心她的负责任父母的照顾和监管，那么父母的愿望将被无视。但如果由不关心她的不负责任父母做出了一个类似的决定，这个决定将会得到支持。" Re S (n 96 above) 325。

99 见：M Carpenter, 'The Capabilities Approach and Critical Social Policy: Lessons from the Majority world?' (2009) 29 Critical Social Policy 351; T Burchardt, 'Capabilities and Disability: the Capabilities Framework and the Social Model of Disability' (2004) 19 Disability & Society 735。

100 Department of Health, Our Health, Our Care, Our Say: A New Direction for Community Services (Cm 3767, 2006)。

101 Disability Discrimination Act 1995. See also, Equality Act 2010。

102 A/RES/61/106。

103 见：T Gilbert, A Cochrane and S Greenwell, 'Professional Discourse and

Service Cultures: An Organisation Typology Developed From Health and Welfare Services for People with Learning Disabilities' (2003) 40 Journal of Nursing Studies 781。

104 Re R (a minor) (wardship: consent to treatment) [1992] Fam 11。

105 J Miola, Medical Ethics and Medical Law: A Symbiotic Relationship (Bloomsbury, 2007) ch 5。

106 S Fovargue and S Ost, 'Does the Theoretical Framework Change the Legal End Result for Mature Minors Refusing Medical Treatment or Creating Self-Generated Pornography?' (2013) 13 Medical Law International 6。

107 见：Pearce and another v United Bristol Healthcare NHS Trust (1998) 48 BMLR 118; Chester v Afshar [2004] UKHL 41。

108 NM v Lanarkshire Health Board [2015] UKSC 11。

109 如果要在绝育案的背景下考虑这一观点，见：K Keywood, 'Disabling Sex: Some Legal Thinking about Sterilisation, Learning Disability and Embodiment' in A Morris and S Nott (eds), Well Women: The Gendered Nature of Healthcare Provision (Aldershot, Ashgate, 2002)。

110 J Harrington, 'Of Paradox and Plausibility: The Dynamic of Change in Medical Law' (2014) 22 Medical Law Review 305, 311。

111 ibid 311。

112 Re SL (n 91 above)。

113 Re SL (n 91 above) 27。

114 参考劳比法官关于一名 14 岁女孩终止妊娠的提议发表的意见："在严格的法律意义上，一名儿童或者无行为能力的成年人可能缺乏自主权。但是法院真的需要重视这个授权给一个母亲的自主权（尽管认为其没有自主权），她现在关系到怀孕这件个人、私密、敏感的事情，并正在对她是否想要终止妊娠发表自己的意愿和感受"：In the Matter of X (a child) [2014] EWHC 1871 (Fam) [10]。

115 An NHS Trust v DE [2013] EWHC 2562 (Fam)。

116 见：A Local Authority v K [2013] EWHC 242 (COP)。

117 Mental Health Trust and another v DD (by her litigation friend, the Official Solicitor) and another [2014] EWCOP 13. 118 An NHS Trust (n 115 above)。

118 An NHS Trust (n 115 above)。

119 见：C MacKenzie, W Rogers and S Dodds (eds), Vulnerability: New Essays in Ethics and Feminist Philosophy (Oxford, Oxford University Press, 2014); M Fineman and A Grear (ed), Vulnerability: Reflections on a New Ethical Foundation for Law and Politics (Aldershot, Ashgate, 2013)。

第四章

Re B(未成年人)(监护：医学治疗)[1981]“孩子必须活下来”：残疾、父母和法律
Re B(A Minor)(Wardship: Medical Treatment)[1981]: 'The Child Must Live': Disability, Parents and the Law

乔纳森·赫林(Jonathan Herring)

1. 导 言

是否应该允许某个重度残疾的婴儿死亡？或者甚至将其处以安乐死？对一些人来说这样的问题是令人反感的，这意味着残疾儿童生命[1]的价值比其他儿童小得多。它依赖于大量对残疾人消极的假想。这些问题唯一的好处就是让我们明白，残疾人的生活不值得过这一说法是令人不快的。若没有这些问题，人们便看不出来这一点。

本章将要讨论的案件，Re B(未成年人)(监护：医学治疗)案[Re B(a minor)(Wardship: Medical Treatment][2]可以被视为残疾人权利的胜利。法院坚决反对父母所认为的最好让残疾儿童死亡的看法。当我和学生讨论这个案件时，对于医师和父母采取的态度大家几乎都感到很震惊，法院的回应又让大家感到心安。在该案发生时，人们声称，通常的做法是促成学习障碍或身体障碍儿童的死亡[3]。当

Re B 案被拿出来讨论时，经常认为我们对残疾的态度已经有了进步，可以将悲伤的历史置之脑后了，该案就是进步的象征[4]。但在本章我将质疑这一观点。尽管有正确的结论，我还是会说裁判说理仍然透露了许多歧视残疾人的态度，并将探讨为什么在今天法律和学术写作中仍然能找到这种态度。

2. 案件事实

有关案件事实的细节有限，因为法院对报告强加了限制，以确保没有消息泄漏。因此，事实的概要很大程度上是来源于法院的报告。婴儿亚历山德拉（Alexandra）出生于 1981 年 7 月，患有唐氏综合征。她也患有肠梗阻，这可以很容易解决。如果没有解决的话，她可能在几天内就死了。她的父母认为对她来说最好是死亡而不是活在残疾的折磨中。他们认为，那是最仁慈的事。一份报纸报道，亚历山德拉是切斯特一对已婚夫妇的第二个孩子。她的母亲有三十来岁[5]。然而，在讨论该案的文章里伊丽莎白·巴特勒·斯洛斯夫人（Elizabeth Butler-Sloss）将其父母描述为“上了年纪的初为人父和人母的家长”[6]。所以，关于这对夫妇的确切情况并不清楚。医师同意父母的想法，说道：

> 因此，我决定尊重父母的意愿，不执行这项手术。我相信（从事医疗职业大约 20 年之后），绝大多数面临此类情况的外科医师都会做出这样的决定[7]。

地方上获知这一案件的当局干预了此案[8]，并将亚历山德拉列为由法院监护的儿童。初审时，尤班克法官（Ewbank J）拒绝批准地方当局的申请。但由于某些原因，上诉法院授权了这项手术。这些原因将在之后简要陈述。手术很成功。地方当局在法院诉讼过程中表示，它打算安排亚历山德拉给他人收养[9]。然而，据迈克尔·弗里曼（Michael Freeman）所说，亚历山德拉在手术后重新得到了父母的照顾。他们当时愿意照顾她[10]。

3. 判　决

在初审中尤班克法官拒绝授权做这项肠梗阻手术。他认为在这种情况下父母的意愿必须得到尊重，而且手术不符合女童的最佳利益。同一天，案件被发起上诉。上诉法院变更原判并授权做手术。上诉法院认为应主要考虑孩子的最佳利益，过问是否应该尊重父母的意愿是错误的。那样就会出现支持父母愿望的推定。相反，法院的重点应该只放在为了儿童的最佳利益上。下面一篇上诉法院法官坦普尔曼（Templeman LJ）判决中的文章总结了法院的分析：

当然，是否手术必须根据父母和医师的证据和意见做出，但在这个特定的案件中最终要法院来决定孩子的生命体征是如此糟糕，以至于事实上已经宣告死亡，还是说孩子的生命仍然难以定论，让她去死是错误的。可能会有关于严重损伤的案件，孩子的未来很确定，她的生命充满了痛苦和折磨，以至于法院可能会得出一个不同的结论，但在目前这个案件里在法院面前的选择是：允许做一次肠梗阻手术，可能会让她像一个先天愚型的人一样活 20~30 年，还是决定（我认为这肯定是残酷的结果）终止一个先天愚型孩子的生命，因为她同时也患有肠道疾病。面对这个选择，我毫不迟疑地认为法院有责任决定孩子必须活下去[11]。

上诉法院确信，通常而言认为对一个人来说活下去是符合其最佳利益的。用最佳利益检验这个案件，并没有看出来亚历山德拉的生活糟糕到了不值得活下去的地步。上议法院法官邓恩（Dunn LJ）说，没有证据表明对患儿而言“短暂的生命”是痛苦难耐的。

判决的核心是区别对待孩子的福祉和父母的观点。即便父母不想照顾残疾儿童，地方当局也明确指出，可以找养父母来照顾亚历山德拉。由于不会违背父母的意愿强迫他们照顾小孩，因此，以患儿的利益来行事不需要侵犯她的父母的权利。

4. 裁定的背景

雅内 · 里德（Janet Reed）和卢克 · 克莱门茨（Luke Clements）认为这一裁定“从根本上重塑了法律格局”[12]。该裁定明确指出，在涉及儿童医疗纠纷的案件中，是由法院而不是父母来决定手术能否进行，而这是第一个被报道出来如此实施的裁定。此外，该案件清楚地表明，单凭孩子残疾而允许儿童死亡的做法是不合法的[13]。尽管在今天看起来很平常，就像里德和克莱门茨所说：

当许多受敬重的医生和广大公众[更不必说尤班克法官（Ewbank J）和法夸尔森法官（Farquarson J）了][14]都不准备授予父母拒绝残疾婴儿的权利时，坦普尔曼在他的出色判决中简明地阐述了他对生命的支持。对患儿而言，虽然她带有残疾，但这不足以成为结束其生命的理由……残疾婴儿和儿童被隐含地归于了与非残疾同龄人不同的类别里，结果是他们不需要得到相同的权利和保护[15]。

20 世纪 60 年代和 70 年代见证了儿童，特别是低体重婴儿医疗保健的飞速发展。同时，外科医师也越来越多地面临着为残疾儿童提供多少治疗的问题。一位杰出的临床医师——约翰 · 罗伯（John Lorber）表达了一种典型的态度。他担心“先进的技术”不应该用来维持“那些本应该早就死亡了，但现在多年存在令人痛苦的身体和（或）精神障碍，而且没有希望可以有尊严地独立生活的人”[16]的生命。他主张采取一种“选择性不治疗”政策，目的是避免治疗那些将会活在“严重残障”里的人。这些人就含有“智力障碍”的人，包括唐氏综合征患者。里德和克莱门茨描述罗伯的处理方法是“有影响力的、广受尊重而且持久的”。

弗兰·赖特（Fran Wright）解释说这符合对于残疾的广泛态度：

在20世纪80年代初，患有唐氏综合征的人不值得活的观点并不少见。患有唐氏综合征的婴儿和儿童得不到与其他婴儿和儿童相同的医疗机会。“正常”儿童可以得到治疗的疾病在唐氏综合征婴儿或儿童身上不太可能得到治疗。即使是已经提供了治疗，当父母拒绝唐氏综合征患儿接受该治疗时，医师会倾向于接受父母的决定，即便此举意味着孩子会死亡。唐氏综合征患儿的生活和其他儿童的生活非常不同。如果父母抛弃或不能养育唐氏综合征患儿，结果很可能是收容治疗。唐氏综合征患儿通常与其他儿童分开上学，成年唐氏综合征患者也不太可能有机会独立生活或找到有报酬的工作[17]。

在这个背景下才可以看出Re B案中做出的裁决是有重要意义的，实际上可以说是激进的。所以这个裁决在现在看来是没有争议的，但在当时并不是这样。

5. 对于裁决的评论

正如本章开始所说，从某种意义上说本案的判决可以视为残疾人权利的胜利。孩子父母的态度让人感到震惊，在一审时得到了法官的支持，但随后得到了上诉法院的坚决反对。他们不认为唐氏综合征如此骇人，以至于可以让生命失去价值。值得注意的是，法院是站在儿童自身权利的角度来评估残疾儿童的生命，而不仅仅是把患儿当作一个父母有权支配的“物品”，或是完全用患儿残疾的影响来对其进行定义。法院所做的尤其受欢迎的一点就是尝试从孩子的角度来关注其生活质量，而不是从一些“规范”的角度。

2005年，在怀亚特诉朴茨茅斯医院NHS信托案（Wyatt v Portsmouth Hospital NHS Trust）上诉法院的一项裁决中，上诉法院法官沃德（Ward LJ）讨论了 Re B 案，并表示在该案里，社会和法律已经超越了父母和医师所表现的态度：

在我们的判决里，从 Re B 案中清楚地显示出来的是一个基本命题，即法院需要决定的问题是什么才是为了 Re B 的最佳利益。选择手术，然后过着唐氏综合征患儿的生活，这符合她的最佳利益吗？或者说不做手术，然后在一周之内死去？面对这些严酷的问题，2005 年的答案也许看起来比 1981 年给出的答案要明确的多，主要是因为我们对许多唐氏综合征患儿能够实现的教育和社会目标的认知程度越来越高[18]。

恕我直言，我不太认为我们能够为如何超越 Re B 案中所揭示的态度而感到自豪。为了探索原因，我转向了关于残疾研究的著作中出现的两个主题。

6. 残疾理论

众所周知，主要有两个残疾理论。标准的医学模式把残疾看作是偏离了常态。这是基于理想化的愿景，即身体应该能做什么以及看起来应该是什么样子。如果明显偏离了这种理想状态的情况，就会造成劣势，便会被视为残疾。医学模式对于残疾的主要回应方式是尝试修复身体，使其与常态一样，或者确保一开始残疾人就不被生出来。医学模式的理想是消除所有残疾。大多数残疾活动家反对这种看法，而倡导一种社会模式。

社会模式认为，残疾是由社会环境造成的。这种环境会让一些事物成为残疾，而其他的是正常的[19]。这种理论认为是否存在社会力量决定了某些人是否是残疾的：他们之所以被看作残疾，是因为社会空间、社会服务和社会供给都是围绕着某些类型的身体模式化了，而对其他类型则是不利的[20]。这不仅限于物质设备供应的缺乏。

社会期望给一些儿童贴上“学习障碍”的标签，是因为他们缺乏选择的技能[21]，或者是因为我们认为他们拥有的技能没有价值[22]。1976年身体残障者反隔离联盟（UPIAS）采用了社会模式，并将残疾定义如下：

残疾是通过不必要的孤立以及排挤，在我们的障碍之外强加给我们的。因此，在社会中残疾人是被压迫的人群。要理解这一点，必须把握身体障碍以及把这种身体障碍视为“残疾”的社会处境的区别。因此，我们把障碍定义成缺少部分或全部肢体，或者是肢体，器官或者功能有缺陷。作为参与社会活动的不利条件和限制因素，残疾实际上是由当代的社会组织造成的。这种社会组织往往不考虑或很少考虑身体有缺陷的人，从而将他们排除在社会活动的主流之外[23]。

因此，一些评论家将障碍与残疾区分开来。障碍是生物学上由对一个身体所能做的事情的限制造成的，而残疾会因为这些障碍造成不好的后果[24]。在卡恩（Kahn）对于英国唐氏综合征患者具体的分析中，他得出结论，社会模式解释了他们所面临的最重要劣势：

这里的论据是：社会歧视、偏见和羞辱的体验以及普遍的隔离已经大大限制了唐氏综合征患者的生活际遇。这些普遍的负面情况和社会现状一直是，并将持续成为造成唐氏综合征患者及其家人不好经历和期望的主要因素[25]。

罗斯玛丽·加兰·汤姆森（Rosemarie Garland Thomson）从残疾的视角强调了社会模式的结果：

第一，它将残疾理解为一项排斥制度，将人类的差异视为一种耻辱。第二，它揭示了我们所认为的残疾身体所产生的社会群体及其身份。第三，它揭露了针对这个群体歧视的态度和行为。第四，它将残疾看成一个社会分类来加以分析。第五，它将残疾表述为权力关系的一个影响。女权主义残疾研究显示残疾与种族和性别类似，把身体某个关键部位的失常看成比身体本身更加重要[26]。

在此我不会说关于残疾的社会模式还是医学模式哪个是正确

的[27]。我比较赞同社会模式。一些身体上的限制是社会供给永远弥补不了的，这一点我承认。然而，我们所有人的身体都有各种各样的缺陷。社会模式中有一点是特别重要的，即它强调每个人都遭受不同程度的局限性和限制。我们的社会倾向于对我们为“残疾人”提供的“便利”（如轮椅坡道）感到骄傲，而忽略了我们为“非残疾人”提供的诸多便利。

显然，与该主题相关的很多问题都需要讨论。然而，我想提出其中在残疾研究文献中所强调的两个问题。这些文献支持了在 Re B 案期间医师和社会大众中盛行的态度。我认为实际上这些态度反映在了 Re B 案的判决中，而且如今仍然盛行。

A. 错误地划分了健全和残疾

第一，在健全的躯体和残疾的躯体之间画了一条界限分明的分隔线[28]。与“残疾的躯体”互动让人们感到不舒服，也可能恐惧“我可能最后会变成那样”[29]。我怀疑这是强化残疾人是“异类”的做法的背后原因。在上诉法院使用的语言中可以找到一个很好的例子。该儿童被描述为“蒙古人”和“像蒙古人的人”。唐氏综合征学会称，“蒙古人”这一术语冒犯了唐氏综合征儿童。反对这个词的原因在于，这个词暗示唐氏综合征患者有蒙古人一样的外貌。这反映出残疾人被视为“从遥远未知的地方”来的“异类”。1962 年，WHO 的蒙古代表要求 WHO 的出版物中不再使用术语“蒙古症”和“蒙古人”来描述唐氏综合征，因为它们隐含偏见和种族主义[30]。此后 WHO 不再使用这些术语。因此，在 Re B 案时期人们就已经开始关注这种术语，但它们仍然在法庭上使用，显然没有意识到这是潜在的冒犯之举。值得注意的是，甚至到 1997 年，仍有法庭裁决使用了“蒙古人”一词[31]。

把“残疾的躯体”视为“异类”这一表现忽视了我们的普遍“缺陷”。正如玛莎·芬尼（Martha Fineman）所说，脆弱性是人类一种

“普遍的、不可避免的、持久的状况”[32]。由于我们有所能，有所不能，因此，我们都以不同的方式受到身体的限制。在生活的方方面面，身体以不同的方式限制了我们。从某种意义上说，我们生来就是深深残缺、依赖别人的。即使是那些“极其健康”的人们，他们也依赖于其他人来获得公共交通、能源供应和食物供应等[33]。我们都有一系列的限制，社会愿意满足其中一些而非全部的限制，而那些社会无法满足的限制被标为残疾。

汤姆森使用“不适应环境的人”这一术语来描述残疾人是如何被边缘化的。这是一个恰如其分的比喻。它可以用来解释在不同的场景情况下，身体是如何适应或不适应我们周围的环境。我们应该认识到所有人都在不同时间以不同的方式经历过不适应，而不是贬低“残疾人”[34]。这要求社会考虑它为公民提供了什么，没有提供什么。它会认识到“不适应环境的人”的适应性和智慧，以及在“适应环境的人”中这种适应性和智慧没有得到发展。如汤普森所说，不适应可以提供巨大的益处。

因为失明，克劳德·莫奈（Claude Monet）画出了更具印象派风格的作品；因为瘫痪，艺术家查克·克劳斯（Chuck Close）发展出了一种独特的现实主义风格。哲学家尤尔根·哈贝马斯（Jürgen Habermas）最近写道，腭裂和与之相关的多种手术的经历积极地塑造了他的智力发展[35]。

B. 残疾的无能性

关于残疾人的讨论通常侧重于残疾人不能做的事情。Re B 案中的上诉法院法官坦普尔曼表示：

一方面，她不会成为一个“植物人”，因为只有当人们的行为能力被完全破坏时才被称为“植物人”。另一方面，她确实会有非常严重的精神和身体残疾。

与 Re B 案中的评论相反，科布法官（Cobb J）在最近一例涉及一名成年唐氏综合征患者的判例评论道："每个人都说，K 是一个愉快、温暖、有吸引力且温柔体贴的年轻女子。她一出生就患有唐氏综合征，并伴有轻中度学习障碍[36]"。令人耳目一新的是，K 没有被她的残疾所界定。在提到残疾前，先描述了其他更重要的属性。重点在于她是什么，她能做什么，而不是她受到哪些限制。可悲的是，更常见的情况是，残疾人更多地被他们所不能做的事所界定，而非他们能做什么或者他们是什么。因此，家长寻求避免孩子因为自身的条件而被贴上标签，这并不奇怪。

在此要提出几个观点。第一，这种无能被定义为违反常规。如克拉普顿（Clapton）所说：

> 这种建制推崇一种特殊的对人格的理解，假定了一个原型无实体的人的形象——通常是以独立和理性为特征的男性。或者换句话说，这在哲学意义上构成了“正常”[37]。

这个规范的解构可以用作权力的工具。否定残疾的话语源自“劣等人”假设。这一假设基于与常态不同就意味着不够有价值，而这个言论是荒谬的[38]。也许我们太习惯于法庭做出的这些评估，以至于忘记了我们在做什么。

第二，一个人的含义远远超出其无能之处。我们通过能做到什么来给自己下定义，而不是我们不能做到什么[39]。所以彼得·辛格（Peter Singer）写道：

> 家里有唐氏综合征的孩子的体验与有正常的孩子的体验非常不同。这种体验仍然是温暖的，充满爱的，但是我们必须降低对孩子能力的期望。我们不能指望患有唐氏综合征的孩子弹吉他，欣赏科幻小说，学习外语，与我们聊伍迪·艾伦（Woody Allen）新拍的电影，或者成为一名值得尊敬的运动员、篮球运动员或网球运动员[40]。

我的本能反应是，我（在传统术语中的健全人）不能弹吉他，绝对不懂得欣赏科幻小说，不会讨论伍迪·艾伦的最新电影，也没有希望在任何以上提到的运动中成为值得尊敬的运动员。这会让我“不正常”吗？在生活中有许多机会向我们开放，我们只能抓住其中的几个机会。我们通过我们做什么，而非我们不做的事情来定义自己。

我认为这些态度从根本上支撑了父母的态度，以及法院对 Re B 案中对残疾的回应。现在，我将论证现今在法律判决和学术写作中这些态度依然以怎样的方式存在。

7. 人的本质

一些哲学家对 Re B 案中父母的观点深感同情。伦理学家乔纳森·弗莱彻（Jonathan Fletcher）写道：

人们没有理由为抛弃一个唐氏综合征宝宝而感到有罪，无论是将其隐藏在疗养院，还是更要人命的“抛弃”。是的，这很让人感到悲伤和可怕。但它不包含罪恶感。真正的罪恶感只因为对他人犯了罪而产生，而唐氏综合征患者并不是人[41]。

这种观点背后的原因是，精神上的人格是通过具有一定的心理和认知属性确立的。这些属性可能包括：

自我意识，主体的意识和自我关注；实践理性，理性代理或自主权；道德责任；承认个体，并有动力区别自己与他人的行为；要求自己及他人负责任的能力[42]。

所以图莱（Tooley）认为：“只有具有把自我作为经验和其他精神状态的持续主体的概念，而且认为它本身就是这样一个持续的实体的生物，才有生命权。”[43]这意味着图莱和其他人认为，非常小的婴儿和有严重精神残疾的人可能缺乏给予生命价值所必需的心理能力。严重残疾的人的生命不如其他人的生命有价值。关于一个人在多大程度上无心理行为能力时会出现这个问题，产生了一些歧义。特别是针对唐氏综合征，这个领域的领军哲学家辛格认为应该采纳唐氏综合征患儿的家长决定，即不要接受治疗。他提到一个案件，抱怨说，“尽管事实上她永远不能独立生活，或像正常人类一样思考和说话”，但孩子仍然活着，这违背了她母亲的意愿[44]。他补充道：

> 我们不怀疑，如果动物严重受伤或生病，并且很痛苦，康复的机会可以忽略不计，那么击毙它们就是对的。为了“顺其自然”，拒绝给予治疗也拒绝杀戮，显然是错误的。只是我们对人类生命神圣这一教义的错误尊重，阻止了我们意识到对动物所做的显然错误的事情，对残疾婴儿这样做同样是错误的[45]。

这些观点在当前的辩论中很突出。引用最多的医学伦理学文章可能是阿尔伯托·朱比利尼（Alberto Giubilini）和弗朗西丝卡·米勒娃（Francesca Minerva）在《医学伦理学》（*Journal of Medical Ethics*）期刊中引起争议的一篇文章[46]。在文中他们表明，新生婴儿还没有获得足够的属性来成为一个人。因此，应该允许其“出生后夭折”[47]。朱比利尼和米勒娃支持杀死患有唐氏综合征的婴儿，因为“国家在经济上为他们提供照顾”“养育这样的孩子（唐氏综合征儿童）可能是家庭和整个社会难以忍受的负担”。他们的文章和由此产生的文学作品，无论是持赞成还是反对态度，都表明这个是一个非常活跃的问题。

针对这些观点可能有几种回应。

首先，可能只是这些作家对残疾人缺乏足够的了解。上面的几个引文显示了一种非常局限的对残疾人的生活质量和能力的看法。事实上，辛格的论点似乎暗示着，如果有人能说服他，唐氏综合征儿童的能力比他认为的高得多，他就会改变看法。这是很有可能的。对残疾人的详细研究表明，尽管人们多用“灾难”来描述“残疾”，但是也有“残疾悖论”，即许多残疾人的生活比一般人幸福多了，有残疾儿童的家庭比有健全孩子的家庭更幸福[48]。以唐氏综合征为例，家庭分裂的报告远低于许多普通家庭[49]，抚养问题也较少[50]。在一项主要的研究中[51]，20 位父母中只有 1 位表明为拥有一个唐氏综合征儿童而感到遗憾。绝大多数人说，他们爱孩子，并以此为荣[52]。兄弟姐妹对患有唐氏综合征的同胞表现出强烈的自豪和爱[53]。当然，抚养唐氏综合征儿童并非事事如意，并且唐氏综合征儿童的父母需要比其他父母花更多的时间照顾孩子，但这可能不是坏事[54]。

然而，我认为，对于辛格等人的论点需要更为根本的回应，不是讨论研究是否唐氏综合征患者遭受各种痛苦，因为患有唐氏综合征（以及其他许多情况中）的人的能力千差万别[55]。我们不能断言任何一个婴儿将来会有或者不会有什么能力，因为这在很大程度上取决于社会反应、教育、教养和发育状况[56]。我们不能因为唐氏综合征的患儿可能缺乏某种能力就判决他死刑，正如我们不能因为同样的原因杀死任何其他婴儿。

另外，从根本上说，他们的方法将智力理解力和能力作为人格的核心。我从根本上拒绝这一观点。我会把相互承认和关心的关系或道德社会的会员身份作为人的价值来源[57]。在我的这种方法中，心智能力不是关系的核心。我认为，人类是通过彼此之间的关系建立起自我的[58]。这是一个大胆的声明，我不能在这里证实，但我会提出以下几个论点。

我们根据人际关系定义和理解自己。无论是作为切尔西足球俱乐部的支持者，还是作为天主教徒，还是作为坎贝比克（Cumberbatch）家族的成员，人们都会通过自己与他人的联系来理解自己。正是人际关系赋予了我们生命的意义，构建起我们的身份。这就是为什么丧亲和关系破裂是大多数人遇到的两件至悲之事。然而，我们的关系不是以智力互动为基础（虽然它们可以这样）。新生婴儿感受到的温暖不是对亲情的认知。人际关系通过广泛的方式建立，并不局限于聪明的人。例如，许多人发现，尤其突出的是，性关系是一种非常深厚的关系（虽然性关系不需要一定是这样）。在有些事情上语言是苍白无力的，而只有一个拥抱就能有效。这表明，智力互动只是促成关系的一部分，且不一定是核心部分[59]。很多人找朋友是因为他们的智力，而非幽默、喜悦或善良吗[60]？可以理解的是，一些学者考虑到生活的价值所在，将会强调学术技能和智力技能。但是除了思想外，生活中还有许多东西。一位唐氏综合征患儿的家长很好地体会到了这一点。他说：

我们这些唐氏综合征患儿（我儿子，罗伯特，快 24 岁了）的家长经常希望我们所有的孩子都有这种非凡的综合征。这种疾病击败了愤怒和恶意，而以幽默、周到以及为朋友和家人奉献取代它们[61]。

伊娃·菲德·基泰（Eva Feder Kittay）对辛格等的论点的回应可能是最有趣的[62]。她的女儿塞莎（Sesha）患有严重残疾。她以充满力量的文章努力回应这种令她感到不安的观点。她认为那种观点表示她的女儿不是“我们中的一员”。要回应这一观点并非易事。显而易见，辛格等作家“对这个群体完全不了解，但作家的观点却对这个群体产生了负面影响”，了解了这一点让她深感欣慰。她解释说，智力水平不是人际关系的核心，因为

嵌入在社会实践的关系矩阵中，人际关系获得意义。正是凭借人际关系在社会实践中获得的意义，我们划定职责，确定加入和出离某种关系的方式，认定适当的情绪反应，等等。在这个意义上，社会关系不一定依赖于有意识的个人之间持续的人际关系。已经死亡的、不能再有任何互动的父母仍然处于他们与我们的社会关系中，并唤起适当或不适当的情感和道德态度[63]。

8. 最佳利益

Re B 案提出的一个主题是，如果提交给法院一个有关儿童的医疗问题，那么其中心问题是考虑儿童的最佳利益。Re B 案之后的案子一直遵循这一原则，法院不愿意扩大适用。正如黑尔（Hale）女士在安特里大学医院 NHS 信托基金会诉杰姆斯案（Aintree University Hospitals NHS Foundation Trust v James）中所言：“每一个患者、每

一个病例都是不同的，必须根据各自的事实来裁决[64]。”她引用了赫德利法官（Hedley J）的话。赫德利明智地在朴茨茅斯医院 NHS 信托诉怀亚特案（Portsmouth Hospitals NHS Trust v Wyatt）[65]的第一句话中说：“人类身体状况的无限多样性总是超出我们的想象，永远令人惊讶，任何精确地定义最佳利益的尝试都是失败的[66]。”NHS 信托基金会诉 R（儿童）案［An NHS Foundation Trust v R（Child）］中总结了现有的方法：

法院必须考虑到所有的相关事项，把最广泛意义上的儿童福祉视为首要考虑的对象，决定孩子的最佳利益是什么，从孩子的角度来看待问题，并用一种强有力的推定（尽管这一推定可以推翻）来支持延长生命的行动方式[67]。

有相当多的文献讨论了最佳利益标准的实质，准确理解生命的神圣性以及正确衡量父母的意见的重要性[68]。在这里，我将重点关注父母与孩子之间关系的重要性。

最近的医疗纠纷案件大多涉及家长反对给孩子停止治疗的判例[69]。这些判例通常很相似。专业的医学证据陈述了孩子的病情，列举了他们能力上的种种欠缺。通常，这些孩子将面临短暂而痛苦的生活。他们的结论是，最好让孩子死亡，或至少不是为了让孩子活下去而进行人为干预。相反，父母看重与孩子经历过的，强调与孩子的亲密关系。

最近的 NHS 信托基金会诉 R（儿童）案中的判决很典型[70]。这个问题涉及是否应该撤除呼吸机而使一个名叫雷伊汗（Reyhan）的年轻男孩死亡。他的家人希望他在家里长期使用呼吸机生活。医师认为这样负担过于繁重。他患有唐氏综合征和线粒体肌病，只具有最低程度的意识。公认的是，当他与家人接触时，心率有所下降，这表明有一定程度的意识。父母的意见总结如下：

父母不同意撤除呼吸机，因为他们坚信雷伊汗与家人之间存在爱的纽带，具有能使他与家人互动的生活质量。他们认为他在互动的过程中感受到了快乐，表现为展现小小的笑容，把眼睛转向声音传来的位置，手的动作和活动的增加。此外，作为虔诚的穆斯林教徒，他们对生命的神圣性和家庭的责任怀有严肃认真的信仰[71]。

不过，法官的结论是，撤除呼吸机是合适的，没有可靠的证据表明雷伊汗可以“认知性地或有目的地与环境互动”。虽然法官也想支持延续生命，赞成父母的意见，但他总结道：

我注意到这个家庭的意见，他们相信他有更大的能力，而且这些能力会随着时间的推移而增加，但我发现这些能力是不能客观验证的，不如说是他们对他的期望。雷伊汗激励着他们，他们对他的爱也有所反馈。……家人希望继续这段旅程，他们相信他们可以背负着雷伊汗，到合适的时间时再把他放下。在我看来这是对现实的忽视。如果雷伊汗要继续长期使用呼吸机，他必须自己走完这条路的每一步。其他人可以围在他身边，鼓励他，但是只有雷伊汗一个人承担重任，体验些微的乐趣，而每一周，要求他走的这条路都会变得更加险峻[72]。

毫无疑问，这是一个棘手的案件。司法认可了家庭与儿童之间的深层关系，这是值得欢迎的。但是，采用本章前面提到的方法，我认为这一决定没有充分考虑到家庭与子女关系的重要性。如前所述，如果我们与他人的关系构成了我们自身并赋予我们生命价值，那么试图考虑一个孤立人的最佳利益的概念就是虚构的。我们需要考虑的是，个人是由关系决定的，也需要在关系中理解个人。“尽管有家庭的鼓励，雷伊汗也不得不独自在他的旅程中走完每一步”。这一观点没有承认这些案件中相互联系的生命的意义。

因此，我认为我们需要在相互关联的群体中，用相互责任和爱来对雷伊汗进行最佳利益评估。这不是给予父母优于孩子的权利，而是承认关系的力量。乔·布里奇曼（Jo Bridgeman）在她的著作中很好地汲取了这些观点。她依靠经验证据来看待父母、重病患儿与医疗团队之间的关系。她强调：“人们非常重视和喜爱这些孩子，也为他们感到悲伤[73]。”她认为：

在父母不认可这样做符合孩子的最佳利益情况下，让一个孩子依据法庭的命令死去，这一定会让父母产生迟疑——当孩子最需要与父母一同度过他们的生死之旅、最需要父母的支持时，父母是否尽全力地保护了他们的孩子[74]。

布里奇曼批评法律用竞争对抗的眼光看待家长和医师[75]。许多文献表明，大多数家长寻求一种模式：医师和家长在一个“道德共同体”中为家庭的利益而共同努力，每一方都倾听别人的意见，可以自由地充分讨论问题，而不苛求达成一个所有人都能接受的有效并遵循的决定[76]。毫无疑问，许多医疗专业人士也会寻求这一模式。问题在于，法律的现行做法采取相互竞争的理解方式，力求对两方进行“权衡”，并对“儿童的最佳利益”进行“客观”评估。事实上我们有不同的观点，不是要确定谁在评分表上有最好的论点或最高的分数。相反，法院的做法应该更多地反映出合作的理念[77]。我们必须特别注意父母的强烈感受，他们必须为孩子尽最大努力[78]。毫无疑问，在这个问题上很大一部分在于法律的安排。正式法院听证会的方式（通常很匆忙）不适合这些案件。我们应该认识到，最佳利益是一个内涵丰富的概念，各方都有自己独特而重要的见解。

9. 产前检查

在 Re B 案之后，法庭上没有再出现过父母反对治疗唐氏综合征儿童的判例。从积极的角度来看，这可能反映了社会对残疾的态度的变化，但是也可能并非如此。针对唐氏综合征，现在已经广泛进行产前检查，并在检查后可以堕胎。下议院的一项调查发现，90%的唐氏综合征筛查为阳性的胎儿被流产了[79]。在出生的唐氏综合征儿童中，约 30%的母亲没有接受过检查[80]。唐氏综合征是进行产前检查最重要的原因[81]。

英国 1967 年《堕胎法》（Abortion Act）第 1（1）（a）条规定，怀孕低于 24 周时，在“继续怀孕会陷入风险，而且，如果这种风险比终止妊娠给孕妇及子女带来的身心伤害更大”时可以终止妊娠。然而，如果怀孕超过 24 周，则只能在两种情况下允许堕胎。一种是在母亲的生命因怀孕受到严重威胁的情况。另一种是“孩子出生后有身体畸形或心理异常导致的严重残疾的巨大风险”[82]。

这个规定受到残疾人士的强烈批评。抗议通常以“表达派的异议”的形式出现。这个论点的较弱版本认为，当某个女性决定以残疾为由流产时，表明她认为先天残疾的儿童不如不出生。正如埃里克·帕朗（Erik Parens）和艾德丽安·阿斯沃（Adrienne Asch）所说：“反对残疾儿童出生的选择，向有同样特征的人传达出了一种伤人的态度和信息[83]。”

我认为这个观点直白但并不令人信服。堕胎的原因不太可能是单一的，而应是复杂的。大多数堕胎的决定都是比较了自相矛盾的因素和责任后痛苦的决择[84]。将它们简化为“因为残疾而中止”是不公平的。其次，堕胎的决定可能是在特定情况下考虑到具体个人的义务和责任而做出的，将其作为关于残疾人的一般性陈述是不合理的。

现在探讨一下表达主义论点的更有说服力的版本。立法强化了残疾足以构成允许堕胎的理由的观点。立法（而不是做出决定的女性）宣布，即使 24 周后，残疾也是允许堕胎的充分理由。并不清楚这一决定的确切理由。如果重点在于对女性生活造成的破坏上，那么该论点似乎是不可信的。孩子的出生对某人的生活造成严重干扰的理由有很多。与残疾有关的原因可能是其中一个，但似乎没有理由相信，儿童残疾造成的干扰不同于其他原因造成的干扰。例如，父母生病，父母关系破裂，对其他家庭成员的照顾责任，等等。立法偏颇地让某一方面的特征代表了这个人的全部。如前所述，唐氏综合征的判例涵盖很多内容，但很少关于个人生活的信息。然而，立法和实践鼓励了这样的假设[85]。需要明确的是，我并不是在争论怀孕24周之后堕胎不应该是合法的[86]，我在论证的是，将残疾单独列为怀孕24周之后堕胎的理由是不合理的。

该条款也必须根据周围的医疗和文化环境来看待。一名女性说："我们受到巨大的压力去堕胎，最强烈的说法是残疾儿童'会影响我们的生活方式'，换句话说就是成为我们的负担[87]。"

下议院的报告发现了广泛的证据，证明阳性检查结果将导致流产，而女性没有被正确告知唐氏综合征的真实情况[88]。法令规定、医疗咨询与更广泛的社会假设相结合，向流产唐氏综合征胎儿的女性施加了巨大压力。

10. 结　论

在某种程度上Re B案对残疾人来说是积极的一步。它坚决否认残疾人的生命不值得活，或残疾是个人的悲剧和家庭的灾难的观点。然而，该判决以及后来的判例和争论继续对残疾持否定态度。本章已经论述，大部分文献仍然强调健全人与残疾人之间的重大差异，而没有认识到我们自己固有的脆弱性和欠缺，以及我们对社会支持和照顾的依赖。我们也看到人们一直强调残疾人所不能做的事，而非考虑他们能做的事。《堕胎法》中有关残疾规定和道德人格的讨论，都是在用残疾定义某个人的身份，甚至挑战其道德精神品质。本章支持承认我们存在的共同缺陷的观点以及关系在定义我们的身份中的重要性。Re B案和很多争论的背后是一个隐含的假设，即如果没有"残疾"，世界将会更好。对此，索菲亚·依沙子·王（Sophia Isako Wong）的回应很清楚：

对于仅在美国就有35万唐氏综合征的家庭和我而言，一个没有里奥（Leo）这样的人的世界，就像一个没有女人的世界一样可怕和难以想象[89]。

我同意这一观点[90]。父母寻求“完美的宝贝”。但完美的孩子会像完美的人一样有趣。简言之，不是很有趣。正是我们的小缺点、弱点和怪癖使人们如此有趣，使养育孩子如此吸引人。正是关爱的关系使我们的生活有价值。残疾是人类固有的，而非对人类的诅咒。

（姚秋琦 梁 洪 肖少鸣 王 岳 译）

注 释

1 学界有关于哪一个是正确术语的争论。在这里我使用了“残疾儿童”这一术语，因为在关于残疾人的著述中它是最常用到的，原因在于其体现了某个人是因为压迫的环境和社会结构才成为残疾（主要或完全地），而不是说残疾是人本身所固有的东西。

2 Re B (a minor) (wardship: medical treatment) [1990] 3 All ER 927。

3 J Read and L Clements, ‘Demonstrably Awful: The Right to Life and the Selective Non-Treatment of Disabled Babies and Young Children’ (2004) 31 Journal of Law and Society 482。

4 Eg S Smith, End of Life Decisions in Medical Care (Cambridge, Cambridge University Press, 2012) 51。

5 Anon, ‘Down’s Syndrome Baby’s Mother had Six Tests’, The Times, 11 August 1981。

6 Rt Hon Dame Elizabeth Butler Sloss, ‘Legal Aspects of Medical Ethics’ (2006) 2 Web Journal of Current Legal Issues 1。

7 Re B (a minor) (n 2 above), 928 g。

8 这一点没有被确认。

9 Anon, ‘Handicap Babies Drugged and Starved until they Die’, The Glasgow Herald, 2 October 1981。

10 M Freeman, ‘Do Children Have the Right not to be Born?’ in M Freeman (ed), The Moral Status of Children (The Hague, Martinus Nijhoff, 1997) 171。

11 Re B (a minor) (n 2 above) 929 e–f。

12 Read and Clements, ‘Demonstrably Awful’ (2004) n 3 above, 495-500。

13 I Kennedy, ‘Reflections on the Arthur Trial’, New Society, 7 January 1982, 13。

14 参考法奈尔森法官在亚瑟案中的判例。

15 Read and Clements (n 3 above) 487。
16 J Lorber, ‘Ethical Problems in the Management of Myelomeningocele and Hydrocephalus’ (1975) 10 Journal of the Royal College of Physicians 47, 47。
17 F Wright, ‘The More Things Change, the More they Stay the Same: Criminal Law, Down Syndrome, and A Life Worth Living’ (2011) 1 Law, Crime and History 62。
18 Wyatt v Portsmouth Hospital NHS Trust [2005] EWCA Civ 1881, [67]。
19 若要看关于这个较为优秀的讨论，见：T Shakespeare, Disability Rights and Wrongs (London, Routledge, 2006)。
20 J Morris, ‘Impairment and Disability: Constructing an Ethics of Care that Promotes Human Rights’ (2001) 16 Hypatia 1。
21 V Leiter, ‘Nobody’s Just Normal, You Know: The Social Creation of Developmental Disability’ (2007) 65 Social Science & Medicine 1630。
22 C Foster, ‘My son’s dyslexic and I’m glad’: www.charlesfoster.co.uk/?p=590。
23 Union of Physically Impaired Against Segregation, Fundamental Principles of Disability (UPIAS, 1975)。
24 T Shakespeare, ‘Choices and Rights: Eugenics, Genetics and Disability Equality’ (1998) 13 Disability & Society 665。
25 T Krahn, ‘Regulating Preimplantation Genetic Diagnosis: The Case of Down’ s Syndrome’ (2011) 19 Medical Law Review 157。
26 R Garland-Thomson, ‘Feminist Disabilities Studies’ (2005) 30 Signs 1557。
27 若要看对于社会观点的反对，见：J Harris, ‘Is there a Coherent Social Conception of Disability?’ (2000) 26 Journal of Medical Ethics 95。
28 S Vehmas and N Watson, ‘Moral wrongs, disadvantages, and disability: a critique of critical disability studies’ (2013) Disability & Society, 网址见：dx.doi.org/10.1080/09687599.2013.831751。
29 E Emens, ‘Framing Disability’ (2012) 5 University of Illinois Law Review 1383。
30 Down’s Syndrome Scotland, Statement regarding Ricky Gervais’ use of ‘Mong’ on Twitter (Down’s Syndrome Scotland, 2011)。
31 Re T [1997] 1 WLR 242, 249 (Butler Sloss LJ)。
32 M Fineman, ‘The Vulnerable Subject: Anchoring Equality in the Human Condition’ (2008) 20 Yale Journal of Law and Feminism 1。
33 K Lindemann, ‘The Ethics of Receiving’ (2003) 24 Theoretical Medicine and Bioethics 501。
34 R Garland-Thomson, ‘Misfits: A Feminist Materialist Disability Concept’

(2011) 26 Hypatia 591。

35 ibid 604。

36 A Local Authority v K [2013] EWHC 242, [2]。

37 J Clapton, ‘Tragedy and Catastrophe: Contentious Discourses of Ethics and Disability’ (2003) 47 Journal of Intellectual Disability Research 540。

38 ibid。

39 A Silvers, ‘On the Possibility and Desirability of Constructing a Neutral Conception of Disability’ (2003) 242 Theoretical Medicine 471, 479。

40 P Singer, Rethinking Life and Death (1993) 256。

41 A Soloman, Far from the Tree: Parents, Children and the Search for Identity (New York NY, Scribner, 2012) 181。

42 D Wasserman, A Asch, J Blustein and D Putman, Cognitive Disability and Moral Status: plato.stanford.edu/entries/cognitive-disability/。

43 M Tooley, ‘Abortion and Infanticide’ (1972) 2 Philosophy and Public Affairs 37, 44。

44 P Singer, Practical Ethics (Cambridge, Cambridge University Press) 73。

45 ibid。

46 A Giubilini and F Minerva, ‘After-birth Abortion: Why should the Baby Live?’ (2013) 39 Journal of Medical Ethics 216。

47 他们认为杀婴可能是更常见的术语，但他们更倾向于用“出生后堕胎”这个词，以便将这一行为与堕胎联系起来。

48 Peter A Ubel et al, ‘Whose Quality of Life? A Commentary Exploring Discrepancies Between Health State Evaluations of Patients and the General Public’ (2003) 12 Quality of Life Research 599, 601, 603-4。

49 R Urbano and R Hodapp, ‘Divorce in Families of Children with Down Syndrome: A Population-Based Study’ (2007) 112 American Journal of Mental Retardation 261, 261。

50 B Skotko, S Levine and R Goldstein, ‘Having a Son or Daughter with Down Syndrome: Perspectives from Mothers and Fathers’ (2011) 155 American Journal of Medical Genetics 2335。

51 ibid。

52 ibid。

53 ibid。

54 A Esbensen, M Mailick Seltzer, ‘Accounting for the Down Syndrome Advantage’ (2011) 116 American Journal of Intellectual Development and Disability 3。

55 Wright, ‘The More Things Change’ (2011), n 17 above。
56 Krahn, ‘Regulating Preimplantation’ (2011), n 25 above。
57 Wasserman et al (n 42 above)。
58 A Jaworska and J Tannenbaum, ‘Person-Rearing Relationships as a Key to Higher Moral Status’ (2014) 124 Ethics 242。
59 A Jaworska and J Tannenbaum, ‘Person-Rearing Relationships as a Key to Higher Moral Status’ (2014) 124 Ethics 242。
60 S Vehmas, ‘Discriminative Assumptions of Utilitarian Bioethics Regarding Individuals with Intellectual Disabilities’ (1999) 14 Disability and Society 37。
61 Quoted in Ann Bradley, ‘Why Shouldn't Women Abort Disabled Fetuses?’ (September 1995) Living Marxism 82。
62 E Feder Kittay, ‘The Personal is Philosophical Political: A Philosopher and Mother of a Cognitively Disabled Person Sends Notes From The Battlefi eld’ in Eva Feder Kittay and Licia Carlson (eds), Cognitive Disability and its Challenge to Moral Philosophy (Oxford, Wiley-Blackwell, 2010)。
63 ibid。
64 Aintree University Hospitals NHS Foundation Trust v James [2013] UKSC 67, [36]。
65 Portsmouth Hospitals NHS Trust v Wyatt [2004] EWHC 2247 (Fam)。
66 Aintree (n 64 above) [23]。
67 An NHS Foundation Trust v R (Child) [2013] EWHC 2340 (Fam)。
68 R McDougall and L Notini, ‘Overriding Parents’ Medical Decisions for Their Children: a Systematic Review of Normative Literature’ (2013) 40 Journal of Medical Ethics 448。
69 Wyatt v Portsmouth Hospital NHS Trust [2005] EWCA Civ 1181; NHS Trust v MB[2006] EWHC 507 (Fam); Re OT [2009] EWHC 633 (Fam); NHS Trust v Baby X (2011) 127 BMLR 188; Re M [2012] 1 WLR 1653。
70 An NHS Foundation Trust v R (Child) [2013] EWHC 2340 (Fam)。
71 ibid, [14]。
72 ibid, [47] and [60]。
73 J Bridgeman, Parental Responsibility: Young Children and Healthcare Law (Cambridge, Cambridge University Press, 2007) 194。
74 ibid, 195。
75 ibid, 195。
76 L Caeymaex, M Speranza, C Vasilescu, C Danan, M-M Bourrat, M Carel and C Jous-selme, ‘Living with a Crucial Decision: A Qualitative Study of Parental

Narratives Three Years after the Loss of Their Newborn in the NICU’ (2011) 6 PLoS ONE e28633。

77 I Laing, ‘Conflict resolution in end-of-life decisions in the neonatal unit’ (2013) 18 Seminars in Neonatal Medicine 83。

78 M Goggin, ‘Parents Perceptions of Withdrawal of Life Support Treatment to Newborn Infants, (2012)88 Early Human Development 79。

79 F Bruce, Parliamentary Inquiry into Abortion on the Grounds of Disability (House of Commons, 2013)。

80 ibid。

81 E Prussinga, E Sobob, E Walkerc and P Kurtin, ‘Between Desperation and Disability Rights: A Narrative Analysis of Complementary/Alternative Medicine Use by Parents for Children with Down Syndrome’ (2005) 60 Social Science & Medicine 587。

82 Abortion Act 1967, s 1(1)(d)。

83 E Parens and A Asch, ‘Disability Rights Critique of Prenatal Genetic Testing : Reflections and Recommendations’ (1999) 29 Hastings Center Report 1。

84 J Herring, ‘The Loneliness of Status: the Legal and Moral Significance of Birth’ in F Ebtehaj, J Herring, M Johnson and M Richards (eds), Birth Rites and Rights (Oxford, Hart Publishing, 2011) 97。

85 Parens and Asch (n 83 above)。

86 我赞成任何出生前终止妊娠的行为，理由如赫林所陈述的（见注释 84）。

87 Bruce (n 79 above)。

88 ibid。见：A Ho, ‘The Individualist Model of Autonomy and the Challenge of Disability’ (2008) 5 Bioethical Inquiry 193。

89 S Wong, ‘At Home with Down Syndrome and Gender’ (2002) 17 Hypatia 89。

90 Gail Heidi Landsman, Reconstructing Motherhood and Disability in an Age of ‘Perfect’ Babies (Abingdon, Routledge, 2009)。

第五章

万能 NHS 信托诉布兰德案 [1993] Airedale NHS Trust v Bland[1993]

查尔斯·福斯特（Charles Foster）

1. 导　　言

1989 年 4 月 15 日，17 岁的安东尼·布兰德（Anthony Bland）在希尔斯伯勒（Hillsborough）的露台上看足球赛。人群骚动，发生了踩踏事件。他受到了踩踏，并对大脑皮质造成了灾难性的伤害。

他陷入持续性植物人状态[1]。假设诊断正确，这意味着他不再有知觉、感觉和认知功能。他可以自主呼吸，眼睛有时会反射性地睁开，但他不得不通过鼻胃管接受营养物质和水。

他在医院的病床上一直躺到 1992 年。那时他的临床医师和父母一致认为，继续维持他的生命毫无意义。他们认为，停止为他提供食物和水而让他死亡是最好的决定。他们征求了验尸官的意见。验尸官认为他们提议的操作可能会有问题。他们是不是在为了杀人而做某事，实际上就是在杀人？如果是这样，他们不会犯谋杀罪吗？

他们寻求并得到了一份家事法庭部的声明，宣布他们提议的做法是合法的。上诉法院同意了他们的提议。1993 年 2 月 4 日，在这场重要的拉锯战持续了近四年之后，上议院也同意了他们的提议[2]。

要确定布兰德案的决策合理性很困难。上议院有五场发言。每一场都从不同途径得出可以停止鼻胃喂养或补液的结论。本章尝试确定平衡点在哪里。本文分析了这些发言，并考查了随后上诉法院对该案件的处理方式。

有人认为，确定决策合理性的部分问题在于所有法官都致力于将其合理化而不是对其进行论证。法官更多地凭借直觉而非法律来决定。他们决定应该允许布兰德死亡，给临床医师定罪是错误的。然后，每个人都为这些结论想出了一个或多或少的符合法律的辩护理由。他们极力避免给人们留下法官造法的印象。虽然有些人公开谈论政策的作用，但没有人会说这个决定本身就是一个政策决定。但它就是如此。在一些人看来，把一个政策决定纳入现行的法律结构是令人不安的。

这不一定是对法官的批评。这可能是对他们所必须适用的法律的批评。或者，没有一部法律将使得人们对审判程序少一些不满。

2. 共同基础

A. 这些问题是可诉的

几名法官［尤其是布朗-威尔金森大法官（Lord Browne-Wilkinson）[3] 和马斯蒂尔法官（Lord Mustill）[4]］对案件的核心问题（道德问题，而非法律问题）由法官考虑是否适当表示了疑虑。然而，他们认为尽管如此，但依然要做出裁决。

这些疑虑造成的一个后果是，上议院的发言中显然较少提及哲学和用语，例如，与上诉法院法官霍夫曼（Hoffmann LJ）相比，显然少了一些哲学味道，而更强调法律[5]。霍夫曼基于“合法与合乎道德难以区分”的情况下差异，只对撤销治疗的伦理问题展开分析[6]。

上议院是否真的（或可能）在决定时不考虑道德伦理因素，这一点仍存在争议。有人说，上议院称他们的决定只是合法的，这是不诚实的。无论如何，布朗 - 威尔金森法官和马斯蒂尔法官都呼吁议会审议这些问题[7]。布朗 - 威尔金森法官说：

我认为，该案件提出的道德、社会和法律问题亟待议会考虑。法官在法治领域的作用应该是社会通过民主程序所采取的原则，而不是把他们的标准强加给社会[8]。

马斯蒂尔法官认为：

整个事件呼吁议会进行深入探索，然后通过立法制定一套与一般刑法不同、且符合道德和道理的新规则，以及一个健全的程序框架。在这个框架内的规则可应用于个人判例。医疗技术的飞速发展使这个任务变得越来越紧迫，我冒昧地希望议会尽快着手做此事。

他的希望落空了：议会什么也没有做[9]。

布兰德案仍然是应该由宪法界定的立法和司法权力边界处值得关注的一个重要案件，但本章并没有进一步考虑这一方面。

B. 布兰德是活着的

大家一般认为，布兰德是活着的。生命不依赖于皮质功能或其功能表现，如感觉、认知或人际关系能力。人们采用了脑干死亡的定义[10]。

C. 谋杀的定义

一般来说，未实施防止死亡的行为不能构成谋杀，但是如果对死者有作为的义务，不作为可以构成过失杀人［R v Stone（1977）QB 354］或谋杀［R v Gibbins（1918）1 Cr App R 134］。该行为属于其中哪一个将取决于犯罪意图[11]。

3. 法官的发言

许多发言都有共同点。然而，每个共同点并不一定发挥同样的作用。这里总结了发言中的推理，基本上按照每个法官观点出现的顺序陈述，以表明每个步骤在推理中的位置。

基思法官（Lord Keith）[12]

他认为：

（a）如果一个人失去意识，因此无法同意或拒绝接受治疗，“按照必要的原则，当医务人员认为这样做符合无意识患者的最佳利益时，那么进行这种治疗就是合法的”[13]。

（b）医疗和护理的目的是为患者带来益处[14]。

（c）“对于一个永久性无知觉的生物体而言，如果继续活着永远不会感受到任何实际的不适，那么对它的继续存在或不存在进行相关比较是困难的，即便有可能进行比较。但我们也许可以说，对于一个没有任何认知能力、也没有可能恢复任何认知能力的人而言，他的死活一定是个无所谓的问题[15]。”

（d）鼻胃管喂养的管理涉及“医疗技术的应用”，虽然不应该过于依赖这一观察：“应该考虑整个管理方式，包括人工喂养。人工喂养目前维持着布兰德的生命[16]。”

（e）一般来说，如果“继续治疗会给予患者一定的益处”，那么医师有义务继续治疗；如果“大量且负责的医疗意见认为实际上继续治疗不会带来益处，那么医师没有义务继续治疗”[17]。这就是此判例的情况［目前还不清楚，在适用博勒姆案判决的情况下[18]，基思法官是否是说负责的临床医师会同意他的关于永久性无知觉患者的利益的结论，如前文（c）所总结］。

（f）这个结论没有冒犯生命神圣不可侵犯的原则。这一原则不是绝对的。例如，它不允许强制给绝食者喂食，或在延长生命只会延长患者的痛苦时，不允许强迫临床医师保持临终患者暂时活着[19]。

戈夫法官（Lord Goff）[20]

（a）正如基思法官之前所言，生命神圣性原则虽然重要，但并不是绝对的[21]。

（b）主动杀戮（甚至慈悲的医师怜悯杀戮）与不提供或不再继续提供维持生命的治疗造成的死亡之间有重要的区别。前者是非法的，后者在未尽到提供或继续提供治疗的责任的情况下是不合法的。虽然作为与不作为之间的区别并不完全令人满意，但法律毫无疑问地体现了这种区别[222]。虽然它在这里的应用是一个政策决定[23]。

（c）停止鼻胃管喂食恰好可被认为是一种不作为[24]。

（d）医师没有绝对的责任要去延长患者的生命，而不顾其生活质量[25]。

（e）假设患者无能为力，决定是否采取延长生命的措施必须符合患者的最佳利益。

“如果为一个缺乏同意能力的患者提供治疗符合患者的最佳利益，那么必须遵循该治疗方法，并且也确实应该在不再符合患者的最佳利益的情况下才能停止。我认为本案的核心问题是，负责治疗和照顾布兰德的医师是否按照这一原则停止能延长患者生命的人工喂食[26]”。

（f）因此，维持生命的治疗需要也“确实应该”在停止治疗符合患者的最佳利益的情况下才能停止[27]。在本案中，布兰德的最佳利益并未要求继续喂食以维持生命。延长生命的干预措施“在医学上被认为是无用的”。这种无用的理由使终止喂食是合乎情理的[28]。

（g）“问题不在于医师是否应该采取可能会杀害患者的措施，或者加速患者死亡的措施。而是医师是否应该为患者持续提供治疗或护理以延长其生命[29]。”

（h）一种观点认为，临床医师没有为其照顾的患者提供食物和水是违反了基本义务，因为，有“大量证据表明，在医学界，人工喂食被视为一种治疗；即使不是严格意义上的治疗，它也是医疗服务的一部分[30]。”这类似于通过呼吸机提供氧气[31]。

（i）“医疗”的标签是有意义的，因为这关系到博勒姆标准（Bolam test）。在 In re F 案中规定[32]，医师在决定对无行为能力的人给予或不给予治疗时，必须根据负责的医师群体的医疗意见决定[33]。此案中，负责的医师全体支持停止喂食，因此，医师并没有违背相关的责任。

罗瑞大法官（Lord Lowry）[34]

（a）在这种情况下，给予营养和水分是治疗的一部分[35]。

（b）根据博勒姆标准，是否继续提供这种治疗的决定应该符合患者的最佳利益[36]。

（c）医师有意图造成布兰德的死亡[37]。

（d）但是这不是谋杀，因为：

“如果继续维持生命的治疗和护理不符合某个无知觉患者的利益，那么医师继续这种护理和治疗就是不合法的，而终止这种行为是无罪的[38]。”

布朗 - 威尔金森大法官[39]

（a）有谋杀的犯罪意图：故意造成死亡[40]。

（b）停止喂食不构成一个作为：这是一种不作为[41]。

（c）在未能取得布兰德的同意下，如果没有合法的权利能继续侵犯他身体的完整性，持续喂食并未违反任何职责[42]。

（d）侵入性医疗行为的操作权利完全取决于该操作是否符合患者的最佳利益[43]。

（e）医师对于最佳利益的决定应参照博勒姆标准进行评估[44]。

（f）“必须遵循的是，如果负责的医师得出一个理性的结论（符合负责的医师群体的医疗意见），认为持续进行侵入性的维持生命的措施不再符合患者的最佳利益，他便不能合法地继续实施该措施来维持患者的生命：如果继续实施该措施，将会构成殴打罪和构成侵权。

因此，他不能违反任何职责来维持患者的生命，所以该医师不能因为不作为而被定罪为谋杀[45]。”

（g）决定的关键在于继续人工喂食这项侵入性医疗护理是否符合布兰德的最佳利益。这个问题与“布兰德的死亡是否符合其最佳利益”不一样。后者假设维持患者的生命是合法的，但是只有在这一情况下，即继续进行对患者的身体完整性有侵害的侵入性医疗护理是合法的，这种生命的维持才能实现。除非医师得出一个肯定的结论，继续这项侵入性护理符合患者的最佳利益，否则必须终止这项护理[46]。

（h）布兰德没有清醒过来，也不会清醒过来。显然，负责的医师（实际上绝大多数医师）认为继续喂食并没有任何益处[47]。

在这些情况下，对于肩负重责的医师来说断定为了维持布兰德的生命而继续实施这种侵入性治疗措施是没有任何积极意义的。这种断言可以推论是完全合乎情理的。医师无权也无义务继续实施这种医疗护理，因此，如果他们停止治疗，则不会构成谋杀罪[48]。

马斯蒂尔大法官[49]

（a）一条基本原则是，即使获得受害者的同意，也不能合法地进行造成严重伤害（更不用说是死亡）的行为[50]。

（b）就如前面所说，为什么医师对一个同意的患者进行治疗可以获得豁免权，而如果是其他人这么做的话就是一项严重的罪行？因为合适的医疗中的身体侵入完全不受刑法约束。患者的同意十分重要，不是因为它属于患者的自我保护，而是它对于医疗的适当性来说十分重要。因此，如果没有同意，也不是法律规定可以免除这种同意的情形，医师的操作也会失去他们的豁免权[51]。

（c）患者的同意通常对于医疗干预的合法性必不可少，但由于不能总是得到同意（如在布兰德的情况下），法院制定了一项原则，即在紧急情况下，或在患者永久丧失行为能力的情况下，如果是为了患者的最佳利益进行的干预是合理的[52]。

（d）谋杀通常需要采取行动，有义务防止死亡的某些难以界定的情况除外[53]。

（e）无疑作为与不作为之间的区别被纳入英国刑法。不管依据它做决定如何不适，在此它都充当着一个重要的角色。

“可以坚持声明的结论在很大程度上取决于 [两者的区别]……穿越法律和道德的迷宫。令我感到严重不安的是，我认为在很大程度上不管这些术语有何区别，从目的性上看两者的伦理意义并无二致。如果驳回这个请求，我担心法院过于强调无论伦理上还是理性上扭曲的法律。然而，法律是存在的，我们必须理解法律的本意[54]。”

（f）因果关系法律并没有令人感到慰藉：不能说死亡不是由医师造成的，而是由希尔斯伯勒灾难（Hillsborough disaster）造成的[55，56]。

（g）“维护公民生命安全是一种强大的国家利益，但也不是绝对的，也有一些与其相对立的利益。有时这种对立的利益是占优的[57]。”

（h）有关的最佳利益是患者的利益，而不是更广泛的社区利益（如获得资金用于维持患者的利益）[58]。

（i）很难说安东尼 · 布兰德有意避免其他人（比如他的家人）因看到他处于永久性植物人状态而遭受痛苦[59]。

（j）对布兰德没有任何益处。

“因此，尽管结束生命不符合布兰德的最佳利益，但维持生命的最佳利益也已消失。这里涉及非自愿状况下结束生命的正当性以及维持患者生命的相关义务……由于不再有提供营养和水分的义务，所以不这样做不能成为刑事犯罪”[60]。

（k）因此，医师没有提供营养和水分的责任，没有这样做不属于刑事犯罪[61]。

4. 混合要素

每个法官都有自己的处理方法。每个法官都不同，至少略有不同。这些观点中至少有八种可识别的要素。我们现在细致地分析每一个要素，看这些要素是否在他们的观点中必不可少，如果该要素被省略或以不同的方式使用，最终结果将有多大不同。

这些要素是：

——生命的神圣是重要的，但不是绝对的。

——故意致死。

——作为和不作为在法律上是不同的。

——停止喂食是一种不作为。

——用鼻胃管来喂食是一种治疗。

——博勒姆标准能决定最佳利益。

——继续喂食不符合布兰德的最佳利益。

——没有义务继续喂食（实际上，有些人有义务不继续喂食）。

A. 生命的神圣性

所有法官都认为生命的神圣性是基础性的不可争辩的公理，尽管如此，即使是那些说得最多的人（如最高上诉法院法官霍夫曼）[62]也没有详细分析或界定这个观点。生命神圣被认为是理所当然。其观点只不过是坚持认为人的生命具有内在价值，不管患者处于何种不常见的不佳处境，在得出不让其继续存活的结论之前人们总是犹豫很久。然而，这一原则也不是绝对的。

这是一种无定形概念，但因体现了不正确的生命力论教义而被批评。如果某个人一开始就认为反对撤走维持生命的治疗这一主要观点是一种生命力论的观点（就像目前的批评观点一样），生命力论显然是不可持续的，那么撤走这种治疗就不会受到任何真正的反对。

这是一种指责，即上议院（与法律事务律师一起）[63] 建立了生命力论主义这个假想敌 [64]。

这是约翰 · 凯恩（John Keown）的观点。他说：

经常有人提倡生命神圣的原则，但是很多人并不理解这项原则。在西方思想中，这一原则的发展与犹太教和基督教的传统有很大关系。这种传统的生命神圣原则认为，人的生命是以上帝的形象创造的，因此具有根本的尊严，有权保护其免受不公正的破坏。无论是否有神学基础，这个学说都是以一种绝对不应该有意杀死无辜人类为原则的。"生命权"本质上就是不被故意杀害的权利 [65]。

他指出 [66]，这一表述与《欧洲人权公约》第 2 条的规定相一致。该公约规定："每个人的生命权都应受法律保护。"在法律判决死刑之前，任何人的生命都不能被剥夺，因为刑法处罚是由法律规定的。

这里与第 2 条规定的呼应很奇怪。如果第 2 条关于故意杀人的规定是国家对于生命神圣概念的一种完整总结，那么这种呼应是有意义的，但显然不是这样。第 2 条规定的第一句话是"每个人的生命权都应受法律的保护"。这一项毫无疑问地显示了生命神圣的权利。但是，在所有法律中，不管是刑法还是民法，也都规定有意外杀人免责 [67]。

关于生命神圣的理解，凯恩叙述道：

故意缩短生命的行为总是错误的——"故意"说明行为是有目的的。一些预见到可能会缩短生命的行为不一定总是错误的。它是不是错误的，这会在很大程度上取决于是否有充分的理由去冒缩短生命的风险。

对于处于恶性肿瘤晚期的患者来说，他正遭受剧烈的疼痛，此时医师显然有足够的理由来给予能缓解疼痛的镇痛药物，即使这些药物有可预见的副作用，可能会缩短生命。同样，医师也可以适当地坚持或撤除无效的延长寿命的治疗方法（即不能获得显著的治疗效果），或者患者会觉得承受太重的负担，即使医师已经预见不治疗可能会或将会导致患者的生命比在其他情况下提早结束。另一方面，医师可能不会为患者的生命承担不合理的风险。医师开展神经外科手术移除恶性肿瘤，即使这个操作可能是致命的也要做，这是一回事；但是仅仅是因为患者头痛就做手术，这是另一回事[68]。

凯恩认为，在布兰德判决的情况里，对生命神圣的理解很大程度上解答了这个难题。医师有责任维护这种观点。这种观点认为“没有道德义务给予不值得的治疗”[69]。只要明确应用鼻胃管喂食是否是一种治疗，这个难题就得到解决了。

约翰·芬尼斯（John Fennis）也批评了凯恩谴责的上议院对生命神圣的理解。这是对上议院关于什么是神圣的理解的批评。他认为，上议院的看法是二元论的。二元论本身已经很尴尬地过时了，这与我们对人的了解并不一致。

这些判断都认为布兰德与他自己的身体之间存在着二元区别。例如，“他的精神离开了他，留下的只是他身体的躯壳”[史蒂芬·布朗爵士（Sir Stephen Brown）]。“他的身体还活着，但他已经没有生命……他还活着，但完全没有生命”[霍夫曼上议院法官（Hoffmann LJ）]。这种二元论认为身体就像是一种真正人的住所和仪器，实际上有少数哲学家（宗教或其他）支持这个观点，二元论的观点呈现了一种无法解释的复杂性的统一。这种统一是一个人在有意识地做每一件事中所体验到的。它说的好像是两种东西，一种是非肉体的个人，另一种是非个人的活体。人的生命本身就是内在的，而不仅仅是像器械。我们每个人都有人生（不是植物、动物再加上人的生命的简单相加）；当包括言论、思考和选择在内的一切重要职能都在蓬勃发展时，生命也在发展。当生命严重受损时，缺乏了其中某些功能，但它仍然是一个受损的人的生命[70]。

他可能会补充说，这种二元论既不适用于其他法律，也不适用于现行的政策。如果某个被告被指控强奸了一名处于持续性植物状态的患者，那么检察官可能不会认为这是性侵尸体的罪行，或者是一些违反公序良俗的模糊的随机罪行。这里所说的罪行是侵犯了一种心 - 身 - 灵统一体，而这也是法律在讨论人时的一般所指。

正如凯恩所理解的那样，生命的神圣性使人们试图判断患者的生命价值是完全不合法的。在决定治疗方案的价值时，它仅仅是将患者的身体状况考虑在内[71]。一个人可能问：这个治疗“值得吗”？而不是这个生命。这种推论既受到了明显的支持，也会引起了尖锐的批评。

在 Re A（儿童）（连体婴：手术分离）案中，上诉法院法官沃德（Ward LJ）明确指出并同意凯恩的观点。他说他之前被要求评估分离连体婴手术的价值，但是比较两个生命哪一个更有价值（因为它侵犯了生命神圣的原则）是被明确禁止的，两者相冲突[72]。

但是有人指出，很难区分某个考量是基于治疗的价值还是生命的价值；一个语义上的区别，在解决复杂的道德和法律时，区分起来会更难，难到无法实施。有人问，在不询问该治疗对患者有什么影响的情况下，如何才能确定维持生命的治疗是否值得，并做出价值判断，延长患者生命的治疗总体来说对患者是否是有利的？除非做出这样的判断，否则有人［如大卫·普里斯（David Price）］就会认为，他坚持凯恩和芬尼斯回避的生命力论主义的立场[73]。

正如芬尼斯和凯恩所做的那样，过分强调“无益”是在乞求生命的高质量问题（普里斯和一些人如是说），而芬尼斯和凯恩说这是不合法的。普里斯认为：

“无益”是一个模糊的概念，但是这一概念未经深思熟虑就被广泛应用，包括一些法官也是如此。凯恩认为，如果某种治疗不能对治疗收益提供一个合理的希望，那么它就是无用的。实际上，“无益”更合理的意思是指未取得预期临床效果的治疗，比如说，进一步的化疗没有缓解癌症，或者心脏复苏措施没有恢复功能性心律……在这里，很显然没有任何道德上、法律上以及医学上的义务进行这些治疗……但是很遗憾的是，在一些情况下，“无益”被用于可能只是暂时缓解病情，或者患者的生命没有或者只有非常有限的改善。也就是说，在对患者没有任何好处的情况下，执行这些操作是无益的。这种完全不同的用法虽然包含伦理因素，同时也暗含未来在什么情况下，可能不考虑患者生命的神圣性[74, 75]。

普里斯认为，凯恩对于不合理治疗的观点（当治疗是“过度负担”时就是不合理治疗）[76]同样是有问题的。它与无效的观点本质相同，但是似乎与长期植物状态的判例明显不相关：

回到布兰德的判例，由于他处于无意识状态，很难想象多少医疗治疗对他来说是“过度负担”，所以应该为他无限期地提供一切可负担得起的维持生命的治疗方法。但这样的结果被广泛认为是完全不合适的[77]。

我认为，普里斯的批评令人信服。不管你怎么想，除了生命力论主义之外（而生命力论主义在伦理上以及法律上都是错误的。甚至难以评判），并没有其他方法，可以在决定是否继续使用生命维持治疗时，避免对生命的价值进行判断。布兰德的例子正是要在患者处于持续性植物状态的情况下公正地做出正确决策。

但是请注意，尽管对于凯恩和芬尼斯来说，由于神学根源，生命神圣的信条是重要的。他们也同样认为，生命的神圣在法律上也具有重要性，因为取消治疗的意图在生命神圣主义者看来在法律上是至关重要的。再次强调：对他们而言，生命的神圣意味着不能故意杀人。他们也认为，该案中没有任何合法意图可以杀死布兰德。如果上议院同意他们，也认为不存在这种合法意图的话，那么这个案件就可以在不歪曲法律的情况下做出决定。

接下来，我们讨论意图这个要素。

B. 有意致死

凯恩和芬尼斯认为这是一个有双重效应的典型案件：如果停止鼻胃管喂食或补水，可以预见后果就是死亡，但是死亡本身并不是追求的目标。因此，不存在谋杀的犯罪意图，也没有什么结构性的法律问题需要解决。

芬尼斯写道：

当且仅当某个结果的产生是一个经过深思熟虑所形成的提议的目的或手段（无论其是临时起意还是惯常为之）并且决定采用该提议后，某人才会打算实现该结果。所以，如果撤销某个人维持生命的措施是该意识清醒的患者因为维持治疗的负担过度而请求做出的决定，那么操作者就不是有意而为之，故意导致这种可预见的死亡。医师的目的和意图就是要尊重患者想要减轻负担（或从中解脱）的愿望。另一方面，如果医师停止营养供给而导致其死亡（作为一种手段），是因为通过死亡可以确保他能获取人身保险的保险利益，或者某个可能持续多年的护理服务因终止而使费用降低，或者父母想让孩子从无望的残疾痛苦中解脱出来，那么就属于故意致死。在没有主审法官调查结果的情况下（而且显然，就像在刑事法庭上，交叉盘问是为了引出责任医师的深思熟虑以确定其意图），上诉法院本应根据很有可能是（但也许不是）故意终止布兰德的生命这一事实基础推进评估，而并不是故意结束布兰德的生命[78]。

很多拜占庭文献可以区分意图和预见的区别。当然，作为常识，显然两者之间存在区别。安德鲁 · 麦基（Andrew Mcgee）提出："故意造成的结果，与可预见的结果之间是有区别的。前者是故意造成的结果，或者是行动的目的所在[79]。"他还用了几个令人信服的例子来支持他的区分方式：警察向失踪者的家属透露了一些坏消息，可以预见家属们的难过，但这并不是警察故意造成的；律师通宵达旦地准备第二天的陈述，可以预见他会感到疲惫，但这不是故意的；医师安排患者做癌症化疗，预见了副作用，但这种副作用并不是医师故意造成的[80]。这里（比如说），化疗的副作用不是让癌症消失的手段，就像律师的疲惫不是准备陈述的手段一样。在这些例子中，一个完美的可预见的结果并不等于意图。意图和预见经常重合，但是他们不一定重合。

对英国律师来说，所有这一切的法律困难是上议院对 R 诉伍林案（R v Woollin）中的判决[81]。判决说，该案件是指控谋杀。而在极少数情况下，仅有简单的意图指向是不够的，陪审团应该知道他们无权去调查必要的意图，除非他们确信死亡或严重的身体伤害是由被告的行为导致，存在事实上的确定性（除非有意外的干预），而且被告也同意这样的说法[82]。

麦基认为，在伍林案中，如果上议院说那个事实上的确定性等同于意图，那么“谨以为他们是错误的”[83]。但是他们并没有这样说。他们使用的语言确实不恰当并有误导性。但是，情况并非如同他们所说，陪审团必须确认这一事实上确定的结果是有意为之（当然只是允许他们这样做时）。因此，上议院并没有完全错失麦基的例子中的要点[84]。

这是一场奇怪的讨论，不管伍林案中说了什么或没说有什么，意图和预见的区别一直都存在于英国刑法中。它的应用，例如，作为经典双重效果案件，使用过量麻醉剂导致死亡算作谋杀的辩护中，麻醉剂在使用时意在提供足量的止痛效果，但是又存在一个可预见的、已预见的死亡后果[85]。

凯恩和芬尼斯（比较隐晦地）认为，在布兰德这个案件里没有故意致死，因为医师并不是有意杀害患者，而是为了将患者从无效、负担过重的治疗中解脱出来。

在讨论生命神圣性的背景下，我们已经解决了凯恩依赖无益和负担的问题。麦基想知道凯恩为了解决这些难题，是否坚持认为其有意追求的目的只是取消这些无用的治疗，而不是导致患者死亡（仅仅是预见的）。但是，这一点也行不通，正如麦基所说：

这就像是说，虽然我明确预见到如果开枪，肯定会给敌人造成严重的身体伤害，但是我的目的只是想要射击他，并不是造成严重的身体伤害。此外，凯恩有一个很荒唐的循环逻辑（解释）：取消治疗的目的是取消治疗。除了副作用以及这个行为本身以外，该行为还有一些其他目的来区分意图与预见之间的区别，并使该行为能够站得住脚[86]。

我认为，有充分理由说明姑息治疗和取消生命维持治疗是没有可比性的，因此，上议院认为确存在杀害的意图的观点是正确的。很难说凯恩和芬尼斯不是在混淆意图和希望。

凯恩和芬尼斯的法律建议不足以确保医师会免于谋杀罪名。上议院在这方面还需要做更多的工作。

上议院指出了医师的问题（生命的神圣性必须得到尊重，以及存在杀人的意图），并开始构建辩护。观点框架的第一点就是，取消治疗是一种不作为，而不是一种作为。

C. 作为和不作为

人们认为，在作为与不作为之间是否存在道德上的差别很大程度上是由直觉决定的。因此，在您的道德推理中，如果存在这种差别，那么您的直觉将增加您对这种区分的权重。

存在大量旨在使我们质疑这种直觉（我们大多数人都有），即作为和不作为有道德上差别的思想实验。最著名的是“手推车问题”[87]及其演变出的其他许多例子[88]。这里我们说另一个例子：詹姆斯·雷切尔（James Rachels）的一个“邪恶叔叔”的例子[89]。

情景 1：如果一个小宝宝 X 死掉，那么邪恶叔叔将得到一笔巨额赔偿。这个叔叔有一份帮 X 洗澡的工作。他将 X 推入水中，将其淹死。

情景 2：情况是一样，但是这一次，命运在叔叔身边。正当他伸出手来推 X 的时候，X 将自己的头撞到了浴缸。这使她失去了意识并沉入水中。在对自己没有任何危险的情况下，叔叔可以将她的头抬起来以挽救她。但是他没有。X 死了。

大多数人认为，在这些情景中，叔叔的罪责是相同的。然而在法律上，后果是非常不同的。在情景 1 中，叔叔犯有谋杀罪：有一个行为，有杀人的故意，事实上导致死亡。但是在情景 2 中，在英国法律中叔叔没有法律责任[90]，因为他没有安全救援的义务[91]。

这样的问题使许多人同意朱利安·萨库列斯（Julian Savulescu）特有的直率立场："在杀害与放任死亡之间没有道德上的区别，尽管许多人直觉认为其中存在差别[92]。"

然而这种直觉始终是存在的。对大多数人而言，即使我们能理解功利主义的计算（杀死一个能救五个），也不愿意为了救五个人而杀死一个，因为杀害必须通过一种作为而不是一种不作为的方式[93]。精神病患者是天生无视直觉的功利主义者（并且因此比一般人更有可能看不到作为与不作为之间的差异）[94]，大家通常认为他们不是模范公民。回到布兰德案，他们也不被法律认为是理性人。理性人的观点往往是英国律师思考问题的基准和依据[95]。

无论是否正确，作为与不作为的区别都牢牢地嵌在英国法律中。放弃这种区别就等于说，那些坚持认为这一点很重要的直觉（那些令人眩晕的直觉，与我们的表现和互联性有着复杂却又至关重要的关系）是无关紧要的[96]。它们应该总是被某种功利主义的算法战胜。这远不是一个无可争辩的立场，当然这也是许多人（如辛格和萨库列斯库）所主张的，但这并不是不证自明的真理。它的支持者必须回答这样一个问题：有哪种价值体系可让某个人通过杀死一个人（即使涉及一种行为）来拯救五个人？ 在听这个答案时，应该仔细检查，看看直觉是否在辩护中发挥作用。

将布兰德的生命维持治疗撤除的行为归类于不作为，这引发相对较少的批评[97]。然而，这个分类并不是无可争辩的。在激烈的讨论之后，必须做出明确决定：取消喂养，用手抓住鼻胃管并将其拉出。如果有意图杀人，某个外行人走进病房，拔出管子，也会以同样的方法造成死亡，而这种行为肯定会被视为谋杀。

这表明，作为与不作为之间的区别并不是真的像上议院说的那样起了作用。我认为这个区别对判决来说不是至关重要的。布兰德案的情况与涉嫌谋杀的外行人进入病房的情况之间的区别仅仅是一个政策：医师不应承担责任，而外行人应该承担责任。有必要用法律语言来制定这一政策，但作为和不作为的语言表述是不够的：政策在发挥着作用。涉及义务的法律语言是较为令人满意的。我们很快就会来看看义务。

但首先，为了确定关于义务的定义，上议院认为，鼻胃喂养是一种“治疗”。

D. 鼻胃管喂食是一种治疗

凯恩在早期对布兰德的评论中尖锐地问：“是什么正在接受治疗[98]？”他希望我们以尴尬的谬论来答复：“人类需要营养。”

他的问题有很强的修辞用意，但是不一定能得到他想要的答案。一个更好的回答是：鼻胃管喂食对于长期处于植物状态、不能自己喂食的人来说是一种治疗。很多复杂的医疗属于对症治疗。

凯恩再次提出了一个更实质性的批评：鼻胃喂养是喂养，这不需要复杂的医学知识，因此它应被视为基本护理。他写道：

通过鼻子插入喂食管（鼻胃管）是不是一种医疗，现在仍有争论，因为这个操作可是由护理人员来执行的，甚至是一个受过适当训练的外行护理人员都可以操作。不管怎样，不管是谁操作，一旦插入喂食管，且放置得当（就像在那些长期处于植物状态判例中，法院声明允许撤除喂食管），很难将仅仅是供给食物和水视为一种实际“医疗”。其中涉及什么医学技巧？什么在被治疗？为什么喂食（虽然是通过管子）不被视为医师理应提供的基本护理的一部分呢[99]？

关于提供基本护理的责任这一问题，立场就比较混乱。这一立场被后来的当局混淆了而不澄清了。因此，在伯克诉医疗委员会案（Burke v GMC）中[100]，菲利普大法官（Lord Phillips MR）在给予法庭判决时说：

就人工提供营养和水分而言，没有必要考虑到提供这一操作的义务。一旦患者被收入院，在普通法的积极义务下，医护人员有义务照顾患者。如果需要权威说法的话，芒比法官（Munby J）在第82至87段引用了标题为“护理的义务”的权威说法来确定这一命题。这个积极护理义务的一个基本方面是采取合理的措施来维持患者的生命。如果需要人工提供营养和水分来维持患者的生命，护理义务通常要求医师提供人工提供营养和水分[101]。

因此，上诉法院决定是否人工提供营养和水分的义务，不是基于它是否属于“基本照顾”，而是根据医护人员是否有维持依赖患者生命的基本义务（尽管当然不是绝对的）。免除该义务可能需要涉及复杂的医疗介入——如给患者插管并将管道连接到呼吸机上，以便提供所有人类最基本的需求——氧气。这一义务的存在似乎会让人们对是否插管喂食是一种“治疗”的争论显得有些多余，因为它需要非常复杂的医学知识。

实际上，我认为这个争论是多余的，原因有两个。第一，之所以存在这个争论，主要是因为，上议院在布兰德案中认为应该根据博勒姆标准决定布兰德的临床医师是否有责任维持鼻胃喂养。这种依据是错误的。我们待会儿再讨论这个问题。第二，现在布兰德的情况已经被2005年《心智能力法》所涵盖了[102]。唯一相关的问题是提出的作为或不作为是否符合患者的最佳利益。法令并没有要求讨论作为或不作为是不是一种“治疗”[103]。

E. 决定最佳利益与博勒姆标准相关

如果鼻胃管喂食是一种“治疗”，继续或者取消这种治疗的理由应当基于典型的专业判断。即使当时采用博勒姆标准是正确的，但现在使用它显然是不正确的。

在Re F案（精神病患者：绝育）中[104]，上议院认为博勒姆标准应该用来决定患者的最佳利益[105]。这个案件，即布兰德案本身，是典型的家长式医疗。博勒姆标准与最佳利益并不协调一致。博勒姆标准是在临床医疗过失诉讼中形成的一种标准（包括实体法和证据），法院用来判断原告是否能证明医师对其损伤有赔偿性责任。它并不是确定的事实。至少，在理论上，对于这一问题——“某种干预是否符合患者的最佳利益？”是对还是错只有一个答案。对最佳利益的调查至少在理论上是事实调查，而博勒姆标准本质上不适用。如果某种干预实际上符合患者的最佳利益，无论负责任的医疗意见书是否认为这符合患者的最佳利益，都无关紧要。

最终在 Re F 案中（成年人患者：绝育）承认了这一点[106]。上诉法院法官巴特勒 - 斯洛斯（Butler-Sloss LJ）说：

> 我认为任何医疗决定的出发点应该是博勒姆标准中阐述的原则，医师不应该对不属于博勒姆标准范围内的患者做出任何决定。根据负责任和专业的意见采取行动可能给医师多个选择，因为可能存在不止一个可接受的医疗意见。当医师考虑患者的最佳利益时，他/她必须在各种可选方案中做出最佳选择。正如芒比先生指出的那样，在逻辑上，最佳利益要求只有一个答案。

在这些复杂疑难案件中，医师需要对提出的治疗做一个声明，证明其合法性，法官而不是医师有权决定该治疗是否符合患者的最佳利益。法官应该选择一个最佳治疗方案，而不是给出一系列可选方案。当然，可能在一些情况下，答案并不明显，需要尝试每一个可选方案。在任何情况下都应该选择最佳方案。我知道布朗 - 威尔金森法官在亚耳戴尔 NHS 信托诉布兰德案［Airedale NHS Trust v Bland（1993）AC 789, 884］的发言中提出明显不同的司法判断。但是上议院的其他成员并不同意他发言中的观点。黑尔法官（Hale J）在 In re S 案（医院患者：法院的权力）（1995）第 26、32 条中也有相同的看法。她说，根据博勒姆标准，在一些案件里很多不同的方法都是合法的。可能真的是这样，但是我没看她所依据的 In re F 案（医学患者：绝育）（2AC1），这样法官就无须再为了患者的最佳利益从可用选项中进行选择了。我尊重但不同意威尔金森法官和黑尔法官两人的观点。我之前看到上诉法院法官索普（Thorpe LJ）起草的判决，我同意他的分析。就像我之前所做的判断，法院适用的最佳利益原则应该大于博勒姆标准（1957）所考虑的范围。司法决定应该综合更多的伦理、社会、道德和福祉等诸因素来考虑[107]。

上诉法院法官索普说：

制定博勒姆标准是为了让法院能够明确划分治疗中医疗责任的界限。这些治疗已经存在错误，而且是灾难性的错误。所以乍一想，替那些失去决策能力的患者做出维护其最佳利益的决定似乎不太可行。这些决定确实关系到这个成年患者应不应该接受治疗，但是这里所说的治疗不是指之前已经提供的治疗，而是将来希望得到的治疗。司法审查下的医学意见很可能需要司法鉴定意见而不是医师意见，作为治疗方案的一部分。这就是说，毫无疑问，In re F 案确定如下内容：当出现治疗建议的适当性时，博勒姆标准与成年患者最佳利益的判断息息相关。但随后，博勒姆标准对如何确定最佳利益的贡献程度在司法意见上存在一些分歧。当然，在 In re F 案的判决中，本质上的问题是司法管辖权问题，而不是最佳利益审查本身的价值问题。

但是，正如我最近在 In re A（医疗：男性绝育）案［In re A（Medical Treatment: Male Sterilisation）（2000）1 FCR 193］中提到的，最佳利益的衡量类似于一种福祉评估。正如戈夫法官曾在"In re F（精神病患者：绝育）"[（1990）2 AC 1，83] 中所说的那样："……无论是依据国家亲权的规定寻求法院批准，还是宣告手术的合法性，我都看不出结果有太大的区别。"随后，史蒂芬·布朗教授在 In re G（成人患者：宣传）[（1995）2 FLR 528, 530] 中提道："这里的管辖并不是严格意义上的国家亲权管辖，但是类似布兰登在 In re F（精神病患者：绝育）案［In re F（Mental Patient: Sterilisation）（1990）2 AC 1, 83］中提到的，这种管辖事实上为这种路径提供了基础。"In re F 案是一份有关绝育的例子，而不是一个永久植物人的病例，因此，从这方面说，它的严重性并不相同。然而，在这个判例中，手术的公告和许可是与提供特殊的医疗治疗有关的。这项治疗与人类最重要的生殖功能挂钩，这是应该考虑在内的。很明显，在 In re F 案中做出的判决结果是，该判例与人的生殖有关，但是法院允许患者的亲属行使管辖权。该管辖权父子相传，并不严格遵守国家亲权，但是这种管辖权从各种意义上又是与国家亲权相似的一种权限。

在我看来，这是一个没有区别的区别。我的意思是，国家亲权的管辖权只是监护权的另一说法，或者还可以将它描述为继承的管辖权。那是一种父子间、以遗传为纽带、由亲子关系决定的权利。因此，In re F 案的结果就显示了一种民事能力欠缺者对亲权管辖权的无意丧失，以及确立其替代管辖权和宣告法令，而这些权限都是以相同的基础行使的，即如果患者需要的话就应该对其采取救治，如果患者不需要，则应当拒绝。

因此，我接受芒比先生的意见，在确定患者是否需要救治时，应该在一开始就应用博勒姆标准，以确保所提出的治疗方案是负责的医务人员认为适当的治疗方法。这是一个必要的检查，怎么谨慎都不为过。但是，我发现在操作中，很难想象法院在审的某个争议案件：但我发现在实践中，很难想象在某个争议案件的法庭审判中，责任方对民事能力欠缺的患者提出了一种不符合博勒姆标准的治疗方法。事实上，在实践中，争议双方通常要求法院在两种或两种以上的可能的治疗方法中进行选择。这两种或全部的治疗方法都能轻松地达到博勒姆标准[108]。

虽然上诉法院不能推翻上议院，实际上这就是采用博勒姆标准决定最佳利益的结束。

F．延续生命不是布兰德的最好选择

马斯蒂尔大法官说布兰德对任何事都没有利益瓜葛了，这样的说法显然是错误的[109]。甚至是死者也会有利益（例如，他们希望身体和记忆受到尊重）。在布兰德的上诉法院，上诉法官霍夫曼·莱恩说，布兰德没有利益瓜葛的谬误在于：

它假设我们除了我们有意识经历之外，对其他事物没有任何相关利益。但这并不符合大多数人对生命和死亡的直观感受。至少我们尊重死者对财产分配的意愿，其中一部分原因在于，我们认为，不这样做是错误的，尽管我们知道死者永远不会知道自己的意志被忽视。大多数人想要光荣和有尊严的死亡，我们认为不尊重他们的死亡是错误的，即使他们已经不可能意识到这一点了。我们尊重他们的尸体和记忆，因为如果不这样做，那么就认为是对死者的一种亵渎[110]。

处于持续性植物人状态的患者无疑具有《欧洲人权公约》第 8 条规定的权利（相应的利益）[111]。更好的说法是，他们也有第 3 条所规定的权利[112]。

如果处于永久性植物人状态患者的第 8（1）条权利受到侵害，则医师在判断停止治疗是否完全违反第 8 条规定时，必须考虑第 8（2）条中所有与之相抗衡的社会利益。医师侵害第 8 条患者权利的行为，在下列情形下将是正当的：

如果是依法为了国家安全、公共安全或国家经济福利，为了防止混乱或犯罪，保护健康或道德，或保护他人的权利和自由，那么因为这些原因而违反第 8 条所述的个人权利是可以接受的[113]。

在布兰德的判例中，上议院拒绝承认：如果把维持布兰德生命的医疗资源拿来给其他患者用，可能创造更大的利益，这是需要考虑的，而且法院需要迎难而上。似乎可以说，将其他患者在资金方面的利益放在“公共安全”“国家经济福利”“保护健康或道德”和“保护他人的权利和自由”几个考量之后了，这是第 8（2）条的标准。越来越多的人意识到，利他主义（也可能是极端的直到死亡的利他主义）也是可以根据第 8（1）条来阐述个人利益的[114]。相关的利他主义可能为一些基金减轻压力，让这些基金可以用来救助其他人，或缓解其他人（如家庭）的痛苦。这些痛苦来自看护这些持续性植物人[115]。家庭或护理人员在照顾持续性植物人患者的过程中承受的压力也可能符合 8（2）的标准。

所有这一切，上议院给布兰德案的答案与 2005 年《心智能力法》给出的答案相同。

然而，就像很多人争论的那样，不一定非要遵从布兰德案[116]。如果持续性植物状态的诊断是正确的，那么应该撤回治疗。每个案件都是重事实的，而意识的永久丧失显然是一个重大事实，但这也不应该是决定性的[117]。最佳利益的决定应该比这更细微。后来的判决越来越多地影响到英国的法律[118]。这可能是由于患者强烈表达了以往的意见，即哪怕在持续性植物人状态中，生命也应该继续下去，也许加上家庭的类似意见，延续生命将被认为是符合最佳利益的。

G. 没有义务继续喂食（事实上，有些人认为，医师有义务）

依据现有的发现，考虑这一部分很容易。另一种选择已然成为一个方向，即将生命力论作为英国医事法的主要原则，并且认定：撤销没有任何益处的治疗属于谋杀。

也许不幸的是，上议院不能直接走到这一步，这是问题的关键所在。他们不这样做只能解释为担心这会超越宪法的规定，以及担心开始司法立法。但显然这种担心是错误的。当然，在侵权法中，可以看出，过失的类别并不是规定死的——这是一种谨慎的方式，法院很乐意扩大护理责任的范围，以适应新的情况。没有令人信服的理由说明为什么不应该采取类似的做法来解决公法的义务。毕竟，布兰德案是一个法律界的大杂烩。这个案件使用了一些私法的观念（如博勒姆标准）来解决公法问题（谋杀责任）却没有违和感。如果是通过过失来界定可接受行为的边界，为什么不采取私法对主要义务的范围进行灵活界定呢？它会省去很多麻烦和口舌。

5. 布兰德：事后余波

虽然上议院的说理是晦涩的，但是它具有优点：或多或少地纠正了刑法上关于谋杀的法律（尽管马斯蒂尔法官、约翰·芬尼斯和约翰·凯恩提出了抗议）。这个决定在事实上是正确的，它并没有像一些人所担心的那样，导致人们对生命神圣性的概念的忽视。潜在的有害因素（特别是使用博勒姆标准）很快就被放弃了，目前2005年《心智能力法》要求对布兰德案采取整体、合法、直截了当的处理方式。

在安特里大学医院NHS信托基金会诉詹姆斯案（Aintree University Hospitals NHS Foundation Trust v James）中最高法院重新审视了布兰德一案[119, 120]。哈勒夫人给出了法院的判决。她说，这个判例的起点是基于一个强有力的假设，那就是活着是符合个人最佳利益的。这就是将生命神圣性的教义与最佳利益相结合的现代判例，而且这是菲尼斯和凯恩都无可挑剔的一种表述。如果表明活着不符合人的最佳利益，那么这个前提可以被轻松反驳。那是布兰德案的立场，也是2005年法案下的法定立场。但是，应该小心的一点是，如何解决“活着”是否是符合个人最佳利益的问题。“这是令人迷惑的”，她说，“处理这个判例，就好像问题落在如果这些治疗对于延续他的生命很必要，那么拒绝这些治疗是否符合詹姆斯先生的最佳利益。但事实上这是问题所在吗[121]？“不是”，她说，通过再审布兰德案的判例，她总结说：

重点在于给予治疗是否符合患者的最佳利益，而不在于维持或撤销治疗是否符合其最佳利益。如果治疗不符合他的最佳利益，那么法院将无法代替他同意，因此，维持或撤销治疗将是合法的。事实上，这样做是不合法的。此外，如果他们维持或撤销治疗，临床小组并不会违反任何对患者的义务（当然，前提是他们的做法是合理的且无过失）[122]。

这是关注点的变化。但这是否属于重大改变将取决于法院的决定，法院来充当判断最佳利益的角色（如果有最佳利益的话）。2005 年法案中有一些替代判决的要素。第 4（6）条规定了决策者必须在合理确定的范围内考虑：

（a）该患者过去和现在的愿望和感受（特别是他有民事能力时做出的任何相关书面声明）。

（b）如果他具备能力，可能影响其决定的信念和价值观。

（c）如果他能做到的话，他能考虑的其他因素。

哈勒夫人说，相关测试仍然是关于最佳利益的，而不是关于替代判决，但是最佳利益的测试"选择权是决定他的最佳利益所在的重要组成部分"[123]。这完全符合该法案最大限度地提高患者自主权的政策，但仍有许多司法工作要做。法院需要确定使用的替代判决书的版本（我们是否应该遵循他们还处于健康时做出的判决？还是当他们已经残疾的时候，再评估其受损生活的价值呢？）。他们需要说明替代的判断标准如何与第 4 节中列出的最佳利益中的其他因素相互关联[124]。

6. 结　　论

布兰德案历经时间的考验。在这个更务实的时代，它看起来有点儿怪异且过分尊重法律。它没有完全回答与生命终结决策有关的所有问题，而且对于其中一些问题的回答还是错误的。它是形而上学的，但也没有更糟的结果了。在某种程度上，它已经被一个更简单、更时尚的法律模式所取代。因为它在法律以及道德审议上的严肃性避免了简单得出的答案，试图划分医事法与医学伦理之间的界限，坚持最佳利益的中心地位，并且不愿公开承认它是在政策的基础上所做出的决定。这个判例将会被铭记。

（姚秋琦　梁　洪　王羽琪　王　岳 译）

注　释

1 现在通常称为永久性植物状态 (permanent vegetative)。关于这两个概念区别的重要性的讨论见 J Mason and G Laurie, ‘The management of the Persistent Vegetative State in the British Isles’ (1996) 4 Juridical Review 263。

2 Airedale NHS Trust v Bland [1993] AC 789。

3 ibid 877-81。

4 ibid 887-91。

5 ibid 825-34。

6 ibid 825。

7 在 877 中，罗瑞大法官也对这些问题做出了评论：“社会关于什么是法律以及什么是正确的概念应该是一致的，这一点非常重要，尤其是在管辖行为的刑法领域内。立法者的一个作用是发现这些概念之间的任何差异，并采取适当行动来弥补差距”。

8 ibid 880。

9 ibid 891。

10 例如，戈夫大法官在 863 中所说：“首先我要澄清一个简单的事实，在法律意义上，安东尼是活着的。诚然，他的情况糟糕到可以被描述为活死人；但无论如何，他仍然是活着的……人们已经认识到，死亡发生在大脑完全损坏，尤其是脑干损坏时……有证据表明，安东尼的脑干仍处于活跃状态并且发挥着功能，这表示在目前的医学科学状态下，他还是个活人，并且从法律角度上应该被视作活人。

11 See Lord Browne-Wilkinson at 881。

12 ibid 856-59。

13 ibid 857。

14 ibid 857。

15 ibid 858。

16 ibid 858。

17 ibid 858-59。

18 Bolam v Friern Barnet Hospital Management Committee [1957] 1 WLR 582。

19　Airedale (n 2 above) 859。
20　ibid 859-75。
21　ibid 863-65。
22　ibid 865-67。
23　ibid 866。
24　ibid 866。
25　ibid 867。
26　ibid 867。
27　ibid 867。
28　ibid 869。
29　ibid 868。
30　ibid 870。
31　ibid 870。
32　In re F [1990] 2 AC 1。
33　Airedale (n 2 above) 870。
34　ibid 875-77。
35　ibid 876。
36　ibid 876。
37　ibid 876。
38　ibid 876。
39　ibid 877-85。
40　ibid 881。
41　ibid 881。
42　ibid 883。
43　ibid 883。
44　ibid 883。
45　ibid 883-84。
46　ibid 884。
47　ibid 884-85。
48　ibid 885。
49　ibid 885-99。
50　ibid 891。
51　ibid 891。
52　ibid 892。
53　ibid 893。
54　ibid 887。

55 ibid 895-96。

56 但请注意，如果一个有认识能力的患者坚持停止维持生命的治疗，那么死亡则被视为产生治疗需求的原因所致：参见 B v An NHS Trust [2002] 2 All ER 449。进行这个区分的原因是显而易见的。布兰德案就是一个医师有责任继续进行维持生命的治疗的例子。假设判定医师的职责与死亡之间没有因果关系（因此不存在传统的刑事或民事责任），那么我们似乎可以认为任何医师做任何事都没有任何可起诉的责任——这个结果显然是荒谬的。安德鲁·麦基强烈主张重新审视因果关系问题——至少考虑区别作为 / 不作为的背景（这一点经常被忽视），以明确安乐死和撤销维持生命的治疗之间的界限。他说："很少有人注意到这些案例中讨论的问题始终是是否要撤销人为延长患者生命的治疗，而我认为这就是关键所在，我将其描述为合法拒绝给予或撤销治疗和安乐死之间的巨大差异。安乐死提倡的是，我们从大自然手中夺回主宰自己最终命运的权利。而合法撤销治疗恰恰相反：我们不是在杀死患者这件事上干预自然，而是在保持患者活着这件事上干预自然……简而言之，两者在道德上的相关性在于：安乐死干预自然的统治，而撤销治疗则是在我们撤除人为延长患者生命的治疗后恢复自然的统治。A McGee, 'Finding a way through the ethical and legal maze: withdrawal of medical treatment and euthanasia' (2005) 13 Medical Law Review 357, 382-83. 更多讨论参见 A McGee , 'Me and my body: the relevance of the difference for the distinction between withdrawing life support and euthanasia' (2001) Journal of Law, Medicine and Ethics 671。

57 Airedale (n 2 above) 894。

58 ibid 896。

59 ibid 897。

60 ibid 897-98。

61 ibid 898。

62 ibid 826-27。

63 例如，约翰·芬尼斯在回应马斯蒂尔大法官关于法律的基础"在道德和理智上是畸形的"的著名评论时指出，"在道德和法律上更好的基础实际上是可行的，但似乎从来没有辩护人提出来，也没有在判决时被考虑过，尽管这些想法十分具有探索意义和思想深度"：J Finnis, 'Bland: crossing the Rubicon' (1993) 109 LQR 329, 329。

64 John Finnis 和 John Keown 等十分关注这个所谓的虚假陈述，主要是因为他们认为这将导致对生命神圣性权威的广泛而深刻的反击性侵蚀。尽管有一些相当令人振奋的尝试，例如，彼得·辛格说，布兰德案已经产生了这种效果［参见 P Singer , Rethinking Life and Death (New York, St Martin's

Griffin, 1994) 75 ; P Singer, ‘Is the sanctity of life ethic terminally ill?’ (1995) 9 Bioethics 327]，但很难证明他们的担忧是有根据的。

65 J Keown, ‘Restoring Moral and Intellectual Shape to the Law After Bland’ (1997) 113 LQR 482, 482–83。

66 ibid 483。

67 See, eg, R (Amin) v Secretary of State for the Home Department [2003] UKHL 51; R (Middleton) v HM Coroner for the Western District of Somerset [2004] UKHL 10; Savage v South Essex Partnership NHS Foundation Trust [2009] 2 WLR 115; Rabone v Pennine Care NHS Foundation Trust [2012] UKSC 2。

68 Keown (n 65 above) 484-85。

69 ibid 485。

70 Finnis (n 63 above) 334。

71 Keown (n 65 above) 486; see too J Keown, ‘Courting Euthanasia? Tony Bland and the House of Lords’ (1993) 9 Ethics & Medicine 3, 36。

72 Re A (children) (conjoined twins: surgical separation) [2000] 4 All ER 961, 1010。

73 D Price, ‘Fairly Bland: an alternative view of a supposed new ‘Death Ethic’ and the BMA Guidelines’ (2001) 21 Legal Studies 618, 638; D Price, ‘What shape to euthanasia after Bland? Historical, contemporary and futuristic paradigms’ (2009) 125 LQR 142; cp J Keown, ‘Beyond Bland: a critique of the BMA guidance on withholding and withdrawing medical treatment’ (2000) 20 Legal Studies 66; J Keown, ‘Restoring the sanctity of life and replacing the caricature: a reply to David Price’ (2006) 26 Legal Studies 109。

74 Price, ‘Fairly Bland: an alternative view of a supposed new “Death Ethic” and the BMA Guidelines’ (n 73 above) 626。

75 更多关于无效的定义的讨论参见 R Cranford and L Gostin，‘Futility : A concept in search of a definition’ (1992) 20 Law, Medicine and Healthcare 307。

76 J Keown, ‘Restoring moral and intellectual shape to the law after Bland’ (1997) 113 LQR 481, 485。

77 Price, ‘Fairly Bland: an alternative view of a supposed new “Death Ethic” and the BMA Guidelines’ (n 73 above) 629。

78 Finnis (n 63 above) 332。

79 McGee, ‘Finding a way through the ethical and legal maze’ (n 56 above) 365。

80 ibid 365。

81 R v Woollin [1999] 1 AC 82; cp R v Moloney [1985] AC 905 and Hyam v DPP

[1975] AC 55。

82 ibid 96 (Lord Steyn)。

83 McGee, 'Finding a way through the ethical and legal maze' (n 56 above) 366。

84 C Foster, J Herring, T Hope and K Melham, 'The double effect effect' (2011) 20 Cambridge Quarterly of Healthcare Ethics 46; A McGee 'Intention, foresight and ending life'(2013) 22 Cambridge Quarterly of Healthcare Ethics 77; C Foster, J Herring, T Hope and K Melham, 'Intention and Foresight—From Ethics to Law and Back Again' (2013) 22 Cambridge Quarterly of Healthcare Ethics 86。

85 例如：the trial of Dr Moor: news.bbc.co.uk/1/hi/health/321212.stm (accessed 31 January 2014)。

86 McGee, 'Finding a Way Through the Ethical and Legal Maze' (n 56 above) 373. See, further, A McGee, 'Ending the Life of the Act/Omission Dispute: Causation in Withholding and Withdrawing Life-sustaining Measures' (2011) 31 Legal Studies 467。

87 J Thomson, 'Killing, Letting Die and the Trolley Problem' (1976) 59 The Monist 204。

88 FM Kamm, 'Harming some to save others' (1989) 57 Philosophical Studies 227; FM Kamm, 'The Doctrine of Double Effect: Refl ections on Theoretical and Practical Issues' (1991) 16 Journal of Medicine and Philosophy 571; A Lanteri, C Chelini and S Rizzello, 'An Experi-mental Investigation of Emotions and Reasoning in the Trolley Problem' (2008) 83 Journal of Business Ethics 789; J Mikhail, 'Aspects of the Theory of Moral Cognition: Investigating Intuitive Knowledge of the Prohibition of Intentional Battery and the Principle of Double Effect'(2002) Georgetown Law and Economics Research Paper (762385)。

89 J Rachels, 'Active and Passive Euthanasia' (1997) Bioethics: An Introduction to the History, Methods, and Practice 77。

90 除非有人认为，叔叔同意给小孩洗澡时承担了照顾他 / 她的责任，参见：R v Instan [1893] 1 QB 450; R v Stone and Robinson [1977] QB 354。

91 See R v Khan and Khan [1998] Crim LR 830。

92 blog.practicalethics.ox.ac.uk/2013/10/winchester-lectures-kamms-trolleyology-and-is-there-a-morally-relevant-difference-between-killing-and-letting-die/#more-7096 (accessed 30 January 2014): see too J Savulescu and I Persson, 'McMahan & Withdrawal of Life- prolonging Aid' (2005) 46 Philosophical Books 11; J Savulescu, 'Editorial: Abortion, Infanticide and Allowing Babies

to Die, Forty Years On' (2013) 39 Journal of Medical Ethics 257。

93 例如：J Greene, 'Emotion and Cognition in Moral Judgment: Evidence from Neuroimaging' in J-P Changeux et al (eds), Neurobiology of Human Values (Heidelberg, Springer Verlag, 2005) 57; MD Hauser, F Tonnaer, and M Cima, 'When Moral Intuitions are Immune to the Law: A Case Study of Euthanasia and the Act-Omission Distinction in the Netherlands' (2009) 9 Journal of Cognition and Culture 149。

94 M Cima, F Tonnaer and MD Hauser, 'Psychopaths Know Right From Wrong but Don't Care' (2010) 5 Social Cognitive and Affective Neuroscience 59。

95 具有异常高水平睾酮的人也不被认为是理性人：DR Carney and MF Mason, 'Decision Making and Testosterone: When the Ends Justify the Means' (2010) 46 Journal of Experimental Social Psychology 668.

96 DW Light and G McGee, 'On the Social Embeddedness of Bioethics' in R DeVries and J Subedi (eds), Bioethics and Society. Constructing the Ethical Enterprise (Upper Saddle River NJ, Prentice Hall, 1998)。

97 与预期的不同的是，约翰·芬尼斯并不反对这个分类本身，但他不赞成过于重视这个分类。他写道："仅仅凭借作为（或'积极作为'）与不作为之间的区别，就驳回这一重要的意见（该意见提出，对一名无能力的患者施用致死剂量的药物与拒绝给予其必要的营养素或药物之间没有相关区别）。这种做法尽管得到广泛的支持，却让法律显得'畸形'和'几乎没有理性'"：'Bland: Crossing the Rubicon' (1993) 109 Law Quarterly Review 329, 333。凯恩也赞同这一观点："问题不在于 ...... 患者生命的缩短是由作为还是不作为引起的。通过不给予治疗、食物、水或保暖措施来故意缩短患者的生命，其性质与注射致命毒药一样恶劣"：J Keown, 'Restoring moral and intellectual shape to the law after Bland' (1997) 113 Law Quarterly Review 481。

98 J Keown, 'Doctors and patients: hard case, bad law, new ethics' (1993) 52 Cambridge Law Journal 209, 210。

99 J Keown, 'Beyond Bland' (n 73 above) 68. See too GT Laurie and JK Mason, 'Negative treatment of vulnerable patients: Euthanasia by any other name?' [2000] Juridical Review 159。

100 R (on the application of Burke) v General Medical Council [2005] EWCA Civ 1003。

101 ibid [32]。

102 See Mental Capacity Act 2005, s 1(5)。

103 See Mental Capacity Act 2005, s 4。

104 Re F (mental patient: sterilisation) [1990] 2 AC 1。

105 医师不得不从最佳利益角度来帮助人们。在对存在精神障碍患者的日常治疗中,在采取这一规则时会存在一点困难。在对更为严重患者的治疗中,我发现采取这一规则可能会对医务人员造成麻烦。然而,在决定治疗时,在博勒姆标准下,医师的行为必须符合相关职业观点所认为的是有责任的和有能力的。也见:Lord Bridge at 52, Lord Brandon at 66-68, and Lord Griffi ths at 69。

106 Re S (adult patient: sterilisation) [2001] Fam 15。也见,例如,不同意将博勒姆原则用于重要的道德问题:Montgomery v Lanarkshire Health Board [2015] UKSC 11, especially per Lady Hale at [114]–[115]。

107 ibid 27-28。

108 ibid 29-30。

109 ibid 897。

110 ibid 829。

111 参见,例如:NHS Trust A v M [2001] Fam 348, and R (Burke) v General Medical Council [2005] QB 424. See too the discussion in A MacLean, 'Crossing the Rubicon on the human rights ferry' (2001) 64 Modern Law Review 775。

112 在英国国家医疗服务信托 A v M 案 (NHS Trust A v M)(注释 111)中,总统认为,第 3 条没有效力,因为一个人如果没有意识到的话,他就不能算是遭受了不人道或有辱人格的待遇。这一结论被芒比法官在波尔克案第 131-151 段中驳回(上文第 111 页)。他在第 149-151 段说:"在我的判决处理中,'有辱人格'是在第 3 条的含义范围内,不管其是否引起受害者的恐惧、痛苦或卑劣的感觉。以思想正确的旁观者的标准来判断就足够了——违反人权的行为显然不能以肇事者的标准来判断——它会被视为侮辱或贬低受害者,表现为不尊重或降低受害者的人格尊严。"

我认为这一点确实受到斯特拉斯堡判例的影响,在第 [112] 段中,已经在基南 v 英国案 (Keenan v United Kingdom(2001)33 EHRR 913) 的法院判决中证实了这一点。我已经引用过:"有些情况证明对该个体的实际影响可能不是主要因素。例如,治疗精神病患者可能不符合第 3 条所规定的保护人格尊严的标准,不管该患者能不能指出任何具体的错误,因此,我同意上诉法官哈勒在 R(威尔金森)v 布罗德莫尔专科医院管理局案 (R (Wilkinson) v Broadmoor Special Hospital Authority) 中所说的话。在谈到海尔采格福尔维 v 奥地利案 (Herczegfalvy v Austria) 后,她在 [79] 段指出:"至少可以得出结论,对无行为能力的患者施加强制措施,这不是必要的,也有可能确实是不人道或有辱人格的。同样的情况也适用于对受伤患者施加的一些强制措施。我判断不出哪种情况更糟糕：即使那个人无法意识到，但是羞辱缺乏行为能力的患者应该使我们感到羞愧，但实际上大多数人能够明白，虽然他们无法得知自己做的决定是应该还是不应该的，但是他们被迫做的事情是违背自己的意志的”。

虽然芒比的判决受到了上诉法院的批评，但上诉法院似乎已经认可了关于第 3 条的结论：见 R(伯克)v 医务委员会案 R［(Burke)v General Medical Council [2006] QB］。

113 Article 8(2)。

114 见 Re G (Children) [2012] EWCA Civ 1233, paras 29–30; J Herring and C Foster, 'Welfare means rationality, virtue and altruism' (2012) 32 Legal Studies 480。

115 应根据第 8 条再次讨论马斯蒂尔法官对家庭因素（见 897）相关性的观察。

116 参见，例如，A Grubb 'Commentary' [1995] 3 Medical Law Review 83。

117 参见，例如，J Boyle 'A case for sometimes tube-feeding patients in persistent veg-etative state' in J Keown (ed), Euthanasia Examined (Cambridge, Cambridge University Press, 1995) 195。

118 参见：'Bland: the aftermath', below。

119 Aintree University Hospitals NHS Foundation Trust v James [2013] UKSC 67。

120 其他参考了 Bland 案的重要案例包括 Frenchay Healthcare NHS Trust vS [1994] 2 All ER 403; Re G [1995] 3 Medical Law Review 80; Swindon and Marlborough NHS Trust v S [1995] 3 Med LR 84; Re D (1997) 38 BMLR 1; Re H (adult: incompetent) (1997) 38 BMLR 11。苏格兰的案例参见 Law Hospital NHS Trust v Lord Advocate (1996) 39 BMLR 166, and the Adults with Incapacity (Scotland) Act 2000。爱尔兰的案例参见 Re a Ward of Court (withholding medical treatment) [1995] 2 ILRM 401。

121 Aintree (n 119 above) [17]。

122 ibid [22]。

123 ibid [24]。

124 C Foster, 'Taking an interest in best interests' (2013) 163 New Law Journal 15。

第六章

R 诉剑桥卫生署，B 单方（未成年人）：两个判决的故事
R v Cambridge Health Authority, ex parte B (A Minor): A Tale of Two Judgments

杰西·沃尔（Jesse Wall）

1. 导　　言

B 单方诉讼案（Ex parte B）是一个案件两个判决的故事。初审时，劳斯法官（Laws J）批评剑桥卫生署（Cambridge Health Authority）以“资源紧张”为由，拒绝了一名年轻白血病患者的资助请求[1]。在上诉法院，宾汉姆大法官为卫生署辩解说：卫生署有做出“困难和痛苦程度判断”的自由裁量权[2]。

根据上诉法院在 B 案中做出的判决，司法在确定医疗保健资源如何分配方面的作用显然是有限的。简单地说，卫生署可以合法行使其自由截量权，以“提供”他们认为“必要的、可以满足所有合理要求的服务来诊断和治疗疾病”[3]，除非卫生署的决定确实超出了一般合理性范围。正如福斯特（Foster）所说，“虽然关于资源分配的个别决定在伦理上是困难的，抉择起来也会十分纠结，但在法律层

面做决定要简明扼要[4]。”

在简要概述两个不同的判决后，我接下来会解释两个判决中的主要法律问题，这关系到法院在审查卫生署的决定时所采用的复审标准。然后，我将探讨那些有助于校准复审标准的因素，并比较这些因素如何使劳斯法官（Laws J）和宾汉姆大法官（Bingham MR）做出不同的判决。最后，我将简要地比较有限的医疗保健资源分配伦理学问题以及医事法在管理医疗资源如何分配中所起到的作用。虽然对于个别判例来说，资源分配的决策在“法律上是容易的”，但为什么卫生法律还要采取如此节制的态度，还需要进一步解释。本章旨在提供这一解释。

2. 概　　述

患者 B 患有急性骨髓性白血病。在经过化疗、全身照射和骨髓移植后白血病已暂时缓解。病情复发后，患者 B 的医师认为不应该进行进一步治疗。这样的话，患者 B 仅剩下 6~8 周时间。

患者 B 的父亲咨询了一些其他医疗方式的意见。他获得的医疗意见指出进一步的补救治疗可以分两个阶段进行：第一项是化疗（费用为 1.5 万英镑，估计成功率为 10%~20%）。如果化疗成功，则进行骨髓移植（费用为 6 万英镑，有 10%~20%的成功机会）。患者 B 的父亲要求卫生署资助治疗，但卫生署拒绝了。之后该卫生署就被告上了法庭。

初审时，法官撤销了卫生署的决定，原因有两点。首先，法官认为，由于卫生署“采取的决定侵犯了申请人的生命权”，所以卫生署必须提供“一个充分的符合公共利益的理由来这样做”[5]。该卫生署并没有提供充分的、能够解释“导致他们拒绝资助患者 B 治疗”的理由[6]。其次，法官还认为，卫生署没有考虑到患者 B 家属的意见（患者家属作为患者 B 的代理人）[7]。在决定将要实施的治疗是否符合患者 B 的最佳利益时，是需要考虑家属的意见的，但是显然卫生署并没有这么做。在判决时，法官还批评了卫生署将这些推荐治疗视为“实验性”的，而不是从这是一笔 1.5 万英镑的最初开销这一角度来看待这些治疗。

但是，上诉时上诉法院提出了四个焦点问题。宾汉姆大法官在这四个问题上都是支持卫生署的［并且布朗教授（Brown P）和上诉法院法官布朗（Brown LJ）都予以认同］。首先，法院认为患者 B 的医师以及该卫生署都“强烈地意识到，以患者 B 的父亲为代表的患者家属都迫切地希望进行这种治疗”[8]。其次，因为该推荐治疗“并没有良好的成功记录”，并且它“处于医学前沿”，所以卫生署将这些治疗描述为“实验性的”医疗方法是合理的。卫生署不应因此而受到批评[9]。第三点是最值得注意的一点：由于法院不能评价医疗资源的分配过程有“多艰难和多痛苦”（即怎样进行医疗资源分配最为稳妥），所以卫生署无法对“怎样分配有限的资源来实现尽可能多的患者的需求”这一问题做出解释，宾汉姆大法官认为卫生署不应受到批评[10]。第四，法院认为，卫生署把治疗资助进行分期是正确的，因为“如果前期的治疗是成功的，而且第二阶段的治疗即将开始，那么他们就可能还要持续资助，毕竟已经花费了 1.5 万英镑”[11]。

3. 审查理由和审查标准

基于某些理由，法院认为可以证明卫生署的决定是非法的。医疗机构在做出决定时，要依法行使权力。法院在审查此项决定时，会确定卫生署的决定是否符合法律规定，以及卫生署做出决定的考虑因素是否准确且符合法定权力[12]。因此，上诉法院在审查剑桥卫生署的决定时，审查确定了卫生署是否考虑了患者 B 家属的意愿，是否错将这项治疗认定是“实验性”的，是否错将放射治疗和移植看做了一项治疗。

法院在审查决定时，还有更广泛的考量。如果医疗保健机构罗列出他们在做出医疗决定时一系列的相关确切事项，那么法院就必须审查这些事项的重要性[13]。如果其中的一些因素不够合理，或者不切实际，或者在做决定的过程中所占重要性的比例不合适，那么依据其所做出的决定就可能是非法的。这里所依据的假设是，如果决策者不合理或不成比例地使用权力，那么他们做出的决定可能会逾越法定权力。在这个意义上，要看某个具体决定是否与法律授权的初衷相一致，做出决定的诸考量因素之间是否有关联性[14]。

劳斯法官认为，卫生署未能解释他们为什么拒绝为治疗提供资金，这意味着卫生署无法提供一系列充足的证据证明决定的正当性，而这个决定是与患者 B 的生命权相悖的[15]。换句话说，如果说卫生署拒绝治疗是符合法律规定的，那么再考虑到对患者 B 生命的维系，该卫生署必须有足够重要的考量来说明他们做出决定时考虑的要素比维持患者的生命更重要。上诉法院也审查了这些考虑因素。然而，上诉法院还是认为，尽管卫生署解释权衡医疗资助的优先考虑事项时缺乏一些细节，但是其决定不给予治疗资助是合理的，并且是合法的决定。

这两项判决涉及同样的审查理由，即决策者是否在做决定时对相关的考虑要素给予了适当的重视。劳斯怀疑采用卫生署是否合法的审查标准过于粗糙和简单，倾向于法院从详细审查的角度来审查案件，并采用了一种大家都知道的判定该决定合理性的标准。这一审查标准要求决策者为“所做出的选择”提供“合理的理由”[17]。相比之下，宾汉姆大法官更大程度上“尊重”原来的决定，并采用了合理性的标准。根据这种审查标准，如果“决定超出了合理的决策者所能做出的反应的范围”，则该决定属于非法[18]。

在审查卫生署的决定（是否为治疗提供资金）时采用了不同的审

查标准，从而得到了两种不同的判决，是值得人们思考的。上诉法院的裁决是具有里程碑意义的判决，因为在审议酌情决定资源分配时，法院将在很大程度上保持尊重[19]。正如我将要解释的那样，这是一个有关资源分配决定的特殊判例，依据是1977年《国家卫生服务法》第1节和第3节。

两个判决中采用的不同程度的审查反映了劳斯法官和宾汉姆大法官不同的优先级考虑。这种考虑又会影响法院在审查决定时所采取的详细审查或尊重程度的因素。我们现在转而考虑影响法院审查卫生署做出资助治疗决定的强度的各种因素，并比较这些因素是如何影响劳斯法官和宾汉姆大法官做出判决的。

4. 校正评审标准

正如我将在本节解释的一样，如果不考虑患者B的剩余寿命，医疗决定对个人权利的影响也是影响对卫生署决定司法审查时要考虑的一个要素。因为司法审查的重点在维护个人利益，反对滥用公权力。然而，也有三个相关因素促使法院遵从卫生部门的决定，包括：①决定资助医疗的多中心性；②需要评估医疗效果；③卫生署法定职责的范围。把这三个因素结合起来，就解释了为什么尽管这样的决定会对个人的权利产生影响，上诉法院还是应用了尊重的审查标准。需要注意的是，这三个因素层层递进、相互关联，采用了一种更为尊从的审查标准。简单地说，这是因为决定是否为治疗提供资金是由多中心原因决定的，卫生署必须评估医疗成果，作为其广泛法定酌处权的一部分，法院无法以任何程度的力度来审查该决定。

A. 强度和医疗决定对个人的影响

事实是，如果卫生署没有资助进一步的补救治疗，患者B只有几个星期的生命了。根据劳斯法官的结果，该医疗决定是对患者 B 的生命权的侵犯："在这种情况下，决策者的决定已经对申请人的生存机会造成了重大影响，这是决策者知道的。我认为申请人的生命权受到了侵害[20]。"

宾汉姆大法官也强调了这一决定的严重性：

这是一个涉及年轻患者生命的判例，案件事实主导了案件所要考虑的所有因素。与影响人生命的决定相比，没有任何决定能比它更重要了[21]。

显然，卫生署的决定对于患者 B 造成了严重后果。如果卫生署的决定对个人施加了重大负担，或影响到个人利益实现的话，法院将会对这一决定进行更多审查。这反映了司法审查的制度优势：当事人对等的诉讼程序为法院提供了一个有利的位置，来适当评估医疗决定对申请人利益的影响。通过审查法定权力下酌处权的合法性，司法审查的作用得以充分发挥，进而维护个人利益不受政府行政机关的侵犯[22]。因此，法院在"制度上"[23]有能力保护个人利益，并且在行政决定有更大、更严重的影响时，可以采取更加严格的审查。

对于一些评论家来说，通过人权框架来评判医疗决定对个人利益的影响是"允许法院将重点转移到资源分配上"[24]，使法院能够"执行宪法赋予的保护人权的义务"[25]并"对超越法律的明确和不朽的价值观产生影响"[26]。这些评论家认为，如果合法的决定干涉了人权，法院应进行严格审查，并且"指出他们的权威和专业知识水平要超越决策者的专业知识水平"[27]。

劳斯法官和宾汉姆大法官在该案件的分析中，分歧之一是决定对个人的影响在多大程度上加强了审查标准。虽然宾汉姆大法官认定了这一决定的严肃性，但他避免了使用"人权"这个字眼。他强调法院的职能应"严格限制在""决定的合法性"之内[28]。相比之下，劳斯法官更关注患者 B 的生命权，他发现：

有些权利在《欧洲人权公约》中占据中心位置，显然其中包括生命权在内的某些权利。它们绝不应该仅仅被视为道德或政治的愿望……它们应该与其他原则共同作为英国习惯法的重要内容并得到维护[29]。

鉴于侵权行为，劳斯法官对卫生署的决定实施了严格的审查。这说明对行政部门做出的可能侵犯生命权的决定需要进行“最严格的审查”，就如劳斯法官在B案件中将生命权放在第一位那样[30]。同时，劳斯法官还提出“公共利益是指客观性理由”[31]，这有可能侵犯了《欧洲人权公约》中规定的权力[32]。

至于为什么劳斯法官和宾汉姆大法官会给出不同的判决，部分原因是两人对这个决策对患者个人影响的关注度不同。表面看来，劳斯法官所采取的“以权利为基础”的做法似乎是校准审查标准的正统方法。然而，更确切地说，劳斯法官和宾汉姆大法官的不同之处在于，他们认为，在将该医疗决策对个人权利的影响与其他考虑因素对比的时候，所占的重要性有所不同。劳斯法官认为，鉴于医疗决定对申请人个人影响的重要性和严重程度是导致审查强度增加的因素，案件的权利维度足以盖过有利于尊重的因素，并且使法院可以“声明其权威和专业知识”。对宾汉姆大法官而言，对个人的影响是校准审查标准的若干因素之一，而在这种做法下，法院即使在患者的生命权受到影响的情况下，也要进行自我约束。

B. 倾向于遵从的因素

尊重卫生署决定的三个因素来源于卫生署的法定权力。由于讨论经常会提及这些法定条文，所以在此列出相关摘录。根据《国家卫生服务法》第13条，国务大臣可以将第1节和第3节规定的职责转交卫生署。因此，第1（1）条规定卫生署有责任：

继续在英格兰和威尔士推广一项全面医疗服务，旨在确保改善：

（a）在这些地区人民的身心健康。

（b）在预防、诊断和治疗疾病方面加以改善。

并且以上述两条为目的根据该法提供或确保有效服务。

第 3 节要求国务大臣（通过卫生部门）必须：

在他认为必要的程度提供……服务来满足所有合理的要求……

（e）作为卫生服务的一部分，这些设施可用于预防疾病、照顾患者以及患有疾病的人的病后护理。

（f）诊断和治疗疾病所需的其他服务。

广义来说，两个判决适用标准之间的差异反映了卫生署对尊重患者生命权（根据《欧洲人权公约》第 2 条）的责任与持续提升全面医疗服务的责任之间的冲突［根据《国家卫生服务法》第 1（1）条］。

①多中心的程度

多中心决定是影响“一个庞大而复杂的相互依赖的关系网”的决定，以至于某个因素的改变会使其他因素产生无法估量的一系列变化[33]。是否提供治疗资金的决定就属于多中心决定，因为为某项治疗提供资金会使投入其他治疗、服务和医疗项目的资金减少。人们普遍关切的是，鉴于对抗进程的局限性，法院缺乏信息和能力来评估多中心决策的更广泛后果[34]。这是一个相对的制度能力的问题。与法院在维护个人利益方面的相对强势类似，这一顾虑突出了“以司法程序作为制度机制”[35]来解决多中心问题的弱点。

劳斯法官在一审时了解到，卫生署的决定是多中心的：“我很同意，法院不应该命令卫生署使用卫生服务基金，而无视可能对其他患者产生的连锁效应”[36]。正如上诉法院法官所说：

众所周知，各种卫生署不断受到供需平衡的压力……这是一个艰难而痛苦的决定。但是他们必须为有限的资源找到最大的利用空间，使有限的预算最大限度地分配给最大数量的患者，以实现其最佳利益，但是这不是法院可以做出的决定[37]。

然而，所有的行政决定都会影响一系列相互依赖的关系。正如帕尔默（Palmer）所解释的：“行政决策的核心是对资源使用的优先考虑，这是公认的[38]。”由于所有行政决定都具有连锁效应，所以最好把多中心问题理解为程度问题。可能的连锁效应越多，其产生的效果就越多样且不可比较。初始面对的连锁效应的基本决策方越多，那么这个问题所涉及的中心也就越多。

根据1977年《国家卫生服务法》第1条和第3条的规定，是否提供治疗资助是一项具有高度多中心的决定。卫生署的职责是促进一系列不同目标的达成：提供预防疾病的设施，确保疾病诊断和治疗的改善，为患有疾病的人提供后续保健，并提供任何诊断和治疗疾病所需的其他服务。在实践中，因为这一系列的职责过多，所以卫生署无法进一步推动他们想要的“尽可能多”的目标。正如宾汉姆大法官在判决中所说：

（卫生署）不能像他们所认为的那样支付护士薪酬；他们不能提供他们想要的所有医疗服务；他们不能购买他们想要的所有昂贵的医疗设备；他们不能进行他们想要的所有研究；他们不能建立他们想要的所有医院和专家门诊[39]。

根据《国家卫生服务法》第1条和第3条做出的决定将是多方考虑的结果，卫生署对于那些最重要的医疗目标的推动是义不容辞的。

法院审查这一决定的能力有限。部分原因是法院可能缺乏对患者医疗保健需求和各种医疗卫生服务效果的信息以及深刻洞察力。早些时候，上诉法院在Re J案中表示了这种顾虑：

我特别强调，法院做出决定，强迫医师或卫生署向特定儿童提供稀缺的资源（人力和物力），而忽视了是否将这些资源提供给更需要的患者是绝对不可取的[40]。

在某种程度上，这个问题的产生也是因为司法的任务是裁决争议双方的两种利益冲突。实施一项政策——通过在一定的人口之间分配利益来进一步实现一系列目标——需要一种与司法不同的技巧。

劳斯法官和宾汉姆大法官在处理患者B案件中的审查标准是不同的。出于决定多中心特点，使法院不愿介入决策。对劳斯法官来说，由于该决定对患者B（如上所述）有重大和严重的影响，法院必须从多中心决策的角度进行考虑。所以，卫生署必须解释导致他们决定不为患者B提供治疗资金的优先事项。因此，劳斯法官认为该卫生部门

只是指出资源是有限的事实，这一点也不明智，也没有说明与目的有什么关联，未能证明在特定情况下决定不提供资金支持的合法性。我没有证据来说明在什么样的情况下对患者B的治疗提供资金会不受人待见。我不知道卫生署是怎么样决定挽救一个10岁女孩的生命和挽救患者B的顺序的[41]。

相比之下，宾汉姆大法官认为，由于“困难和痛苦的判断……如何最佳分配有限的预算”不是“法院可以做出的判断”[42]，卫生署不能因为未能证明其优先事项的决定是以牺牲患者B治疗为代价而受到批评。简而言之，宾汉姆大法官认为高度多中心性是应该支持和尊重卫生署决定的一个因素。劳斯法官认为多中心决定是法院应该能够审查的，即应适当地考虑卫生署也有义务推动其他医疗保健目标。

②医疗预后评估

让我们暂时遵循劳斯法官的建议，即审查卫生署在考虑优先医疗需求时其决定涉及以牺牲患者B的治疗为代价[43]。简便起见，让我们忽略多中心性，只考虑在患者B和抽象的“患者C”之间进行比较。我们知道，患者B患有急性骨髓性白血病，并且有6~8周寿命，所提出的治疗费用为7.5万英镑，治疗结果是为了缓解白血病，拟议的治疗方案有4%~6%的成功概率，而且患者B正在寻求治疗。那么这个比较就是与患者C的最佳利益、身体状况、治疗费用、医疗成果和成功概率上的进行比较。患者B与患者C之间的这种比较需要医学和价值判断，对患者病情和治疗的医学判断，以及这两名患者的医疗结果之间的价值判断。

就医学判断而言，劳斯法官和宾汉姆大法官均认为，“做出医疗

判断”[44]“提出有关治疗有效性的可能性的意见以及比较医疗决断的优劣”不是司法职能所在[45]。然而，劳斯法官增加了一个重要的限制条件：法院必须“做出对必要的事实的调查，以使我能够确定被审查的决定在决策过程中是否存在法律错误”[46]。如上所述，法院对行政决定的审查将包括作为决定基础的考虑因素的相关性和准确性。虽然劳斯法官和宾汉姆大法官对于“医疗判断的是非曲直”没有表达意见，但是鉴于临床证据，他们能够确定医院建议的治疗是否可以准确描述为“实验性”，并确定是否应该将化疗和骨髓移植（要资助）视为独立的治疗方案。

在评估决定时，在于我们如何根据结果优先考虑某项医疗结果（根据可能的结果）优于其他医疗结果（也是根据可能的结果）。关于是否资助服务或治疗的决定是根据这些可能的医疗结果的评估来决定的。对于这一评估——需要检查相互竞争和不相称的医疗保健目标的相对重要性——然后卫生署会酌情做出决定。

《国家卫生服务法》第 1 条和第 3 条清楚地表明，国务卿（或被授权机构）必须按照该条件提供必要的服务和治疗以满足所有合理的要求，国务大臣（或授权有关当局）负责评估或决定服务和治疗的优先顺序。医疗结果能否被优先考虑（根据其与其他竞争结果相比的可能性）是一个孰轻孰重的问题，而这个问题“显然是在最初决策者自行决定范围内的”[47]。虽然由医疗机构考虑这一问题的合理性总是受到法院的审查[48]，但是 48 项立法（和规制）已将评估任务分配给卫生署。正如上诉法院法官奥尔德（Auld LJ）随后所言：“对每个机构来说，资源的精细分配以及对于优先级的权衡都需要做出判断，在做出决断时要牢记其法定义务，以满足其所在地区内所有人的合理要求[49]。”

不对患者 B 资助治疗的考虑是综合了医学和价值评估。虽然这些考虑具有专家或专门技术的性质，卫生署做出决定时依赖了某些考虑因素，法院仍然有能力审查这些考虑因素的相关性和准确性。

虽然法院还保留了权力，以审查不同医疗结果之间评估性判断的合理性，但该评估权力是属于国务大臣（和授权机构）的法定酌处权。因此，卫生部门行使自由裁量权，以便进行一系列评估判断，并且由于这是法定的权力，法院不愿严格审查自由裁量权。

③法定责任范围

尊重决策者决策的第三个因素是决策者行使权力的法定责任范围。卫生署在患者 B 案所执行的义务是“一般责任”。第 3 条规定了提供服务和设施的义务，只有达到“（权威人士）认为必要的程度，才能算是达到了满足所有合理请求的标准”。提供服务的义务只适用于（政府）认为适当的卫生服务部分。第 1 条的义务是促进而不是提供这种“全面的卫生服务”。本条被解释为要求卫生署“适当顾及该义务”，同时认识到“服务不全面的事实并不意味着它必然违反第 1 条或第 3 条的规定”[50]。

第 1 条和第 3 条为最初决策者提供了自由裁量权，以确定如何分配公共医疗资源。这些“一般”“酌处权”或“目标”的义务与“具体”的义务形成了对照[51]。根据尼科尔斯法官的说法，“越具体和越明确的义务就意味着，该法案能越容易地解释为具有绝对义务的特征[52]，而且个人强迫要求最初决策者执行的可能性越大”。相比之下，

> 越宽泛、越概括的义务条款，就越容易被解释为在卫生署决定如何最好地在本地区履行职责，以及考虑成本等问题上，为其提供了更大的余地[53]。

如果决策者的自由裁量权没有约束、标准或限制的话，法院对任何个人提出实质性义务就没有什么依据。与患者 B 案相比，我们分析一下坦迪案（ex parte Tandy）的判决[54]。在此案中，当地的教育部门把患病儿童的家教时间从每周 5 小时减少到了 3 小时。上议院适用 1993 年《教育法》第 298 条中提及的提供“适当教育”义务，要求教育部门履行“具体”或“强制”义务[55]。由于第 298 条明确规定了此项义务，教育主管部门不能以“以其他方面需要花钱”的理由来

回避执行法定义务[56]。在患者 B 案中，由于对患者 B 没有具体的义务，只有《国家卫生服务法》第 1 条和第 3 条规定的一般和酌处义务。然而，与《教育法》第 298 条规定的一项教育标准相比，《国家卫生服务法》第 1 条和第 3 条只规定了一系列医疗保健目标。没有任何法定标准或分配原则来限制卫生署的酌处权，也就没有标准来批评卫生署对这些医疗目标的追求。

然而，可能存在某些应该成为卫生署决策过程一部分的监管标准。例如，在费舍尔案（ex parte Fisher）中，直到患者临床试验的结果揭晓前[57]，卫生署拒绝定期为多发性硬化患者提供药物（β 干扰素）。国务大臣发布了一项政策（非强制性），要求卫生部门制定和实施该药物的使用程序。法院认为，卫生署未对违反这一政策给出合理解释。

此外，如果卫生署要行使普通自由裁量权，则需要该卫生署不得以约束、固定或死板的方式行使其自由裁量权。在费舍尔案中，因为不再满足临床试验条件，法院还认为，由于在任何情况下都无法满足（临床试验）的先决条件，卫生署已经限制了对药物的酌处权。类似地，在 R（罗杰斯）诉斯温顿 NHS 信托案［R（Rodgers）v Swindon NHS Trust］中[58]，除非患者出现特殊治疗情况，卫生署的政策规定不会提供乳腺癌药物（赫赛汀）。法院认为，由于卫生署无法明确定义什么样的临床情况才属于特殊（医疗）情况，所以该政策是不合理的[59]。

费舍尔案和罗杰斯案涉及对卫生部门制定的用于确定提供哪些治疗的政策进行司法审查。至于关于“个别患者的特殊情况”，以及对卫生署预算的“竞争性”，罗杰斯案的上诉法院认为“即使可能的话，也会非常困难”，很难说特定的决定都是不合理的[60]，肯定了上诉法院在患者 B 案中的尊重卫生署决定的判决。这是由于医疗成果和目标的优先问题属于卫生署广义的自由裁量权问题，没有严格遵守的特定标准，应提供哪些特定服务和治疗应以遵从决策者的决定为原则。

如上所述，这三个倾向于尊重决策者的因素是级联因素。现在总结看来，如果卫生署的法定责任是具体的，“那么立法的意图就更加明确，法院就可以强制要求卫生署执行哪怕财政上十分繁重的任务”[61]；然而，如果义务是广泛、概括的义务，那么就是将问题主要委托给行政决策者[62]，因为“考虑到可能出现的大量诉求，判决的分配影响（至少在某种程度上）可能更大[63]。”

5．伦理问题

当研究如何分配医疗资源的伦理问题时，我们会遇到结构上类似的问题。比如，我们会遇到这样的问题：不对患者进行治疗资助可能对患者利益的影响以及道德属性如何，医疗服务提供者对患者有何种道德义务或责任，以及需要制定一种方法来评估哪些医疗保健需求应该优先于其他需求。为了更好地了解法律环境，伦理领域值得简要描述。

根据人性，我们拥有某些利益或道德属性[64]。对于大多数人来说，这些利益是我们人权的基础[65]。正如劳斯法官所说：“在所有人权中，对于大多数人而言，生命权都是放在最重要的位置[66]。”作为一项权利，生命权为其他人以特定的方式行事提供了有力的理由。如果人权在道德分析中占据重要位置，那么患者的生命权这一认知会对医务人员施加责任或义务。在任何情况下，作为人而言，每一位患者都有自己的利益和道德诉求，这就构成了在医疗资源分配中必须考量的因素，也可以说是一种义务。

因此，公共医疗机构对大量患者负有道德责任或义务。鉴于公共卫生部门资源有限，公共医疗保健提供者不能满足所有治疗需求[67]，这就需要以某种方式确定提供哪些治疗而舍弃其他哪些治疗。

伦理学家不同意如此进行评估。卫生部门在患者B单方案中采用的伦理方法目前正被国家健康与临床优化研究采用，旨在最大限度地发挥医疗效果，特别是在分配医疗资源上最大限度地提高患者的“生活质量”和“存活年限”的情况下。根据这种方法，在分配有限的医疗保健资源时，主要的道德问题就是比较资源的各种可能应用申请所产生的医疗效果。这种做法被指责为是对人的生命做出“价值判断”[68]，违背了基本道德及人权[69]。这种方法潜在的顾虑是，最大限度地发挥医疗作用迫使人们进行价值比较，以确定哪个患者值得治疗[70]。

的确，现行的做法是比较人的价值。事实上，任何确定应该提供哪些治疗的做法都需要在人与人之间进行价值比较。如果通过投掷硬币，我们决定把第一个人送到医院或者拒绝治疗红头发的人，那么我们就已经在人与人之间做出了一个基于价值的比较（评定标准：头优于尾，排队靠前的优于靠后的，金发优于红发）。我们以何种价值观为标准进行比较至关重要。

如果我们比较患者在生活中所做的或将要做的事情，那么我们就是在对人们的生活做出“价值判断”。作为人，所有患者都享有生命权或一系列利益，基本道德和人权要求我们以同等的关切和尊重对待所有患者[71]。因为患者的病情不同，治疗效果也会有所不同，所以治疗方法也会有所不同。在某种程度上，我们可以根据病情不同进行比较，这种方法变得非常没有人情味，像是靠人际关系，但对人的价值或其他方面未加考虑。

除了最大限度地延长寿命和生活质量外，目前还有一些道德替代方法。这些观点代表了一种不同的价值观，我们可以用它来确定应该提供哪些治疗。例如，我们可能想要使所有患者达到最低健康水平或最低预期寿命，可以有限治疗医疗紧急度较高的患者[72]，或者平均分配医疗资源给所有患者。

如果我们采用了这些替代方法，通过最低卫生标准或医疗分配原则，我们就限制或取代了医疗保健目标（最大化医疗效果）。在道德分析方面，我们将从“医疗结果确定决策正确性”转变为“遵守义务或原则将决定资源分配决策是否符合道德规范”的情况。从法律角度来说，我们将从行使一般责任和自由裁量责任的医疗机构转变为一个行使特定责任和标准责任的医疗机构。

因此，伦理纷争构成法律争议的基础。我们应该认真对待生存权，同时认识到医疗机构被患者所谓的“大而复杂的责任”所绑架。因此，需要进行评估性判断，以确定应提供哪些治疗。这种评估性判断可以面向特定的结果。如果是这样，必须行使自由裁量权来确定如何最大限度地使最多的患者接受该结果。或者，评估性判断可以根据道德标准或原则来确定（完全或部分地）。这些标准或原则主要参考特定患者法定享有的权利来制定。

6. 结　　论

哪些医疗治疗服务项目得到资助决定了公共医疗保健的内容。医事法最终会遵从卫生署关于如何分配医疗保健资源的判断。正如患者B案所示，这种遵从不顾分配之后的生死存亡。我试图对此进行解释。首先，对治疗提供资助的决定是一种具有高度多中心性的决定，对此法院的能力有限，不能对所有强度进行审查。其次，对治疗提供资助的决定是根据医疗后果的评估性判断所决定的。这种权利掌握在国务大臣（以及被授权当局）手里。再次，决策者被赋予的一般责任限制了法院批评医疗机构追求医疗目标的能力。

这种法律安排基于伦理假设，即医疗资源的分配应该是为了最大限度地延长所有患者的寿命和生活质量。这是一个有争议的伦理假设，但并不违背基本道德。目前，卫生署有义务根据这一目标确定如何分配资源。如果我们想通过强制实行分配标准或原则来限制这一最大限度发挥医疗成果的目标，那么卫生署将有义务坚持这种标准或原则。

至于患者B，一名匿名捐助者出资要求私人诊所提供了进一步的补救治疗。她的生命因此延长了两年。

（王羽琪　张东锐　王　岳 译）

注　释

1 R v Cambridge Health Authority, ex parte B (a minor) (1995) 25 BMLR 5, 17 (QB)。
2 R v Cambridge Health Authority, ex parte B (a minor) (1995) 23 BMLR 1, [1995] 2 All ER 129, [1995] 1 WLR 898 (CA)。
3 National Health Service Act 1977, s 3(1)。
4 C Foster, 'Simple rationality? The law of healthcare resource allocation in England' (2007) 33 Journal of Medical Ethics 404, 406。
5 Cambridge Health Authority (QB) (n 1 above) 13。
6 ibid 17。
7 ibid 15-16。
8 Cambridge Health Authority (CA) (n 2 above) 136。
9 ibid 137。
10 ibid。
11 ibid 138。
12 P Craig, 'The Nature of Reasonableness Review' (2013) 66 Current Legal Problems 131, 136-37。
13 ibid 137。
14 ibid 137-38; P Craig, 'Proportionality, Rationality and Review' [2010] New Zealand Law Review 265, 278。
15 Cambridge Health Authority (QB) (n 1 above) 17。
16 ibid 11。
17 Craig, 'Proportionality' (2010) n 14 above, 272。
18 R v Ministry of Defence ex parte Smith [1996] QB 517, 554。
19 JA King, 'The Justiciability of Resource Allocation' (2007) 70 Modern Law Review 19, 199。
20 Cambridge Health Authority (QB) (n 1 above) 14。

21 Cambridge Health Authority (CA) (n 2 above) 136。

22 E Palmer, 'Resource Allocation, Welfare Rights—Mapping the Boundaries of Judicial Control in Public Administrative Law' (2000) 20 Oxford Journal of Legal Studies 63, 70; D Oliver, 'Is the Ultra Vires Rule the Basis of Judicial Review?' [1987] Public Law 543, 545。

23 AL Young, 'In Defence of Due Deference' (2009) 72 Modern Law Review 554, 577。

24 BM Sheldrick, 'Judicial review and the allocation of health care resources in Canada and the United Kingdom' (2003) 5 Journal of Comparative Policy Analysis: Research and Practice 149, 157。

25 Young, 'In Defence' (2009) n 23 above, 575; TRS Allan, 'Human Rights and Judicial Review: A Critique of Due Deference' (2006) 65 Cambridge Law Journal 671-95。

26 Palmer, 'Resource Allocation' (2000) n 22 above, 70-71; J Laws, 'Law and Democracy' [1995] Public Law 72, 92。

27 Sheldrick, 'Judicial review' (2003) n 24 above, 157。

28 Cambridge Health Authority (CA) (n 2 above) 136。

29 Cambridge Health Authority (QB) (n 1 above) 12。

30 Bugdaycay v Secretary of State for the Home Dept [1987] 1 All E.R. 940, 952 (HL)。

31 Cambridge Health Authority (QB) (n 1 above) 12。

32 R v Headteacher and Governors of Denbigh High School, ex parte Begum [2006] UKHL 15, [30]–[34], [66]–[67], [94]。

33 JA King, 'The Pervasiveness of Polycentricity' [2008] Public Law 101, 104; LL Fuller, 'The Forms and Limits of Adjudication' (1978) 92 Harvard Law Review 353, 397。

34 Sheldrick (n 24 above) 152; J Allison, 'The Procedural Reason for Judicial Restraint'(1994) PL 452-73。

35 JA King, 'Institutional Approaches to Judicial Restraint' (2008) 28 Oxford Journal of Legal Studies 409, 410。

36 Cambridge Health Authority (QB) (n 1 above) 17。

37 Cambridge Health Authority (CA) (n 2 above) 137。

38 Palmer (n 22 above) 73。

39 Cambridge Health Authority (CA) (n 2 above) 137。

40 Re J (a minor) [1992] 4 All ER 614, 625 (CA)。

41 Cambridge Health Authority (QB) (n 1 above) 16。

42 Cambridge Health Authority (CA) (n 2 above) 137。
43 Cambridge Health Authority (QB) (n 1 above) 16-17。
44 ibid 9。
45 Cambridge Health Authority (CA) (n 2 above) 136。
46 Cambridge Health Authority (QB) (n 1 above) 9。
47 Craig, 'The Nature' (2013) n 12 above, 148。
48 ibid 149。
49 R v North West Lancashire Health Authority, ex parte A, D & G [2000] 1 WLR 977, 991。
50 R v North and East Devon Health Authority ex parte Coughlan [2001] QB 213, 230。
51 King, 'The Justiciability' (2007) n 19 above, 214。
52 R (on the application of G) v Barnet London Borough Council [2003] UKHL 57, [2004] 2 AC 208, [13]。
53 ibid。
54 R v East Sussex County Council, ex parte Tandy [1998] AC 714; [1998] 2 All ER 769。
55 Palmer (n 22 above) 79。
56 R v East Sussex County Council, ex parte Tandy [1998] 2 All ER 769, 777 (Lord Browne-Wilkinson)。
57 R v North Derbyshire Health Authority, ex parte Fisher (1997) 10 Admin LR 27 (QB)。
58 R (Rodgers) v Swindon NHS Primary Care Trust [2006] EWCA Civ 392。
59 ibid [67], [73]。
60 ibid [58]。
61 King (2007) (n 19 above) 215。
62 ibid 219。
63 ibid 215。
64 J Tasioulas, 'On the Nature of Human Rights' in G Ernst and J-C Heilinger (eds), The Philosophy of Human Rights: Contemporary (Berlin, De Gruyter, 2012) 26; T Endicott, 'The Infant in the Snow' in T Endicott, J Getzler and E Peel (eds), Properties of Law (Oxford, Oxford University Press, 2006) 348, 362。
65 Tasioulas, 'On the Nature' (2012) n 64 above, 26; J Raz, 'Human Rights Without Foundations' in S Besson, J Tasioulas (eds), The Philosophy of International Law (Oxford, Oxford University Press, 2010) 321。

66 Cambridge Health Authority (QB) (n 1 above) 6。

67 Cambridge Health Authority (CA) (n 2 above) 137。

68 M Quigley, 'A NICE fallacy' (2007) 33 Journal of Medical Ethics 465。

69 J Harris, 'It's not NICE to discriminate' (2005) 31 Journal of Medical Ethics 373, 375。

70 Quigley, 'A NICE fallacy' (2007) n 68 above, 465。

71 A Parkin, 'Allocating Health Care Resources in an Imperfect World' (1995) 58 Modern Law Review 867, 876; R Dworkin, Taking Rights Seriously (London, Duckworth, 1977) 226。

72 R Cookson and P Nolan, 'Principles of justice in health care rationing' (2000) 26 Journal of Medical Ethics 323, 324。

第七章

1999 年伯恩伍德社区及心理健康 NHS 信托，L 单方案：15 年过后的伯恩伍德医院 [1999]

R v Bournewood Community and Mental Health NHS Trust, ex parte L [1999]

吉纳夫拉·理查德森（Genevra Richardson）

1. 背　　景

1983 年颁布的《精神卫生法》（Mental Health Act）为精神障碍的护理和治疗提供了法定框架。该法规定，如有需要，允许在未经同意的情况下强制拘留患者住院和治疗。这是医事法术语中的一种例外规定[1]。1997 年，自闭症和严重精神障碍患者 L 先生在其所在的日间照管中心变得非常激动，由于无法联系到监护人，他被重新送到伯恩伍德医院的行为中心。之前他就曾在该医院就医住院。依据《精神卫生法》的规定，会诊医师认为不必强制接收他，因为他不反对待在医院。相反，医师根据该法第 131（1）条非正式地同意 L 入院。L 的监护人 E 夫妇认为 L 被非法拘禁，并代表他向高等法院提出诉讼。初审法官认为，第 131 条保留了非常规入院患者的普通法管辖权，并且认为 L 先生的留院合法。然而上诉法院推翻了原判，认为第 131 条只适用于有能力同意并同意入院的患者。由于 L 先生没有此能力，所以他的入院是非法的。医院向上议院提出了上诉[2]。

该案涉及了一个影响众多且高度弱势的患者群体。这个问题在 15 年后还没有完全解决。无论是为善或恶，《精神卫生法》提供了在没有同意的情况下对患者实施医院强制拘留和治疗的制度。法条详细阐述了这些权力，并附有与拘留和治疗有关的一系列保障措施，总体上也被认定基本符合《欧洲人权公约》的要求。然而，精神障碍的护理和治疗并未使用这些权力，绝大多数精神障碍患者也不适用[3]。精神残疾并不一定意味着没有行为能力，所以大多数想要接受治疗的人对这种护理和治疗的同意过程与其他治疗相同。然而，一部分需要治疗的精神残疾者并不具有法律上承认的知情能力[4]。在这种情况下，如果是治疗精神障碍患者的话，可能需要《精神卫生法》提供必要的权力。但是，如果没有这些权力或者这些权力不可用，那么在该案中，只能遵循普通法的必要性原则提供治疗。如今则以 2005 年《心智能力法》所载的权力提供。20 世纪 80 年代和 90 年代，在这些普通法权力下，大量精神病治疗中心的患者接受了治疗，以他们自己的安全为由"被拘留"在医院，但不受《精神卫生法》的约束。《精神卫生法》规定的保障措施并不到位。早在 1985 年，精神卫生法委员会（Mental Health Act Commission）认识到了这一问题，并要求将其职权范围扩大到"实际上"被扣留的患者[5]。

据 L 说，实际上他是被拘留在该医院。他并无上述所说的心智能力来同意自己被拘留治疗。他也未受《精神卫生法》的权力约束。L 的"拘留"受到强烈质疑，但他的弱势难以否认。在这方面，L 的情况便是一个很难判断的困境：高度弱势的人在不具有任何有效保障的情况下受到了严重的自由限制。

精神卫生法委员会在向上议院提交的书面材料中估计，每年有 48 000 例"非常规"入院。这些患者缺乏心智能力，受到严重的自由限制。他们还估计，每天英格兰和威尔士的医院将有 22 000 名非常规、能力不全的患者，而按照卫生法的标准被拘留入院者达到 13 000 名[6]。通过这些数据，可见上诉法院判决承载着巨大的后果。戈夫大法官（Lord Goff）解释说，必须扣留大量不具备《精神卫生法》权力约束的患者。这将对精神卫生服务造成巨大的资源负担，对于需要管理该法案和精神卫生审查法院的专业人员来说也同样造成很大负担。对此卫生署以及很多专业部门相当关注。此外，如果对居住在养老院的患者进行这方面管制的话，这方面的负担（以及法律纠纷）也将大大增加[7]。

因此，在此案中，上议院不仅提出了关于法定解释的问题，而且为如何合法地缓解精神障碍治疗问题的紧张局势给出了方案。20 世纪上半叶，为精神障碍患者提供自愿性治疗越来越受重视。需要进行精神障碍治疗的患者不应该总是被强制执行，而应自愿接受照顾和治疗。上议院提出向非自愿治疗提供必要的保障措施，同样鼓励自愿治疗手段[8]。这种做法在第 131 条中明确表示为非正式的接纳：

本法案的任何规定均不得解释为，根据规定阻止需要精神障碍治疗的患者进入任何医院或精神疗养院，而且如果要做出这种决定，不得在没有任何申请、命令或指示的情况下，对患者进行强制拘留。患者不再需要治疗时，也不得以规定为由强行拘留患者[9]。

上诉法院裁定，对 L 的拘留是非法的，这不仅为《精神卫生法》的保障措施开辟了一条适用于弱势群体——患者的指导途径，同时也给其带来了许多资源，但也威胁着对非正式护理的整体重视。不管怎样，上议院的判决注定是有争议的。

2. 上议院的判决

关于第 131（1）条的关键问题即其本意，上议院的意见是一致的。上诉法院将该条款解释为仅适用于有能力同意接受医院治疗的人士。只有有能力并同意的患者才可以不必诉诸该法案而被接收。上议院针对面临的争议给出了相应证据。该法条的立法历史可以回溯到 1959 年《精神卫生法》之前的佩尔西委员会（Percy Committee）的建议[10]。根据这一历史，上议院不同意上诉法院的意见，并认为该法条旨在涵盖“自愿患者”、有能力和同意的人、“非正式患者”以及那些缺乏能力但没有反对意见的人。如果满足必要性原则，那么这种非正式的患者可以根据普通法适当地被接纳。没有必要求助于该法。这已达成共识，但是斯蒂恩大法官（Lord Steyn）的同意相当不情愿。他对后果深感忧虑，因为“如果法律不能为无能为力的精神病患者这种弱势群体提供足够的保护补救措施，那么法律就是有缺陷的”[11]。在斯蒂恩看来，上诉法院所判败诉将导致“顺从的无行为能力患者几乎丧失了该法案下的所有基本保护”，而且“结果将在《精神卫生法》中出现一个无言以辨的缺失”[12]。因此，伯恩伍德缺口（Bournewood Gap）诞生了。自那时以来，它一直是精神卫生法改革的重要特征。

关于拘留问题判决不太明确。戈夫法官认为，没有非法拘禁的侵权行为目的，L 先生并未被非法拘留。他对治疗很顺从，没有试图离开医院，被安置在一个未封锁的病房内。主治医师解释说，如果 L 先生表示想要离开医院，那么她将不得不考虑是否有必要按照该法案的规定对其进行拘留。戈夫法官认为，对 L 先生施加的所有限制都是根据普通法的必要原则合理进行的[13]。劳埃德法官（Lord Lloyd）和霍普法官（Lord Hope）与戈夫法官的意见相同，但没有具体提及拘留问题。诺兰法官（Lord Nolan）认为 L 先生是被拘留了的。

L 先生始终被密切监视着，以确保他不受伤害。在判定他可以离开医院前[14]，那些监视他的人让他离开医院是完全不负责任的。

诺兰认为，在必要性原则下，拘留是完全合理的。斯蒂恩还得出结论，L 先生就是被拘留的。

事实上，这种做法完全是出于善意，考虑到 L 先生的最佳利益，他任何可能的反抗都通过镇静压制住了。他被带到医院，并在医院里受到密切监督。而且，如果L先生出现任何想要离开的迹象，工作人员将坚决劝阻他。如果有必要，可能通过身体接触强行制止其离开。实际上L先生是没法自由离开的[15]。

上诉法院的判决给政府带来了相当大的困境。上议院1998年6月的判决缓解了这一压力。伯恩伍德缺口得到了认识和宣传，但来自法院填补这一空白的压力已经有所解除。国务大臣听证律师向法官提供保证，法律改革正在“积极商议中”[16]。事实上，法律委员会已经着手进行一个长期项目，最终促成了2005年《心智能力法》的诞生[17]。1998年11月政府任命了一个专家委员会。该委员会就英格兰和威尔士的精神卫生法改革问题向部长提供咨询服务[18]，开始了漫长激烈的交锋，最终导致2007年修正了1983年《精神卫生法》[19]。但是，这两个过程都并非直接针对解决伯恩伍德空白中的那些弱势患者的问题。在采取任何具体步骤解决他们缺乏保护的问题之前，都需要进一步的司法干预。

3．HL诉（大不列颠）联合王国[20]（HL v United Kingdom）

根据上议院的判决，代表L先生向欧洲人权法院提出的申请认为，最起码，这是违反《欧洲人权公约》第5条的。2004年10月，欧洲人权法院最终对HL案做出判决。法院一致认为，L先生是被拘留的。这种拘留违反了《欧洲人权公约》第5（1）条和第5（4）条。关于拘留问题，法院认为以下是关键：

自1997年7月22日他出现了严重的行为问题起至1997年10月29日被强制扣留之日，治疗和管理申请人的医务人员对他的护理和行动进行了全面有效的控制[21]。

他们赞同斯蒂恩法官的看法，即申请人受到持续的监督和控制，不能自由离开。法院认为，任何相反的意见，就像斯蒂恩法官所描述的那样，属于“过于轻信”。

达成这一结论后，法院必须确定这种拘留（即公约规定的剥夺自由）是否符合第5条。在这一点上法院的意见是一致的。他们认为缺乏程序性的规定来接纳并拘留弱势群体，易限制其权利，结论是缺乏程序性的保障措施将不能保护那些被非法拘留的人。即根据第5（1）条的规定“不符合法律规定的程序”，也不是“合法的”。此外，没有适当的机制来审查普通法下拘留的合法性相当于违反第5（4）条的规定：

被剥夺自由的被逮捕者或拘留者均有权提起诉讼，法院应迅速确定其被拘留的合法性。如果拘留不合法，他将被释放。

在2004年这一判决具有重大意义，并且在2014年仍然如此。首先，对于“顺从的无行为能力”的患者来说，剥夺自由的解释总是复杂和有争议的。在此案上，基于事实法院裁定剥夺自由，但没有给出任何特别有用的指导方针。面对这种不确定性，如下所述，英国的法院正在努力寻找普遍适用的原则，以管理在照顾严重残疾人的情况下对这一基本概念的理解。其次，由于根据普通法必要性原则的拘留不符合第5（1）条的规定，因此政府有义务进行大范围的彻底改革。如果仅仅违反《欧洲人权公约》第5（4）条，引入适当的法院审查机制可能也就够了，但判决认为整个入院程序是非法的。因此，需要进行根本的审查，需要重新审视1997年上诉法院的各种决定。

4. 如何填补这个缺口

在 HL 案判决结果公布时，政府已经出台了《心智能力法》。在欧洲人权法院决定前，2003 年联合审查委员会审议了该条例草案的较早版本。该委员会建议采取一些措施来填补伯恩伍德缺口[22]。然而，引入的条例草案没有明确规定。此处必须假定政府有信心在斯特拉斯堡赢得胜利，而且法院认为在这里不得剥夺自由。无论何种理由，当面对 HL 的判决时，政府都没有替代方案。卫生署试图就如何最好地履行《欧洲人权公约》规定的义务进行广泛磋商，对法案进行修订，以确保向非司法行为主体提供的权力不会延伸至剥夺自由，而且仅仅是权宜之计[23]。因此，原来通过的《心智能力法》并没有记载伯恩伍德条款，并明确排除了剥夺自由的权力。

咨询过程使所有关于在非正规性与保障措施之间保持适当平衡的难解争论又重回台面[24]。有人担心欧洲人权法院的判决将导致更多地使用正式权力，并且对将精神卫生服务融入主流医疗保健造成负面影响。HL 案的判决已经造成了人们的怀疑。人们怀疑英国政府自设立国民健康保险制度以来，对非正式治疗政策的一贯承诺[25]。但与此同时，人们也认识到为了高度弱势患者群体的利益，必须填补伯恩伍德缺口。

2006 年，卫生署发布了通过《精神卫生法》修订 2005 年《心智能力法》计划。议会通过后，成为 2007 年《心智能力法》[26]。经过修订的《心智能力法》规定在以下三种情况下允许剥夺自由：在保护法院授权时；当被剥夺自由保障措施（Deprivation of Liberty Safeguards，DoLS）所覆盖时；在某些紧急情况下作为临时措施[27]。旨在成为剥夺自由主要机制的保障措施计划于 2009 年 4 月全面生效。自那时起，它在很多方面引起了持续批评[28]。

5. 剥夺自由保障措施

首先，剥夺自由保障措施非常繁琐，难以操作。初步做法是通过增订该法案的第4A和4B节、附表A1和附表1A来实现的，实施规程长达120页，旨在全程指导实施人员如何操作[29]。该计划规定了相关的监督机构授权在医院或护理院中剥夺个人的自由[30]。为了获得剥夺自由保障措施资格，个人必须符合六项合格标准，并由合格的人员进行六次评估[31]。监督机构和管理当局有责任监督和审查剥夺自由的行为，并规定人们能够对这些机构提出自己的关切[32]。最终，有关人士或其代表可以向保护法院提出保护申请。在概念上，该计划试图提供充分的保障措施，同时保留一定程度的非正规性，并保持受剥夺自由保障措施保护的患者与因《精神卫生法》被拘留者之间的区别。在实践中，几乎没有人支持它。

最艰难的问题集中在三个问题上。这三个问题在伯恩伍德案中都有所展现：资源负担和行政复杂性，剥夺自由保障措施与《精神卫生法》之间的关系，以及剥夺自由的定义。另外，剥夺自由保障措施仅适用于医院和护理院，而不适用于现在社区居民普遍使用的生活抚养中心。对于一个生活在这种抚养住所的人，剥夺自由需要得到保护法院的直接授权[33]。

A. 资源负担

如上所述，在伯恩伍德案件中上议院已经意识到了精神卫生服务方面的资源负担[34]。事实上，这些数字本身是有趣的。卫生署于2008年5月发表了效果评估报告，以配合剥夺自由保障措施的推出，估计2009－2010年将会有5000份授权，到2015－2016年下降至1700份[35]。实际上，申请数目逐年有所增加，2013－2014年共有13 000份申请，与前一年相比增加了10个百分点，授权数量大大超出了该部门的期望。在 2013 — 2014 年期间，共有 8500 例授权的剥夺自由处置[36]。所涉及的财务费用很难计算[37]，但普遍认为程序复杂，行政负担相当大[38]。鉴于持续存在的问题，卫生署成立了一个《心智能力法》指导小组，以商定一项联合行动计划，继续贯彻落实《心智能力法》和《剥夺自由保障措施》(Deprivation of Liberty Safeguards)[39]。然而，上议院 2005 年《心智能力法》特别委员会在 2014 年 2 月出版的报告中说道，剥夺自由保障措施不符合初衷，再好的执行也不足以解决现实中面临的根本问题[40]。因此，委员会建议政府全面审查剥夺自由保障措施立法并做出新规定。政府回应道，已要求法律委员会对立法框架进行审查[41]。

B.《心智能力法》与《精神卫生法》的交叉区域

在斯特拉斯堡的 HL 案的判决结果引出了剥夺自由保障措施。这一措施旨在填补伯恩伍德空白。上议院在 1998 年做出判决时，只有一个相关的法律框架，即 1983 年的《精神卫生法》。依据普通法，以缺乏心智能力的成年人的最佳利益为目的替他们做出决定。随着 2005 年《心智能力法》的通过，大多数普通法权力已经被编纂。我们现在有两个法定框架，涵盖在没有患者同意的情况下精神障碍的护理和治疗。剥夺自由保障措施的引入扩展了《心智能力法》的范围，提供了与第 5 条相符的方式进行拘留的权力。一方面，填补伯恩伍德缺口的举措具体阐明了拘留权力并提出了程序性保障措施，但同时也造成了司法管辖重叠的问题。现在有两个法规剥夺自由保障措施，即《精神卫生法》与《心智能力法》。这两种框架都规定了拘留一名患有精神障碍、心智能力不足以及需要治疗的成年人的权力。在这种情况下，在这两种法案之间必须做出选择。这样一来，对精神卫生和社会保健人员、护理人员、律师和精神障碍患者本身而言就造成了额外的疑惑和不确定性。这种重叠一直受到学术人员和医院的争论，是实证研究和保护法院频繁诉讼的主题[42]。反思起来，这一领域的政策制定情况很可悲，历代政府一直未能考虑大局而少一些介入。责任分散在政府部门之间，优先级不断变化，办事人员来来去去。最近，卫生署署长不得不向上议院特别委员会（House of Lords Select Committee）承认他从未听说过伯恩伍德空白[43]。而从个人角度上说，这或许是可以原谅的，他只要负责到2012年年末，然后就可以马上调到另一个部门任职[44]——但是精神障碍患者和照顾者理应得到更好的政策。政府需要进行根本的检讨，而不只是勇于尝试填补空白。因此，上议院特别委员会提出的不可妥协的建议值得考虑，希望政府随后向法律委员会提出的要求将得到广泛的解释[45]。

C. 定义剥夺自由

在HL案中，斯特拉斯堡法院不同意上议院对于伯恩伍德的说法，并认定根据第5（1）条，L先生才被剥夺自由。剥夺自由保障措施的引入是专门设计用于实现第5条的规定，且《心智能力法》中所使用的“剥夺自由”一词的定义也是明确来源于第5（1）条中对本词的定义[46]。不幸的是，正如前文所说，HL案本身几乎没有提供对这一定义本质的一般性指导。一段被高度引用的文字可以说明这些困难：“剥夺自由和限制自由的区别在于程度或强度上，而不在于性质和实质上[47]。”此后，欧洲和本国内广泛的判例法已经解决了这一概念的问题，并在第5条下发展出关于“剥夺自由”的三条构成要件：①客观上构成限制。②主观上缺乏同意。③此责任应归因于国家。在精神障碍的背景下，对于这些在治疗和安全保障中需要严格限制其自由的人来说，这一定义的应用有明显的问题。如果在这种情况下，某人缺乏做出同意的心智能力，但根据他所处的情况确实应当如此，那么根据第5（1）条，能否说此人被剥夺了自由？为了满足这些情况，上诉法院制定了一个“相对常规”的概念：应当对施加限制的人与跟他们有相似障碍的人的经历进行比较，而不是与大多数人进行比较[48]。只有其所受限制程度更甚于后者，才能将此归为“剥夺自由”。

对于许多为了自身安全而处在高度限制中的情况来说，这一相对常规的概念提供了一种防止剥夺自由保障措施扩展的方式。但与此同时，它表明对于残障人士应使用不同的自由定义。无论是柴郡西部案（Cheshire West）还是P与G案（P and Q）（MIG and MEG）被上诉到最高法院，这两个案件在伯恩伍德案之后首次为英国最高法院提供这样的机会，即考虑在严重精神障碍背景下剥夺自由的意义。这一判决备受期待，尤其是上议院特别委员会[49]。2014年3月发布了判决结果[50]。黑尔（Hale）夫人做出了主导判决。她审查了斯塔拉斯堡判例法，并强调了人权的普遍性，“人人都应该享有人权，即使是社会中有最严重残障的人”[51]。虽然这些上诉案件中的某些方面没有被法院处理，但黑尔夫人考虑到其中某些特征一贯被认为是关键的。换而言之，就是那些被认为是“在持续监督和管制之下不能自由离开”的人[52]。她也同意这种建议：人的顺从、安排的相对正常程度以及其背后的目的都不是重要的。针对上述这些案件，黑尔夫人得出以下结论：根据第5（1）条，这三人都存在被剥夺自由的情况。在七人法庭中，除了她之外，还有三位法官在全部三个案件上同意她的结论。然而，其余三位法官仅赞同她对柴郡西部案的判决，但对P与Q案存在异议。

尽管这一判决特别受到期待，但最高法院从来没有能提供一个完整的综合性定义来涵盖所有涉及精神障碍患者的案件。它所做的仅仅只是消除了一些混乱。我们现在知道了被剥夺自由的关键特征是什么。它们平等地适用于残障人群和正常人群，而且有些因素是无关紧要的，不应考虑在内。P与Q案十分关键，在法院中也存在争执，这说明当把剥夺自由的概念用于“尽可能最好的安排”的情况时，我们将面临真正的两难困境[53]。大多数决定已经明显将第5条的范围扩大到上诉法院所要表达的范围之外，并且远远超过了现在

“剥夺自由保障措施”的范围，因此，也大大增加了针对剥夺自由保障措施的性质和范围进行改革的呼声[54]。在某些情况下，如果某个人得到了安置和照顾，那是最好不过的，但是若要剥夺此人的自由，此时某些独立审查机制至关重要，以保证此人的最佳利益得到保障。

6. 未来的方向在哪儿？

之前已经提到了对于全面综合了解精神残疾法的迫切需求，但这种审查的参数可能是什么呢呢？伯恩伍德案已经让我们注意到对于精神障碍患者的法律规定中存在明显缺失。在斯特拉斯堡法院对HL案判决之后，政府必须采取措施来填补这一空白。通过“剥夺自由保障措施”采取的措施可能已经达到了第5条的规定[55]，但这反过来又暴露了伴随两个不同法律制度（一条是针对精神障碍，另一条是针对无能力）的提出所带来的潜在紧张局势。这两个制度是基于截然不同的原则，并且设计的目标也大不相同。但事实表明它们之间存在很大重叠，这在实践和原则上都带来了明显的问题[56]。一项融合计划提出了解决这一困境的办法，即引入一项单一法规。此法规能将《精神卫生法》和《心智能力法》当前的任务结合起来[57]。这样的建议将舍弃所有专门的精神卫生立法，并以扩展能力或监护框架来替代。在实践层面上将不存在伯恩伍德缺口，并且不存在两个方案之间对接的问题。在原则层面上，将消除现存的精神障碍歧视，因为所有的缺乏能力者，不论其原因，都将以相同法案和相同原则对待。同样，对于有心智能力者，不管他们是否有精神障碍，将不再受此法约束，并遵循医学和刑法的一般原则。北爱尔兰正积极考虑这一计划，但最近在维多利亚遭到了拒绝[58]。

无论这一融合项目的优点是什么，如最初所设想的，它是基于一个替代决策的结构。如果某人缺乏法律所要求的做出特定决策的心智能力，那么他人仍可以根据此人的最佳利益为他做出决定。《心智能力法》和“剥夺自由保障措施”都采取这样的方法，并且相似的替代决策结构在许多地方的监护制度中很常见，现在它们正处在挑战中[59]。从整个国际社会对于残疾人权力的研究来看，重心已经从替代决策转移到支持决策上来。英国已经签署并批准了《联合国残疾人权利公约》。这一公约更好地反映出了这一根本性逆转[60]。无论如何，哪怕是善意，人们也不应再代表残疾人做出决定。相反，应该支持和鼓励残疾人去做出决定[61]。在这种最纯粹的决策形式中，法律不能拒绝承认其中任何一项决策[62]，再也不能以缺乏心智能力为由否认残疾人决策的合法效力。

近年来，关于《联合国残疾人权利公约》对英国国内法的影响的辩论有所增加[63]。该公约禁止以残疾为基础的所有歧视。人们认定它将取缔允许强制性住院治疗的专门精神卫生立法[64]。在这一点上，它似乎违反了《欧洲人权公约》第5（1）(e）条的规定。此条明确允许拘留有精神不安定的人[65]。《联合国残疾人权利公约》也被解释为禁止以残疾为基础的替代决策，并向司法部提交了针对《心智能力法》下情况的审查[66]。更具体地来说，《联合国残疾人权利公约》所采用的方法为我们在伯恩伍德案及其善后事宜中所面临的困境提供了一种不一样的思路。伯恩伍德案和之后的“剥夺自由保障措施”主要涉及“依从性能力丧失”的患者。如果这意味着让法律上不具有行为能力的患者自己决定入住医院还是护理机构，那么根据公约这样的观点是没有意义的。《联合国残疾人权利公约》并不承认法律上无行为能力的概念。然而，即使他们的决策能力有损，每个人都有权利获取必要的支持，以确保他们进行决策。因此，如果想要以《联合国残疾人权利公约》来表达伯恩伍德困境，对这个问题应该给予足够程度的必要支持，以确保严重精神障碍患者能够就是否到医院就医或到护理机构疗养达成决策。此项决策应由本人做出，而不是替代决策者根据其最佳利益做出。如果严格地应用这一方法，将产生影响深远的实践和实际道德困境[67]，但其基本原则让人耳目一新。这些决策能力有损的人在法律面前应当与其他任何人相同，并必须给予他们所需要的支持，以确保他们有充分的实施法律行为的能力。目前《剥夺自由保障措施》构建的复杂替代决策结构所花费的资源将被转移到构建“为确保患者决策提供必要支持”的结构中来。很明显，这种做法也有自身的问题。这包括可接受支持的确切性质、支持与胁迫之间的界限以及持续存在的利益冲突问题。尽管如此，从替代决策到支持决策的转变削弱了针对精神障碍患者的歧视，并鼓励大众承认精神障碍患者应有的平等地位。“剥夺自由保障措施”将被彻底重组，而且如果《联合国残疾人权利公约》的逻辑能够导致废除《精神卫生法》，那么我们的衔接问题将迎刃而解。

（张思源　张东锐　王　岳 译）

注　释

1 《精神卫生法》的适用范围可参见：P Bartlett and R Sandland, Mental Health Law: Policy and Practice, 4th edn (Oxford, Oxford University Press, 2014)。

2 R v Bournewood Community and Mental Health NHS Trust, ex parte L [1999] 1 AC 458。

3 此处无法展示具体数据。精神卫生法委员会在第11次两年度报告中指出，约90%的住院是不正式的：Mental Health Act Commission, 11th Biennial Report 2003–2005: In Place of Fear (London, TSO, 2006) [xxiii]。

4 GS Owen, G Richardson, A David, G Szmukler, P Hayward and M Hotopf, ‘Mental capacity to make treatment decisions in patients admitted to a psychiatric hospital cross sectional study’ (2008) 337 British Medical Journal 448。

5 Mental Health Act Commission, Fifth Biennial Report 1991–1993 (London, HMSO, 1993) 56–57。Bournewood (n 2 above) 482 (Lord Goff)。

6 Mental Health Act Commission, Eighth Biennial Report 1997–1999 (London, HMSO, 1999) [4.6] and see Bournewood (n 2 above) 481 (Lord Goff)。

7 Mental Health Act Commission, Eighth Biennial Report 1997–1999 (London, HMSO, 1999) [4.6]。
8 In Place of Fear (n 3 above) [xxiii]。
9 Mental Health Act 1983, s 131。
10 Bournewood (n 2 above) 482-84。
11 ibid 494。
12 ibid 493。
13 ibid 486-89。
14 ibid 491。
15 ibid 495。
16 ibid 497。
17 该项目于1989年开始实施，1995年发布最终报告：Law Commission, Mental Incapacity, Law Com No 231 (London, HMSO, 1995)。
18 见：Expert Committee, Review of the Mental Health Act 1983 (London, Department of Health, 1999)。
19 Bartllet和Sandland记叙了这段历史（同注释1），也可参见：B Hale, Mental Health Law, 5th edn (London, Sweet and Maxwell, 2010)。
20 HL v United Kingdom (2005) 40 EHRR 32。
21 ibid 25。
22 见：Joint Committee on the Draft Mental Incapacity Bill, Session 2002–03, vol 1, HL Paper 189-1, HC 1083-1, [223]–[226]。
23 见：Mental Capacity Act 2005, ss 6(5), 11(6) and 20(13)。
24 引自：Department of Health, Bournewood Consultation: the approach to be taken in response to the judgment of the European Court of Human Rights in the 'Bournewood' case (London, Department of Health, 2005)。
25 Mental Health Act Commission (n 3 above) [xxiv]。
26 Department of Health, Bournewood Briefing Sheet (London, Department of Health, 2006) and Ministry of Justice and Department of Health, Impact Assessment of the Mental Capacity Act 2005 Deprivation of Liberty Safeguards to accompany the Code of Practice and Regulations (2006)。
27 见：Hale (n 19 above) 16。
28 见：P Bowen, Blackstone's Guide to The Mental Health Act 2007 (Oxford, Oxford University Press, 2007); G Richardson, 'Mental capacity at the margin: The interface between two Acts' (2010) 18 Medical Law Review 56; Care Quality Commission, The operation of the Deprivation of Liberty Safeguards in England, 2010/11 (London, Care Quality Commission, 2012) 3; RM Jones,

Mental Health Act Manual, 14th edn (London, Sweet & Maxwell, 2011); RM Jones, Mental Capacity Act Manual, 5th edn (London, Sweet & Maxwell, 2012); R Hargreaves, The Deprivation of Liberty Safeguards (London, Mental Health Alliance, 2011); the House of Commons Health Committee Post legislative Scrutiny of the Mental Health Act 2007, First Report of Session 2013-14 HC 584 (TSO, London) paras 106-7; the House of Lords Select Committee on the Mental Capacity Act 2005, Mental Capacity Act 2005: post-legislative scrutiny, Report of Session 2013–14 (London, TSO, 2014)。

29 Deprivation of Liberty Safeguards (London, TSO, 2008)。

30 相关管理部门还制定了相应的“紧急授权”指导意见。

31 在实施规则中对此有详细解释。

32 ibid ch 8。

33 见：Code of Practice (n 29 above) [10.11]。

34 Bournewood (n 2 above) 481。

35 Department of Health (n 26 above)。

36 Mental Capacity Act 2005, Deprivation of Liberty Safeguards Assessments, England——2013–14, Annual Report (HSCIC, 2014)。

37 A Shah, M Pennington, C Heginbotham and C Donaldson, ‘Deprivation of Liberty Safeguards in England: implementation costs’ (2011) 199 British Journal of Psychiatry 232。

38 见：Clare et al, Understanding the Interface between the Mental Capacity Act’s Deprivation of Liberty Safeguards and the Mental Health Act (University of Cambridge 2013): www. CIDDRG.org; and see Ministry of Justice supplementary written evidence to the House of Lords Mental Capacity Act 2005 Committee 2013, oral and written evidence, vol 2, p 1229, (www. parliament.uk/documents/Mental-Capacity-Act-2005/mental-capacity-act-2005-vol2. pdf)。

39 Ministry of Justice (n 38 above) vol 1, 513。

40 House of Lords Select Committee (n 28 above) chapter 7。

41 引 自：Valuing every voice, respecting every right: making the case for the Mental Capacity Act(Cm 8884, 2014) 第7.27条，确切的职权范围尚未商定。

42 例如：Bartlett and Sandland (同注释1); Richardson(同注释28); Clareet al (同注释38); Mental Capacity Law Newsletter (39 Essex Street Chambers), www.39essex.com/newsletters/; House of Lords Select Committee (同注释28) ; GJ v The Foundation Trust [2009] EWHC 2972 (Fam) and AM v South London & Maudsley NHS Foundation Trust and The Secretary of State for

Health [2013] UKUT 0365 (AAC)。《〈精神卫生法〉实践守则》目前正在修订，以解决这个重叠问题。

43 House of Lords Select Committee written and oral evidence (n 38 above) vol 2, p 1241。

44 实际上这位部长是 2006 – 2010 年在任的民主党的负责卫生事务的国务卿。

45 House of Lords Select Committee (n 28 above) and government response (n 41 above)。

46 Mental Capacity Act 2005, s 64 (5)。

47 HL v United Kingdom (n 20 above) [89]。

48 In re MIG and MEG [2011] EWCA Civ 190, and Cheshire West and Chester Council v P [2011] EWCA Civ 1257(on appeal see n 50 below)。

49 House of Lord Select (n 28 above)。

50 P v Cheshire West and Chester Council and P and Q v Surrey County Council [2014] UKSC 19。

51 Ibid [1]。

52 Ibid [49], quoting from HL v United Kingdom (n 20 above) [91]。

53 Ibid [56] (Lady Hale)。

54 可特别参考前文中的上议院专家委员会的建议。对医患和护理机构应用“剥夺自由保障措施”的限制总有争议并难以判决。据成人社会服务协会估计，作为柴郡西案的判决，在 2014 – 2015 年有 138 165 个 DoLS 的申请，并在保护法院有 28 605 份 DoLS 之外的申请。见于：tneutal capacity Lano Wensletter July 2014, Issue 48. www.39essex.com/ docs/newsletters/mc_newsletter_july_2014_compendium.pdf。

55 如想了解 DoLS 的潜在影响，请参阅 MH v United Kingdom [2013] ECHR 1008。

56 See Richardson (n 28 above)。

57 见：J Dawson and G Szmukler, ‘Fusion of mental health and incapacity legislation’ (2006) 188 British Journal of Psychiatry 504 and ‘A model law fusing incapacity and mental health legislation——is it viable; is it advisable?’, (2010) Journal of Mental Health Law (Special Issue)。

58 见：Victoria Law Reform Commission’s report on Guardianship, at www.lawreform.vic.gov.au/projects/guardianship-final-report。

59 Mental Disability Advocacy Centre (2013) Legal Capacity in Europe, at: mdac.info/en/ resources/legal-capacity-europe-call-action-governments-and-eu。

60 有越来越多的相关文献，如：P Bartlett, ‘The United Nations Convention

on the Rights of Persons with Disabilities and Mental Health Law' (2012) 75 Modern Law Review 752, and G Richardson, 'Mental Disabilities and the Law from Substitute to Supported Decision-Making' [2012]Current Legal Problems 1。

61 UN Convention on the Rights of Persons with Disabilities, article 12。

62 A Dhanda, 'Legal Capacity in the Disability Rights Convention: Stranglehold of the Past or Lodestar for the Future?' (2006) 34 Syracuse Journal of International Law and Commerce 429。

63 如：D Lush, 'Article 12 of the United Nations Convention on the Rights of Persons with Disability' (2011) 1 Elder Law Journal 61 以及现在的 'The 2nd World Congress on Adult Guardianship' (2013) 3 Elder Law Journal 43–49. 还可见于 P Fennell and U Khaliq, 'Conflicting or Complementary Obligations? The UN Disability Rights Convention and the European Convention on Human Rights and English law' [2011] European Human Rights Law Review 662, G Richardson, 'Mental Capacity in the Shadow of Suicide: What can the law do?' (2013) 9 International Journal of Law in Context 87 and Victoria Law Reform Commission (n 58 above)。

64 Annual Report of the High Commissioner for Human Rights to the UN General Assembly, presented January 2009: A/HRC/10/49 [49-9]。

65 见：Fennell and Khaliq (n 63 above)。

66 见：Committee on the Rights of Persons with Disabilities (2014) General Comment No 1 Article 12. And for the report to the MoJ see, Essex Autonomy Project (2014) Achieving UN CRPD Compliance。

67 见：Richardson (n 63 above)。

第八章

Re MB 案（成人：医疗）[1997] 与圣乔治卫生保健NHS信托诉S案[1998]：由“法院下令”的剖宫产所带来的困境

Re MB (An Adult: Medical Treatment) [1997] and St George’s Healthcare NHS Trust v S [1998]: The Dlilemma of the ‘Court-Ordered’Caesarean

玛丽·福克斯（Marie Fox）和克里斯蒂·莫顿*（Kirsty Morteon）

1. 导　　言

怀孕女性拒绝接受可能拯救生命或可存活胎儿生命的医疗，这是现在医疗实践以及医事法学都面临的一个最棘手的困境。在本章中，我们将反思这一方面具有里程碑意义的两个判例：Re MB 案（成人：医疗）[1] 和圣乔治卫生保健 NHS 信托诉 S 案（St George’s Healthcare NHS Trust v S）、R 诉柯林斯以及其他 S 单方案（R v Collins and Others ex parte S）[2]。这意味着我们要解决存在于这些早期判例中的一些重要问题，即法院批准了在未获得同意情况下的剖宫产手术。我们认为，这些重要的判例对于医事法法理学的重要意义在于肯定她们自我决策这一核心价值，即有决策能力的成年孕妇有权利拒绝接受任何医疗，其身体的完整性应受到尊重，“即使后果可能造成胎儿死亡或严重残疾，或孕妇死亡”[3]。然而，我们对这一权利的承认具有伦理意义，因此，促使人们开始反思唐纳森法官（Lord Donaldson）在Re T（成人：拒绝治疗）中观察到的现象。这些判例带来了一个“在法律和道德上相当复杂的新问题”[4]。

我们应该从这些案件的背景开始研究。在20世纪90年代由高等法院审理了七例剖宫产案件[5]，当时患者的自主权比今天更受争议。具体来说，我们认为Re MB案和圣乔治案有里程碑意义，因为这些判例在强调承认患者尤其是孕妇的自主权方面有重要的积极导向作用。这与早期判例中所述的家长式主义存在鲜明的对比，这起始于高等法院对于Re S（成人：医疗）的判决，即允许在未获取同意的情况下根据孕妇和胎儿的最佳利益进行治疗[6]。此外，尽管Re MB案和圣乔治案标志着非自愿剖宫产诉讼结束，至今已经有多年了，我们要考虑的是近期人们对这个问题兴趣高涨，并运用了这些里程碑判例来处理当今如Re AA[7]案和In re P[8]案等备受关注的案件。

我们对于这些里程碑判例的影响有三点批判性分析。第一，采用强调维护身体完整性的女权主义研究。我们认为Re MB案和圣乔治案中的司法论述有象征性和政治重要性，可以消除过去怀疑孕妇决策能力的普遍臆测。此外，通过佩顿诉英国孕期咨询服务委托机构案（Paton v British Pregnancy Advisory Service Trustees）的判决[9]，确认胎儿缺乏法定的人格权利，否则这将导致“无正当理由侵犯女性做出决定的权利”[10]。裁决证明，在孕妇与胎儿之间存在利益冲突的情况下，孕妇的利益优先。

然而，实际上没有这样的判例，即支持孕妇在手术之前拒绝剖宫产手术的权利。我们论证的第二个方面就是弄清Re MB案和圣乔治案中的判决价值是否华而不实且仅具有象征性，而不是为改变女性的实际医疗现实做出贡献。我们断定通过探索道德困境可能发现这种脱节的原因。这种道德困境表面上支持了法院的推理，因为他们提出在法律上未赋予胎儿法律地位这一“微妙的难题”[11]，同时又承认孕妇对胎儿的“个人责任”有所提升[12]。为了解开因孕妇身体的完整性造成的难题，我们认为这种紧张状态表明法律在处理综合的具体问题以及调节孕妇与胎儿之间相互交织的利益时面临诸多困难。

最后，我们利用女权主义理论——护理伦理——来提出一种替代的健康决策方法。我们认为这样可以有助于协调身体完整性的标准概念与上述问题之间的紧张关系。我们建议在这种情况下，用基于护理伦理的方法可能有助于消除在胎儿地位与母体权力之间的法律偏见，将决策集中在孕妇与胎儿之间的关系上。我们采用这种方法来探索孕妇的道德及法律义务，以及照料她们的医务人员所需要负担的职责，并致力于协助解决确定无决策能力孕妇的最佳利益时所遇见的困难。由此，我们得出结论，虽然通过这两个里程碑判例，在女性自主权方面看似建立了一个清晰的立场，但是最近媒体对于“强迫”剖宫产的争议表明，我们需要充分解决这个早在 20 世纪 90 年代就提出的棘手问题。虽然基于护理伦理的方式可能也无法解决问题，但是我们认为，这在强调这些判例中决策的复杂性方面是有意义的，还可以提醒我们在为这些判例寻求解决办法时应该适当超越法律。

2. 里程碑判例

A. 背景

在 Re MB 案和圣乔治案发生的时代，医事法领域正提出一些关于患者自主权方面的重要问题，特别是拒绝接受医疗的权利。1992 年的 Re T 案[13]还涉及了一位孕妇 T。她发生了车祸，之后与母亲商量治疗方案。她的母亲是一位耶和华见证人，之后孕妇拒绝输血。在唐纳森法官的判决中强调了自我做出决策的价值，他提出：

对于一个不存在无心智力表现的成年患者，他/她绝对享有选择是否接受治疗的权利，也拥有拒绝这项治疗或选择另一项治疗方案的权利。这种选择权不限于他人认为是否是明智和理性的决定，无论选择的理由是理性的、非理性的、未知的甚至是不存在的[14]。

重要的是，在观察中他对于这一绝对权利有一条附带告诫：“唯一可能的限制是在可能会导致可存活胎儿死亡的情况下”[15]。很明显，尽管唐纳森法官强调了自我决策的重要性，当时认为孕妇 T 是在缺乏决策能力的情况下而被进行输血的，尽管当时她已经流产了。因此 Re T 案为那些否决孕妇拒绝接受治疗的判例设定了情形。事实上，关于唐纳森法官有争议的反驳在两个月之后受到了考验。这是他在六年间第一次听取这七例的剖宫产案件。在 Re S 案中，一位 30 岁的孕妇因宗教原因拒绝剖宫产[16]。当时妇产科医师担心，如果在 6 天之内未能对其进行手术干预，那么孕妇和胎儿都会死亡。因此，卫生部门向高等法院提出申请，要求此时进行剖宫产手术合法化。该申请十分紧急，似乎仅依赖于与风险评估相关的医学证据，却丝毫没有考虑孕妇的决策能力。虽然没有理由怀疑她的决策能力，法院还是基于唐纳森先生的附带提醒宣布，依照“患者和未出生胎儿的切身利益”，应该回绝孕妇对治疗的拒绝[17]。这一决定在很长一段时间内饱受批评[18]。而且事实上，上诉法院法官巴特勒 - 斯洛斯（Butler-Sloss LJ）在之后的 Re MB 案中认为，这是一个我们必须怀疑其正确性的决定[19]。不过凯尼恩 · 梅森（Kenyon Mason）和格雷姆 · 劳里（Graeme Laurie）观察到有一段时期，Re S 案似乎已经成为了一个判例[20]。事实上，在 1996—1997 年高等法院接连听取的四起案件中，开始关注孕妇决策能力的问题[21]。在这些连续判例中，法官怀疑 Re S 案中所给原因的合法性，这可能会危及 Re S 案的观点[22]。然而，梅森和劳里坚持保护胎儿利益的观点确实是正确的。

在这四个判例中，法院认为孕妇缺乏拒绝接受手术的能力，并裁定在维护女性最佳利益的前提下应进行手术[23]。

由此我们就被引入这些里程碑判例中。这些判例指出法院围绕裁定剖宫产的所有复杂问题从司法层面进行深度考虑。在概括事实之前，应该先解释我们对这两个判例的选择。圣乔治案是一例最近的案件，也是唯一判定孕妇有决策能力、且其对治疗的拒绝应当被尊重的判例，这一裁决十分务实并且具体。此外，实际上，这些情况比 Re MB 案早发生了 10 个月，时间在 1996 年 4 月份。因此，罗萨蒙德 · 斯科特（Rosamund Scott）指出，圣乔治案上诉时被激烈批评的一审判决发生于 1992 年的 Re S 案与 1997 年的 Re MB 案之间这一“法律空白”阶段[24]。因此，在我们看来，就巴特勒 - 斯洛斯法官所提供的关于女性的决策能力的附带声明来看，Re MB 案更具有成为重要先例的价值。因此，尽管圣乔治案对这一领域的法理学也做出了重要贡献，特别是在关于精神卫生立法以及医务人员政策指导的交叉领域上，其核心重申了 Re MB 案的立场。所以我们认为思考这两个案件的判决十分有意义。综合而言，这些裁决统一构建成了一个法律里程碑。

B. Re MB 案

事实与判决

Re MB 案是关于一位 23 岁患者 MB 对高等法院判决上诉的案件。此判决称妇产科医师进行任何必要的治疗包括剖宫产手术都是合法的，即使在孕妇拒绝的情况下。判决还认为在这种治疗过程中可以适当使用合理的强制。在患者 MB 40 孕周的常规产前检查中，医院发现胎儿处于足先臀位。这种产科并发症发生在阴道分娩期间。由于脐带脱垂，胎儿的死亡风险为 50%，也可能阻碍胎儿的血液供应并导致脑损伤甚至死亡[25]。然而，这对于患者 MB 来说并无身体危险。患者 MB 同意进行剖宫产手术。然而，在住院和之后的 5 天内，她一再拒绝采血样以及在麻醉给药中加入维氟隆（veneflon），同时至少有 5 次同意或要求进行剖宫产手术。精神科会诊医师将此归因于她对于针刺有恐惧症。医师承认，患者 MB 理解并接受了需要做剖宫产的理由，但是由于她对于针刺有恐惧症，使“恐惧占据了主导地位”，并且“实际上她根本无法在掌握这些危急信息后做出选择和决定”[26]。此时医师建议采用面罩进行麻醉，患者 MB 本人也同意，但随后她又撤销了同意，导致手术第二次被取消。当天晚上，卫生部门向高等法院提出申请。霍利斯法官（Hollis J）基于患者 MB 是因针刺恐惧症而拒绝手术的事实进行了裁决。这一判例符合早先 Re L 案[27]的判决，患者 MB 被认定没有能力清晰地考虑这一问题[28]。患者 MB 的上诉有四项理由：①法官没有找到她缺乏拒绝能力的证据。②法官没有遵照她的最佳利益。③证据并不能表明拟议的治疗方案符合她的最佳利益。④普通法认为对一个心智能力健全者强制施加治疗是非法的[29]。

为了驳回这一上诉，上诉法院法官巴特勒 - 斯洛斯开始确认相关的一般性原则，例如，柯林斯诉威尔考克斯案[30]（Collins v Wilcox）（在 Re F[31] 案中被证实）。第一，一般来说，在没有患者同意的情况下进行身体侵入性治疗是一种刑事侵权的攻击行为。第二，她应用了塞达维诉柏利恒皇家医院理事会[32]（Sidaway v Board of Governors of the Bethlem Royal Hospital）中的判决：心智能力健全者绝对有权拒绝接受治疗。第三，她确认了在 Re F 案所认定的，即在紧急状况下可以进行治疗，即使因患者缺乏行为能力而未获得同意，但治疗必须是必要的，并且满足患者的最佳利益要求。随后，法院解决了有关行为能力、最佳利益和胎儿处境的关键问题。在行为能力方面，它维持了在 Re T 案[33]中提出的对行为能力可反驳的推定，以及 Re C 案[34]中评估行为能力的三步测试。上诉法院法官巴特勒 - 斯洛斯明确表示，对于有决策能力的女性而言，“可以因宗教原因或其他原因，理性或者非理性的原因，或者没有原因地选择不接受医疗干预”[35]。

然而，根据事实法院认为，根据精神方面的证据，患者 MB 正处于“因针刺恐惧症引起的心智能力损伤中”，这导致她“暂时无决策行为能力”[36]。它采用对“最佳利益”的广泛考虑，而“不局限于最大医疗利益”，但也包含了对精神方面和相关利益的考量[37]。最后，关于胎儿处境问题，卫生部门的法务已经提出，即使在有决策行为能力的患者中依然应该平衡孕妇和胎儿的利益。尽管患者 MB 已经被认定无决策行为能力，法院认定（不同于 Re T 案的主张）将胎儿的利益放入考虑范围不在其司法管辖范围之内[38]。在审查了英国[39]、美国[40]、欧共体人权法院[41]和英国立法[42]的判例法之后，法院得出结论认为，按照佩顿案（Paton）的说法，胎儿“在出生之前不具备独立的权利”[43]。虽然意识到依旧存在“道德上的困境”，法院很清楚自己不是“道德法庭”[44]，而且没有足够的手段来处理“不合逻辑”的结果，即胎儿利益在刑法中受到一定的保护，然而，胎儿“不受有行为能力母亲的（非理性）决定的保护”[45]。

C. 圣乔治卫生保健 NHS 信托诉 S 案

事实和判决

如前所述，圣乔治案的事实发生于 Re MB 案之前。然而，上诉判决在 Re MB 案之后的 15 个月才下达。此案涉及上诉和申请司法审查。除开其他方面，审查圣乔治卫生保健 NHS 信托获得的声明表示，允许在无须患者 S 同意的情况下执行剖宫产。在本案中一位怀孕 36 周的 28 岁孕妇被诊断为先兆子痫，并被建议人工引产，以避免对她和胎儿的生命和健康造成“真正的危险”。她理解这一建议，但拒绝了。她想要自然分娩。社会工作者和两位医师劝说她，但她拒绝了他们的建议。之后在违反其意志的情况下，她被送到一家精神病院，并根据 1983 年的《精神卫生法》第 2 条要求进行评估。虽然患者 S 曾被诊断为中度抑郁症，但在拘留住院期间她并没有接受任何针对精神疾病或精神障碍的治疗。随后，也是在违反其意志的情况下，她被转到另一家医院。她阐述的拒绝接受治疗的理由为：

在自己的内科治疗和外科治疗方面，我一直有强烈的观点，特别希望一切顺其自然，而不被人为干预。我完全明白，在某些情况下，这可能会威胁到生命。我将死亡看作是某些情况下一个自然且不可避免的终点，一切应该顺其自然而不被干扰。这种信念不仅与怀孕有关，也一样适用于可能发生的任何状况[46]。

鉴于她一直拒绝，医院单方面向法院申请了一份声明，并获得批准。当天晚上患者 S 通过剖宫产产下了一名女婴。患者 S 被送回精神病院。依照法令的第 2 条，她被拘留了 2 天，之后她反对医疗建议并自己出院了。

对于她的上诉，上诉法院发现在质疑患者 S 的决策行为能力时证据不足[47]。在自主权的问题上，上诉法院法官贾奇（Judge LJ）利用亚耳戴尔 NHS 信托诉布兰德案[48]（Airedale NHS Trust v Bland）来证明“即使其生命取决于是否接受治疗，一个成年人也有权利拒绝它”[49]。考虑到胎儿的处境，法院认定“36 周的胎儿不可能什么都不是”[50]。然而在这种情况下，本判例上诉法院法官巴特勒 - 斯洛斯在 Re MB 案中对于胎儿利益的声明不能适用。上诉法院法官贾奇明确指出，怀孕并不会削弱女性同意或拒绝接受治疗的权利，并承认即使以最好的动机强制以侵入性手段侵犯有决策行为能力女性的身体，也会导致“对自主决策原则不可逆转的损害”，甚至“自主原则将被消灭”[51]。圣乔治案判决的独特贡献在于它对精神卫生法规滥用的指责。法院认为，根据 1983 年《精神卫生法》，对患者 S 的拘留是非法的。上诉法院法官贾奇视为这是“不能接受的原因”。这仅仅只是一种假设，因为如果某个女性处在一种“不平常的甚至明显是奇怪的、且不符合大众观点的”思想中，那么她就存在精神障碍并且缺乏决策行为能力[52]。在抵制应用精神卫生立法来迫使女性接受剖宫产的早期趋势中，这一认定有重要意义，如泰姆塞德案（Tameside）[53]。法院强调：《精神卫生法》第 2 条限制的患者并没有被剥夺所有的自主权，并且只能在与精神障碍有关的情况下采取强制治疗，而怀孕明显不在此列。

D. Re MB 案与圣乔治案的应用

在 Re MB 案和圣乔治案之后的应用上，一些评论家认为，圣乔治案的判决已经确立了法律地位[54]。当然，这两个案件一个共同的重要特征就是颁布了准则[55]，旨在给医务人员提供“更多的确定性，使其可以面对普通法中的不确定性”[56]。这些司法准则已经在许多专业的政策文件中得到了利用[57]。它们的价值在于强调：只有出现有关决策行为能力问题之后，才能将此案件提交法院处理。而且这些准则强调指出：应该尽早确定任何潜在的问题，以尽可能防止在向法院提出的申请中有证据薄弱、时间紧迫和可能缺乏患者代理人参与的固有风险。

实际上，这些判决和相关指导有助于消除大量这类诉讼。直到 2012 年[58]，仅报道过一例这样的案件——博尔顿医院 NHS 信托诉 O 案（Bolton Hospitals NHS Trust v O）[59]。在此案件中患者因存在手术室创伤后恐惧症而拒绝剖宫产手术。引用 Re MB 案和圣乔治案的判决，上议院法官巴特勒 - 斯洛斯裁定这一拒绝可以被回绝[60]。之后在 2013 年 12 月，一名 35 岁意大利籍孕妇阿列桑德拉·帕奇耶里（Alessandra Pacchieri）的判例引起了国际社会的关注[61]。当时报道头条这样写道：“剖宫产后把孩子从子宫取出来，然后放入保育箱[62]。”该判例被称为 Re AA 案。此案在 15 个月前由保护法院听取[63]。此案引用了 Re MB 案（但不是圣乔治案）[64]。这涉及 Mid-Essex NHS 信托公司对保护法院的紧急申请。他们要求在未获得帕奇耶里同意的情况下合法地进行剖宫产手术，因为帕奇耶里已经在听证会之前根据《精神卫生法》第 3 条被拘留了 5 周[65]。法院认定她有明显的精神病性障碍，有严重的精神疾病并且无决策行为能力[66]。由于自然分娩将面临子宫破裂的风险[67]，因此，法院认定为了帕奇耶里的最佳利益[68]，应进行手术，并采取合理的约束措施来保证手术安全、成功地进行[69]。莫斯汀法官（Mostyn J）认定 AA 的判例“正好（或直接）在 Re MB 的指导之下”，并补充道：“即使严格来说是为了胎儿的利益，但胎儿并没有法律地位，所以不在法院的考虑范围之内，因此必须在 2005 年《心智能力法》的法条内进行决策[70]。”值得一提的是，莫斯汀法官试图遵循上诉法院法官巴特勒 - 斯洛斯在 Re MB 案中对于最佳利益的解释：“它必须符合怀有足月胎儿女性的最佳利益。如果孕妇想将孩子健康地生下来，也应尽可能地满足这一条件[71]。”此外，他回应了该孕妇被认定是精神疾病而导致拒绝的说法。在这个案件中，如果没有进行手术，孩子可能会出现残疾或死亡，她也可能存在长期损伤。

在之后 P 夫人的判例中，也存在类似的推理。P 夫人是一位 36 岁的“高危孕妇”。她患有精神疾病并拒绝治疗[72]。对于每一起女性被认定是缺乏决策行为能力的案件，法院都声明为了其最佳利益，应该进行剖宫产手术[73]。有些煽情的报道描述了帕奇耶里女士女儿的后续照料和收养过程。这种选择性报道使这两个案件的判决都变得看似没有争议[74,75]。每个案件中都有一个患有严重的持续精神疾病的女性，帕奇耶里女士的判例有明显的精神病性障碍[76]。她被诊断为偏执型精神分裂症[77]。很明显，她们都缺乏决策的行为能力同意或拒绝接受治疗。然而，媒体的焦虑和随后的公众讨论都揭示了这些里程碑判例并没有从根本上解决紧张局势，我们现在又回过来讨论这些紧张局势。

3. 对里程碑案件判决意义的分析

A. 孕妇的自主权和判断力：理论还是真实?

如前所述，Re MB 和圣乔治两案之所以被认为是标志性案件，与它们的时机有关——对两案的判决正处于现代卫生法发展中的关键节点。这对于保护患者利益的趋势具有重要的强化作用，特别是在患者拒绝治疗时。正如许多评论者所考证的，1997 年，随着法理的发展，提出了患者自主权及其治疗方案风险获知权利的相关理论。由此关于患者同意的法律中广泛采用保护患者利益的标准也成为这一年的标志[78]。20 世纪 90 年代，高等法院在一些著名判决中开始尝试采用更加以患者为中心的角度[79]，并随后为上诉法院所采纳。上诉法院在这些里程碑案件中的判决具有极其重要的意义。将违反有决定权的女性的意志而为其实行剖宫产的行为判断为违法，即便她们的决定怪异、悖德或毫无道理[80]。乔纳森 · 赫林（Jonathan Herring）认为，这些判决至少确立了拒绝治疗时“自主权至上”的原则[81]。丽贝卡 · 贝利 - 哈里斯（Rebecca Bailey-Harris）则认为圣乔治案的判决标志着一项重大的权力转移：权力从医务人员转移到了患者手中。她解释道，该判决“主要考虑的是患者反对医务人员的权力，而无关任何母亲与胎儿之间的利益冲突”[82]。但在我们看来，赫林的观点更为准确。他认为这些案件展示了“医疗权力与患者自主权的冲突、孕妇权利与胎儿利益间的冲突”[83]。在这个意义上，上述案件的里程碑地位一部分来自于它们为法官提出的难题：对正处于现代卫生法核心的两大冲突做出裁判。

如贝利 - 哈里斯所述，从女性主义的视角观察，圣乔治案的判决有很多积极因素：它支持了 Re MB 案的判决，从而“终结了一切把妊娠晚期女性的精神状态当作缺乏判断力的同义词这一观点”，而且废除了仅因某个人表现出非理性或怪异的思维，就使用关于心智健康的法律将其留院治疗的做法[84]。接着她提议，哈林顿提出的矛盾也已解决：法院应支持患者而非医师行使决定自己治疗方案的权利，并且在其拒绝接受医疗时，应认为孕妇与其他患者处于同等地位。

这一结论显然有很多受欢迎之处，尤其是考虑到要保障女性平等和其公民地位，维护她们身体完整且不受侵犯是十分重要的。在堕胎问题上，杜希拉·康内尔（Drucilla Cornell）已经论证了如果拒绝女性接受安全堕胎，将使其局限于母性的功能，并阻止她们享有与男性相同的自主、自决地位[85]。类似地，我们也可以认为，早先那些法庭判决实施剖宫产的案件实际上是将女性降格为母性功能，把她们视为孕育胎儿的机器。为了改变这种缺陷，Re MB 案和圣乔治案则做出了与这种惯例不同的判决，因而对于挑战固有意识形态、证明孕妇享有身体完整权和平等公民权具有关键意义。

即便如此，我们仍要指出上述判决中两个令人担忧的特征。首先，正如下文所说，在案件中得到促进的个人自主权是存在疑问的，如梅森（Mason）和劳里（Laurie）等评论者就警示了过分强调个人自主权的危险。他们指出：“当医疗案件判例将崇尚自决权作为支配原则时，它就应当在总体上认真反思这种尊崇伴随的巨大道德转向[86]。”下文将指出，这种支配原则源于个体独立的观念，个性化的概念限于身体的独立性。但在面对由怀孕的身体所引发的复杂道德—法律两难时，该原则就非常难以适应了。

其次，研究这些案件的重点不在于法官的解释，而在于调查案件中的女性实际上经历了什么[87]，她们在法律中的亲身体验是怎样的。在这方面，我们认为这些里程碑案件引发了一些顾虑。圣乔治案至今仍是唯一支持女性拒绝剖宫产的判例，而且前文叙述的案情也清楚地表明，本案判决在很大程度上是由其特定事实所决定的，包括 S 女士明确提出和维护自己观点的能力，以及多名主管治疗的医务人员颇受质疑的行为。很明显，除了这两个里程碑案件外，所有涉及剖宫产的案件都是在一审法院审理的。在仍需要考虑保护胎儿生命的情况下，法官显然更难做出女性有权拒绝治疗的判决。凡妮莎·蒙罗（Vanessa Munro）就指出：

一般而言，上诉案件中维护女性自主权的重要性将超越一审中体现的身体边界不明的难题……因为此时已做出强制手术的判决，手术也已经实行，法庭上的女性在法律上已经重新成为一个独立、明确的人，享有独立、有边界的身体界限[88]。

显然，只有有勇气的一审法官才会在情况危急、而医学证据表明拒绝治疗可能导致死亡后果的情况下，选择支持女性行使拒绝的权利。因此，左右一审判决的一个关键因素，就是如果法官支持女性以自己或胎儿的死亡为代价的选择，将面临公众抵制的潜在压力[89]。伊丽莎白 · 威克斯（Elizabeth Wicks）认为，在圣乔治案中，上诉法院法官贾奇的意见体现出一项重要信条，这就是“每个个体的自主权都需要持续的保护，即便（也许是唯一情形）有可以理解的理由，甚至在一些人看来值得鼓励的理由，而阻碍该权利的行使，对自主权的保护也不能因此而中断”[90]。但高等法院法官是否愿意接受这种观点仍存在疑问[91]。根据里夫 · 吉斯（Lieve Gies）的观察，一审中的事实叙述往往充满急迫感和恐慌感。考虑到这一点，法官几乎不可能采纳上述观点[92]。哈林顿描述道，这种在极度受限的时间内（在20世纪90年代一系列剖宫产案件中时间为15~30 min不等）做出判决的压力，不仅将使辩论和代理活动不充分[93]，还将导致“穿插在法官判决字里行间的紧迫感”。在一个确切的截止时间内给出判决使法官小心谨慎，强调自己的判决关乎生死[94]。

这种时间上的压力，反过来又促使法院修改了判断力的概念，从而认为孕妇没有资格拒绝强制医疗介入，正如圣乔治案之外的所有判例所示。这印证了迈克尔 · 汤姆森（Michael Thomson）的观点：要理解这些案件，我们需要“在具体情境中观察医学如何回应生育问题并求助于法律，同时也要将医务人员的主张和认可考虑在内”[95]。依据医事法中有些关于专门针对女性精神状态的说法，在面对有关拒绝治疗的风险和女性精神状态的问题时，法官也如出一辙地赞同医务人员给出的医疗方案而不加取舍，将女性的意愿视为是不明智的[96]。安 · 奥克利（Ann Oakley）和马丁 · 理查兹（Martin Richards）指出，围绕着妇产科手术的情况强化了对医务人员意见的尊崇，因为剖宫产“在树立临床医师独有的专业、权威形象的过程中扮演了重要角色”[97]。此外，那种认为孕妇应当忍受有利于胎儿利益的医疗介入的观点，与广泛的社会观念和共识的理解是一致的，即“在有关母亲身份的一系列主流文化观念中，一个核心要素就是母亲要做出牺牲”，因此，“如果某个女人不愿为胎儿牺牲自己的健康，那么她就是一个不称职的母亲”[98]。这种文化惯例和医学惯例的结合使孕妇拒绝采纳推荐的医疗方案成为了一种非理性、不可理喻的行为，于是法官可以因此裁决该孕妇缺乏判断能力，从而使对其身体的侵犯合法化。

B. 胎儿法律地位的意义：“身体共存”带来的两难

尽管 Re MB 案和圣乔治案两案存在上述问题，但它们对于重新确认孕妇的自主权、明确将其利益置于胎儿之上仍具有重要的标志性作用，而这些权利原本在法律上是无足轻重的。汤姆森指出，那些从 Re S 案开始的早期判例不仅违背了 1967 年《堕胎法》（Abortion Act）（修订后）和 1976 年《先天残疾（民事责任）法》[Congenital Liabilities（Civil Disability）Act] 中的成文规定，也违反了确认胎儿无法律地位的普通法判例[99]。而 Re MB 案与这些先例不同：上诉法院在佩顿案判决中关键性地重新确认了胎儿“不能……在出生前自己享有权利，成为从母亲独立出来的个体”[100]。如若不然，就可能危及支撑英国堕胎法来之不易的妥协，并引导英国法更广泛地承认胎儿的法律人格[101]。上诉法院法官巴特勒 - 斯洛斯很清楚，“在本案这类案件中，法院无权考虑胎儿的利益，也就不应采用司法手段在胎儿与孕妇的利益之间做出平衡”[102]。

诚然，这种理论确认了子宫中的胎儿并非法律上的人，认可了孕妇的自主权。但正如我们所见，与之相伴的现象却是法院在实际中往往以胎儿的名义允许侵犯孕妇的身体，这恰恰导致了上诉法院法官巴特勒 · 斯洛斯所反对的那种权衡孕妇与胎儿利益的行为。这种理论与实际的断层，一部分应归咎于传统法律的不足：它的基础是人格独立，而无法容纳“身体共存”的情况，包括怀孕。斯科特指出了身体在怀孕后发生的变化：

不同之处在于……怀孕产生了一项必然存在于身体之中的义务。除了怀孕，人很少有这种给另一个生命提供帮助的机会。这种帮助对人的身体提出了苛刻而有侵犯性的要求——相当于要用自己的身体去帮助和护佑另一个生命[103]。

确实，这种状况要比孕妇为他人利益而使用“孕妇的”身体更为复杂。玛丽恩·杨（Marion Young）指出，在怀孕者的感受中，“她的身体既是自己，又不是自己；身体内部的活动属于另一个生命，却又属于自己，因为身体的界限发生了变动”[104]。伊莎贝尔·卡尔平（Isabel Karpin）指出，这种生命共存的复杂情况和变动的身体界限，意味着“女性的身体既不只是胎儿的容器，也不只是与胎儿相区分的实体。在胎儿出生之前，胎儿与女性的身体是同一的。它既是女性身体的一部分，又是女性自己”[105]。在传统观点看来，自主权是对自己控制下的身体行使的自决，而身体完整权则与之类似，被认为提供了免受他人侵犯的保护[106]。这种观点无法解释上述复杂情况。类似地，法律在给胎儿下定义时也遭遇了诸多困难：这是一个有生命、属于人类并且有身体的实体，却又被封闭在女性体内。希拉里·林（Hilary Lim）将其称为“一种复杂形式的留置”[107]。《律师总参考（1994年第3版）》[*Attorney General's Reference*（No 3 of 1994）] 记载了一个案件。该案中上诉法院和最高法院相互冲突的判决和处理方法将上述困难体现得淋漓尽致[108]。案中的被告刺伤了女友，并且他知道女友已经怀孕22~24周。最初，胎儿未被检出受伤。但6周后，女友分娩了一个胎儿，且极度早产。这样，刀刃刺穿子宫并伤及胎儿的事实就很明显了。120天后，婴儿死亡。在面对胎儿是不是有关他杀的法律意义上的“人”这一问题时，上诉法院认为：

直到从母亲独立出来之前，胎儿都是母体的一部分。因此，对胎儿身体造成严重伤害的故意，等同于对母亲身体的一部分造成严重伤害的故意，正如伤害女性的手臂或腿的故意一样[109]。

然而，上议院否认了这种有关孕妇与胎儿之间关系的理念。慕斯提大法官（Lord Mustill）称，即便胎儿与孕妇之间存在着紧密的生理和情感关联：

这种关系只是存在有利关联上，而不是身份上的。母亲和胎儿是两个共生的独立有机体，而不是单一有机体的两个部分。母亲的腿是她身体的一部分，但胎儿不是[110]。

萨拉·弗瓦格（Sara Fovargue）和何塞·米奥拉（Jose Miola）认为，无论是最高法院对被告做出的过失杀人罪判决，还是该判决对胎儿法律地位的概念界分，从事实角度看都是“公正而有理有据”的[111]。然而，他们也认为，如果与法院把在剖宫产案中保护胎儿利益的类似意愿结合起来看，该判决就“有可能导致法院为了胎儿利益而许可对孕妇采取强制措施”[112]。需要补充的是，如后文所述，剖宫产案件给法律带来的困难还要更多，因为其中的术语所隐含的假定就是孕妇与胎儿之间的利益或权利必然发生冲突，从而将法官置于两难境地。此外，为了胎儿利益而对孕妇采取强制医疗措施，不仅侵犯了女性的自决权以及决定如何处置自己怀孕状态的权利，还构成了一种对女性身体完整权的整体侵犯——我们所察觉的孕妇与胎儿之间的冲突确实存在于法律中。苏珊·法露迪（Susan Faludi）在评论一件华盛顿特区法院判决的案件时，对此进行了生动的描述。该案中，法院许可对一名罹患癌症的绝症患者进行强制“治疗”，即便后者并不愿意接受剖宫产：

他们不为她治疗癌症，却往她的喉咙里塞进一根导管，给她打入镇静剂来推迟死亡。卡德（Carder）的母亲回忆说，卡德想反抗这种“治疗”，在床上奋力摇晃、扭动，想把医师赶走。她反复说“不要，不要，不要，不要这么对我”。但卡德还是输了，她被剥夺了说话的能力。导管已经插好，她没有办法再出声[113]。

汤姆森则提到了美国的另一个案件。该案中，孕妇被施以强制约束，手腕和膝盖被皮铐固定[114]。尽管在英国案件中没有发生这种程度的暴力（不过 Re MB 等案中法院也明确授权使用强制力）[115]，仍应指出，我们从圣乔治案中得知，S 女士“认为在身体上反抗又被制服是不光彩的，于是在 17:20 被注射镇静剂时，她静静地躺着，没有任何反抗”[116]。上诉法院法官贾奇用强奸案件的术语类比进行了评论，“当事人处于精疲力竭、情绪激动的处境下，受到这种压力，又面对着法院的执行令，她不再做出任何反抗。但这并不是同意，只是屈从”[117]。

此外，这些女性被迫接受的手术不仅仅涉及侵犯身体完整权的问题，而且还将带来诸多健康风险，包括感染、出血和尿道损伤，并极大地增加了孕妇死亡的风险。汤姆森总结道：“考虑到妇产科手术变数颇多，观点互斥，剖宫产又存在极高的风险，如果司法再不加质疑地接受医务人员必须进行治疗的主张，那就非常不合适了[118]。”蒙罗也用类似的语气提出，法律看待母亲与胎儿冲突的视角已经有所扩展：

> 它不仅扩展到胎儿生命权与母亲自主权孰轻孰重的问题上，也扩展到保护母亲生命权的问题上，即她有权拒绝接受可能带来医疗风险甚至死亡的手术方法[119]。

我们认为法院判决低估了这种身体风险。如果重视剖宫产手术的内在影响以及伴随的风险，就能发现医事法中一贯的思维定式：控制女性身体，强调性别描述，正如那些根植于母性牺牲观念的说法[120]。卡尔·辛（Carl Stychin）主张，如果改变视角，从孕妇的切身体验出发，就能发现新途径来解决这些困扰卫生法律师的伦理问题[121]。这可以驳斥卫生法规将思维和身体截然分开的传统理论。这种截然分开的理论分散了人们的注意力，使大家关注不到这些问题，例如，孕妇对怀孕有怎样的亲身体验，我们如何借由身体栖居在世界上并体验这个世界，如何与他人建立联系，等等[122]。然而，新的方法则对处理怀孕问题十分有价值，如蒙罗所述：

与法律上区分孕妇与胎儿的模式不同……生物学上认为胎儿的健康生长仍然完全依赖于孕妇身体。因此，虽然法律认为对两者的区分可将其置于冲突的境地，但实际体验可能会反驳这种结论[123]。

在后文我们将指出，从女性的切身体验，特别是怀孕状态下的体验出发，才能契合一种不同的伦理方法，来解决这些植根于关怀和关系理念的案件。

C. 个人责任与医务人员责任的冲突：从关怀伦理视角考察法院强制剖宫产案件

到目前为止，我们已经讨论了有关自决权、判断力和身体完整权问题的里程碑判例的影响，并讨论了这些判例对于胎儿法律地位这一棘手问题的意义，以及身体共存问题给法律带来的概念困境。我们确认了法律的总体立场是维护女性的自决权。然而，这些里程碑案件以及近期另外一些剖宫产案件的判决似乎仍未“将争议移出简单的伦理 / 医学模式”[124]。结果，对这些案件的法律思考仍纠缠于以冲突为导向的模式，将女性权利与胎儿利益对立起来。这与其他一些身体共存案件中采用的伦理—法律方法如出一辙。莎莉 · 谢尔顿（Sally Sheldon）和史蒂芬 · 威尔金森（Stephen Wilkinson）在写到分开连体双胞胎的手术时就指出：“法律和伦理的发展都建立在身体独立的模型上：人类个体的需求和利益相互竞争[125]。”而法官未能理解“女性对怀孕、分娩以及早期母婴情感联系的看法”[126]。这进一步加剧了上述模式的问题。为了回应这些问题和自主权个体化方法，这些方法努力适应怀孕包含的复杂问题，部分女性主义理论者倡导了一种以关系为导向的理论取而代之，至少在以关怀伦理学为基础的理论上得以实施[127]。关怀理论将人类关系的建立和维护置于道德生活的核心地位[128]，可能也处于法律的核心地位[129]。因此，与冲突模型相比，该理论更适合解释社会生活中有关人际关系的部分，包括孕妇与胎儿的关系[130]。在诸多有利于带来“好的”或者有价值的生命的选择中，有的选择不仅主张权利，还要求承担义务或责任。因此，“我们对自主权的理解不应局限于实现个人利益，还应该包括个人与他人生命的联系”[131]。此外，上述方法在解决怀孕问题上的优势在于关注母亲与胎儿的关系，而非胎儿的地位或人格。在卫生保健相关的法律中，以关系为导向的自主权概念影响愈发重要[132]，其关注重点在于与他人的联系以及对他人的关怀。这正是谢尔顿和威尔金森所描述的传统伦理和法律模式所漠视的。关怀伦理学的核心是一种将自己完全置于[或用尼尔·诺丁（Nel Noddings）的术语，“设身处地”于]他人处境和视角的道德责任。这种责任驱使人按此行事，并鼓励关系双方相互认同[133]。需要强调，在怀孕问题上，不应将关怀伦理学看作与前文批判的母亲自我牺牲理论框架雷同。相反，它是托夫·彼得斯（Tove Petterse）笔下的“母性关怀”[134]，寻求个人利益与相关者需求间的调和——这种调和的实现依赖于考察上述关系中的具体细节。

采用关怀理论思考法院强制剖宫产问题时，最好不要将孕妇与胎儿的关系看作一种对立或冲突的关系，而应将母亲的身份看作一种“促成联系与生命延续的理念与实践”[135]。当上诉法院法官巴特勒·斯洛斯在 Re MB 案中指出“无论母亲可能多么渴望生出一个平安健康的婴儿，这都与本案无关”[136]，她也就间接指出了现存法律没有考虑这种母子联系和以关系为导向的利益，而是以保护女性和胎儿不受“彼此和第三方”的伤害为目标[137]。在圣乔治案中，上诉法院法官贾奇也强调了“未出生婴儿与其母亲之间在身体和情感上的强大纽带”[138]。这与《律师总参考》（*Attorney General's Reference*）中案件的说法不谋而合，暗示了母子关系的合与分之间存在一种类似的冲突。斯科特认为，如何容纳这种关系以及其包含的冲突仍是一个有待解决的伦理问题[139]。我们赞同这种观点。我们相信，以关怀为中心的方法能更好地反映孕妇切身体验的实情以及怀孕所引发的关系。正如西莉亚·威尔斯（Celia Wells）所指出的，“问题并不会因此而变得更容易，但讨论将变得比现在更完整”[140]。要让讨论过程考虑到这些剖宫产案件的细微差别和复杂性，应当从三个方面进一步分析：孕妇的责任、医护人员的责任以及如何理解最佳利益测试。

①有判断力的女性与“个人责任”

上诉法院法官贾奇在圣乔治案中指出，“怀孕虽然提高了女性的个人责任，却不会削减她决定是否接受治疗的权利”[141]。从关怀的角度看，上述个人责任表现为维持与胎儿建立的身体和情感联系的道德义务，并且这种联系是随着孕妇选择继续妊娠生下胎儿，以一种“渐进的方式”发展的[142]。在约翰·埃克拉尔（John Eekelaar）看来，这种责任的基础是一种社会道德观念，即“家长做决定时应常将自身利益置于子女之下”[143]。这当然就带来一个问题：用关怀伦理学分析怀孕问题，得出的结论会不会是女性可能有为胎儿的生存利益而放弃部分自决权的道德义务[144]。玛格丽特·布雷热（Margaret Brazier）认为：“未出生的婴儿完全依赖于母亲，这不会削减母亲维护其福祉的道德义务。这种道德义务只会进一步增加[145]。”的确，如弗朗西丝·卡姆（Frances Kamm）所指出的，即使女性是“自愿”怀孕的，这种自愿本身也不构成对继续孕育胎儿的道德承诺[146]，但她也承认在怀孕过程中存在一个转折点。当跨过这个转折点后，如果女性改变先前的意愿，对胎儿“利益的损害”将比不怀孕还要高。这时，只要女性不会付出过高的成本，她就有义务帮助胎儿存活[147]。对此，尽管我们认同斯科特那种法律和道德应当尽可能相容的观点[148]，也必须划清“承认道德义务”与“用法律强制义务履行”之间的界限。我们一方面承认决定继续妊娠的孕妇对胎儿负有道德义务，另一方面也认同斯科特的说法：“孕妇身体所承受的负担和风险……远非人们一般愿向他人承担的义务可比[149]。”因此，孕妇履行这种道德上的关怀义务，特别是在这么做可能导致其自我牺牲的时候，采用法律强迫是不公正的。此外，从关怀的角度看，使用强迫手段可能从照顾角度上看会适得其反。在理论层面上，强迫行为忽视了“设身处地”地考虑女性视角并对之做出回应。实际上这种做法可能侵蚀了患者与医务人员之间的信任，阻止女性寻求医疗服务和医疗建议[150]。不过，即使不能依靠法律强制履行道德义务，承认道德义务存在也更准确地反映出对孕妇与胎儿联系的认同，好过那些认定女性“暂时失去判断力”的虚伪判决。这种判决始终支持为了女性的“最佳利益”而进行的手术。但正如后文所述，它们并没有充分挖掘所谓利益的本质。

更困难的问题在于如何查明 Re MB 一类案件中女性“真实”的意愿：她们肯定希望能延续与胎儿的关系，却又同时表达出与之矛盾的意愿。或许，要准确地反映女性远期的自主意愿，最好将母子关系作为决策的核心因素，并尽力维护这种联系，而不是拘泥于女性表达出的拒绝或同意，因为这种拒绝或同意本身是由恐惧与恐慌引发的，无法真实地反映意愿。赫林指出：“让孩子健康降生的意愿，远比逃避针扎的渴望更切合女性对其人生的未来预期[151]。”然而，这种观点可能是有问题的。首先，我们已经知道：试图预测女性的“真实”意愿或利益然后用法律强制实现，用赫林的话说，就是“需要对法律大动干戈，为孕妇创设一种极不同于其他情况下双方之间可能存在的义务”[152]。而且，尽管女性与胎儿的身体共存关系的确与其他大多数关系不同，并可能因此产生不同的义务[153]，但是促进胎儿福祉也不应被视为孕妇的唯一责任。拘泥于我们设想的母亲对胎儿构成的威胁将淡化社会不平等和环境因素的影响，而这可能比孕妇个人行为对胎儿健康的威胁更大[154]。其次，我们已经观察到，法院在实际中的立场是削减女性的身体完整权。这在有关死后妊娠的案件中体现得淋漓尽致：已经脑死亡的孕妇被接上呼吸机以帮助胎儿存活，从而将女性的地位降格为“胎儿的容器”[155]。再次，存在一种更少见的情况：尽管孕妇维持妊娠，胎儿临产，她却不是自愿怀孕或自愿选择继续妊娠的（或许是因为没有条件接受堕胎），因而无意与胎儿也就是未来的孩子建立关系。从圣乔治案中就能隐约看出这种情况。根据观察，“S 女士的反应表明她对怀孕和生孩子没有兴趣”[156]，并且孩子出生后，她“产生了强烈的反感情绪，一开始还拒绝接受孩子”[157]。这或许表明此时母亲与胎儿之间不存在任何关怀关系，因此关怀伦理学无用武之地，必须退回到对自主权的传统理解上。希瑟·德雷珀（Heather Draper）认为，在这种情况下，就女性应承担义务的程度而言，她应被置于一个“陌生人”的地位上[158]。然而，尽管德雷珀可能正确指出了，如果关系尚未建立，就不应在道德上强加因关系产生的责任，这种情况仍可能落入关怀伦理学的范畴。例如，如果通过“设身处地”地考虑女性的立场，得出的结论是她最重视的关系就是与自我的关系（不要忘记，“成熟”的关怀是自我关怀的要素之一，而且未必等于自我牺牲），那么最具关怀性的回应或许就是承认她可以拒绝手术，并将此视作一种尊重她对身体完整权所享有利益的方式。然而，这类案件要求我们既要尊重女性对自我关怀享有的利益，也要接受少数案件中会因此引发胎儿死亡的后果。

②有判断力的女性与医务人员的责任

如果有判断力的孕妇拒绝接受有利于胎儿的治疗，显然就会使医务人员面临两难。但如上所述，即便胎儿没有法律上的人格，医务人员可能还是会觉得实际上有两名患者，并认为在孕妇与胎儿的利益相左时，纠结于自己对这两者的照顾应孰轻孰重。而且他们也很清楚，在患者不愿意的情况下强迫治疗，将有可能破坏医患关系，阻止孕妇寻求医疗服务。卡丽·墨菲（Carrie Murphy）在评论 Mrs P 案时[159]就提出疑问：如果女性“已经感到十分困惑、孤独与无助”，再对其进行强制治疗究竟是否符合她的利益？而如果女性面临生命危险，这种困境带来的压力就会更大——梅森和劳里就对法院在案件判决阶段应赋予该因素多大权重提出了疑问[160]。在他们看来，尽管在女性有判断力的情况下，其决定的法律效力并不取决于女性有无生命危险，这也将“给医疗团队带来极大的压力，因为他们只能袖手旁观，看着患者在痛苦中死去”[161]。因此，如果坚决维护患者的自主权，就有可能损害医务人员的道德干预职能，将其角色局限在披露信息上[162]。布雷热指出，这将把医务人员降格为“只有义务按照患者的要求提供服务的人”[163]。但实际上，由于女性是否具有判断力的决定权最终落在医务人员手中[164]（也可能是落在法院手中，但法院一般会同意医务人员的意见），这就诱使他们通过“修改判断力的标准”[165]来挽救孕妇和胎儿的生命，或两者取其一。上诉法院法官索普（Thorpe LJ）明确地认为，由于“医务人员必然受到兼顾母子二人生命的压力……在压力下做出的判断显然有出错的风险”[166]。

我们认为，引入关怀伦理学的方法处理此类情况，有助于回避这种“在压力下做出的判断”的情况。上诉法院法官巴特勒-斯洛斯在 Re MB 案中说，面对有判断力女性的拒绝，“医师最合法的做法无非就是说服她”[167]。然而，她并未具体说明应该怎样说服，又该说服到何种程度。凯瑟琳·韦德（Katherine Wade）认为在此类案件中或应采取“相互说服”的形式，即从医患关系的角度考虑双方互负的责任[168]。她借鉴了阿拉斯代尔·麦克莱恩（Alasdair Maclean）的研究[169]，建议采用一种对话的形式，使“患者有机会说服医务人员相信他们的选择符合自身的目标和价值观”[170]——也就是我们根据诺丁斯的“设身处地”理念所建议的那种倾注与真心聆听[171]。这种对话形式也考虑到了布雷热的观点：“患者虽有决定权，但也承担一定的道德责任。”（尽管她承认这种责任很难与法律责任相对应）患者去听取医师有理有据地劝服其接受手术的意见，并尊重医师的自主权[172]。然而，尽管这种“相互说服”的观点听起来很有吸引力，事实上它预先假定了患者具有一定程度的知识、自信和交流能力，而这未必与现实情况相符。而且，这种观点未能意识到医患关系内在的权力不平衡，从而可能导致说服的过程蜕变为不当的影响或强迫。斯科特据此倡导采取一种更细致的区分方法，即如果女性拒绝的理由是“深思熟虑”的，“关系到女性自身及其对自主决定权和身体完整权的潜在利益”的，那就不应当再继续说服她[173]。相反，如果女性基于“琐碎”的理由做出拒绝，医务人员就有理由稍加说服，以确保对方完全了解决定的后果[174]。不过，斯科特最后承认最终决定权必须掌握在孕妇手上[175]。韦德据此总结道，与其说“相互说服”是为了改变决策结果，不如说是为了“促使患者更好地做出决策”[176]，因为这种方式尊重了女性与医务人员之间关系的双向性，为他们提供了关怀并理解“对方”视角的机会。我们对此表示赞同。

③无判断力的女性与最佳利益测试法

最后，由于现有法律已经承认了有判断力的女性有自决权，最有实际意义的做法可能是在女性被认为无判断力时，把关怀伦理学用做辅助解释“最佳利益”测试方法的工具。即便根据关怀伦理学的推理，孕妇对胎儿承担的也是道德义务而非法律义务。这种推理方法也可以启发最佳利益测试的法律推理，以适用于无判断力女性的情况[177]。除了圣乔治案外，所有有记录的同类案件都认定女性无判断力，可见上述做法在其中将有很强的适用性。然而，这些一审案件中涉及最佳利益的说理十分有限，未能指导我们如何解释这种测试方法，以及其考虑的诸多因素各应被赋予多大权重。不过，Re MB 案明确表明了女性的最佳利益不仅仅包括医学意义上的利益[178]，后续案件也认同这一点[179]。对于判断这些案件中的特定情形，上述判断可能很实用。因为包括 Re MB 案在内，这些案件中女性的生命和健康都未面临足够大的危险，以至于在医学上有理由必须进行手术。尽管如此，的确有一些原则性的理由要求我们采取视角更广阔而全面的判断方法。

在我们看来，用关怀伦理学解释最佳利益能更准确地反映对生育问题（本质上是关系问题）做出决定的复杂性[180]。蒙罗指出，以关系和关怀为指导的方法“凸显了怀孕经历可能引发的独特联系，排斥了强调个体权利的做法以及其所倡导的被广泛接受的权力冲突模式”[181]。这种方法将最佳利益测试稳固地建立在女性所处关系的基础上，其中排在首位也最重要的，就是母亲与胎儿的关系。在上述案件的判决中，法庭纠结于“孩子健康符合孕妇的最佳利益”这一看起来“很明显”的结论，由此即可看出法官认同母亲与胎儿关系的核心地位[182]。然而，或许因为难以调和上述结论与胎儿无法律地位之间的矛盾，又或许是不知道可以借助关怀伦理学，把重点放在母子关系上而非胎儿的法律地位或人格问题上，从而回避这种矛盾，法庭似乎是半带歉意地放弃了这一立场。这在 Re AA 案中体现得很明显。案中莫斯廷法官（Mostyn J）表示：“尽管法律不允许我考虑未出生婴儿的利益，但孩子健康一定是符合母亲利益的[183]。”不过，法院并没有采用分析母子关系的方法来做出结论或为其辩护，而是选择了一条更稳妥的途径：将女性的精神状态作为说理基础，以便借助医学上的合法性证明其判决的合法性[184]。例如，赫林就向我们展示了诺福克案（Norfolk）中最佳利益测试包含的一种观念：如果胎儿未能存活，女性就可能受到精神创伤，或有罪恶感[185]。类似地，莫斯廷法官在 Re AA 案中也指出：“从母亲的视角出发，我也认为孩子在出生过程中不遭遇风险将明显有益于她的精神健康[186]。”

将判决与女性的精神状态联系起来会限制关注其他利益的空间。相反，重视维护母亲与胎儿的关系，并采用以关系为导向的方法考察最佳利益，就能将考虑范围延伸到女性对其他家庭成员（如孩子的生父和母亲的其他子女）的义务，以及拒绝治疗的决定将对他们产生何种影响[187]。有趣的是，在 Re MB 案中，上诉法院法官巴特勒·斯洛斯曾指出：“有证据显示，父亲和母亲显然都希望子女平安降生，因此，MB 小姐显然也支持手术[188]。”这或许就在无意间考虑了更大范围内的关系，并将其作为判决理由。然而，这种做法将导致令人不安的结论：在考虑剖宫产是否符合无判断力女性的最佳利益时，胎儿父亲的关系利益可能成为一个相关因素；而在有判断力女性的决策过程中，（根据佩顿案的推理[189]）父亲的利益却无一席之地。

4. 结　论

本文首先指出，强迫孕妇采取剖宫产面临两种矛盾。一是医疗权力与患者自主权之间的矛盾，二是孕妇权利与胎儿利益之间的矛盾[190]。这种情况使怀孕被视为产妇与胎儿之间矛盾的起源，并将胎儿视为"具有执行这种权利能力的自主个体……并掩盖了胎儿存在的偶然性本质"[191]。在本章中，我们试图从不同的关怀伦理的观点出发，改变这种对怀孕的理解。有一些女权评论家指出，应对女性身体进行多重叙事，这将使基于母亲利他主义和自我牺牲的理念复杂化。因此，卡尔平（Karpin）指出，女权主义者的描述可能是从拥有自主权利的女性的角度出发的。这些女性有能力为自己做出选择，有权决定是否保留胎儿，还有权自己进行妊娠管理[192]。

然而，这种观念并没有得到法律及相关文化的认同，因为可能导致胎儿死亡。因而，吉斯强调这一困境，"想象一下这种情况，胎儿从属于产妇的自主权和身体完整性，这一情况受到道德和常理的认可"[193]。正如我们在最近的几个案件中所看到的，法官仍旧奉行这种"孕妇必须想要"的常识观念[194]。在几个里程碑案件的裁决中，这一关键问题仍然悬而未决。因为在实践中，法官往往会关注孕妇的思想状态。如果她不接受这种医学观念及常识，法官就会认为她没有能力为自己做决定。当然，长期以来，信奉女权主义的法律学者一直在悉心寻求法律上的解决方案[195]，但是卡罗尔·斯马特（Carol Smart）关于去法律、去中心化的警告在此似乎特别适用。正如米勒所说：

不能寄希望于通过惩处母亲的法律来保护胎儿；只能通过保护母亲的权益来努力保护胎儿的利益。即使这可能造成某些悲惨的私人过失，但也比为了法律的完善而胁迫孕妇要好得多[196]。

我们同意这种观点。因此，正如我们所倡导的，基于关怀伦理学的相关理念和怀孕情况的生活经验，怀孕女性对于决定孕育和分娩的胎儿负有照护的道德义务，法律就不应该强迫她为了胎儿的利益而接受不必要的医疗干预。法律要考虑的是“语境关联性、联系和具体化”，而不是像现在这样考虑孤立、抽象和个别的判例。正如芒罗（Munro）所说，在这种情况下，用个别、抽象的权利分析所得出的解决方案并不可靠[197]。此外，在承认女性与胎儿关系的中心地位的同时，法律也不能只讲个人责任。因为如前所述，社会和环境条件对胎儿福祉的影响同样重要[198]。鉴于身体权对女性的重要性[199]，法官在裁定孕妇没有能力拒绝治疗时，应当格外谨慎。达·伽马（De Gama）已经证明，当有能力的女性拒绝接受治疗时，现行的法律极少考虑其他相关方的利益[200]。我们认为，最好可以通过法律手段为女性创造接受教育以及了解相关知识的机会，使其在怀孕早期就能与医务人员进行有效的沟通，从而可以接受兼顾各方利益的最佳治疗方案。为此，我们认为，应该更细致、辩证地看待女性的身体以及各种关于母亲和怀孕的概念，进而理解女性与胎儿之间亲密关系的重要性，以及孕妇想要与胎儿分离的正当性[201]。

（张思源　魏　玮　马燕军　王　岳 译）

注　释

* 我们要感谢我们从 Jonathan Herring、James Lee、Sheelagh McGuinness、Leon McRae 和 Stephen Smith 收到的有用反馈。

1 Re MB (An Adult: Medical Treatment) [1997] 2 FCR 541。

2 St George's Healthcare NHS Trust v S; R v Collins and Others ex parte S [1998] 3 All ER 673, [1998] Family Law 526 (CA)。

3 Re MB (n 1 above) 553。

4 Re T (Adult Refusal of Medical Treatment) [1992] 4 All ER 649, 652–5 3 (Lord Donaldson)。

5 这七个判例是：Re S (An Adult: Medical Treatment) [1992] 2 FCR 893; Tameside& Glossop Acute Services Trust v CH [1996] 1 FCR 753; Norfolk &

Norwich Healthcare (NHS) Trust v W [1997] 1 FCR 269; Rochdale Healthcare (NHS) Trust v C [1997] 1 FCR 609; Re L (An Adult: Non-Consensual Treatment) [1997]1 FCR 609; Re MB (n 1 above) and St George's (n 2 above)。

6 Re S (n 5 above)。

7 Re AA [2012] EWHC 4378 (COP)。

8 In re P [2013] E WCOP 458, J Copping, 'Judge says mother can be forced to have emergency caesarean' (11 December 2013) The Telegraph。

9 Paton v British Pregnancy Advisory Service Trustees [1979] QB 276, [1978] 2 All ER 987。

10 Re MB (n 1 above) 555 (Butler-Sloss LJ)。

11 Ibid 556。

12 St George's (n 2 above) 691。

13 Re T (n 4 above)。

14 Ibid 652 (Lord Donaldson)。

15 Ibid。

16 Re S (n 5 above)。

17 Ibid 894。

18 见：A Grubb, 'Commentary on Re S' (1993) 1 Medical Law Review 92; M Thomson, 'After Re S' (1994)2 Medical Law Review 127。

19 Re MB (n 1 above) 556。

20 见：K Mason、G Laurie、Mason、McCall: Smith's Law and Medical: Ethics, 9 th edn (Oxford, Oxford University Press, 2013) 90。

21 见：Tameside、Norfolk、Rochdale 和 Re L (n 5 above)。

22 我们感谢乔纳森· 赫林帮助我们解释这一点。

23 见：Tameside、Norfolk、Rochdale 和 Re L (n 5 above)。

24 R Scott、Rights、Duties 和 the Body: Law and Ethics of the Maternal-Fetal Conflict (Oxford, Hart Publishing, 2002) 165。

25 Re MB (n 1 above) 545。

26 Ibid 546。

27 See Re L (n 5 above)。

28 Re MB (n 1 above) 548。

29 Ibid。

30 Collins v Wilcox [1984] 1 WLR 1172。

31 Re F (Mental Patient: Sterilization) [1990] 2 AC 1。

32 Sidaway v Board of Governors of the Bethlam Royal Hospital [1985] A C 871。

33 Re T (n 4 above) 874 (Lord Donaldson)——决定一个人命运的权利假设有

这样做的决策能力。每一个成年人被假设具有这个能力，但这是一个可以被否定的假设。

34 Re C (An Adult: Refusal of Treatment) [1994] 2 FCR 151。索普法官（156）陈述了知情同意能力的三个阶段测试：①理解治疗信息。②相信医疗信息。③在做出选择时候能对其进行权衡。

35 Re MB (n 1 above) 553。索普法官（156）陈述了知情同意能力的三个阶段测试：①理解治疗信息。②相信医疗信息。③在做出选择时候能对其进行权衡。

36 Ibid 554。

37 Ibid 555。

38 Ibid 556。

39 见：Re F (In Utero) [1988] F CR 529; C v S [1988] Q B 135: Burton v Islington Health Authority [1992] 2 FCR 845。

40 见：Raleigh Fitkin-Paul Morgan Memorial Hospital v Morgan 201 A 2d 537 (1964); Jefferson v Griffin Spalding County Hospital Authority 274 SE 2d 457 (1981); Crouse Irving Memorial Hospital Inc v Paddock 485 NYS (1985); Re Madyyun 573 A 2d 1259n (1986); Re AC 5 33 A 2d 611 (DC 1 987)。

41 见：Bruggemann and Scheuten v Federal Republic of Germany (1977) 3 EHRR 244; Paton v United Kingdom (1980) 3 EHRR 408; H v Norway (Application No 17004/90), 19 May 1992, 73 DR 155; Open Door and Dublin Well Woman v Ireland (1992) 15 EHRR 244。

42 Offences Against the Person Act 1861; s 1 Infant Life Preservation Act 1929; s 1 Abortion Act 1 967; s 1 Congenital Disabilities (Civil Liability) Act 1976。

43 Paton (n 9 above) 279。

44 Re MB (n 1 above) 556。

45 Ibid 557。

46 St Georges (n 2 above) 681。

47 Ibid 684。

48 Airedale NHS Trust v Bland [1993] 1 All ER 821, 860。该案在第五章进行了讨论。

49 St George’s (n 2 above) 685。

50 Ibid 687。

51 ibid 688。

52 Ibid 691。

53 Glossop (n 5 above)。

54 J Herring, ‘Compelling Caesarean Sections’ (1999) 140/141 Law & Justice

Christian Law Review 43。

55 Re MB (n 1 above) 561-62; St George's (n 2 above) 701-2。

56 Mason (n 20 above) 92。

57 参见，例如：Nice Guidance CG 132 剖宫产一节（2011 年 11 月）。见：www.nice.org.uk/guidance/cg132/chapter/guidance。

58 Re AA (n 7 above)。

59 Bolton Hospitals NHS Trust v O [2003] 1 FLR 824, [2002] EWHC 2871 (Fam)。

60 Ibid。

61 当时媒体曝光了法庭下令孕妇接受剖宫产一事，媒体报道还涉及了之后该儿童的收养程序。参见 Re P (A Child) [2013] EW Misc 20 (CC)。

62 C Freeman, 'Child taken from womb by caesarean, then put into care' (30 November 2013), The Telegraph。

63 Re AA (n 7 above)。

64 Ibid。

65 ibid para 2。

66 Ibid。

67 Ibid para 4。

68 与 2003 年《心智能力法》相符合。

69 Re AA (n 7 above) para 8。

70 Ibid para 1。

71 Re MB (n 1 above)。

72 In re P (n 8 above)。

73 Ibid。

74 见：L Davies, 'Italian Woman Who Was Given Forced Caesarean Section: I Want My Baby Back' (3 December 2013) The Guardian; Hamilton, 'Forced C-Section Was "The Stuff Of Nightmares": Social Services Condemned for Forcibly Removing Unborn Child from Woman' (1 December 2013), The Independent; C Carter, 'Social Workers Invaded My Body and Stole My Baby, Says Mother Forced to Have a Caesarean' (5 December 2013), The Telegraph。

75 Re P (A Child) [2013] EW Misc 20 (CC)。

76 Re AA (n 7 above)。

77 In re P (n 8 above)。

78 J Herring, 'Caesarean Sections and the Right of Autonomy' (1998) 57 Cambridge Law Journal 429, 438; J Herring, 'The Caesarean Section Cases and the Supremacy of Autonomy'in M Freeman and A Lewis (eds), Law and

Medicine: Current Legal Issues Volume 3 (Oxford, Oxford University Press, 2000); R Bailey-Harris, 'Patient Autonomy: A Turn in the Tide?' in M Freeman and A Lewis (eds), Law and Medicine: Current Legal Issues Volume 3 (Oxford, Oxford University Press, 2000) 127; J Herring, 'The Loneliness of Status' in F Etbehaj et al (eds), Birth Rites and Rights (Oxford, Hart Publishing, 2012); J Coggon and J Miola, 'Autonomy, Liberty and Medical Decision-Making' (2011) 70 Cambridge Law Journal 523。

79 Smith v Tunbridge Wells Health Authority [1991] 5 Med LR 334; Smith v Salford Health Authority [1994] 5 Med LR 321。

80 A Morris, 'The Angel in the House: Altruism and the Pregnant Woman' in A Morris and S Nott (eds), Well Women: The Gendered Nature of Health Care Provision (Aldershot, Ashgate Publishing, 2002); A Plomer, 'Judicially Enforced Caesareans and the Sanctity of Life'(1997) 26 Anglo-American Law Review 235。

81 Herring (n 78 above)。

82 Bailey-Harris (n 78 above) 127。

83 J Harrington, 'Time as a Dimension of Medical Law' (2012) 20 Medical Law Review 491, 508-9。

84 Bailey-Harris (n 78 above) 134。

85 D Cornell, The Imaginary Domain: Abortion, Pornography and Sexual Harassment (Abingdon, Routledge, 1995) ch 2。

86 D Cornell, The Imaginary Domain: Abortion, Pornography and Sexual Harassment (Abingdon, Routledge, 1995) ch 2。

87 I Kennedy, 'Consent, Adult: Refusal of Consent, Capacity' (1997) 5 Medical Law Review 317; S Fovargue and J Miola, 'Policing Pregnancy: Implications of the Attorney-General's Reference (No 3 of 1996)' (1998) 6 Medical Law Review 265。

88 V Munro, 'Square Pegs in Round Holes: The Dilemma of Conjoined Twins and Individual Rights' (2001) 12 Social and Legal Studies 459, 474。

89 L Gies, 'Contesting the Rule of Emotions? The Press and Enforced Caesareans' (2000) 9 Social and Legal Studies 515, 523。

90 St George' s (n 2 above) 688, Judge LJ。

91 E Wicks, 'The Right to Refuse Medical Treatment under the European Convention on Human Rights' (2001) 9 Medical Law Review 17, 30。

92 Gies (n 89 above) 523。

93 M Thomson, 'After Re S' (1994) 2 Medical Law Review 127。

94 Harrington (n 83 above)。
95 M Thomson, Reproducing Narrative (Aldershot, Ashgate Publishing, 1998) 201. See also S Bewley and L Foo, ‘Are Doctors Still Improving Child Birth?’ in Etbehaj et al (n 78 above)。
96 J Bridgeman, ‘Old Enough to Know Best?’ (1993) 13 Legal Studies 69; K Keywood, ‘Re-thinking the Anorexic Body: How English Law and Psychiatry “ Think”’ (2003) 26 International Journal of Law and Psychiatry 599; R Cain, ‘A View You Won’ t Get Anywhere Else” ?Depressed Mothers, Public Regulation and ‘Private’ Narrative’ (2009) 17 Feminist Legal Studies 123。
97 A Oakley and M Richards, ‘Women’ s Experiences of Caesarean Delivery’ in J Garcia et al (eds), The Politics of Maternity Care (Oxford, Clarendon Press, 1990); see also H Lim, ‘Caesareans and Cyborgs’ (1999) 7 Feminist Legal Studies 133, 140。
98 Gies (n 89 above) 527. See also A Diduck, ‘Legislating Ideologies of Motherhood’ (1993) 2 Social and Legal Studies 461。
99 Thomson (n 93 above) 131. See Paton v British Pregnancy Advisory Service [1979] QB 276; B v Islington HA [1991] 1 QB 638。
100 Paton (n 9 above) 279, George Baker P。
101 Thomson (n 93 above) 132。
102 Re MB (n 1 above) 556, Butler Sloss LJ。
103 Scott (n 24 above) 424。
104 IM Young, ‘Pregnant Embodiment: Subjectivity and Alienation’ (1984) 9 Journal of Medicine and Philosophy 45, 46。
105 I Karpin, ‘Legislating the Female Reproductive Body: Reproductive Technology and the Reconstructed Woman’ (1992–93) 3 Columbia Journal of Gender and Law 3325。
106 K Savell, ‘Sex and the Sacred: Sterilization and Bodily Integrity in English and Canadian Law’ (2004) 49 McGill Law Journal 1093。
107 Lim (n 97 above) 140。
108 Attorney General’ s Reference (No 3 of 1994) [1996] 2 All ER 10。
109 ibid (Lord Taylor CJ)。
110 ibid (Lord Mustill)。
111 Fovargue and Miola (n 87 above) 293。
112 ibid 281。
113 S Faludi, Backlash: The Undeclared War Against Women (London, Chatto & Windus, 1992) 433. See further A Young, ‘Decapitation or Feticide: The Fetal

Laws of the Universal Subject' (1993) 2 Women: A Cultural Review 288, 289.
114 Thomson (n 93 above) 134。
115 尽管实际上 MB 听取上诉决定后在第二天早上签署了同意书，因此不需要使用强制力。
116 St George' s (n 2 above)。
117 ibid。
118 Thomson (n 93 above) 135。
119 Munro (n 88 above) 473。
120 Thomson (n 95 above) 198; M Fox and T Murphy, 'The Body, Bodies, Embodiment: Feminist, Legal Engagement with Health' in M Davies and V Munro (eds), A Research Companion to Feminist Legal Theory (Aldershot, Ashgate Publishing, 2013)。
121 C Stychin, 'Body Talk: Rethinking Autonomy, Commodifi cation and the Embodied Legal Self' in S Sheldon and M Thomson (eds), Feminist Perspectives on Health Care Law (London, Cavendish, 1998) 255。
122 R Fletcher, M Fox and J McCandless, 'Legal Embodiment: Analysing the Body of Healthcare Law' (2008) 16 Medical Law Review 321, 335。
123 Munro (n 88 above) 473。
124 C Wells, 'On the Outside Looking in: Perspectives on Enforced Caesareans' in Sheldon and Thomson (n 121 above)。
125 S Sheldon and S Wilkinson, 'Conjoined Twins: the Ethics and Legality of Sacrifi ce' (1997) 5 Medical Law Review 149, 151。
126 ibid。
127 心理学家 Carol Gilligan 最早开始使用“关怀伦理学”这一术语，以解释她观察到的道德推理过程中的差异，这种差异最常见于女性。参见 C Gilligan, In a Different Voice: Psychological Theory and Women's Development (Cambridge MA, Harvard University Press, 1982)。
128 V Held, The Ethics of Care: Personal, Political and Global (Oxford, Oxford University Press, 2006) 10。
129 J Herring, Caring and the Law (Oxford, Hart Publishing, 2013) 2。
130 Munro (n 88 above) 466。
131 Scott (n 24 above) 253。
132 E Jackson, Regulating Reproduction (Oxford, Hart Publishing, 2001) ch 1; J Herring, 'Forging a Relational Approach: Best Interests or Human Rights?' (2013) 13 Medical Law International 32。
133 N Noddings, Caring: A Feminine Approach to Ethics and Moral Education

(Berkeley CA, University of California Press, 1984)。

134 T Pettersen, 'The Ethics of Care: Normative Structures and Empirical Implications' (2011) 19 Healthcare Analysis 51。

135 K de Gama, 'Posthumous Pregnancies: Some Thoughts on 'Life' and Death' in Sheldon and Thomson, Feminist Perspectives (n 121 above) 276。

136 Re MB (n 1 above) 554。

137 C Wells and D Morgan, 'Whose Foetus is it?' (1991) 18 Journal of Legal Studies 431。

138 St George's (n 2 above) 695。

139 Scott (n 24 above)。

140 Wells (n 124 above) 255。

141 St George's (n 2 above) 691。

142 See Scott (n 24 above) 43。

143 J Eekelaar, 'Does a Mother have Legal Duties to her Unborn Child?' in P Byrne (ed), Health, Rigths and Resources (Oxford Kings Fund Press and Oxford University Press, 1998)。

144 E Kluge, 'When Caesarean Section Operations impose by a Court are Justifi ed' (1988) 14 Journal of Medical Ethics 206, 209。

145 M Brazier, 'Parental Responsibilities, Foetal Welfare, Children's Health' in C Bridge (ed), Family Law Towards the Millennium (London, Butterworths, 1997) 271。

146 Frances Kamm, Creation and Abortion: A Study in Moral and Legal Philosophy (Oxford, Oxford University Press, 1992) 90。

147 ibid, 89, 94。

148 Scott (n 24 above) xxviii。

149 R Scott, 'The Pregnant Woman and the Good Samaritan: Can a Woman have a Duty to Undergo a Caesarean Section?' (2000) 20 Oxford Journal of Legal Studies 407, 431。

150 例如，阻止女性寻求医疗建议和治疗，或者 St George 案中的 S 一样被迫争取孩子的监护权，参见 Gies(同注释 89)528。

151 Herring (n 54 above) 54。

152 Herring (n 54 above) 51。

153 See Wells (n 124 above) 256。

154 参见，例如：M Thomson, Reproducing Narrative (Aldershot, Ashgate, 1998) Part III for a demonstration of the effects of the toxic workplace environment on the unborn。

155 de Gama (n 135 above) 260。

156 St George's (n 2 above) 680。

157 ibid, 677。

158 H Draper, 'Women, Forced Caesareans and Ante-Natal Responsibilities' (1996) Journal of Medical Ethic s 327。

159 In re P (n 8 above)。

160 C Murphy, 'Judge Rules Mentally Ill Pregnant Woman can have an Immediate C-Section Against her Will': www.mommyish.com/2013/12/11/emergency-c-section-for-mentally-ill-wo man。

161 Mason (n 20 above) 90。

162 A McCall-Smith, 'Fetal Medicine: Legal and Ethical Implications' (1992) Issues in Fetal Medicine 163, 169。

163 Brazier (n 86 above) 420。

164 Mason (n 20 above) 90。

165 Brazier (n 86 above) 419。

166 Thorpe LJ, 'The Caesarean Section Debate' (1997) 27 Fam Law 663。

167 Re MB (n 1 above) 554。

168 K Wade, 'Refusal of Emergency Caesarean Section in Ireland: A Relational Approach' (2013) 22 Medical Law Review 1, 25。

169 A Maclean, Autonomy, Informed Consent and Medical law: A Relational Challenge(Cambridge, Cambridge University Press, 2009)。

170 Wade (n 168 above) 25。

171 Noddings (n 133 above) 17-21。

172 Brazier (n 145 above) 399, 422。

173 Scott (n 24 above) 238。

174 ibid 239, 244。

175 ibid 253。

176 Wade (n 168 above) 25。

177 In Re MB (n 1 above) 555。这已经在 2005 年《心智能力法》中有所支撑。ss 1(5), 4。

178 参见，例如：Re A [2000] 1 FLR 389; Simms v Simms [2002] EWHC 2734 (Fam); Local Authority X v MN and KM [2007] EWHC 2003 (Fam)。

179 Re MB (n 1 above)。

180 de Gama (n 135 above)。

181 Munro (n 88 above) 476。

182 参见：Re MB (n 1 above) 555 (Butler-Sloss LJ)——对于一个分娩足月胎儿

的女性来说，必须考虑到她的最佳利益。分娩存活、健康的胎儿应该是她期望达到的最终目的。

183 Re AA (n 7 above) 手稿。

184 Se Re AA (n 7 above) para 4, Re MB (n 1 above) 439。

185 Herring (n 54 above) 47。

186 Re AA (n 7 above)。

187 Maclean (n 169 above) 247。

188 Re MB (n 1 above)。

189 Paton(同注释 9)991。乔治 · 贝克法官说，“丈夫不能通过禁令阻止其妻子进行合法的堕胎”。同样，当一个有法律能力的女性拒绝接受剖官产时，其丈夫也不能以保护自己的孩子为由强迫她接受治疗。

190 Harrington (n 81 above) 508-9。

191 Thomson (n 25 above) 144。

192 Karpin (n 105 above) 326。

193 Gies (n 89 above) 533。

194 参见：Mostyn J in Re AA (text at nn 71, 183, 186 above)。

195 C Smart, Feminism and the Power of Law (London, Routledge, 1989)。

196 L Miller, ‘Two Patients or One? Problems of Consent in Obstetrics’ (1993) 1 Medical Law International 97, 99。

197 Munro (n 88 above) 461。

198 Draper (n 158 above) 331。

199 Cornell (n 85 above)。

200 de Gama (n 135 above) 277。

201 R West, ‘Jurisprudence and Gender’ (1988) 55 University of Chicago Law Review 1; and R Scott, ‘Refusing Medical Treatment During Pregnancy and Birth: Ethical and Legal Issues’ in Ebtehaj et al (eds), Birth Rites and Rights (n 78 above)。

第九章

R诉卫生署，单方面源信息技术有限公司[1999]
R v Department of Health, ex parte Source Informatics Ltd[1999]

马克·泰勒（Mark Taylor）

1. 导　　言

R诉卫生署，单方面源信息技术有限公司案（R v Department of Health, ex parte Source Informatics Ltd）[1]有助于界定普通法对个人信息保密责任的性质和范围[2]。具体来说，Source公司被认为违反保密义务的一个重要特点是可识别的数据被披露。如果说“数据是21世纪的新材料”[3]，那么这一观点就是一个重要的命题。它认为，只要所披露的数据（对第三方）是匿名的，持有个人信息的人就可以随意处置这些信息，而不受保密义务的约束。我们认为这种说法并不可取。因为它忽视了一点，即对匿名数据的处理还涉及与信息自主权相关利益的问题，淡化了匿名化及之后使用抽象或转换数据对个人可能产生的影响，会破坏患者与掌握有私人信息的医务人员之间的信任基础。幸运的是，Source公司虽然将数据的可识别性视为关键因素，但并没有视其为唯一或高于一切的因素。对Source公司案的详细解读有助于揭示普通法如何以及为什么可能为信息相关人士提供保护，并惩处将个人信息匿名和工具化处理后滥用的行为。匿名处理不足以确保信息的合理使用。

对 1999 年艾美仕市场研究公司（IMS Health Inc）和医药市场营销服务公司（Pharmaceutical Marketing Services Inc，PMSI）合并一案的报告总结开始提出：

制药业务信息对制药公司的影响至关重要。这些信息使他们能够监测自己在竞争中的地位，确定产品研发领域，有目的地开展销售和营销活动，并确定销售人员的薪酬[4]。

虽然这份报告介绍的是 15 年前的情况，但如今依然适用。当时，Source 公司隶属于 PMSI。在两家公司合并之前，Source 与艾美仕之间存在竞争关系。这两家公司在直接从药店搜集业务信息的服务方面进行竞争。通过这些信息，可以确定全科医师的身份信息及配药习惯，并提高“重要”业务信息的质量。并购报告及时提醒我们：“卫生署刚刚指出这样的服务违反了对患者的保密义务，而这一要求会受到司法审查[5]。”

并购报告深入分析了拥有信息对 Source 公司的重要性。不难理解，上诉法院并没有发现任何理应受到保护的隐私权益受到影响。Source 公司热衷于搜集可能提高业务效率和有效性的信息。卫生署拒绝的理由同样也是考虑了利益问题。他们担心制药公司利用这些信息来改进针对医师的营销手段，并提高 NHS 药物的价格。案件双方存在利益冲突。然而，Source 案中的判决和推理过程已经受到质疑。这是对匿名数据是否可能涉及个人隐私权益的质疑。这一立场得到了数据保护法的有力支持[6]。

我们现在处于患者信息处理革命的边缘。许多公司希望在健康“应用软件”领域这一不断增长的市场中进行投资[7]。有人甚至想要进一步利用 NHS 机构收集的患者资料[8]。现在应该重新审视 Source 案中的推理，以确定在什么情况下，匿名处理后的信息可以不受普通法的责任义务的约束，以及是否可以这样做。如果普通法保密义务可以禁止不合理地使用匿名化的数据，从而起到数据保护法所没有的功能，那么我认为这是一种难以驳倒的可能途径。

在详细阐述案情和背景之后，我首先考虑在 Source 案中采用的方法能如何帮助我们理解“对隐私的合理期望”，以及患者对使用个人可识别信息的同意的必要性与传统意义上普通法对保密信息的保护之间的关系。然后，我直接讨论 Source 案是否确实意味着通过数据匿名化可以避免对隐私的侵犯[9]。换句话说，匿名就意味着没有滥用个人信息。隐私保护是普通法、成文法、欧盟规定和人权义务的共同交汇点。在此，清楚地认识“匿名化”与“对隐私的合理期望”之间的关系可以帮助普通法有效地规范使用个人信息匿名化处理。

2. 案件经过

1999 年 5 月 28 日，拉马法官（Justice Latham）在高等法院审理确认赔偿请求的申请。该申请是以 Source 公司（Source Informatics Ltd）的名义提出的。Source 公司的这一申请是对卫生署指南的回应。Source 公司应全科医师组织的请求，从处方数据中搜集患者治疗过程的特定数据。这些信息将由药剂师收集并提供给 Source 公司。药剂师从全科医师处获得可辨认的患者个人信息，以便调剂处方药物。全科医师同意后，药剂师就可以对外披露有关全科医师开具处方习惯的资料，包括药物的品种和数量等。通过该信息无法确定患者的身份或任何其他诊断信息。Source 公司则会为提供这些信息的药剂师提供报酬。尽管 Source 公司未能确定患者身份的信息，但卫生署的指南指出，披露这种信息可能违反了普通法中所要求的全科医师对患者的保密义务。文件内容如下：

根据普通法和《数据保护法》（Data Protection Act）的原则，在

保密前提下提供的信息，未经提供者同意，一般不得向第三方透露。在这种情况下，患者和全科医师都可能被视为所讨论的数据的提供者……我们认为，匿名化并不能消除对数据相关患者的保密义务[10]。

Source公司反对这一说法。Source公司最初的反应是同意采取措施，降低识别患者身份的可能性。Source公司同意排除有关稀有药物或药物组合的某些数据，因为通过这些数据可能推导识别个别患者的身份。在法庭上，我们假定Source公司能够保证患者匿名[11]。那么关键问题就是卫生署意见的合法性，即数据的匿名化不能对数据相关患者负有的保密义务。当Source公司发现自己无法说服卫生署在这一点上改变立场时，它便宣布卫生署的指令在法律上是有问题的，提出“在可能无法确定患者身份的情况下，医师或药剂师向第三方披露匿名信息并不违反保密义务”[12]。

案件双方在药剂师对得到的数据是否应当保密的问题上并不存在争议，一致认为药剂师和全科医师对可识别身份的信息负有保密义务。争论的焦点在于数据的具体用途，即将数据匿名化处理后披露给第三方，并用于并没有经过患者同意的目的，此举是否违反了普通法的保密义务。

御用法律顾问贝洛夫（Beloff QC）先生代表Source公司提交了申请，提出该公司使用匿名化数据并不违反保密原则，原因有：①一旦从可识别的数据抽象出来，匿名数据就不再是保密的了。就患者而言，这些信息将成为纯粹的统计资料，不涉及个人信息，也不具有私人性质[13]。②只有索赔人遭受相应的损害，才能说有人违反了普通法的保密义务。贝洛夫先生表示，即使抽象的数据被法院认定为保密内容，以匿名形式向Source公司披露该信息也不会造成任何损害。塞尔斯（Sales）先生代表卫生署质疑这两点。他指出，卫生署关注的重点是患者向全科医师提供可识别和保密信息的目的，除了实际或默示同意的目的之外，任何使用保密数据的行为都属于滥用[14]。无论是直接利用信息还是使用处理过的数据，药剂师通过这些信息谋求商业利益的行为属于滥用[15]。

初审时，拉马法官（Justice Latham）也同意将本案中药剂师对机密数据的使用视为未经患者授权的滥用[16]。他认为，

除非患者表示同意，否则就是违反保密义务。所谓患者默示同意的说法也站不住脚[17]。

上诉法院最终撤销了这一决定。上诉法院法官西蒙·布朗（Simon Brown LJ）的判决得到了上诉法院法官阿尔多斯（Aldous LJ）和施米曼（Schiemann LJ）的一致赞同。上诉法院法官布朗（Brown LJ）认为是否存在默示同意并不是问题的关键。他援引了上诉法院法官宾汉（Bingham LJ）在律政司诉《卫报》（Attorney General v Guardian Newspapers Ltd）（No 2）（Spycatcher）一案中所提出的观点，即保密义务的理性依据是"在于特定情形下，通过其传达或获取信息所引起的良心义务"[18]。

他认为在围绕普通法保密义务的判例中明显有"一贯的主题"[19]，即

保密建立在对保密对象的善意义务基础上，是否违反了他自己的良心就是一块试金石，可以用来判断是否违背了保密义务[20]。

因此，布朗法官考虑的问题是"理性药剂师的良知是否会因为这种利用患者处方的方法而感到不安？"他认为不会。这一决定以及法院的处理方法至少有两个重要意义：①考查的重点（最高法院所用的）从信息的使用是否得到患者的"授权"，转变为信息的使用是否符合理性医务工作者的"良心"转变。这表明将重点放在职业的判断而不是患者的选择上。这是从患者自主权到职业自由裁量权的明显转变。这与其他一些法律进展情况有所出入，特别是与最近的法律进展，即主要主张保护个人合理的隐私期望与个人自主权的观点有所出入。法院在 Source 公司一案中的转变是否正确呢[21]？如何评估本案对日后的影响呢？这些问题还有待进一步考虑。②如果所披

露的患者信息不能确定患者身份，那么这种披露就没有违反保密义务。这意味着，持有数据的一方可以放心地使用其合法保留的保密数据，或以匿名形式向第三方透露信息。不论目的是什么，他们不必担心违反保密义务。

这些数据的价值正变得越来越大。越来越多的人使用与健康相关的应用程序[22]。一些私人公司正在收集个人健康信息。公共临床数据库中的数据越来越多地被用于个人的直接护理和治疗之外的目的[23]。在个人控制初级保健机构所提供数据使用情况的程度已经受到质疑的时候[24]，保密义务的范围蕴含了特殊意义和作用，即保密义务范围达到普通法可以对个人健康信息进行管控、收集并在未来加以利用。

3．合理的期望和《欧洲人权公约》第8条

在坎贝尔诉 MGN 有限公司案（Campbell v MGN Ltd）中，尼科尔斯法官（Justice Nicholls）认识到，现在应该明确承认普通法中的保密义务保护了《欧洲人权公约》第 8 条和第 10 条所体现的价值观[25]。普通法经过各个法院的一步步发展，提供了一种保护。这也体现了保护《欧洲人权公约》所涉权利的更普遍的承诺[26]。《欧洲人权公约》第 8（1）条承认有必要尊重私人和家庭生活。这种需求现在已经被纳入了违反保密义务的考虑范围。

第 8 条现在已经构成了保密的法律论据。在确认私人和家庭生活受到干扰之后［第 8（1）条］，法院才能进一步考虑干扰是否合理［第 8（2）条］。坎贝尔案（Campbell）中的每一位法官都支持上诉法院法官尼科尔斯（Nicholls LJ）的观点，即决定一个表面上看来是干扰的事件时，“检验一件事是否属于私人生活的试金石是当事人对所披露的事实是否抱有隐私期望”[27]。英国各法院已经认识到，仅仅

在先前存在的关系中对个人信息的滥用进行管理不足以保护一个人的“合理的隐私期望”。“隐私本身是从个人自主权的基本价值衍生出的法律原则”，这已然成为了当前的共识[28]，法院已经扩大了保密义务的范围，

不仅保护信任被滥用的人，还包括感到自己的私人生活被无端打扰的人。法律不再需要建立干扰者与受害者之间人为的保密关系[29]。

与最高法院在 Source 案中的处理方法一样，这种新的对自主权的强调可能表明相关问题的关键是使用个人信息时有无“授权”。然而，这种观点难免会产生一个问题，即每一次使用个人信息时都必须征得个人的明确同意。类似地，不能依据一个模糊不清的“授权”来证明超出个人合理预期的信息使用是正当的。

4．同意和自主

一般来说，如果某个人以自由和知情的方式行事的能力受到尊重，那么就可以说其自主权受到了尊重。法律要求在为特定目的使用他人的信息之前必须得到其自由和知情的同意，这样就可以有效地保护他人的自主权。寻求同意的过程既可以是提供相关信息，也可以是提供行使选择的机会。这些事情往往难以通过其他方式来完成。然而，寻求同意并不是尊重自主权的唯一方式，也不一定是最合适的方式。如果某个人已经预料到其个人信息将以某种方式被使用，而且已经以适当的方式进行相关选择，那么在没有明确同意的情况下使用这些信息也不一定会损害其自主权。实际上，有的人可能更倾向于让别人直接使用这些数据而不必询问自己。戈夫法官扩大了照顾义务的范围。包含了如下情况：

无论是一份保密文件被电扇从窗户吹到拥挤的街道上，还是私人日记之类的保密文件被落在了公共场所，随后被路人捡了起来[30]。

如果无法物归原主，他可以销毁该文件；为了能物归原主，他也可以适当地翻开日记看看。这两种行为在其他情形下可能都不太合适。如果不顾实际情形，一味坚持只有在个人明确同意的情况下才能采取行动，反而可能造成更大的风险[31]。

在回答这一点之前，有一个更根本的问题是，表现为尊重隐私的对自主权的尊重始终需要明确的同意。在Source案中，上诉法院强调，英国法律并不刻意保护人们控制自己信息的权利。正如上诉法院法官布朗（Brown LJ）所言："只要患者的隐私没有面临风险，那么他就无权控制其提供的信息[32]。"

保密义务保护信息自主权的方式是通过确保不干涉自主权，而不是通过要求行使自主权。现代化表述——"滥用个人信息的侵权行为"[33]也一再强调，应该禁止的是信息滥用。该法院的做法也许可以解释为英国法律有重视自由而非权利的历史传统[34]。上诉法院的论述可能让人联想起普通法保密义务的历史根源，但这并不意味着它违背了当代法律的发展趋势。相反，它可能在人际关系方面提出了一个有用的提示[35]。

关于保密义务的讨论向来都会强化对"信任与保密"关系的理解。1755年，塞缪尔·约翰逊（Samuel Johnson）认为"保密"意味着为（让对方）"坚定地相信另一方的诚信与正直"[36]。布朗法官的说法也与之相关。他强调应该审查持有保密信息的一方的行为：一个人相信接受个人信息的对象，这种信任应该受到保护。

尽管现在可能有些过时了，但关于正当性的论述确实提醒了我们，在讨论持有数据的个人责任时，必须要考虑对隐私的预期[37]。这并不意味着个人可以专断地决定怎样地使用才算是合理的："避免信息的不合理使用并不意味着禁止信息收集者使用这些信息[38]。"

也许有时即使信息的所有者明确表示不愿意，但对其信息的使用依旧是合理的[39]。这里重要的是，哪些行为符合隐私的合理预期，而哪些行为是对信息自主权的不尊重。这些问题的答案只能根据实际情况来回答。虽然预先存在的关系并不是保密义务的必要条件，但这些关系的性质将有助于理解“传达或获取信息时产生的良心上的义务”[40]。

特别是考虑到患者与医师或其他医务人员之间的关系时，很明显，法律通常期望在将个人信息用于其直接照顾和治疗以外的目的之前取得患者明确的授权。在 Z 诉芬兰案（Z v Finland）中，欧洲人权法院称：“任何国家的有关措施想要在没有患者同意的情况下强行传输或披露患者信息时，都应受到仔细的审查[41]。”这在很大程度上是医师与患者之间特殊关系的产物，也是为了保持医患关系的信任这一特殊的公共利益[42]。除了用于直接照顾和治疗的目的之外，在患者不了解并且没有机会表达相关偏好的情况下使用患者的数据，可能会违反保密义务[43]。法院也许会认为个人的“合理隐私预期”与保密义务也应大体相当。布朗法官认为，通过匿名化处理可以适当地保护这些期望。然而，这种保护是否充分是应该根据实际情况来判断的。

5. 匿　　名

德里克·贝尔维德（Deryck Beyleveld）的论证很有说服力。他认为在 Source 公司眼里，“隐私”仅仅是“狭义”的，也就是说一旦信息被匿名处理，就不再存在个人隐私的问题[44]。这与《欧洲人权公约》第 8 条承认和保护的“广泛”隐私概念对比鲜明。《欧洲人权公约》第 8 条所指隐私的概念超越了简单的身份保护，是“一个人人格的发展和实现”[45]。我认为，如果英国普通法接受了第 8 条承认的私人和家庭生活的权利，那么它就不应该接受狭义的隐私概念。Source 公司认为：无论是数据匿名化还是匿名使用数据都不会影响隐私。但是，贝尔维德也承认：“法院并没有说一旦个人信息被匿名处理就不存在保密的问题了[46]。”我也同意这一点，但事实上我要更进一步。

我认为在 Source 案中采取的所有用来确定保密义务范围的做法的确意味着支持这种可能性。如果认为将个人数据转换为匿名形式并使用的做法绝不会导致对个人应受保护数据的滥用，那将是错误的。换言之，如果认为使用匿名数据永远不会扰乱持有个人健康数据的理性人的良知，那就错了[47]。

Source 公司支持经过修订的、现行的卫生署立场，即“一旦信息被匿名化，就不必保密”[48]。然而，Source 公司并没有全然否定数据的匿名化以及在随后使用匿名数据过程中可能涉及个人的保密义务。这种可能性取决于信息被滥用者。布朗法官在 Source 案中并没有发现这种风险。

6．损害的相关性

然而，莱瑟姆法官（Latham J）认为没必要纠缠这种问题。他指出，任何违反普通法保密义务的行为都要的确造成原告的某种损害之后才可以索赔。这里涉及两个问题：①损害是不是必要因素？②披露匿名数据会造成相关损害吗？他注意到总检察长诉《卫报》（2 号）案［Attorney General v Guardian Newspapers（No 2）］中有不同的看法。莱瑟姆法官引用基思法官（Keith J）的说法，认为具体损害不是必要条件[49]。然后，他也认同格里菲斯法官（Griffiths J）的观点：“目前的补救措施是为了保护吐露秘密的人，而不是为了惩罚泄密者，没有必要将它扩展到不需要保护的人[50]。”

尽管有明显的不同，但莱瑟姆法官认为“事实上，所谓的‘不同意见’可能并不矛盾”[51]。他指出，所有法官都认同的一点是，法院认为倾诉者应该受保护这一事实必然对倾诉者有所影响[52]。这与罗斯法官（Rose J）的立场一致，并在上诉法院得到了正面评价。如果实际情形已经证明了原告的诉求理应得到保护，那么无须证明对信息使用造成的具体损害也可以进行索赔[53]。

有人说，法院是因为认为此案中没有什么受到普通法保密义务保护的权利受到了损害，所以才依据经济利益的情况来判决的。在Source 案中，对匿名信息的使用并没有影响个人对隐私的合理预期。布朗法官表示很难“理解患者的自主权如何会受到 Source 公司方案的影响”[54]。但是，在考虑法院认为个人信息应该受到保护的理由时，可识别性并不是问题的关键。实际上，布朗法官采取的方法更明显地体现了这个道理。

7. 可识别性并非关键

上诉法院法官布朗明确认同，数据的可识别性是一个重要的考虑因素。他引用了上诉法院法官宾汉（Bingham LJ）在 W 诉安吉尔案（W v Edgell）中的说法，当事医师并未在任何公开的研究、个人档案甚至与朋友的闲聊[55]中透漏与患者（W）身份相关的信息[56]。也就是说，只要采取了这样的方法，那么就没有违反保密义务。

布朗法官并不是说披露匿名信息绝对不会违反保密义务。要知道，在布朗法官看来，判断保密责任范围的“试金石”是信息的使用会不会使理性的专业人士的良心受到谴责。

布朗法官赞成并引用了加利（Gurry）医师违反保密义务一案中的说法，

> 法院对形式上规定的关注度向来低于知情人不当行为的实际影响，而且如果有证据证明其缺乏保密的信义，那么他就应当对其违反保密义务的行为负责[57]。

也就是说，如果证实保密信息的匿名化处理以及随后对匿名数据的使用在其他情况下造成了“实际影响”[58]，证实“对其的使用令人良心不安”[59]，这些影响比损害更加微妙，不易觉察，那么在

Source 案中所采取的处理方法就足以令人满意。澳大利亚史密斯·克兰＆法国实验室（澳大利亚）有限公司诉社区服务与卫生署署长案［Smith Kline & French Laboratories（Australia）Ltd v Secretary to the Department of Community Services and Health］中的判决附带意见进一步支持了这一观点，即对可识别数据的披露不一定会违反保密义务。布朗法官引用了如下段落[60]：

有时候，只要不将信息泄露给第三方，那么保密义务并不限制对……信息的使用。也有时候，掌握别人信息的人可将信息用于特定目的[61]。

如果说，持有他人信息的人在某些情况下仅能将这些信息用于特定用途，那么也就是说，即使没有对第三方披露信息，也有可能违反了保密义务。如果持有信息的一方在没有披露身份信息的情况下也不可以滥用信息，那么第三方对数据的使用也就不会受到法律的保护（即使身份信息未被披露），特别是当第三方收到的只是被信息持有者匿名处理后的数据时。

布朗法官认为，本案在对匿名信息的使用过程中，"患者的隐私依旧得到了保护，没有受到侵害"[62]。在大多数情况下，匿名化是一个重要且有效的保障措施。然而，匿名化处理并不一定意味着保护充分。匿名信息也有用处[63]。对数据的使用和获取必须不能损害个人的合法权益。这一观点比较能令人信服。

8. 有权要求保护

贝勒费尔德（Beyleveld）称，假如匿名真的可以在任何情况下对个人隐私权提供有效的保护，那么就将与隐私的广泛意义相矛盾。它完全忽略了个人对信息的匿名使用"有权要求保护"的情况，这一点是我想着重提及的。

可以想象得到，至少有两种使用个人信息的情况（已经保证将信息只用于某个具体目的，并且不会用于其他用途）可能有碍于理智人的道德心。第一种情况就是个人在道德方面不喜欢自己的匿名化信息被用于某些特别的研究。贝勒费尔德举出了一个天主教女性的例子。这名女性的信息被用于避孕的医学研究。我认为这是一种值得注重的情况，但是此处我不着重关注它。第二种情况是使用的目的是为了获取个人所属群体的信息。个人同样会对这种过程有道德上的厌恶感[64]，而且如果以后获得的数据与这一群体有联系（未在原始数据中对其进行重新鉴定），那么实际上个人也会在许多方面受到影响。

人们可能提出这样的问题，在这些情况下对于个人来说必须了解在什么范围“有权要求保护”。当然，特定的损害一般与泄露信息有关。如果人们不相信数据只在他们认为合适的方式下使用，那么当他们面对研究者时可能就不那么坦诚了。在医疗保健研究的情况下，这或许会对提出的护理和治疗产生重大的副作用。如果在个人无法接受的情况下使用数据，那么“信任与信心”关系就会受到破坏。然而，即使个人并未意识到信息泄露，在其匿名数据被使用之后，也可能会对个人产生一些实际影响，个人可能有权要求保护。

匿名数据非常重要，尤其对于 Source 公司来说，因为数据可以帮助做出战略决策。整合匿名数据可以将不同的人按照特殊的人口统计学属性或临床特征分成不同的组。这种分层的目的就是对不同的人采用不同的战略决策。只要是商业决策，就必须有选择将什么商品提供给什么人并且基于什么条件提供的问题。决策的目的将是如何使公司办得最好，这可能符合也可能不符合原始数据的个人最佳利益。

至于这种分层和以后的不同处理是否满足个人的合理期望，数据的使用在道德上能否被他们所允许，我认为这依赖于明确的特定情况。例如，如果进一步处理的目的只是为了提高个人生活品质，或者其他人的生活质量，并且不会产生不利后果，那么这可以被视为满足期望道德允许的情况。在另一种情况下，如果目的是更好地瞄准营销材料，对定价策略进行分层，否决属于某特定群体的人订立合同的机会，就会遭到强烈的反对，认为没有让个人可以合理地预测到这种用途并相应地采取行动。这会以与合理的隐私期望不一致的形式破坏其信息自主权[65]。

9. 数据保护法律

Sourre信息公司涉及普通法，而不是数据保护法的保密义务。事实上，英国早在1998年通过了《数据保护法》(Data Protection Act)，并实施了《数据保护指令》(Data Protection Directive)95/46/EC。前不久就对这一案件做出了裁决[66]。但是，法院被要求参考《数据保护法》，希望在1998年法令生效后，避免无意引入不必要的法律不一致问题。与《数据保护法》有关的案件由上诉法院简单处理。然而，法院认为，《数据保护指令》[67]旨在建立一个保证合适处理"个人资料"的框架。《数据保护指令》第2条规定"个人资料"为"与被识别或可识别的自然人"("数据主体")有关的任何信息，并将"个人资料的处理"定义为

对个人资料执行的任何操作或一系列操作，无论是否是通过自动手段进行的，如收集、记录、组织、存储、改编、更改、检索、咨询或使用，通过传播、宣传或以其他方式而造成泄露，使信息可知、调整或组合、阻塞、擦除或破坏。

卫生署认为，个人资料的匿名化处理应当被认为属于非常广泛定义的"加工"，这种观点被法院驳回了。上诉法院法官布朗虽然没有对此案做出明确的裁决，但在提交的意见中表示存在"常识和正义"[68]，认为该指令对于匿名数据操作的选用，与使用或泄露匿名信息并无二致(这当然不是"个人资料")[69]。

最近有取代《数据保护指令》的提案。即使这些提案得以实施，目前的提案依旧仅涉及可识别个人的信息[70]。数据的匿名化依旧没有明确地归属于数据处理[71]。或许 Source 公司将支持适用普通法上的保密义务，以实现对数据保护法未规定情形的保护。如果不这样做的话，英国将失去在立法上确保从个人信息中抽取的匿名数据仅能在个人合理接受的情况下使用的机会。

10. 结　　论

至少可以这样说，对于 Source 公司案来说最重要的一点，就是上诉法院没有采取莱瑟姆法官的做法，也没有专注于使用患者特定保密数据的授权或同意问题。保护自主权，是要去保护行使自主权的条件，而不是要求行使自主权。两者之间是有显著区别的，因为这暗指个人是否需要参与决定对保密信息的特殊使用或者对全程保持知情。虽然有时在普通法义务方面可能是正确的，但随着机密泄露的方式更加现代化，法院在确定责任范围时需要考虑到患者的合理期望。Source 案的长期重要性在于它强调在进行这一考量时也应考虑到专业人员自身责任的重要性。为了协调这两个方面，并认识到满足患者的合理期望必须考虑到持有数据的卫生专业人员的义务，因此需要在特定角度寻求数据主体明确的事先同意。假如有义务尊重个人自主权，那么就必须考虑在不经过同意的情况下为特定目的而使用数据是否合理。有时在将个人信息用于特定目的之前，寻求同意是不合适的。然而，有时在使用匿名数据之前也应该征得同意。尊重隐私要求采取切实可行的措施来确保个人了解自己提供的数据是如何被使用的。在 Source 案中上诉法院法官布朗没有看到这一点，因为他没有看到在使人们可能有权获得保护上任何潜在的实际影响。即使在 Source 案中是对的，它也不会总是正确的。即便使用匿名形式的数据，人们也可能受到较大的影响。

数据匿名化仍然是有用的，可以通过管理个人信息的使用进而保障个人利益。尊重个人自主权总是要求善意地使用信息，体现在尊重私人和家庭生活上，除非有其他首要考虑的因素。此时个人处于自主决定的立场：在决定披露任何个人信息时应当考虑一个正常人能够意识到的任何后续使用问题。为了缩小义务范围，不考虑“实际效应”或“诚信”的问题，而是考虑后续的认同问题，就会造成匿名化破坏个人自主权的问题。这样，就危及了保密义务应当起保护作用这一关系。随着越来越多地对来自个人记录（包括个人健康记录）的数据进行工业化、“规模化”的提取和匿名化处理，我们比以往任何时候都更为迫切地认识到了普通法的重要性，普通法可能为禁止不合情理的使用信息提供了处理方法。

（马燕军　郭志鹏　王　岳 译）

注　释

1　R v Department of Health, ex parte Source Informatics Ltd [1999] EWHC 510, [1999] 4 All ER 185 (QB); [1999] EWCA Civ 3011, [2001] QB 424, [2000] 1 All ER 786 (CA)。

2　保密义务还包括在其他情况下对其他数据的处理，如政府数据（总检察长诉 Jonathan Cape 有限责任公司，律政司诉《泰晤士报》[1976] QB 752)，商业理念 (R v 诺丁汉郡县议会 [2010] EWCA Civ 1214) 和商业秘密。其他涉及到保密义务范围的关键案件有 Coco 诉 AN Clark(工程)有限责任公司 [1969] RPC 41，总检察长诉《卫报》(No.2)[1988] 3 All ER 545 以及坎贝尔诉镜报报业集团 [2004] UKHL 22，[2004] 2 AC 457。

3　Francis Maude, Open Data White Paper: Unleashing the Potential (Cabinet Offi ce, June 2012) 5。

4　引自 Summary of IMS Health Inc and Pharmaceutical Marketing Services Inc: A report on the Merger Situation (Prepared by the Competition Commission at the request of the Secretary of State for Trade and Industry, last revised April

1999)。网站上可获取原文，网址为：webarchive.nationalarchives.gov.uk/; www.competition-commission.org.uk/ims.htm。

5 ibid。

6 英国《数据保护法》95/46/EC [1995] OJ L281/31 提出，数据保护只适用于可识别的数据。参见 Recital 26。本章后文会进一步讨论这一点。

7 Research 2 Guidance 发布的健康应用程序报告中预测，到 2017 年全球移动医疗市场总额将达到 260 亿美元：Research2Guidance Global Mobile Health Market Report 2013-2017 (March, 2013)。

8 “我们必须改变 NHS 的创新、合作和开放方式”。节选自英国总理大卫·卡麦隆（David Cameron）于 2011 年 12 月 6 日在《金融时报》全球制药和生物技术大会上发表的演讲。完整演讲稿可在以下网址获取：www.gov.uk/government/speeches/pm-speech-on-life-sciences-and-opening-up-the-nhs (last accessed January 2014)。

9 参见有重大意义的评论：Lord Nicholls in Campbell v MGN Ltd [2004] UKHL 22, [14]and more recently Vidal-Hall and Others v Google [2014] EWHC 13 (QB)。

10 摘录于由判决书提供的政策文件 [1999] EWHC 510, [1999] 4 All ER 185, 187(d), [1999] Lloyds Rep Med 264。

11 尽管上诉法官布朗明确表示 Source 公司需要让所有相关方一致赞同“实际上不存在识别出身份的风险”：R v Department of Health, ex parte Source Informatics Ltd [2001] QB 424, [8]。在这里我不打算取消这一假设。虽然鉴于推理或拼图识别的可能性，有人质疑所有匿名化过程的稳健性，但在这里我们没有必要争论这个问题。我对身份识别可能性的背景的重要性以及在此背景下匿名化的可能性的观点参见：MJ Taylor, Genetic Data and the Law (Cambridge, Cambridge University Press, 2012), especially chapter 6: ‘Anonymity’。

12 R v Department of Health, ex parte Source Informatics Ltd [2001] QB 424, [2000] 1 All ER 786 (CA), [5]。

13 R v Department of Health, ex parte Source Informatics Ltd [1999] 4 All ER 185, 188(g)。

14 ibid, 189(b)。

15 ibid。

16 ibid, 192(h)。

17 ibid, 192(j)。

18 Attorney General v Guardian Newspapers Ltd (No 2) (Spycatcher) [1990] 1 AC 109, 216。

19 R v Department of Health, ex parte Source Informatics Ltd [2001] QB 424 (CA), [31]。

20 ibid。

21 下面马上会讨论这一点，但上诉法官巴克斯通在 McKennitt v Ash [2008] QB 73 80[8] 中简要地介绍了从保密法到隐私法的发展历史。

22 eMarketer, 'Fitness, General Health Are Leading Health Apps' (1 October 2013): www.emarketer.com/Article/Fitness-General-Health-Leading-Health-Apps/1010263。

23 我们应当认识到，当健康和社会保健信息中心的保密的患者数据被用于除直接照护之外的目的时，普通法的保密义务并不适用。信息中心有义务采取有效措施改善对患者的数据在间接照护方面的使用，根据 2012 年规定了普通法义务的《保健和社会保障法》，信息中心有权收集这些数据。本章提到的关于普通法的分析只有在 2012 年《健康和社会保障法》生效的情况下才适用。

24 参见，例如：Randeep Ramesh, 'NHS patient data to be made available for sale to drug and insurance fi rms', The Guardian, Sunday 19 January 2014 (available online: www.theguardian. com/society/2014/jan/19/nhs-patient-data-available-companies-buy) (last accessed January 2014)。

25 Campbell v Mirror Group Newspapers Ltd [2004] UKHL 22, [2004] 2 AC 457, [17]。

26 在英国历史上法律一贯缺少对隐私权的保护。参见，例如：Wainwright v Home Office [2003] 3 WLR 1137。

27 [2004] UKHL 22, [21]。

28 Sedley LJ in Douglas v Hello! Ltd [2001] QB 967, 1001, [126]。

29 ibid。

30 Attorney-General v Observer Ltd [1990] 1 AC 109, 281 E。

31 另外，在没有获得明确同意的情况下，医务人员也可能需要一些信息来照顾或治疗患者。当某个人在就诊期间提供个人信息时，医务人员并不需要去询问是否可以根据该信息去做出诊断或给出治疗建议。坚持要求这种明确的同意可能有损于提供信息者的自主权(例如，如果病情急剧变化，比如紧急情况下，为了避免药物不良反应而需要使用个人信息时，就不应该纠缠于有无明确授权的问题)。

32 [2001] QB 424 (CA), [34]。

33 参见尼科尔斯法官在 Campbell v MGN Ltd [2004] All ER 67, [14] 和 Vidal-Hall and Others v Google [2014] EWHC 13 (QB) 两案中的开创性的评论。

34 见：Brooke LJ in Douglas v Hello! Ltd [2001] QB 967, [64]。

35 这并不意味着普通法依赖于特定对象之间预先存在的关系，只是强调法律致力于规范某一个人使用与他人有关的信息的方式。

36 引自：Megan Richardson, Michael Bryan, Martin Vranken and Katy Barnett, Breach of Confidence (Cheltenham, Edward Elgar Publishing, 2012) 5。

37 在两种情况下，我们应该考虑相关人员（如医务人员）的责任：在合理期望最初确定的时候，或在确定违反保密义务的行为是否合理的时候。考虑到这一点，结果可能也没有太大的不同。布朗法官认为“不应该把公平的保密义务过度放在首位”［见第（52）段］，对此我很赞同，但在此我不再赘述。

38 El Dupont de Nemours Powder Co v Masland (1917) 244 US 102, cited favourably by Brown LJ, [437]。

39 见：Hellewell v Chief Constable of Derbyshire [1995] 4 All ER 473, [1995] 1 WLR 804. The police were entitled to make 'reasonable use' of a photograph, which they held in confi dence, for the purposes of policing。

40 上诉法官宾汉在 Attorney-General v Observer Ltd [1990] 1 AC 109 , 215 案中引用了 Moorgate Tobacco Co Ltd v Philip Morris Ltd (No 2) (1984) 156 CLR 414, 437-38 案作为支持性论据。W v Edgell [1990] Ch 359 案中就考虑了不同实际情况对判定侵犯隐私权的影响。该案认为，医师的相关责任不仅仅是医师在通常情况下对患者应尽的责任。法院“拒绝忽视安吉尔博士对 W 进行检查的背景”（第 392 页）。保密义务的范围由实际情况决定。

41 Z v Finland (1998) 25 EHRR 371, 372。

42 ibid. See also, eg X v Y [1988] 2 All ER 648, 653; W v Edgell [1990] Ch 359, 422–23。

43 在两种（相关的）情形下，医患关系可能会导致对在将个人信息用于除对其直接照顾和治疗之外的目的之前，需要获得患者同意。第一种情形是患者对医疗系统的保密性失去信任时，患者会受到潜在影响。这一点必然需要进一步讨论损害与行动的相关性，但法院已经认识到维持这种信任是符合公共利益的。第二种情形则涉及医患关系的委托性质和保密义务的合理性的根源。医师无论是利用患者的信任去牟利，还是以其他方式卷入利益冲突，都是不合理的。

44 D Beyleveld, 'Conceptualising privacy in relation to medical research values' in Sheila MacLean (ed), First Do No Harm (Aldershot, Ashgate, 2006) 151。

45 X v Iceland (Application No 6825/74), [1976] ECHR 7, (1976) 5 DR 86, 87。

46 Beyleveld (n 44 above) 153。

47 关于专业人士对护理数据项目（care.data programme）看法的报道指出，使用（患者的）匿名信息可能让理性的医务人员感到良心不安。参见例如，Nigel Praities, ‘Over 40% of GPs intend to opt themselves out of care.data scheme’, Pulse, 24 January 2014, www.pulsetoday.co.uk/your-practice/practice-topics/it/over-40-of-gps-intend-to-opt-themselves-out-of-caredata-scheme/20005648.article#.Uu_ISXd_uJk; Anonymous GP, ‘Why I'm opting patients out of the care.data scheme’, Pulse, 12 November 2013, www.pulsetoday.co.uk/your-practice/comment/why-im-opting-patients-out-of-the-caredata-scheme/20005022.article#.Uu_IqHd_uJk (last accessed January 2014)。值得注意的是，护理数据项目收集数据的权利是由 2012 年《健康与社会护理法》批准的。

48 Department of Health, NHS Code of Practice, November 2003, 29。

49 Attorney General v Guardian Newspapers Ltd (No 2) (Spycatcher) (n 18 above) 255 E, cited [1999] EWHC 510, [1999] 4 All ER 185, 193(b) (n 13 above)。

50 Attorney General v Guardian Newspapers Ltd (No 2) (Spycatcher) (n 18 above) 270 D, cited [1999] EWHC 510, [1999] 4 All ER 185, 194(b) (n 13 above)。

51 [1999] 4 All ER 185, 194(f) (n 13 above)。

52 ibid (n 13 above)。

53 上诉法院法官布朗特别坚持认为，这个案例取决于损害的问题。R v Department of Health, ex parte Source Informatics Ltd (n 19 above) 440, [35]。

54 R v Department of Health, ex parte Source Informatics Ltd (n 19 above) 440, [34]。

55 W v Edgell [1990] Ch 359, 419。

56 ibid。

57 F Gurry, Breach of Confi dence (Oxford, Oxford University Press, 1984) 258, cited [2001] QB 424, 438–39, [29]。

58 El Dupont de Nemours Powder Co v Masland 244 US 102 (1917), cited by Brown LJ, R v Department of Health, ex parte Source Informatics (n 19 above) 436–37, [24]。

59 Latham J 建议他们在律证司诉《卫报》(No 2)(n 18 上)“意识到未经授权使用机密信息可能会产生微妙而非明显的有害后果” 1999] EWHC 510, [1999] 4 All ER 185 194(e) (n 13 above)。

60 R v Department of Health, ex parte Source Informatics (n 19 above) 436, [24]。

61 Smith Kline & French Laboratories (Australia) Ltd v Secretary to the

Department of Community Services and Health (1991) ALR 679, 691–92, cited ibid。

62 R v Department of Health, ex parte Source Informatics Ltd (n 19 above) 440, [35]。

63 正如斯科特在"司法部长诉观察者有限公司案"以及"司法部长诉《卫报》的上诉案"（No 2）中提出的一项基本规则，即信任义务不会被用于保护无用信息" [1990] 1 AC 109 at 149）。

64 "群体"数据的处理引发的道德争议见：Amy Harmon 'Indian Tribe Wins Fight to Limit Research of Its DNA', The New York Times (21 April 2010)。

65 在数据的商业化期望方面，提供给商业公司数据的"合理期望"与提供给医疗研究者相比可能具有最大的差异。然而，不破坏个人自主权的责任义务也支持即使在明显的商业环境中，人们应该意识到数据（甚至是匿名的）的不同用途。

66 1998 年《数据保护法》于 2000 年 3 月生效。

67 EU Directive 95/46/EU。

68 R v Department of Health, ex parte Source Informatics Ltd (n 19 above) 442, [45]。

69 ibid, 442, [44]。

70 详细内容见：http://ec.europa.eu/justice/data-protection/ (last accessed January 2014)。

71 进一步讨论情况见：M Taylor, 'Health Research, Data Protection, and the Public Interest in Notifi cation' (2011) 19 Medical Law Review 267-303。

第十章

麦克法兰诉泰赛德区卫生委员会案 [2000] 和卡塔纳克诉梅尔基奥案 [2003] McFarlane v Tayside Health Board [2000] and Cattanach v Melchior [2003]

劳拉·保屋野（Laura Hoyano）

1. 导　言

这是两起人类生殖服务引起的医疗纠纷。两起案件中患者的结局是一样的：导致患者意外妊娠。这两起案件的侵权法请求权基础相同，但是最高法院在有关责任范围方面做出了完全相反的裁决。一个反映了遵循医疗侵权法和矫正公正的传统哲学；另一个却另辟蹊径，支持分配正义，同时也允许矫正正义在部分诉求中存在（两名法官同时也将报偿正义运用在其中）[1]。奇怪的是，英国上诉法院审理的麦克法兰诉泰赛德区卫生委员会案（McFarlane v Tayside Health Board）做出的判决是激进的[2]，澳大利亚高等法院在卡塔纳克诉梅尔基奥案（Cattanach v Melchior）[3]中遵守正统原则对此做出了判决。两院都仔细考量了孕育一个新生命和作为父母身份的道德属性，但他们也担心法律专业人士对道德和伦理方面的疏忽[4]。没有女性陪审员参与上诉法院的庭审。

2．不当妊娠判例的起源

A．“不当生命”“不当妊娠”和“不当出生”的术语区别

区分这些法律行为十分重要，它们都是医疗疏忽可能引起的生育问题，也会引发不同的法律问题。判例和法律文献在不同的场合使用不同的术语来表达不同的事情[5]。下面是广泛认可的分类方法。

“不当生命”适用于宣称压根就不应该出生的孩子。英国[6]和澳大利亚[7]的法律与大多数普通法司法管辖区一样[8]，在原则上反对“不当生命”诉讼，因为它会损害人类生命的尊严。一个生命不出生的价值和作为残疾人的价值在法庭上是不可能比较的。

经过一开始的混淆以后，“不当出生”已经有了与“不当妊娠”不同的含义。不当妊娠源于父母绝育失败，或是有问题的遗传咨询导致父母做出生孩子的决定[9]。在“不当出生”判例中，疏忽与出生有因果关系，而与怀孕无关系。原告可能想要一个健康的孩子，而不是这个残疾的孩子。然而，在孕妇[10]（如风疹的误诊[11]）适当的治疗中或对胎儿身体异常进行产前筛查时，孩子的严重残疾本可以就被检查到并根据法律终止妊娠[12]。母亲通常声称（或回想起来）如果接受到正确、有效的诊疗服务，她将终止怀孕。她的这种假想决定就产生了复杂的因果关系问题[13]，尽管她可能会认为要求终止妊娠损害了个人自主权[14]。另一种情况是未能及时诊断出不受欢迎的受孕情况而进行合法终止[15]。更罕见的情况是产科医疗事故导致流产手术失败也可能导致不当出生[16]。

这两起判例——麦克法兰诉泰赛德区卫生委员会案（2000）和卡塔纳克诉梅尔基奥案（2003）的指标判定都包含了不当妊娠，即失败的绝育。麦克法兰案发生在苏格兰。苏格兰拥有英国 NHS 和独特的侵权法律体系（称为侵权法）。上议院最高上诉法院法官称，他们的裁决适用于英国其他地方的普通法侵权行为[17]。卡塔纳克案发

生在昆士兰州。在澳大利亚联邦体系中，澳大利亚高等法院提出的普通法原则也适用于全国。

B. 失败的绝育过程：原因、频率和代价[18]

从1999年到目前为止，因失败绝育而向NHS基金会索赔很难。NHS诉讼局不对产科和妇科中的医疗疏忽索赔进行区分。这一分类既包括金额最高索赔[19]，也包括在出生时受到严重伤害的儿童的索赔[20]。卫生署于2014年10月14日对玛丽·格林顿议员（Mary Glindon MP）提出的被其称为“不当出生”的议会质询做出了回应。她透露说2003—2013年共有166宗案件索赔成功（有83宗案件索赔失败）。其中迄今已支付赔偿金77 716 648英镑。索赔的金额不会根据不当出生和不当妊娠的区别而有所不同。在非公开的104宗索赔请求成功判例的原因分析中，有27宗是由绝育失败造成的，其中24宗出生了健康儿童[21]，7宗为因终止妊娠失败而导致孩子出生。鉴于“不当出生”术语不明确，不能完全确定剩下的70项残疾索赔与产前筛查疏忽有关。这种缺乏规范并经常传播的信息淡化了特定医疗疏忽责任在临床医疗实践领域的经济威慑和激励作用[22]。在临床医疗实践领域中可以相对容易地通过医疗程序的有效执行和术后预防措施来避免出现索赔，从而防止防御性医疗费用无限制增加的缺点。

在麦克法兰案期间，英国人对于NHS的索赔要求每年上升25%，在1996—1997年达到2.35亿英镑[23]。这一上升是可以解释的，在过去几十年中对医源性伤害的索赔明显低于实际损失，而现在因为从美国而来的一个所谓的非理性索赔“赔偿文化”，患者愿意提出符合实际损失的索赔要求[24]。2012年苏格兰一个关于医疗疏忽的研究指出，以前的调查表明，患者出于对医疗过错的不知情，无法接触到律师，或害怕受到报复，所以没有选择追求法律权利，从而导致了索赔过低的问题[25]。近年来苏格兰医疗疏忽索赔还没有急剧上升，速度依旧低于英国[26]。

绝育手术是世界上最常见的医疗手术之一。在1999年及之后的几年里，在英国进行了约5万次女性绝育手术[27]。20世纪90年代，在英国绝育手术已经成为避孕的主要方式。通过男性或女性绝育手术（男女比例大概相等），接近40%的40岁女性受到了避孕保护[28]。1999年当麦克法兰起诉时，在英国NHS和慈善行业的管理下已经有47 268例输卵管阻塞和64 422例输精管切开术[29]。1997年，苏格兰进行了8357例输精管切除术和7871例女性绝育手术[30]。已经有孩子的夫妇，特别是对于第三个孩子出生后的夫妇，他们更倾向于选择绝育手术[31]。因此，麦克法兰案和梅尔基奥案中的父母自愿选择绝育是具有代表性的，因为他们认为家庭已经足够完整。

确定绝育失败的原因很难[32]。即使孩子出生以后，也可能还没弄清楚在绝育手术的过程中到底出了什么问题。要想弄明白这个问题，需要进行专业的检查[33]。绝育手术与怀孕之间的间隔越短，就越可能是医疗疏忽导致的手术失败[34]。在一项1984—1994年500例妇产科医疗诉讼案件研究中，妇科病例占40%，绝育失败是最常见的起诉理由（19%）[35]。

比较流行的女性绝育手段是切断输卵管，或者用Filshie夹或环处理两条输卵管，从而导致目标组织的坏死。虽然处理过的输卵管可以再通再建，但是十分困难，如果是两条输卵管都被夹子处理过的话那就更不可能了。导致绝育手术失败最常见的原因是手术医师弄错了解剖学标志的正确位置，没有夹住输卵管，而是夹了韧带或者其他组织[36]，也可能是没有夹紧到合适的程度。即使夹子夹好了，随着时间的推移，夹子可能会损坏或移动，从而导致妊娠发生。这是技术本身具有的风险，所以医师不应该承担责任[37]。更罕见的是由于瘘管的原因而导致妊娠。对于这种情况，外科医师也没有过错。

关于输卵管阻塞失败的发生频率在数据上有所分歧。考虑到临床失误和自然原因，2013年爱尔兰两名专家认为失败的风险为0.5%，即 1000 名患者中有 5 人会出现输卵管阻塞失败[38]。然而实证研究表明，实际比率应该是相当高的。两项大规模人口研究报告称，10 年间美国累计怀孕概率为 18.5/1000[39]，魁北克是 8.4/1000[40]。皇家妇产科学院（Royal College of Obstericians and Gynnaecologists）在 2004 年称 10 年间使用 Filshie 夹手术的失败率为每 1000 例中有 2~3 例，而所有的绝育手术的失败率为每 1000 例有 5 例失败[41]。在一项 131 例失败的英国和澳大利亚女性绝育手术判例研究中，有 88 例是由医疗疏忽引起的，43 例不是由医疗疏忽引起的[42]。这表明，尽管失败率较低，与自然原因相比，临床失误更可能导致失败[43]。

与女性不同，男性的绝育手术创伤较小，也更简单，通常是通过封闭两侧的输精管来达到绝育目的。据梅森（Mason）称，手术过程一般不会出现医疗疏忽[44]。医疗失误通常是未能通过缝线或烧灼完全封闭输精管。然而，这样也不可能完全绝育，在远端生殖道中也可能残留精子。残留精子可以保持长达 7 个月的活力。因此，手术后也应该进行生育检查。而且手术后的任何时候输精管都有可能自发再通。据梅森称，大约 2500 例中有 1 例会发生再通。这是导致诉讼的主要成因，占比较大[45]。护理标准要求患者警惕这种可能性[46]。皇家妇产科学院称采取男性绝育手段后就停止了其他避孕手段，避孕的失败率为 1/2000[47]。

麦克法兰案的霍普大法官（Lord Hope）认为，如果医疗过程恰当，失败绝育的判例应该会特别少[48]。刚刚讨论的统计数据表明失败率较高，原因通常是在手术操作和术后建议中存在医疗错误。是否或怎样使用医疗疏忽法律来刺激并提高医疗服务标准是法院要处理的问题。

C．不当出生的法律构想

在以下几种情况下，也应将医疗疏忽视作造成不当妊娠和不当出生并导致诉讼的原因。

——言语疏忽，比如赫德利·伯恩案（Hedley Byrne）[49]。错误地告知手术失败率；术后不建议使用避孕措施；没有告知自发重新获得受孕能力的可能性；提出错误的遗传咨询建议，导致受害者做出要孩子的决定。

——在伯恩案的延伸原则[50]下犯相同医疗过失。

——服务处理疏忽。如绝育失败；处理精子或DNA样本的实验室错误；人工流产失败[51]；未检查出怀孕，或未在产前畸形检查中检查出来胎儿畸形。

——标准的人身伤害。这可能是由患者起诉的，因为医疗操作确实存在对身体的伤害。但是在男性输精管切除手术失败中，却是女性受到妊娠或流产等的痛苦和折磨。

——已签署合约[52]，尽管本案由不适用于NHS提供绝育服务的情况。

D．麦克法兰案和卡塔纳克案（Cattanach）中的事实和诉讼概要

乔治·麦克法兰（George McFarlane）和劳拉·麦克法兰（Laura McFarlane）有四个健康的孩子。他们因为买了新房而办理更大的抵押贷款。麦克法兰夫人则重新开始工作，以偿还增加的债务。考虑到家庭已经圆满，1989年10月16日，在一家由泰赛德区卫生委员会管理的苏格兰NHS医院，一名顾问医师对麦克法兰先生进行了输精管切除术。在1990年3月23日的一封信中，他被告知“您的精子计数现在是阴性的，您可以停止使用其他避孕措施”。他们把这封信当做外科医师的指示，并且遵循该指示。1991年9月，麦克法兰夫人怀孕了，女儿凯瑟琳在妊娠和分娩中均正常。她是一个健康的孩子，并作为一个不可分割的、享受父爱和母爱的成员被接纳入这个家庭。不清楚医院是如何造成输精管切除术失败的，并且对麦克法兰先生做出已经绝育的错误结论。医院违反了注意义务，应承担责任。

麦克法兰一家要求医院对麦克法兰夫人怀孕生育过程中的痛苦、压力和不便等人身伤害、怀孕后期失去工作、产前花费、产后收入损失以及女儿直到成年抚育的费用进行赔偿。麦克法兰夫人要求赔偿10 000英镑（非金钱损失），对夫妇赔偿10万英镑的金钱损失。被告的初步意见称在原则上不认为产生了损害，认为健康宝宝的诞生不会造成应赔偿的损害。初审最高民事法院法官吉尔根据原告诉状认同其意见[53]。但是高等民事法院复审部并不同意，坚决认为根据矫正正义原则，所有的损害都应按照普通侵权法则予以赔偿[54]。上议院的意见分裂成4：1，部分地逆转了这一裁决，采取了一条居中的方案，即可以补偿一些损失，但是对抚养费用不可能给予补偿。至少对于一个健康的孩子来说，是不赔偿这样的损害的。

麦克法兰案的后续过程对我们的分析很重要。2003年，在里斯诉达林顿纪念NHS信托案（Rees v Darlington Memorial NHS Trust）中，七位司法委员反对尝试逆转麦克法兰案[55]，并将其理由应用到一个健康孩子的残疾母亲身上，在这个问题上意见比例为4：3[56]。在麦克法兰案和里斯案期间，上诉法院的大多数人在帕金森案中举出了一个由于绝育失败而导致残疾婴儿出生的例外情况[57]。在里斯案中，大法官特别不赞成上诉法院法官哈勒（Hale）解释和区分麦克法兰一案的方式（一个健康孩子的收益和负担有一种“应有的平衡”，残疾造成的额外花费会破坏这一平衡）[58]。尽管如此，斯蒂恩法官（Steyn）、霍普法官（Hope）和霍顿法官（Hutton）认为帕金森案的结果是正确的[59]。米利特法官（Millett L）反复思量，他没有发现这一结果“有违伦理”，但希望对这一观点可进一步讨论[60]。但是宾汉姆法官（Bingham L）、尼科尔法官（Nicholls L）和斯科特法官（Scott L）由于米利特论据基础在里斯案中已被推翻，所以怀疑其正确性[61]。

凯莉·安妮（Kerry Anne）和克雷格·梅尔基奥（Craig Melchior）结婚相对较晚。有两个女儿之后他们认为家庭已经完满。绝育的另一个动机是，梅尔基奥先生患有一种肌营养不良疾病，他担心（后来证明是错的）可能会遗传给孩子。妇科医师卡塔纳克（Cattanach）为梅尔基奥太太进行了输卵管结扎手术。梅尔基奥太太告诉医师，她的右侧输卵管在多年前的阑尾切除术期间被切除了。卡塔纳克医师没有检查病历，在手术期间也没有寻找右侧输卵管，仅切除了左侧，也没有推荐使用子宫输卵管造影片来检测输卵管功能。4 年后，梅尔基奥太太生下了一个健康的儿子约旦（Jordan），但怀孕后因并发血栓造成了残疾，对她未来的就业造成了影响。梅尔基奥太太还患上了产后抑郁症。该案被认为是疏忽建议、没有提出警告的判例之一[62]。澳大利亚高级法院也以 4∶3 的分歧维持了昆士兰州上诉法院的裁决[63]，认为父母可以为这名健康儿童（唯一的上诉人）造成的不便和生活费用要求赔偿金。大多数对麦克法兰案的判决理由不支持卡塔纳克诉梅尔基奥案（Cattanach v Melchior）[64]。

麦克法兰案和梅尔基奥案的索赔人是普通大众。他们是典型的苏格兰或澳大利亚父母，已经幸福地养育了健康的孩子。在每个判例下，孩子健康地出生，并且都被接纳进一个有爱的家庭。抚养一个额外孩子的负担可以通过牺牲一些父母自己的资源而得到满足。有人怀疑，针对相对富裕的家庭所求赔偿的情况，因为公共卫生服务条件资源有限，大法官的反应多为负向的，澳大利亚法官也会持反对意见；而如果索赔家庭的境况低于正常水平，这些人的态度就可能改变，例如：

——怀孕给女方带来重大的风险[65]。

——父母双方因为医疗或宗教原因而不能使用其他形式的避孕[66]。

——父母双方希望避免遗传性疾病的风险[67]。

——父母已经有了先天性严重残疾的孩子，希望其他孩子不遗传残疾[68]。

——父母和四个孩子已经挤满了房间，买不起更大的房子[69]。

——因经济问题而导致家庭破裂[70]。

——父母非常贫穷[71]，已经有很多孩子需要抚养，比如 11 年内有了 10 个孩子的魁北克案[72]。

麦克法兰案是一个用简单事实制定出糟糕法律的典范吗?

3. 1999年以前关于不当妊娠的英国和苏格兰法律

在麦克法兰案中，NHS 在初审中挑战了 15 年来一贯权威的[73]英国上诉法院和苏格兰法院采取的常规职业疏忽赔偿范例：

——怀孕和分娩的痛苦折磨。

——与反复失败的绝育手术相关的痛苦折磨以及相关费用。

——与怀孕有关的任何财务损失，如医疗费用和收入损失。

——婴儿用品的花费。

——不得不放弃怀孕以前的职业来注重照顾孩子而造成的任何收入损失。

——儿童的抚养费用。这是直接来自人身伤害的间接经济损失，不仅在客观上可预见，而且应该是父母和手术医师直接考虑的。这不仅包括食物和衣服的费用，还包括住房的必要花费和学费等[74]。

正如奥尔德上诉法院法官解释的理由，

> (产后)经济损失可能与“身体伤害”无关，其原因应是养育孩子的成本，而不是怀孕或出生时的残疾，但这与两者的成因是相关的，即不当妊娠造成了孩子的诞生。

因此，所有的索赔案都是由一个诉讼原因造成的[75]。在 20 世纪 90 年代，NHS 一直定期处理失败的绝育判例，然而其中对于临床医师的疏忽没有比较适度的赔偿，如 1999 年 3 月 40 000 英镑赔偿的判例[76]。

4．在麦克法兰案和卡塔纳克案中的比率探索

A．发言描绘

对于 2003 年的里斯一案，斯蒂恩法官伤感地称分析麦克法兰案的判决是“可怕的任务”[77]。他自己也参与了其中一个有害的判决。大多数发言主要是希望避免可察觉到的陷阱，而不是在这个危险沼泽一样的判例中明确地将他们所走的道路反映出来。

以一种一维的观点来看[78]，三位法律界人士指出，案件里没有避免抚养费的注意义务。他们认为这是纯经济损失，每个人都有不同的观点：没有假定的责任（施莱恩法官），因为责任与过错不相称“不公正、不公平和不合理”（霍普法官），出于分配正义“不公正、不公平和不合理”（斯蒂恩法官）。霍普法官出于利益与负担的抵消，所以看起来更适合于“无损失”的分析，而不是“无义务”的分析。克莱德法官（Clyde L）明确地反对抚养费的义务分析，更倾向于进行“无损失”分析（这被认为是事实因果关系问题），但是他的结论基础缺乏可预见性（下一步的法律因果关系）。米利特法官敏锐地分析和驳斥了大多数人的分析结论，但似乎完全否定任何责任，因为没有任何可诉的损害。

许多英联邦法院的下级法院法官、学者和大法官针对比率已经分析了在麦克法兰案中的发言意见。但对某些经济损失的可追溯性是否达成一致意见甚至还不清楚。以下表格根据每次发言尝试概述了每一个主要损害赔偿要求的结果。对卡塔纳克案也做了相似的处理，在该案中只有昆士兰州法院对于支持抚养费的判决被上诉。

麦克法兰诉泰赛德区卫生委员会案（McFarlane v Tayside Health Board）(2000) 2AC 59 [SC (HL)]：寻求比率

主要损失	母亲怀孕和分娩的痛苦	母亲产前医疗费和相关的收入损失	母亲产后收入损失	新生儿用品花费	孩子的抚养费
施莱恩法官	是：（合法利益的物质损害）因为即使没有普通意义上的伤害损失，也造成了违愿的结果	是：如果直接来源于怀孕的话，可以认为（间接？）经济损失也是要负责的	否（推论）：不对纯经济损失负责，也因此没有注意义务	是：大概是（间接）经济损失的责任	否：即使可预见，也没有纯经济损失的责任，因此没有注意义务，因为这是不公平、不正义、不合理的 →不能抵消。因为利益和负担难以可靠地计算
斯蒂恩法官	是：个人伤害。因为这是因疏忽而导致的身体的不适和痛苦	是：经济损失间接来源于个人损害基于他自己的“有限赔偿原则”	没有讨论，但是可能为“否”。类似于纯经济损失的理由	没有讨论	否：为了尊重父母双方，而将这项索赔归类于纯经济损失 →但是反对将施莱恩法官的责任测试假设认为其“不合理”，也反对克莱德法官的“合理归还”，因为其“不实际并且只是形式上的” →拒绝抵消观点因为其不是“正确的法律分析” →倾向于“分配正义”，这是“伦敦普通人本能的不复杂的”做法 →“如果必要”的观点不公平、不公正且不合理（大概因此没有注意义务）

（续表）

主要损失	母亲怀孕和分娩的痛苦	母亲产前医疗费和相关的收入损失	母亲产后收入损失	新生儿用品花费	孩子的抚养费
霍普法官	是：怀孕时造成伤害的事件，类似于个人伤害，怀孕期间的不适与痛苦是由之而来的，包括产后的身体和心理问题	是：如果索赔的话	是：但根据以前的规定，只有在这是怀孕影响的直接结果的情况下才可以	否： →没有给出理由，但是可能也是纯经济损失，不在注意义务范围内	否： 尽管可以预见到这项索赔，但这是“纯经济损失”，所以应该执行分配正义 →不公平、不公正、不合理。因为责任与过错不成比例，不能根据抵消利益而计算。因此这些花费在医院的注意义务之外 →引用基莱案的话来说，进行手术的理由可能取决于这会造成一个好的结果还是一个受到损害的坏结果

（续表）

主要损失	母亲怀孕和分娩的痛苦	母亲产前医疗费和相关的收入损失	母亲产后收入损失	新生儿用品花费	孩子的抚养费
克莱德法官	是：伤害事件是怀孕带来的身体上的痛苦（在表达上与个人伤害一致） →由此得到的只能是赔偿金	否	否	否	否：不是一个分离注意义务的问题，而是损失的存在和程度的问题 “合理赔偿” （以前的赔偿判例）规定不使用赔偿来实现两者之间的正义。因为抚养费的义务超出了其他所有义务……理性上被告应该知道并同意，并且过错和责任也是不成比例的 →反对抵消观点，因为这是不同属性的东西，并且利益的计算是不可行的 →认为这项索赔是在因果关系以外的 →认为与医师决定手术的动机有关

（续表）

主要损失	母亲怀孕和分娩的痛苦	母亲产前医疗费和相关的收入损失	母亲产后收入损失	新生儿用品花费	孩子的抚养费
米利特法官（异议）	伤害事件是怀孕，这是对身体完整性的损伤。行为动机在技术上也是完整的 →但是因失败的输精管切除术而导致正常孩子的出生不是实际的损害，不应该要求赔偿 →怀孕和分娩的痛苦也被排除，因为这是孕育的必然现象 →赔偿5000英镑的生育自主权损失就足以解决这个明显的问题	否（推论）	否（推论）	否。除非父母根据虚假陈述购买婴儿设备，否则替代品都可以作为特殊损害赔偿	否 →这并不是以下问题 • 具有过错性质 • 分类是纯经济损失或间接经济损失的索赔 • 过错与损失比例协调 • 寻求绝育的动机 • 抵消 • 打破因果关系 • 间接损害。因为其因果关系是强关系，是直接并且可预见的

卡塔纳克诉梅尔基奥案（2003）HCA 38：寻求比率

葛拉森审判长（异议）	无评论	无评论	无评论	无评论	→单独的注意义务需要纯经济损失 →实际损失应该是父母与孩子的关系，但是承认这一点就会与国际文书所认为的家庭是社会的基础群体相矛盾。对父母与孩子关系探求分配经济价值是不合理而且不可能的
麦克休法官和古茂法官	是（暗示） 认为赔偿这些索赔是不合理的，质疑抚养费损失	是（暗示）	是（暗示）	是（暗示）	→与葛拉森审判长相反，损害不是父母与孩子的关系所导致的花费，而是由于手术医师的疏忽导致的 →一般的赔偿原则是不会因为公共政策的争议而改变的，独立法律利益的抵消也一样，正如没有对医院、医疗费用和其他索赔提出异议所阐释的
卡比法官	是：→否定赔偿将会使得采取不人道或前后不一致的绝育手术的医师获得法律上的豁免	是：公正的赔偿 【选项 5】	是：公正的赔偿 【选项 5】	是：公正的赔偿 【猜想选项 5】	→与葛拉森审判长相反，索赔来自于个人伤害，而不是经济损失，所以不需要满足特殊检验 →麦克法兰案与其不同，因为卡帕罗的悔意没有被澳大利亚下议院所接受 →没有不确定性的问题 →没有不同种类的利益和负担抵消 →他后来对于 CES 诉 Superclinics 案判决表明公共政策没有理由来否定对所有损失的全部赔偿 →公共政策意见反对赔偿是“纯粹的司法幻想”，因为判例的重点是金钱，而不是爱或家庭的保护

（续表）

卡利南法官	→是：公正的赔偿 →同意卡比法官的法律豁免观点	是：公正的赔偿（暗示）	是：公正的赔偿（暗示）	是：公正的赔偿（暗示）	→正确的司法需要完整的赔偿，否则侵权人就会取得不当收入 →即使可以计算，也不能抵消或找等价物
海恩法官（异议）	是：→将允许只赔偿这项损失，加上失败手术的丢弃成本 →反对没有实际损害，因为这是“不可争议的‘希望变好’的医疗要求”	否：不公正的赔偿	否：不公正的赔偿	否：不公正的赔偿	→反对所有的经济索赔。法律没有义务为孩子提供住宿 →抵消不是无法计算的，但是公共政策反对做这种计算 →不能用赔偿来保护父母被医疗疏忽损害的利益，因为这会使法律评估新生儿的价值与具有相冲突利益的父母价值的大小 →反对“儿童伤害”的公共政策观点 →可能的例外是满足孩子“特殊需要”的花费 这不用评估孩子的价值

（续表）

海登法官	否（推论） →不能界定为公共政策基础的损害，因为这将允许父母履行不一致的义务来养育孩子 →对关于儿童的诉讼有不利影响	否（推论）	否（推论）	否（推论）	→担心过度和虚假的索赔要求 →如果没有注意义务（没有讨论），也就不会有这项损害

B. 未走之路

①绝育失败不会导致可诉性伤害

一些法官在将受孕、怀孕或分娩确定为构成伤害时会有困难，因为这些是正常的自然过程，而不是疾病[79]。因此，他们不愿意把某个儿童的出生或者是存在确定为一种可诉性伤害，否则就会与普通法不一致[80]。因为在普通法中规定，不可以因与生俱来的缺陷和选择的不确定性而承认残疾儿童生活权利不合法[81]。一位新西兰法官慨然宣称，将“物种的繁衍”归为一种伤害是“高度人为的”，同时也“可能会玷污人类之间爱的最高表现——母爱”[82]。然而，这种情绪化的语言反而玷污了因医疗过失而寻求赔偿的受害者。

最初，人们引用公共政策来证明将“不可诉性损失”这一论据从不当生命转移到不当妊娠的合理性，并将其仅限于健康婴儿[83]。然而，正如彼得·佩因法官（Peter Pain L）在萨克（Thake）案件中所提到的，国家支持计划生育和堕胎服务是中立的。因为他意识到，对许多人来说，一个健康的孩子的出生并不总是一件好事，所以他们有选择的自由[84]。怀孕和分娩不能构成伤害的论点被认为已在上诉法院对伊麦（Emeh）一案中明确拒绝：由于绝育的目的是避免女性忍受怀孕和分娩的经历，出现绝育的过失必然对她造成伤害[85]。因此，如果女性想要孩子，那么生育就是一个自然的身体经历；但如果她不想要孩子，那就构成了伤害，侵权者有责任防止其发生。

尽管有这种坚定的立场，卫生委员会在麦克法兰（McFarlane）一案中重新引起了对这一观点的争论，并且指出先前案件的判决与提供堕胎和避孕服务并不矛盾。卫生委员会提出，这种伤害是父母不愿看到的，但也是合理的，因为他们期望可以享受无保护的夫妻生活而避免出生后代的风险。同时，也应在这种情况下衡量伤害的有无以及大小，从而不赔偿或做出名义上的赔偿[86]。此外，认为由过失造成的可预见费用必然是一种可补偿的损失。这种假设本身就是一种谬误[87]。

在AD上诉东肯特卫生署（AD v East Health Authority）一案中，库克法官（Cooke J）认为他从麦克法兰案件的所有辩词中搞清楚了“不可诉讼的伤害”的观点：“作为法律政策问题，这些辩词都反驳了对健康儿童的出生可能构成伤害或损失这一观念[88]。”库克法官由此得出结论：这一观点就是拒绝赔偿抚养费的原因。然而，上议院高级法官对此的评述显示这种综合分析是不能成立的。正如霍普法官、克莱德法官、斯蒂恩法官和斯林恩法官所断定的那样，有一个构成人身伤害的事件（违反了苏格兰法律），或者至少是类似的事件，就可定义为可诉性伤害。下文将讨论各种各样对伤害鉴别的方法。只有米利特法官得出了如下结论[89]：“把一个正常、健康孩子的出生作为获取赔偿的理由，即使不违反道德，也是有些令人反感的。因此，法律必须把一个正常、健康婴儿的诞生当成一种祝福，而不是一种伤害[90]。”

②对患者的伴侣没有提醒义务

克莱德法官准备接受医院有义务向麦克法兰夫人赔偿的这一结果[91]，尽管她的丈夫是患者，而她不是。但是这个观点在古德威尔案（Goodwill）中是不成立的，因为此男性患者在手术期间没有跟任何人交往，所以断定外科医师和他未来（不确定的，可能是无数的）的性伴侣之间没有联系，因此，该外科医师没有向他后来的伴侣履行提醒义务，而这位伴侣因为从她自己的医师那里得知“进行输精管切除术之后没有必要再避孕”，就不再进行避孕措施，却最后怀孕了[92]。这个决定是在赫德利·伯恩案（Hedley Byrne）原告的起诉理由扩展到斯普林诉监护人案（Spring v Guardian Assurance）[93]与怀特诉琼斯案（White v Jones）[94]的第三方之前做出的。这样一来，使人们更难确定当一个女性目前的伴侣进行输精管切除术来防止怀孕时，外科医师是不是有提醒义务[95]。

到目前为止，英国NHS似乎没有提到过在类似的输卵管阻塞案中父性角色的权利与义务[96]。格里森大法官在卡塔纳克案中指出，不能将父亲忽视为一个稍微令人尴尬的无关之人[97]。黑尔女士在帕金森一案中指出，假设该父亲先前与侵权者有足够的可接近性，如果他履行作为家长的责任来照顾孩子，那么他有权利进行索赔。但如果假设情况不成立，那就没必要了[98]。

在卡塔纳克案中，这个问题一直悬而未决。海恩法官并没有假定外科医师对夫妇有绝对的注意义务，但由于被告没有提出这一观点，所以没有深究[99]。

③保留孩子

与一些美国法院的立场相反[100]，英国法官一致认为，母亲继续怀孕而且不会将孩子让他人收养，并没有打破过失与抚养费之间的因果关系，也没有减轻她的损失。没能成功地通过绝育来防止怀孕的医师使母亲陷入了两难境地。这损害了她的生育自主权[101]，而且医师没有任何权利期望她通过带有风险的堕胎，或者跟孩子脱离责任关系来解决这个问题[102]。除此之外，即使女性确实认为堕胎是一种选择，根据 1967 年《堕胎法》(Abortion Act)，几乎不存在合法的堕胎[103]。澳大利亚的判例法则更为矛盾[104]。

卫生委员会的律师不去讨论麦克法兰不采取堕胎或者让别人领养的决定是否打破了因果关系[105]。不过，他们暗示，因为麦克法兰不是非理性地决定不让他人领养自己的女儿，这就意味着这个女儿不是一个违愿的孩子，这一点打破了过失与抚养费用之间的因果关系[106]，本质上也是同样的论据[107]。麦克法兰答复说，他们以道德和文化理由反对堕胎和领养，所以不能说他们在解决因为没有避孕而带来的结果时做出了任何选择[108]。这是法官在麦克法兰案件中观点一致的极少数情况之一[109]。斯蒂恩法官说，他无法想象在任何情况下，父母自主选择不采取任何一种方式却可能会受到质疑[110]。这种逻辑是不可辩驳的，因为绝育过程的根本目的就是为了避免因违愿怀孕而被迫做出这样的选择。

C．殊途同归

要理清不当的受孕和出生案件的一个困难是：这些论据倾向于相互交叉并相互抵触。因此，以下的分析具有许多令人眩晕的曲折回旋。

①确立主要损害：是手术、受孕、怀孕还是孩子？还是父母丧失生育自主权？

麦克法兰案中的不同观点体现了世界各地的法院在确定过失行为所造成的“重要”损害时所面临的困难。普遍认为，辨别最重要的损害是由受孕还是出生导致的才是问题的所在。麦克休（McHugh）、古茂（Gummow）和海恩三位法官在卡塔纳克案中确定了“不当出生”或“不当受孕”的说法。这种说法的一个缺点是将注意力集中在婴儿的出生上，而不是关注失败的绝育手术上，毕竟手术失败才是在因果关系中举足轻重的地方[111]。梅森认为，如果人们认同麦克法兰夫妇所遭受的损害并非源于凯瑟琳出生事件本身，而是源于绝育手术失误后凯瑟琳出生所需花费的多余费用，那么困扰着上议院议员的道德谴责就会被降到最低[112]。换句话说，争议不是存在于一个母亲与其违愿的孩子之间，而是在患者与有过失的医务人员之间，是医师的过失妨碍了其计划生育和生活的权利[113]。

（a）失败的手术

当在结扎输卵管手术过程中出现失败时，造成的严重伤害显然应该是人身伤害，即手术刀破坏了患者身体的完整性，却因为手术不合格而没有实现原本绝育的目的。简而言之，在手术室中发生了违反义务和严重损害。这一观点在阿黛尔诉布鲁姆斯伯里地方卫生署（Udale v Bloomsbury Area Health Authority）案中也得到了认可[114]。绝育手术的失败本身是失误的。失败的手术增加了宫外孕的风险[115]。如果在受孕前发现了手术失败，那么由于需要再做一次手术，在这期间产生的任何伤害，比如再次面临手术的风险、痊愈过程中的疼痛以及不能工作带来的收入损失，都是应该予以补偿的[116]。根据这一分析，米利特法官对手术失败导致的自然过程，即怀孕或分娩会造成的人身伤害展开辩论就是没有必要的了。这些过程直接来自之前的伤害，也就是有过失的手术。

在输精管结扎术出现失败时，前面的分析并不是一个完整的解决方案，因此需要讨论的是，为了减少女方的人身伤害，对于女方而言是否医师也有避免使其受孕的注意义务。

（b）受孕

当前的讨论忽视了一个事实，即通常情况下，男女双方在受孕之前的行为是愉快的。那么当它的后果不符合意愿时，会构成严重的损害吗？这一点是很重要的，因为从某种程度上说，不管随后发生的事件是什么，无论怀孕和分娩是正常的还是有困难的，孩子是健康的还是残疾的，母亲是否选择终止妊娠，起诉的理由都是瞬间完成的[117]。这就是霍普法官的分析方法，因为在丈夫切除输精管且做完精子检查之后，她被告知肯定不会发生怀孕，但结果是她怀孕了，这直接是由医院的过失导致的。在双方都认为不会怀孕的情况下，丈夫在其具有生育能力的身体内射精，这至少与人身伤害“类似”[118]。克莱德法官和米利特法官也认为伤害是在受孕时发生的[119]。因此，3/5 的法官认为，伤害就是违愿受孕。但是，米利特法官反对。他认为伤害不是可诉性的，所以在这一点上仍然没有获得多数人的同意。

（c）怀孕与分娩

斯林恩和斯蒂恩法官认为，手术过失在生理方面造成的伤害就是怀孕的痛苦和不适，这也就意味着人身伤害[120]。柯比（Kirby）法官在卡塔纳克案中同意这样的解释[121]。这种伤害至少可以延续到使怀孕成为一种身体负担。但是如果母亲决定早期堕胎或流产，那么无论她因终止妊娠而产生了多少肉体和精神上的痛苦，都将不会产生可诉性的伤害。

威廷（Witting）反对正常怀孕的病理化，认为它不会对原告的生理功能造成任何有害的变化。女性的身体是为生育做“准备的”，分娩后回归到受孕之前的状态，这个过程只能作为“传统意义上的”身体伤害。在分析了正常怀孕的过程后，他强调在麦克法兰案件中怀孕具有独特性，因而可以构成伤害[122]。虽然说通常怀孕所引起的恶心、背痛和妊娠纹被女性认为是孕育孩子的代价，但这并不意味着这些现象不发生时不会引起疾病、疼痛和一些永久性的身体变化：这种说法在任何现实的方式下都很难以接受。许多受到人身伤害的原告恢复了被侵权前的健康状况，但不会因为恢复了健康而失去其诉因。按照威廷的分析，没有造成生理痕迹的强奸不是人身伤害，因为女人的身体天生就是用来性交的。刑法定义的“身体伤害”是指任何影响受害者健康或舒适感的故意伤害[123]。法律早已接受其他干预身体的行为，如纹身和剪发[124]。当双方都同意时这些行为被认为是友好的，否则也会造成身体伤害或侵权行为。知情同意书中标出了手术对身体造成的无害影响，但在不合法的怀孕案件中却缺少这种说明干预患者身体健康的知情同意书。根据这一分析，斯林恩法官和斯蒂恩法官在女方没有知情同意的情况下，将违愿怀孕定义为身体伤害，并在侵权方面定义为人身伤害，是完全正确的。

（d）生育自主权的丧失

另一种分析认为[125]，绝育失败所造成的利益受损是生育自主权的丧失，这决定着家庭人口的数目或能否成为一位家长[126]。这种对重大伤害的认定办法至少有四个优点。第一，患者自主权的原则既健全又熟悉，长期以来在医疗法中的地位一直很稳固，规定了各种各样可以使卫生专业人员合法行事的要求。第二，它并没有贬低父母的固有价值，而是表明既然社会尊重个体做父母的选择，社会也要尊重个体不做父母的选择。第三，由于每个人拥有独立的生育自主权，所以它指出无论夫妻哪一方绝育失败都是同样的。第四，它提出了将所有可预见的损失恢复原状的论点，在恢复原状的过程中患者的权利和利益好像得到了有关卫生专业技术人员的尊重，并且只要通过金钱赔偿就能实现这一点。上议院在麦克法兰案件中也适用了该项损害认定规则[127]，并且自切斯特诉阿夫沙尔案（Chester v Afshar）后，该规则就被作为患者自主选择的必然结果被例示[128]。

然而，在麦克法兰案件中，只有米利特法官接受绝育失败所造成的利益受损是丧失生育自主权这一观点。他反对父母对其违愿的后代进行“主观贬值”。米利特法官认为，父母需要衡量的损失不是凯瑟琳的出生，而是他们限制家庭规模自由的丧失。这是个人自主权的一个重要方面，法律应该予以尊重，并且按照惯例应给予5000英镑的补偿。

米利特法官这方面的反对意见在法律条文里已经有据可循，不是在麦克法兰案，而是里斯案。虽然这个观点没有在法官席的口头辩论中提出[129]，但是，宾汉法官（Bingham J）、尼科尔斯法官（Nicholls J）和斯科特法官（Scott J）都采纳了米利特法官反复提出的建议，将“惯例金额”提高到了15 000英镑[130]。宾汉法官认真地指出，这笔金额不是补偿[131]，因此不能抵消对怀孕和分娩造成的身心痛苦和伤害，这只是那笔损害补偿金的一半[132]。斯蒂恩法官和霍普斯法官强烈反对这种“非常规解决方案”。他们认为这个问题应该由法律委员会向国会提出建议[133]。上议院转变了里斯案中传统的判决，这表示了其对麦克法兰案中普遍无视患者生育自主权的一些不安。

②用利益抵消负担，从而减轻损失

法院援引了商业中通常适用于解决原告与被告之间债务问题的“抵消”概念，担心父母抚养子女时因为让有过失的医师支付抚养费而获利。

新泽西州的一个法院毫不忌讳地指出，父母希望保留唐氏综合征婴儿的所有权益，同时使医师担负不成比例的巨额费用抚养小孩，从而获得意外之财[134]。克莱德法官和米利特法官也非常关注“意外之财”的辩词，表示内庭的决定意味着麦克法兰夫妇可以在英国

NHS 提供抚养费的前提下，免费抚养一个孩子[135]。但是内庭法官麦克拉斯基（McCluskey）推翻了这一观点。他认为，如果根据苏格兰法律，过错方要接受“因为自己的直接错误对他人造成了绝育失败的损失，给予小孩抚养费是为了承担对受害者赔偿的责任”。据此说法，“意外之财”的观点更加不恰当[136]。

在此之前，虽然“抵消论”已经适用于不合法的怀孕与生育案件，但是直到麦克法兰案，它才被用于处理一些可衡量的利益和负担问题。在艾伦诉布鲁姆斯伯里医院案（Allen v Bloomsbury HA）中，在做绝育手术时女性已经怀孕了，所以分娩的痛苦与堕胎的痛苦就相互抵消了[137]。英国泰塞德区卫生委员会提出顺利生产的快乐对产前的痛苦是另一种形式的抵消，但这遭到了霍普法官的坚决拒绝。他认为产房里的喜悦并不能消除之前怀孕的痛苦[138]。在萨克一案中[139]，人们认为照顾一个孩子产生的身心疲劳可以由培养出一个健康的孩子带来的幸福所抵消，所以麦克法兰夫妇没有要求医师对抚养凯瑟琳而需要付出的个人劳动进行赔偿。

在麦克法兰一案中，卫生委员会辩称还有另一种抵消形式：抚养孩子的费用可以被孩子带给父母的“可观利益”所抵消，这导致卫生委员会的错误不再突显。麦克法兰的律师反对这种说法。因为法律没有将孩子的出生当做是赋予父母的“资产”，而是作为赋予孩子（享受被父母关心和抚养）的权利[140]。初审时，卫生委员会的“抵消论”得到了吉尔法官（Gill）的支持[141]。上诉之后，霍普法官得出以下结论：由于不能确定孩子的抚养费用是否超过了她给家庭带来的利益，事实上，经济损失肯定超出了注意义务的范围[142]。斯蒂恩法官不认为“抵消”分析法是对该情况的正确法律分析。但令人十分不解的是，他认为孩子出生带给父母的利益在评估他们权利的公正性方面是有用的[143]。

克莱德法官引用商业律师的以下逻辑证明“抵消论”的谬误：

当某个人想抵消父母在抚养孩子的过程中得到的利益与付出的

费用时，他其实是在抵消两个完全不同的因素，而我并不认同这种原则。至少在用一个债务偿还另一个债务的情况下，相似的要求可以抵消。在类似的情况下，如果某个人努力想要撤销对抚养费用的索赔，他仍然希望经济利益能与经济损失相互抵消。尽管孩子带给父母的利益可能是可以公开量化的，但法律并没有认可这种抵消的原则。即使父母可以用因孩子死亡而省下的抚养费用去享受生活，这仍然不能抵消孩子死亡给父母造成的损失[144]……此外，为了防范这种抵消的风险而申请对抚养费用的索赔，实际上父母需要证明孩子比他们自己更有价值。在我看来，这是一个强加给父母的不利要求，会进一步妨碍成功索赔。事实上，因为儿童可能给父母带来利益的多少是不确定的，因而这使得抵消的想法变得困难甚至不切实际[145]。

在评估一个孩子的出生对特定家庭的影响时，富裕的男法官对父母的狂热赞美可能会被认为有些不切实际。通过典型简练的语言，黑尔夫人表示孩子出生并不代表父母付出的结束[146]。她引用了尼古拉斯·布朗-威尔金森副主席（Sir Nicholas Browne-Wilkinson VC）的话，自从家庭中女性承担多种繁忙的任务以后，皇家法院风平浪静的时代已经一去不复返了[147]。讽刺的是，司法只讨论了抚养意外孕育的健康孩子带给家长的无限喜悦，对于作为社会基石的家庭来说，这又往往导致那些孩子生活在经济拮据的困境中：因为意外怀孕并顺着良心把孩子生下来，抚养孩子需要额外的花费。医疗法律制度使父母的负担更重。通常，在案件审理之前，婚姻已经由于不堪重负而破裂了，特别是家庭人员有残疾的情况[148]。在怀特海德这个悲惨的判例中，当案子历经 9 年迟迟得不到判决时，患有脊柱裂的孩子母亲自杀了[149]。内庭的麦克拉斯基法官在麦克法兰一案中做出了以下评论：

孩子本身的价值应该高于抚养孩子的一切经济支出。这项“原则”对于能够承担这种支出而不会陷入经济困难的人来说是可以接受的。但是，即使在我们这么发达的社会文明中，意外怀孕对一些人来说也是一场经济灾难。他们原本精致的生活方式可能会因财务和个人的损失而终结……将金钱的价值放在孩子的出生之上是不现实的，也是可以避免的……可以简单地理解为孕育一个健康孩子带来的利益和负担都只是针对父母而言，并不能因为孩子出生带来的利益而减轻医师因过失造成患者意外怀孕的责任[150]。

在运用这种“抵消论”时还存在其他风险。首先，它冒着将孩子视为商品的风险，认为孩子是父母的一种资产[151]。吉尔法官在麦克法兰一案中勉强地指出，孩子的存在很有可能会给父母在未来的生活中带来一定的经济利益[152]。更现实一点说，正如拉克斯法官（Lax J）在基利案中所注意到的，现代技术型经济社会与传统的农业社会不同，孩子不再是经济的生产单位，而在很长一段时间内是经济中消费的主体[153]。

其次，它预计孩子的存在价值将会低于抚养的成本，所以她总体上对整个家庭是造成了净损失[154]。大多数法官（除了斯林恩法官）一再强调凯瑟琳是健康的，这进一步增强了她对家庭造成损失的这一担忧[155]。我们对残疾儿童的恐惧比残疾问题本身还要严重——特别是当孩子严重残疾，不能与家人进行有意义互动的时候。黑尔夫人在帕金森判例中巧妙地运用了抵消论，证明了超额的抚养费是由孩子的残疾造成的。她的立场诠释了大多数在麦克法兰案中用抵消论得出结论之人的辩词，即在抚养孩子的利益与承受的负担之间存在“认识上的均衡”。这种抵消论分析也适用于残疾儿童，承认他跟健康孩子一样在家庭中具有相同的价值、尊严和地位。但是由于均衡受到了干扰，这种抵消论证明了抚养成本更高[156]。在里斯一案中我们看到，当将“认识上的均衡”用于残疾父母并贬低其抚养孩子的能力时[157]，这一观点惨遭拒绝了，但是并没有拒绝抵消论。

最后一个反对抵消论的原因是，它忽视了原告自已去平衡做父母的利益和负担的权利。华盛顿的一个法院得出的结论是，在判定绝育后意外怀孕是否对父母造成损害时，应该重视这对夫妇进行绝

育的原因，

要弄清绝育是因为父母不想生活得艰辛，想继续追求财富，还是因为他们不能承担起把一个孩子带到这个世界的责任？这种分析方法通常是判定实际上孩子的出生对父母造成伤害程度大小的现有最佳证据[158]。

凭借绝育的动机来判定伤害程度大小的这一方法忽视了父母对利益和负担的计算，因为他们自己计算的结果是负担超过利益的[159]，这与任何法律原则毫无关系。米利特法官反对这种“父母式的均衡”，因为“法律不允许父母主观贬值[160]，从而把利益看成损害”[161]（引自《赔偿法》中的一条）。依据他的这一观点，虽然父母有权决定自己的利益是什么，但社会不得不把利益和负担的均衡看作是有益的，否则就与其自身的价值观相悖，因此在法律上也必须反映这一观点[162]。这种观点很难与米利特先生早期坚决拒绝抵消论的观点相一致，因为根据这种观点，抵消论要么“多余，要么导致道德败坏的结果”[163]。更令人不安的是，米特利提倡象征性地判赔侵犯父母在决定家庭人数方面的自主权行为，其中隐含着认可父母有权利选择不去获得社会所认为的利益。

归根结底，问题在于医疗过失法能否合理地要求父母把医疗程序合法避免的“利益”考虑在内，从而根除他们的损失。关于这个问题，麦克法兰一案并没有得出答案。

③神奇转变：将外科医师的注意义务转化为纯经济损失

法官斯林恩、斯蒂恩和霍普都认同外科医师在避免不必要的怀孕、出生以及直接造成经济负担方面需要负责任。有了这步分析之后，他们面临的困境是无法据此得出他们想要的结论，即把凯瑟琳抚养到成年的成本是不可补偿的。迄今为止，英国和苏格兰法院都认为抚养费用是人身伤害造成的间接损失。正如彼得·帕因法官（Peter Pain J）在萨克诉莫里斯案（Thake v Maurice）中所说：“每个孩子都是需要吃穿的。有关损害赔偿的法律往往涉及以货币方式进行的赔偿，这正是抚养孩子所需要的法律[164]。”那么，如何切断导致意外怀孕的身体伤害与出生后的孩子需要抚养之间的联系呢？他们的解决办法是把对抚养费的索赔要求从人身伤害归属到纯粹的经济损失方面[165]。这可能要求原告对外科医师设立单独的注意义务。这种义务不同于不造成人身伤害的义务[166]。各位法官确定了完成这种切换的不同机制，并阻断了注意义务的设立。

斯蒂恩法官最初依据的事实受到赫德利·伯恩（Hedley Byrne）案件延伸出来的原则的支持，但他忽视了该原则所适用的精神和身体伤害控诉中并没有出现过失行为或者不存在于专业性服务中[167]，然而，该原则也说明了控诉属于赫德利伯恩型还是绝对过失型并不重要，因为当要求有单独的注意义务时，过失行为所造成的仍然是经济损失[168]。如下所述，斯蒂恩法官引用分配公平来反对注意义务。他认为把分配公平这种低效运行的方式强加于 NHS“既不公正，也不合理”。

为了打破分娩与抚养费用之间的关系，霍普法官把母亲和父亲对孩子的抚养索赔分离开来，这一点麦克法兰夫妇也曾提到过[169]。鉴于双职工家庭的普遍存在，并且为了抚养意外出生的孩子，家庭已经放弃了享受生活，因此前面的说法很难站得住脚。在提出了这一具有自我局限性的解释后，依据卡帕罗案（Caparo）中的注意义务来考察，霍普法官认为对外科医师施加不成比例的责任不是公平、公正、合理的——仅凭“一个自愿而且比较小的绝育手术”允许夫妻进行没有保护的性交，并且孩子给父母带来的利益无法估量，所以不能采用抵消论[170]。这一点已经在前文讨论过。

斯林恩法官根据卡帕罗案的议题，即任何注意义务的存在取决于实际产生的特定损害的性质，认为这样一来外科医师的护理义务就像意大利肠切片一样具有多样性[171]。当然，这并不适用于其他类型的手术过失，因为这些手术过失造成的未来财务损失（如收入损失）不需要单独的注意义务分析。在没有给出太多解释的情况下，斯林恩法官下一步得出的结论是，外科医师需要承担预防怀孕的责任，但不需要承担抚养孩子的费用[172]。在帕金森案中，黑尔夫人打破了这个论证的逻辑："鉴于医师无疑地需要承担一些防止怀孕的责任，那么让人难以理解的是为什么他只承担部分责任，而不是所有可以预见的甚至极可能造成的损失[173]。"斯林恩不得不承认他的结论是不合逻辑的[174]。

在麦克法兰案中，法官坚决认为对由于手术过失造成人身伤害而产生的费用必须标注为（不可补偿的）纯粹的经济损失，这也符合亚当斯诉勃拉克内尔森林公园 BC 案（Arams v Bracknell Forest BC）的结论。上议院法官认为，在"后笛卡尔时期"，教育人员之所以未能改善文盲，是因为先天的学习困难（阅读障碍）造成了没有及时治疗的人身伤害，甚至并没有构成精神伤害，因此，也应该将收入损失的索赔归属到经济损失方面[175]。这样会使侵权法从区分无效，转变为可区分疏忽与主观治疗行为（如失败的医疗程序）的因果效力的法律。

米利特法官嘲笑麦克法兰案中多数人的分析方法：

我不认为现在问题的关键在于判断经济损失是直接的还是间接的。如果在目前的情况下不是真的怀疑，那么这种区分只是人为的。在我看来，意外怀孕和凯瑟琳的出生原本就是原告的医疗服务需要避免的。因此，从原则上讲，不管损失的性质是什么，由手术过失引起的任何损失都是可补偿的。此外，这种区分在道德层面上是没有意义的，尽管在表面上受到拒绝索赔的人支持，但实际上并不代表他们的信仰。因为根据他们的信仰，同意这种区分是不符合道德的[176]。

这种反对观点似乎难以回答[177]。

④道德争论

有些法官承认，在论证的过程中不可能忽略道德问题。正如安大略省最高法院的拉克斯法官（Lax J）在基利诉别列佐夫斯基案（Kealey v Berezowski）中所说的：

要求赔偿育儿成本的做法相当于将侵权法的私人领域同一个充满个人和公众道德观念的领域相提并论。该索赔提出了一种质疑：侵权法是否已经大胆或愚蠢到如此地步，即把我们明确认为好的东西理解成有害的东西。法院一直在争论这个案件中的一个新问题，在没有针对这类损失估计的相应法律指导的情况下，他们只好回过头来借鉴过失法的标准原则或公共政策，但这两者也许都不足以解决此类问题[178]。

与专家小组的其他成员不同，米勒特法官直言不讳地说这个问题是为法庭设立的一个道德问题。虽然他观察到国外法律拒绝对健康儿童的出生承担财务后果，这一判决是“严重依赖于道德情感的”[179]，但他本人毫不吝啬地认为一些仍待商讨的解决办法从道德层面看来是令人反感的和有攻击性的[180]，或者能引发“本能”的负面反应[181]。斯蒂恩法官宣称：“法官对一个问题的道德回答或一个案件的公正判决是普通法的一大塑造力量。”但随后他又将这一问题在道义上的可接受性转交给了伦敦地铁里“不善于表达”的“普通老百姓”[182]。

坎特拿曲案（Cattanach）中的卡利南法官呼吁法官坦率地承认他们的社会价值观以及这些价值观是如何影响到他们判断的方式，而不是采用严格的法律政策，更不能拒绝诉诸公共政策[183]。所有的澳大利亚法官都承认他们在此案判决中道德层面的内容，并得出了截然不同的结论，且言辞颇为激烈。所以司法的道德方向在澳洲和不列颠群岛不一定就非要不同，却给法律提供了一个非常不明确的方向。

⑤政策争议：公共的、社会的还是法律的？

英格兰和苏格兰的下级法院在不当受孕案件中没有回避分析公共政策[184]。这种论证的一个依据是，由于法律允许特定情况下由政府提供资助的人工流产服务，而且，根据患者的要求，可以在NHS下进行绝育手术，并得到其资助。因此，正常的责任规则适用于绝育手术中出现的疏忽，这与公共政策并不矛盾[185]。另一个公共政策的论据是，拒绝赔偿可能会鼓励晚期堕胎行为，而提供损害赔偿可以使母亲有能力保留孩子[186]。此外，损害赔偿可能有助于减轻家庭负担[187]，使违愿降生的孩子更容易受到欢迎，使家庭保持完整。通常提出的一个反驳观点是，法院做出赔偿判决的依据不应该是生命的神圣性，也不应该是诉讼诱使父母声称缺乏对孩子的关爱。还有一个风险是孩子会知道她是违愿降生的，因为医师为了维持她的生活要支付赔款[188]。

相比之下，麦克法兰案的上议院法官出奇地团结一致，都不愿意将公共政策的标签应用到他们迥然不同的推理思路上。斯泰恩法官称之为“危险的陷阱”[189]，而克莱德法官抨击公共政策是“一匹难以驯服的驽马”[190]。霍普法官说，法院的问题是法律问题，而不是“社会政策”问题[191]。只有克莱德法官试图解释他不愿意考虑公共政策的原因——他注意到公共政策通常包含伦理或道德元素，因而提出的每一个政策都有一个与之抗衡的考虑[192]。米利特法官也高深莫测地表示，即使他认为道德考虑可能在法律政策和公共政策领域都起作用，但法律政策和公共政策是不一样的。他试图定义法律政策，认为法院的任务是寻求正义。然而，大法官则将追求正义定义为要求“依照恰当、正确的理由，通过公正、合理的方式来解决争端”，同时通过避免不恰当的区别对待来维护法律的一致性[193]。目前的困难在于，司法如何在不涉及政策考虑的情况下做到公平性和合理性。事实上，针对注意义务的卡帕罗检验（Caparo test for duty of care）“公平、公正、合理”的标准通常被拿来与至今仍在加拿大、新西兰和澳大利亚使用的安妮注意义务测试（Anns duty of care test）相类比，被认为前者是与后者相抗衡的政策考虑。坎特拿曲案中的海因法官表示，没有一位上议院高等法官能够摆脱公共政策的考虑[194]。这种隐晦的话语印证了凯恩的观点，即“政策”一词是现代法律词汇中最缺乏分析的一个术语[195]。

在坎特拿曲案中，麦克休（McHugh）和古墨法官（Gummow JJ）敏锐地注意到：

援引广泛的价值观是一个迷人但又有误导性的简单做法。很少有人会否认这种广泛的价值观，然后索性得出这样的结论：他们的做法是为了使（卫生部门）免于承担由坎特拿曲医师的疏忽造成的全部法律后果[196]。

大法官将麦克法兰案中大多数人的区别串联起来：

假定孩子是“健康的”，那么就不能依赖尊重生命重要性的价值观念了。对身患疾病或残疾人的生命价值进行区别对待一直是我们最不赞同的社会和政治体制的标志。参照健康标准决定不对某类孩子提供补偿，相当于通过参考与既定目标无关的因素对父母的损害赔偿金给予歧视对待。“孩子的出生永远是一件幸福的事，而且从中得到的好处远远大于负担”，这种说法否认了该案中（没有上诉）的第一类损害赔偿金，同时也否认了梅尔基奥尔等人普遍采取的避免这类事情的避孕方法[197]。

可能大法官在竭力拒绝依赖公共政策的过程中就考虑到了斯卡曼法官在麦克劳林·奥布赖恩（McLoughlin v O’Brian）案中的声明［由吉尔（Gill J）[198]法官和阿兰布里奇法官（Allanbridge J）[199]在下级的议院中引用］：

普通法的显著特征是司法的发展和原则的形成。必须加以衡量政策考虑，但法官的目标是制定原则。而且，如果制定原则时不可避免地需要在一定程度上做出带有政策风险的决定，那么法院的职能就是按原则做出裁决，把政策削减留给议会决议。这就是这两个立法机构在我们的构想中的真正作用。只要专注于原则，法官就可以保持普通法的生命力、灵活性和一致性，并且可以使法律制度与政策问题划清界限。无论靠他们自己，还是通过他们所负责操作的司法过程，都不具备解决这些公共政策问题的能力。如果遵循原则所导致的结果不被社会所接受，那么议会可以规划一条新的线路或绘制一幅新的图景，找到一个新的方向[200]。

也就是说，斯卡曼法官的警告与以公共政策为由而违背既定原则的危险有关。该警告鼓励上诉法院法官沃勒为埃默（Emeh）案中绝育手术失败的全部后果判定赔偿[201]。上诉法院高等法官没有表现出违背权力界限，也没有将这项任务移交给议会，而是依靠其他标签来证明这样做是对的，那就是分配正义的。

⑥矫正正义与分配正义之间的对决

现在简要地介绍亚里士多德学派在侵权背景下对正义的解读。矫正正义指的是通过激励与受害人损失相关的补救措施以及侵权人赔偿损失的义务，用赔偿责任来纠正侵权行为人对侵权行为受害者造成的不公正行为[202]。矫正正义是过失赔偿中默认的正当理由，依据侵权行为人与不公正行为受害者之间建立的双向关系进行操作[203]。

分配正义具有与之对立的正当理由结构：潜在各方分享利益或共担风险负担（如责任风险），比较其在分配标准方面的相对位置，通常是共同利益的概念。分配正义就像变色龙，在私法领域似乎无休止的论证中被援引为正当理由，甚至会在抵消分析中，以及早先讨论的父母在堕胎与收养减免之间做选择等问题中被引用[204]。温瑞卜（Weinrib）认为，在过失法和其他私法领域，考虑分配正义是“不可接受的”[205]，但是彼得·坎恩（Peter Cane）等其他理论专家认为分配正义可以在确定法律责任的界限、判定是否存在注意义务以及评判在这些职责范围内的哪些损害应被视为不法行为等方面起作用[206]。

克莱德法官将“合理赔偿”作为支付给孩子的抚养费用与医师的责任不成比例的理由[207]，似乎暗示了第三类正义——惩罚性的正义（虽然霍普法官把同样比例失调的论点都归咎于分配正义）[208]。惩罚性正义理论要求制裁要与违法者违背道义的严重程度大致匹配，以此调和矫正正义[209]。奥诺（Honor）指出，在侵权者不亲自支付赔偿金的情况下，相称性的论据就会减弱[210]。这种情况跟受雇于 NHS 的医务人员或签订了医疗服务合同的咨询医师的情况一样，这些人都会获得政府的赦免[211]。米勒特法官有力地驳斥了不相称的观点，指出“拙劣的手术造成的伤害可能与手术的严重性或本来要依靠手术缓解病痛的患者的病情完全不相称”，而手术的难度和成本则与这个问题无关[212]。无论如何，正如南非上诉法院的犀利评论所指出的那样，不相称问题的答案就是，专业医务人员绝对不能疏忽大意[213]。简而言之，解决办法掌握在他们手中。

由医疗疏忽导致的违愿降生的孩子的抚养费用似乎恰好适用于矫正正义模式[214]，正如斯蒂恩[215]、麦克霍恩。古墨、柯比和卡里南法官（Callinan JJ）[216]以及宾汉夫法官在里斯案所言[217]：权利和义务是完全相关的，因为患者接受合乎标准的绝育手术这一权利是医师义务的基础，医师的义务范围包括正确地避免患者控诉的那类侵权行为[218]。如果手术执行有疏忽，那么在手术的开始阶段就可以预见一连串的事件和损失。照这样说的话，NHS 不赔偿才是新颖的论点，而不是父母的诉讼主张[219]。正如卡梅伦法官所解释的那样，这个概念很简单，并且符合损害赔偿法的一般原则——“如果医师的行为是为了防止怀孕或阻止孩子的出生，基本正义要求他对于实际发生的后果负法律责任”[220]。作为一位苏格兰法官，霍普指出内阁已经批准他所称的“矫正正义的传统民事制度”生效。这就意味着，只要受到伤害或出现损失，就能得到赔偿[221]。但是霍普法官没有表示他所援引的分配正义对苏格兰的侵权法律体系来说是外来的。

矫正正义的论据也许是最令人信服的，因为患者寻求绝育的动机包含经济因素，但并不局限于这种情况，因为患者有权获得有效的医疗服务来阻止生育，医师有义务为患者提供这种服务，使患者免于遭受由怀孕造成的所有结果。在这种观点下，是否是通过侵权法或合同来建立权利 / 义务关系，即这种医疗服务是公费报销的还是自费的都无关紧要。宾汉姆先生是一位能言善辩的高级侵权法律师。他支持这种准则：推翻一项忠诚于法律的公共政策规则需要对公共政策进行有效的思考：应该纠正错误[222]。简而言之，这就是矫正正义。令人遗憾的是，宾汉姆法官没有出席麦克法兰案的审判，而是主持了里斯案的听证会。他的法律推理一如既往地清晰易懂，因为他采纳了传统的判决方式，这意味着父母丧失了生育自主权。这很容易让人联想到矫正正义。

我关心的是这一点。尽管认为一个违愿降生的孩子不能被视为经济负担和其他任何责任，并且任何试图计算抚养子女的成本与作为父母所得到的回报的做法都是投机取巧的，不能让人接受的，但有一个事实是不能改变的：孩子的父母是因为输精管切除术或绝育手术存在疏忽，或是关于手术后果的建议存在疏忽才导致怀孕的。他们本身也是这一法律过失的受害者。我可以接受并支持这样的法律政策规则，即不赔偿此类案件中抚养子女的全部费用。但是，我质疑这一规则的公平性，即除了提供与违愿怀孕或生产相关的赔偿之外，拒绝给这一法律过失的受害者提供其他任何赔偿。享受 NHS 的富裕父母恐慌不应该蒙蔽人们的双眼，使其认不清这样的现实：一个带着孩子的单身母亲一直在努力地节衣缩食，维持生计。她一直在数还有多少天孩子才能长大一些，这样她才能每天多工作几个小时，使家庭情况不那么拮据。这位母亲最强烈的愿望就是尽可能地把家务放在身后，腾出时间开始一段新的职业生涯，或者继续从事原来的工作。这样的例子还有很多。失去限制家庭人数的自由这一说法其实是想掩盖这种情况下当事人遭受的真正损失。就是这些父母，特别是母亲（即使在当今社会），都被否认成为受害者。因为其他人的疏忽，她失去了按照自己所期望和计划的方式去生活的机会。我认为与违愿怀孕或生产直接相关的赔偿不足以承认这种损失，不足以体现正义[223]。

也许可以像彼得·坎恩那样抚养：维护费用问题的可恢复性径直落在了分配正义之内，无论这个问题是按“注意义务”的问题来分析，还是按“伤害责任范围”问题来分析。所以施蒂恩法官和霍普法官将分配正义援引为此问题的解决办法，这一做法是安全的。霍普法官乐于回应霍夫曼法官在弗雷斯特的神经性休克案件中列出的分配正义，认为这是把法律的普遍观点保留为规则体系的一种切实可行的尝试。这种规则体系在公民之间是公平的，它承认分配正义是非常笼统的、不精确的[224]。对于斯蒂恩大法官来说，分配正义必须以道德观为基础：

各位法官，通过没有可预见的损失，没有因果关系或没有赔偿的正当理由来解释拒绝为一个违愿降生的孩子的抚养费提供补偿的决定，这样的做法相当于用不切实际的形式主义的命题来掩盖这一判决的真正原因。法官应该努力给出他们做出此判决的真正原因。我坚信，法院拒绝为违愿降生孩子的抚养费提供补偿的真正原因曾经是以分配正义为基础。这当然是一种道德理论。上议院必须像法庭一样行事，而不该像道德论坛一样。这种观点可能会遭到反对。这种说法只是部分正确的。法院必须采用建设性的法律。但是，法官对一个问题的道德回答，或者说一个案件的正义性一直是普通法的一大塑造力量。在困难和不确定性的情况下得出的观点不能算是法官的主观观点，而是他觉得普通公民也会认为是正确的观点……事实是，侵权法是矫正正义和分配正义的原则交织在一起形成的嵌合体。在不确定且困难的情况下，有时法官要在这两种途径之间做出选择[225]。

不幸的是，斯蒂恩法官的想法不是基于分配正义的任何逻辑或原则，而是基于对伦敦地铁里的乘客进行的民意调查。这么做，对于什么是在道德上可以接受的，什么是不可以接受的，创设了说不清楚且不可靠的前提[226]。

实际上，如果不是口头说的话，这似乎是承认了斯蒂恩法官论断的失败。坎特拿曲案中的柯比法官尖刻地批评斯蒂恩法官将“虚构人物”提升为“现代德尔斐神谕”（Delphic）的做法，认为这是试图物化他的判决基础，以避免不可靠的个人形象[227]。相反，柯比法官呼吁司法机构为对侵权责任范围的扩大实施司法控制的做法负责。他声称，法官无权“武断”地背离矫正正义的基本侵权教义，尤其是

"在个人宗教信仰"或隐藏在一个伪装并且被描述为合法原则或法律政策的前提下的"道德"评判的基础上[228]。

当然，如果是这样的话，斯蒂恩法官的比喻就不符合尼科尔斯法官司法解释的标准：

前后一致的法律才能被接受。法律必须有原则。一个案件或一种类型的案件与另一种案件的差异应该是透明的，是可以辨别的。当一个判决脱离了普遍应用的原则，如果这个判决是为了避免案件难办而造就恶法的恶名，那么这个判决的依据必须是理性的且合理的[229]。

在麦克法兰案之后，分配正义成为了司法皮球的一部分。正如海尔法官在帕金森案中所说的：

地铁里的旅客不是被当作一个假定有理性的人，而是当作一个道德仲裁者。我们都知道，伦敦地铁乘客的观点不能代表公共舆论。我们也知道，答案将在很大程度上取决于所提的问题以及能帮助他们回答问题的相关信息和相关论据的数量。事实上，全世界许多杰出的法官都在竭力处理这个问题，得出了不同的结论。这可能表明所获得的回应将不会像期望中的那么坚决且一致[230]。

上诉法院法官布鲁克在帕金森案中援引了衡量注意义务的"公平、公正、合理"的三重标准，然后说这是一个退路：

如果引入分配正义原则，我相信普通人会认为，在这种情况下依法提供赔偿是公平的，只要赔偿仅限于与儿童残疾有关的额外费用[231]。

上诉法院法官沃克（Walker LJ）在里斯案的上诉法院中表示反对。他认为在分配正义的基础上，如果某个女性残疾人发现她在抚养孩子上可以获得补偿，而对另外一个母亲来说，因为再生一个孩子可能存在生活压力和心理压力，从而病倒甚至变残疾，但她得不到补偿，普通人会认为这是不公平的[232]。

在里斯案中，斯蒂恩法官承认："引用分配正义的道德理论，从判例法中选取公正、公平、合理的要求，不过是建立法律政策的途径和应有之义[233]。”然而，我们已经看到，麦克法兰案的斯蒂恩法官明确地将分配正义从“公共政策”中脱离出来[234]。他没有试图区分法律政策和公共政策。宾汉宾法官从来不想深入挖掘侵权理论，但是，他乐于在里斯案中指出，柯比法官在坎特拿曲案中坚持“在需求众多的时候关心和保护 NHS 的有效性可能确实有助于解释在麦克法兰案中上议院援引‘分配正义’这一概念”的做法一定是正确的。这一分配正义的观点比麦克法兰案中的阐述更务实、更具体[235]。米勒特法官拒绝拘泥于这个理论不放，并将其作为判决理由。他坦率地承认道：

在里斯案中，上诉法院大多数人的决定对分配正义这一概念来说是具有破坏性的。因为法院努力在可赔偿的费用与不可赔偿的费用之间划出原则性的界限。这就使法律变得不连贯，从而一定会导致人为的站不住脚的区别[236]。

从这个低迷的困境中侵权法律师可以吸取的教训是，作为政策推理的依据，当分配正义被贴上公共、社会、道德或法律政策的标签时，这个概念就有点儿模棱两可、含糊不清、不可预测且令人混淆。这不是一个外源性的考验，但它允许司法机构放弃其责任，即把在理智上严谨和连贯的原则确定和解释为他们决策的基础。分配正义不仅没有告诉我们如何做出决定，也没有能解释或证明这些决定是合理的，正如麦克法兰案中的辩论所体现的那样[237]。正如加利南法官（Callinan）所指出的[238]，分配正义的观点能够产生相反的结果，因为医师、公共卫生部门或保险公司的口袋更深。一旦隐喻的修辞被剥离，上议院法官就索赔方面的分配正义优于矫正正义的主张就完全不可信。

5. 麦克法兰案和卡塔纳克案：罗科尔的里程碑案件？

坎特拿曲诉梅尔基奥尔案是在2002年医疗赔偿和公共责任保险费突然大幅增加所造成的焦虑政治气氛中判决的，这直接导致联邦政府成立了一个专门就限制个人伤害或死亡过失责任以及损害赔偿金额的立法委员会[239, 240]。澳大利亚医学界立即派专人来回应最高法院的判决。通过麦克法兰案，人们抗议这个不公正的判决，声称许多医疗行为将因无法承受的保险费而被迫停止[241]。澳大利亚医学会将这项裁决描述为“恐怖故事”[242]。澳大利亚三个州的立法者就大多数法官的暗示性请求欣然做出回应[243]，认为立法机构对问题的解决必须彻底从矫正正义的普通侵权法中脱离出来，以扭转其效力[244]。

麦克法兰案继续提起诉讼，因为诉讼人与法官的意见不一致和一些回避的问题，导致五场辩论的推理分歧太大。据凯恩令人难忘的描述，“法院被一套事实绊倒后，就跳到下一个事实中”[245]。里斯案中的地方法院对帕金森案的命运（3∶3，米利特法官持观望态度）使英国法律关于不当怀孕和不当出生的法律处于不稳定状态。在这类判例中有许多不确定性，医疗疏忽导致的最终负担是施加在父母身上的。NHS的诉讼部门继续依据帕金森案来解决残疾儿童的抚养费用问题，尽管我们有理由相信它可能会像里斯案里的一样，重新考虑这个先例，并提供一笔数额很大的赔偿金额[246]。《麦克格雷戈论损害赔偿》（*McGregor on Damages*）的主编说，这种挑战的结果是没法预测的，因为最高法院可以拒绝或批准破例为残疾儿童提供赔偿，以补偿全部的抚养费用。这在很大程度上取决于都有哪些法官出席审理案件[247]。这种玩世不恭是造成麦克法兰案和里斯案混乱的原因。

矫正正义是一种与医疗疏忽相适应的典范：通过要求给患者提供赔偿，强制医务人员和医疗行业对他们的错误及其对患者造成的后果负责，并提供审查和调整程序的经济激励机制，以避免今后出现更多的不良后果。麦克法兰案、帕金森案和里斯案中产生的混杂纠正正义和分配正义的特殊情况不能实现其中任何一种模式的目标。在目前的混杂状态下，由疏忽医疗服务而造成的损失通常是随机事件。这是医疗过失法中唯一证明医师违反注意标准，进而导致可预见的损害，并且大部分损失都由患者来承受的领域。麦克法兰案和帕金森案中所体现的划开界限的武断做法可以说是没有给风险规避提供充分的威慑和奖励机制[248]。值得注意的是，在2007年，也就是麦克法兰案判决8年后，英国的医学论文仍然指出需要在NHS中采取一些简单措施，不仅要通过手术室中的预防程序来防止避孕手术的失败，还要确认、记录和解释失败的判例以减少失败率[249]。

此外，麦克法兰案中援引的分配正义模式和切斯特诉阿夫沙尔案（Chester v Afshar）中大多数法官生硬套用的矫正正义模型很不相符。在这两个案件中，患者对自己的身体完整性做出自主选择的权利因医疗疏忽行为而受到了侵害。里斯案为麦克法兰案进行了粉饰。在这个假象里，患者的自主权益只得到了15 000英镑的象征性补偿，而这种侵权导致的最直接、最难以承担的财务后果并没有得到承认。在切斯特案中，被告医师被要求负担全部沉重的费用，因为他在事故发生前没有发出警告。即使这些后果不是由这位医师的疏忽直接导致的，只是由手术的标准背景风险导致的，医师也要承担后果。这在切斯特案中是合理的，因为如果不需要承担疏忽行为的后果，那么法律所规定的医师发出预先警告以保护患者自主权的义务就成了一纸空文。然而，考虑麦克法兰案和里斯案的理论基础，如果向切斯特女士提供赔偿，那么上述义务就不会成为一纸空文，医疗机构（无论是公立的还是私立的）都不用为不是由手术导致的损伤承担大量赔偿责任。麦克法兰案和切斯特案不能在原则水平上得到调和。

归根结底，在麦克法兰案中采用分配正义以及在帕金森案中采用矫正正义的内在原因和外在原因都是不一致的，在这两个方面上都有明显的区别。柯比法官将这一领域的判决描述为“充满激情的法律分析”。他索然无味地指出，这一领域的大多数司法声明“一直偏袒对其决策谴责得最强烈的那些人”[250]。虽然这个说法可能有点儿尖刻，但它确实说明了过失法在多大程度上已经脱离了原则[251]，取而代之的是晦涩的实用主义[252]。

因此，不应将麦克法兰案视为整个医疗法里的一个里程碑判例，而是应将其视为一个弃置于罗科尔岛上，被猛烈的海水不断冲刷的异类，而坎特拿曲案已经从澳大利亚版图上人口最密集的地方被抹去了。

（郭志鹏　马庆华　王江颖　王　岳　译）

注　释

1 McFarlane v Tayside Health Board [2000] 2 AC 59 [SC (HL)] 96–97 (Lord Hope), 106 (Lord Clyde)。

2 ibid。

3 Cattanach v Melchior [2003] HCA 38, (2013) 215 CLR 1。

4 S Jhaveri, ‘Judicial Strategies in Recognising New Areas for Recovery in Negligence—Lessons Learned from Wrongful Conception Cases’ (2013) 21 Tort Law Review 63。

5 J Mason, ‘Wrongful Pregnancy, Wrongful Birth and Wrongful Terminology’ (2002) 6 Edinburgh Law Review 46。

6 McKay v Essex County Council [1982] 2 All ER 771 (CA)。

7 Harriton v Stephens (2006) 226 ALR 391 (Aus HC); Waller v James and Hoolahan (2006) 226 ALR 457 (Aus HC)。

8 Hergott v Bovingdon 2008 ONCA 2; Cherry v Borsman (1992) 94 DLR (4th) 487 (BCCA)。

9 见：RH v Hunter [1996] OJ No 2065 (liability), [1996] OJ No 4477 (quantum) (Ont CtJ)。

10 在 1967 年《堕胎法》下，s 1(1)(d)。

11 见：Rand v East Dorset Health Authority (2000) 56 BMLR 39 (QB); Hardman v Amin (2000) 59 BMLR 58; Salih v Enfi eld Health Authority [1991] 3 All

ER 400 (CA)。

12 见：Whitehead v Hibbert Pownall & Newton (a fi rm) [2008] EWCA Civ 285, (2008) 102 BMLR 57; Farraj v King's Healthcare NHS Trust [2009] EWCA Civ 1203, (2009) 111 BMLR 131; Lee v Taunton and Somerset NHS Trust [2001] 1 FLR 419 (QB); Lillywhite v University College London Hospitals NHS Trust [2005] EWCA 1466, [2006] Lloyds Rep Med 268。

13 Arndt v Smith [1997] 2 SCR 539; Deriche v Ealing Hospital NHS Trust [2003] EWHC 3104 (QB)。

14 Chester v Afshar [2004] UKHL 41, [2005] 1 AC 134。

15 见：Groom v Selby [2001] EWCA Civ 1522, (2001) 64 BMLR 47; Greenfi eld v Irwin (a fi rm) [2001] EWCA Civ 113, [2001] 1 WLR 1292; Crouchman v Burke (1997) 40 BMLR 163 (QB) 167; CES v Superclinics (Australia) Pty Ltd (1995) 38 NSWLR 47 (CA)。

16 见：Scuriaga v Powell (1979) Sol Jo 40 (CA); Cherry (n 8 above); Mlle X c Picard Cour de Cassation Chambre Civile 1, 25 June 1991 D 1991 (Cours de Cassation Civile), 566。

17 McFarlane (HL) (n 1 above), 68 (Lord Slynn)。

18 感谢安妮特·罗柏格（Annette Roberge）博士从医学角度向我解释了绝育的程序。

19 NHS Litigation Authority, Fact Sheet 3: Information on Claims (as at 31 March 2013)。

20 National Audit Offi ce, Handling Clinical Negligence Claims in England (HC 403) (3 May 2001) para 1.4。

21 HC Deb 14 October 2014 (Written Question 208750). The total value of claims paid out including costs came to £ 95, 208, 477。

22 A Towse and P Danzon, 'Medical Negligence and the NHS: an Economic Analysis' (1999) 8 Health Economics 93。

23 同上。注意，由于会计政策的变化，医疗疏忽的增长率和经常性开支被高估了。

24 R Lewis, A Morris and K Oliphant, 'Tort Personal Injury Claims Statistics: Is There a Compensation Culture in the United Kingdom?' (2006) 14 Tort Law Journal 158, 174–75。

25 Scottish Government Social Research, A Study of Medical Negligence Claiming in Scotland (June 2012) para 1.11。

26 ibid, paras 2.6, 3. 28, 3. 122, Figures 4, 7。

27 R Varma and JK Gupta, 'Predicting Negligence in Female Sterilization Using

Time Inter-val to Sterilization Failure: Analysis of 131 Cases' (2007) 22 Human Reproduction 2437, 2437; R Varma and JK Gupta, 'Failed Sterilisation: Evidence-based Review and Medicolegal Ramifi cations' (2004) 111 British Journal of Obstetrics & Gynaecology 1322, 1322。

28 M Murphy, 'Sterilisation as a Method of Contraception: Recent Trends in Great Britain and Implications' (1995) 27 Journal of Biosocial Science 31, 35。

29 Royal College of Obstetricians and Gynaecologists, Male and Female Sterilisation (April 1999, [revised January 2004 edn] Evidence-based Clinical Guideline Number 4) 6。

30 McFarlane (HL) (n 1), 84。

31 Murphy, 'Sterilisation as Contraception' (1995), n 28 above, 39-40。

32 目前没有用于在国家档案中调查或报告绝育失败的系统，即使是诉讼案例也没有记录：Varma and Gupta, 'Predicting Negligence'(2007) 2。

33 Eg Ahern v Moore [2013] IEHC 72 (High Court of Ireland)。

34 Varma and Gupta (2007) (n 27 above)。

35 引自：C B-Lynch, A Coker and JA Dua, 'A clinical analysis of 500 medico-legal claims evaluating the causes and assessing the potential benefit of alternative dispute resolution'(1996) 103 British Journal of Obstetrics and Gynaecology(样本包括英国的 488 例病例，以及香港和爱尔兰共和国的 12 例病例)。

36 专家证词见：Byrne v Ryan [2007] IEHC 207, [2009] IR 542 (High Court of Ireland) [34], [37]–[38]。

37 ibid [36]–[37], [41]–[42], [44]。

38 Ahern (n 33 above)。

39 引自：H Peterson and others, 'The Risk of Pregnancy after Tubal Sterilization: Findings from the US Collaborative Review of Sterilization'(1996)174 American Journal of Obstetrics Gynecology 1161。美国的绝育手术失败率较高，主要是因为较晚 (1996 年) 批准使用更有效的 Filshie 夹。英国、加拿大和澳大利亚通常使用这一器械。

40 J Trussell, E Guilbert and A Hedley, 'Sterilization failure: sterilization reversal and pregnancy after sterilization reversal in Quebec' (2003) 101 Obstetrics & Gynecology 677。

41 Royal College of Obstetricians and Gynaecologists, Male and Female Sterilisation (2004), Executive Summary, 2。

42 Varma and Gupta (2007) (n 27 above) 1, 6。

43 引自：Varma and Gupta, "Failed Sterilisation" (2004) (同注释 27)，1329。

医疗和法律数据库中普遍缺少非医疗疏忽导致的绝育失败的案例可能是由于没有相应案例的报告机制：Varma and Gupta (2007)(同注释 27) 6。

44 JK Mason, The Troubled Pregnancy: Legal Wrongs and Rights in Reproduction (Cambridge, Cambridge University Press, 2007) 100。

45 ibid。

46 见：Thake v Maurice [1986] QB 644 (QB, CA)。

47 Royal College of Obstetricians and Gynaecologists (n 29 above), Executive Summary, 2。

48 McFarlane (HL) (n 1 above), 75。

49 Hedley Byrne v Heller & Partners Ltd [1964] AC 465 (HL)。

50 Henderson v Merrett Syndicates Ltd [1995] 2 AC 145 (HL); Williams v Natural Life Health Foods Ltd [1998] 1 WLR 830 (HL); McFarlane (HL) (n 1 above), 77 (Lord Steyn)。

51 Allen v Bloomsbury Health Authority [1993] 1 All ER 651; Groom (n 15 above)。

52 见 Scuriaga (同 注 释 16) ; Cataford v Moreau (1978) 114 DLR (3d) 585 (Qué SC)。Clyde 法官对合同中的结果是否不属于侵权行为持保留意见：McFarlane (HL) (同注释 1) 99。

53 引自：McFarlane v Tayside Health Board (1997) SLT 211 [SC (OH)]。原告的状况可能是导致法官之间在麦克法兰夫人是否要求赔偿她的工资损失等问题上意见不同的原因。

54 McFarlane v Tayside Health Board (1998) SCLR 126 (Court of Session, Inner House (Second Division)。

55 Rees v Darlington Memorial Hospital NHS Trust [2003] UKHL 52, [2004] 1 AC 309, [7] (Lord Bingham), [16] (Lord Nicholls)。

56 ibid。

57 Parkinson v St James and Seacroft University Hospital NHS Trust [2001] EWCA Civ 530, [2002] QB 266。

58 Rees (HL) (n 55 above) [28] (Lord Nicholls), [59] (Lord Steyn), [94] (Lord Hutton), [111] (Lord Millett), [147] Lord Scott。

59 ibid [35] (Lord Steyn), [57] (Lord Hope), [91] (Lord Hutton)。

60 ibid [112] (Lord Millett)。

61 ibid [9] (Lord Bingham), [19] (Lord Nicholls concurring with Lord Bingham), [147] (Lord Scott)。

62 Cattanach (HCA) (n 3 above) [13]。

63 Cattanach v Melchior [2001] QCA 246 (Qld CA)。

64 关于坝特拿曲提交了补充建议。

65 Ahern 案（同注释 33）（母亲患有遗传性血凝，因此怀孕是“危险的”；孩子出生时即患有严重畸形，出生后 6 个月即死亡）；Crouchman 案（同注释 15），165 页（母亲有宫外孕史）。

66 见：Udale v Bloomsbury Area Health Authority [1983] 1 WLR 1098, [1983] 2 All ER 522, 524; Crouchman (n 15 above), 165。

67 见 Hunter 案 (同注释 9)。由于医师在这对父母进行遗传咨询时的疏忽，他们生出了两名患有进行性假肥大性肌营养不良的男孩。

68 见 Fassoulas v Ramey 450 So 2d 822 (Florida SC 1984)。该案中父母已经有了两个患有严重畸形的孩子，负担着高额的医疗费用。由于绝育失败，他们又生了两个孩子，且两个孩子都患有畸形 (一个孩子严重畸形，另一个通过手术进行了矫正)。

69 见 Parkinson (n 57 above) [6]。

70 见 ibid。

71 见 Thake (n 46 above), 652。

72 见 Cataford (n 52 above)。

73 Emeh v Kensington and Chelsea and Westminster Area Health Authority [1985] QB 1012 (CA); Thake (n 46 above) (leave to appeal to HL denied); Allan v Greater Glasgow Health Board 1998 SLT 588 (SC [(OH)]。

74 Udale (n 66 above), 527–28; Allen (n 51 above); Benarr v Kettering Health Authority (1988) 138 NLJ 179 (QB)。

75 引自 Walkin v South Manchester Health Authority [1995] 1 WLR 1543, 1529, [1995] 4 All ER 132 (CA)。麦克法兰案的诉讼时效期限之后，人身伤害规则仍然适用：Godfrey v Gloucestershire Royal Infirmary NHS Trust [2003] EWHC 549 (QB)。

76 引自 National Audit Office, Handling Clinical Negligence Claims in England (HC 403) 30 April 2001, p7。这个案例被作为由于没有使用 Filshie 夹导致错误受孕的典型解决方案的例子报道。

77 Rees (HL) (n 55 above) [28]。

78 LC Hoyano, ‘Misconceptions about “ Wrongful Conception” ’ (2002) 65 Modern Law Review 890。

79 在爱尔兰，被告承认妊娠和分娩在伯恩案中 (上文第 36 页)[169] 构成了损害，但后来在埃亨案 (Byrne) 中 (上文第 33 页) 受到质疑。

80 摩根 (Morgan) 和怀特认为，澳大利亚高等法院在卡塔那奇案和不当生存权利案件［Harriton ((n 7 above); Waller (n 7 above)］中立场的净效应是“尽管一个生命的诞生对于那些关注出生的人并不总是一种祝福，但是不论生命对其他人造成的代价或负担如何，它对于活着的人来说永远是一种福音。”(2006) 29 University of NSW Law Journal 239, 248)。

81 这一点由斯蒂恩法官在麦克法兰案件［McFarlane(HL)(n 1 above)］83 中引用了 l Trindade and Cane, the Law of Torts in Australia，3rd edu (Victoria, Oxford University Press, 1999)，在争论一致性时没有认识到他的立场的不一致性，即在健康的孩子的诞生中存在可控告的身体伤害。

82 XY v Accident Compensation Corporation [1984] 4 NZAR 219, 380 (Jefferies J)。

83 这一观点最早被贾善（Jupp）法官在阿黛尔案 (同注释 66) 中接受。

84 Thake (n 46 above), 666–67。

85 Emeh (n 73 above), 1025。

86 McFarlane (HL) (n 1 above), 62, 64。

87 ibid 64。

88 AD v East Kent NHS Trust [2002] EWHC 2256, [2002] 3 FCR 658 (QB), [9] point (ii)。

89 McFarlane (HL) (n 1 above), 111。

90 ibid 113–114。

91 ibid 102。

92 Goodwill v British Pregnancy Advisory Service [1996] 2 All ER 161 (CA)。

93 Spring v Guardian Assurance plc and Others [1995] 2 AC 296 (HL)。

94 White v Jones [1995] 2 AC 207 (HL)。

95 参 考 E Jackson, Regulating Reproduction: Law, Technology and Autonomy (Oxford, Hart Publishing, 2001) 29–30。

96 律师和死者母亲（这位母亲由于过失而被起诉，她从孩子出生 9 年来未能将案件提起诉讼，那时母亲自杀了）以怀特海德一案中父亲职位的缺失来说明这位死者的丈夫有注意义务（上文 12）；上诉法院法官里克斯 (Rix LJ) 认为，一旦父亲对残疾儿童承担了作为父亲的责任，那么他在抚养费方面就有“难做但实际可议的权利”(67)，但他在这一点上是少数。另见 AD v East Kent NHS Trust（上文 88)[在里斯案件中上院判决书（上文 55）之前的决定)]，当母亲在精神病医院里怀孕并成为一名永久性患者时，孩子的祖母拒绝让孩子的替代照护者信托抚养费用。

97 Cattanach (HCA) (n 3 above) [9]。

98 Parkinson (n 57 above) [294]。

99 Cattanach (HCA) (n 3 above) [189]。

100 Eg Sorkin v Lee 434 NYS 2d 300 (NYAD, 1980); Williams v Van Biber No WD 47567 (Missouri CA)（婴儿心脏缺损的医疗费用与输精管切除术失败

没有因果关系；原告的诉讼力求设立“一种医疗亲子诉讼”)。

101 OM Bradfi eld, ‘Healthy Law Makes for Healthy Children: Cattanach v Melchior’ (2005) 12 Journal of Law and Medicine 305, 317。

102 Emeh (n 73 above), 1024。

103 103 参考阿黛尔一案 (Udale)(n 66 above) 526。

104 CES v Superclinics(澳大利亚)(n 15 above),在一个观点严重分歧的法庭上，军队法官普利斯特列 (Priestley) 表示，即使堕胎太晚，父母也可以将该孩子交出领养，所以他们在决定保留孩子后，被告可以不用承担抚养费用的法律责任。

105 McFarlane (HL) (n 1 above), 81。

106 ibid 63, 110。

107 如艾伦 (Allanbridge) 法官在麦克法兰 [(McFarlane(IH)] (n 54 above), 142-43 中所述。米利特法官 (Millett) 认为这是一个不同的论据[McFarlane (HL)(n 1 above)(113)]，但鉴于其关键是父母决定保留孩子，所以很难辨别这种差异。

108 McFarlane (HL) (n 1 above), 65, 89–90。

109 ibid 74 (Lord Slynn), 81 (Lord Steyn), 97 (Lord Hope), 104, 105 (Lord Clyde), 111, 112–113 (Lord Millett)。

110 ibid 81。

111 Cattanach (HCA) (n 3 above) [57] (McHugh and Gummow JJ), [193] (Hayne J)。

112 Mason, Troubled Pregnancy (2007) n 44 above, 123。

113 Bradfi eld, ‘Healthy Law’ (2005) n 101 above, 311。

114 Udale (n 66 above), [1983] 1 WLR 1098, 1104, 引用得到霍普法官的支持。

115 Varma and Gupta (2004) (n 27 above), 1329。

116 这一观点在阿黛尔 (上文 66) 和伯恩 (上文)[137]–[140] 案件中被告也是认可的；在 Kealey v Berezowski 一案中，二次手术的损害得到了相应的赔偿。还有一个类似的判例，手术过失跟手术放置错误有关，参见: DC Ring, JH Herndon and GS Meyer, ‘Case 34-2010—a 65-year-old Woman with an Incorrect Operation on the Left Hand’ (2010) 363 New England Journal of Medicine 1950. 218 Laura Hoyano。

117 McFarlane (OH) (n 53 above), 142 (Lord Allanbridge)。

118 McFarlane (HL) (n 1 above), 86。

119 ibid 99 (Lord Clyde), 107 (Lord Millett)。

120 ibid 74 (Lord Slynn), 81, 84 (Lord Steyn)。 分 析 见: Jhaveri, ‘Judicial Strategies’(2013) n 4 above, 66–67; D Nolan, ‘New Forms of Damage in

Negligence' (2007) 70 Modern Law Review 59, 71。

121 Cattanach (HCA) (n 3 above) [148]–[149]。

122 120 ibid 74 (Lord Slynn),。81, 84 (Lord Steyn)。分析可参考 Jhaveri, 'Judicial Strategies' (2013) n 4 above, 66–67; D Nolan, 'New Forms of Damage in Negligence' (2007) 70 Modern Law Review 59, 71。

123 R v Miller [1954] 2 QB 282 (CA)。

124 Director of Public Prosecutions v Smith (Michael Ross) [2006] EWHC 94, [2006] 2 All ER 16 (QBD)。

125 这种方案在基利 (Kealey)(n 116 above)，735 一案中得到了认可。这条论据有大量学术著作的支持，比如：N Priaulx, 'Joy to the World! A (Healthy) Child Is Born! Reconceptualizing 'Harm' in Wrongful Conception' (2004) 13 Social & Legal Studies 5, expanded in N Priaulx, The Harm Paradox: Tort Law and the Unwanted Child in an Era of Choice (London, RoutledgeCavendish, 2007); E Jackson, Regulating Reproduction (2001) n 95 above, ch 1。

126 R Dworkin, Life' s Dominion: an Argument about Abortion, Euthanasia and Individual Freedom (Oxford, Oxford University Press, 1993) 159。

127 McFarlane (HL) (n 1 above), 65，尤其在人身伤害案件 Pickett v British Rail Engineering Ltd [1980] AC 136 (HL) 中，审判长勒德雷尔 (Roederer) 提出了相反的观点，参见 'Wrongly Conceiving Wrongful Conception: Distributive vs Corrective Justice' (2001) 118 South African Law Journal 347, 350。

128 Chester (n 14 above)。将在本书第十一章讨论。

129 作者作为英国国民健康保险诉讼管理局的留置顾问出席了上诉。

130 Rees (HL) (n 55 above) [7]–[10] (Lord Bingham), [17] (Lord Nicholls), [123]–[126] (Lord Millett), [148] (Lord Scott)。

131 ibid [8]。

132 在输卵管结扎术失败并没有造成严重心理影响或抑郁时，目前为 7500 英镑的一般损害赔偿，参考 Hon Mr Justice Ian Burnett and others, Judicial College's Guidelines for the Assessment of General Damages in Personal Injury Cases, 12th edn (Oxford, Oxford University Press, 2013) 3030。这可能会提高到 8250 英镑，这包含了鲁珀特·杰克逊 (Rupert Jackson) 先生建议的 10%的普遍提升，这在西蒙斯诉卡斯尔案件［Simmons v Castle（2012）EWCA Civ 1288］中被上诉法院接受。

133 Rees (HL) (n 55 above) [40]–[47] (Lord Steyn), [70]–[77] (Lord Hope). McFarlane v Tayside; Cattanach v Melchior 221。

134 Berman v Allan 80 NJ 421, 404 A 2d 8 (1979)。

135 McFarlane (HL) (n 1 above), 105 (Lord Clyde), 114 (Lord Millett)。

136 McFarlane (HL) (n 1 above), 140-41。

137 Allen (n 51 above)。

138 McFarlane (HL) (n 1 above), 87; 在艾伦一案中也遭到卡梅隆法官的拒绝 (n 73 above), 583。

139 Thake (n 46 above), 682–685; 也可参考艾伦一案 (n 51 above)。

140 McFarlane (HL) (n 1 above), 63。

141 McFarlane (OH) (n 53 above), 215–216。

142 McFarlane (HL) (n 1 above), 97。

143 ibid 81–82。

144 一个寡妇对其失去经济来源的索赔要求并不能被她逃离丈夫的魔爪所抵消: Cattanach (HCA) (n 3 above) [297] (Callinan J).145 McFarlane (HL) (n 1 above), 103。

145 McFarlane (HL) (n 1 above), 103。

146 Parkinson (n 57 above) [70]。

147 Surtees v Kingston-upon-Thames Borough Council [1991] 2 FLR 559 (CA), 583。

148 Parkinson (n 57 above) [6]; Fish v Wilcox and Gwent Health Authority (1993) 13 BMLR 134 (CA), 135; Hunter (n 9 above) [28]。

149 Whitehead (n 12 above)。

150 McFarlane (IH) (n 54 above), 140。

151 A concern of Hale LJ, Parkinson (n 57 above) [89], and Hayne J in Cattanach (HCA) (n 3 above) [248], [261]。

152 McFarlane (OH) (n 53 above), 216-17。这一论点被英国 NHS 提到过。性别歧视者认为，男孩子可以在经济上帮助父母，女孩子可以在洗衣家务方面帮助父母，见: Udale (n 66 above), 529。

153 Kealey (n 116 above), 731。

154 吉尔和米利特法官在麦克法兰 McFarlane (OH) (n 53 above) 一案中提出反对意见，215, 以及 McFarlane (HL) (n 1 above), 111。

155 不少于 55 次: Hoyano, 'Misconceptions' (2002) n 78 above, 891。

156 Parkinson (n 57 above) [89]。

157 Hoyano (n 78 above), 900–901。

158 Hartke v McKelway 707 F 2d 1544 (USCA, DC Cir, 1983) 1555。

159 IJ Alvarez, 'A Critique of the Motivational Analysis in Wrongful Conception Cases'(2000) 41 Boston College Law Review 585, 606。也可参考 Mukheiber v Raath (1999) 52 BMLR 49 (SCA of South Africa)。这与南非的先例观点

相反，不认为法院应该判断反对公共政策行为动机的有效性：Edouard v Administrator, Natal 1990 (3) SA 581 (SCA of South Africa) 593。

160 Cattanach (HCA) (n 3 above) [205]–[207] (Hayne J)。

161 McFarlane (HL) (n 1 above), 112。

162 ibid 113–14。

163 ibid 111。

164 Thake (n 46 above), 666。反方观点可以参考：S Todd, 'Wrongful Conception, Wrongful Birth and Wrongful Life' (2005) 27 Sydney Law Review 525, 531–32。

165 我在牛津演讲时，以动画片的形式讲述了这个话题：法官用一台像黄鹤形状的起重机把麦克法兰的孩子从人身伤害的篮子运到了纯粹经济损失的篮子里。

166 布鲁克 (Brooke) 法官在艾伦一案 (上文 51)662 中，第一次把经济损失从人身伤害的索赔中分离开来，但是他当时必须遵守伊麦案件 (上文 73) 的条例，赔偿了单亲妈妈的收入损失和抚养费用。

167 Costello v Chief Constable of Northumbria Police [1999] 1 All ER 550 (CA); Swinney v Chief Constable of Northumbria Police [1996] 3 All ER 449 (CA)。

168 McFarlane (HL) (n 1 above), 77, 83。

169 ibid 75。

170 ibid 91。

171 ibid 75。

172 ibid 76。

173 Parkinson (n 57 above) [115]。

174 McFarlane (HL) (n 1 above), 74。

175 Adams v Bracknell Forest Borough Council [2004] UKHL 29, [2005] 1 AC 76 [10], [19]–[20] (Lord Hoffmann), 反对 Anderton v Clwyd County Council [1999] Fam Law 188, [1999] ELR 1 (CA) 以及其他上诉法院的判决是：根据赫德利 · 伯恩（Hedley Byrne）(上文 48 ）一案，未能消除阅读困难症属于纯粹的经济损失。

176 McFarlane (HL) (n 1 above), 109。

177 受到以下同意：McHugh and Gummow JJ, Cattanach (HCA) (n 3 above) 。

178 Kealey (n 116 above), 731。

179 McFarlane (HL) (n 1 above), 108。

180 ibid 109, 111, 114。

181 ibid 109。

182 McFarlane (HL) (n 1 above), 83。

183 Cattanach (HCA) (n 3 above) [291]。
184 Eg Emeh (n 73 above); Allan (n 73 above), 583。
185 Allan (n 73 above), 583; Scuriaga (n 16 above); Thake (n 45 above) (Peter Pain J)。
186 Emeh (n 73 above), 1021。
187 McFarlane (IH) (n 53 above) 134 (Lord Justice-Clerk (Cullen)。
188 Udale (n 66 above); McFarlane (OH) (n 53 above), 216-17 (Lord Gill)。
189 McFarlane (HL) (n 1 above), 83。
190 ibid 100。
191 ibid 95。
192 ibid 100。
193 ibid 108。
194 Cattanach (HCA) (n 3 above) [217]–[219]。
195 P Cane, 'Another Failed Sterilisation' (2004) 120 Law Quarterly Review 189, 191。
196 Cattanach (HCA) (n 3 above) [77]。
197 ibid [78], citing Hoyano (n 78 above), 900–901。
198 McFarlane (OH) (n 53 above), 216。
199 McFarlane (IH) (n 54 above), 143。
200 McLoughlin v O' Brian [1983] 1 AC 410 (HL) 430。
201 Emeh (n 73 above), 1022。
202 E Weinrib, 'Corrective Justice in a Nutshell' (2002) 52 University of Toronto Law Journal 349, 350-51。
203 E Weinrib, The Idea of Private Law (Oxford, Oxford University Press, 1995 [revised edn 2012]) ch 6。
204 Roederer, 'Wrongly Conceiving' (2001) n 127 above, 361。
205 Weinrib, 'Corrective Justice' (2002) n 202 above, 355。
206 P Cane, Responsibility in Law and Morality (Oxford, Hart Publishing, 2002) 186-91, 217-18。
207 McFarlane (HL) (n 1 above) 105, 106。
208 ibid 96-97。
209 由以下设想: T Honor é, Responsibility and Fault (Oxford, Hart Publishing, 1999) 83, 87。
210 T Honoré, 'The Morality of Tort Law: Questions and Answers' in Honoree, Responsibility and Fault (Oxford, Hart Publishing, 1995) 89。
211 引　自: NHS(Clinical Negligence Scheme) Regulations 1996 (SI 1996/251);

NHS Indemnity Arrangements for Clinical Negligence Claims in the NHS (HSG 96/48)。在苏格兰，赔偿金于 1989 年推出，目前由临床疏忽和其他风险赔偿计划资助：Scottish Government, A Study of Medical Negligence Claiming in Scotland (同注释 25)，第 1.1 节。

212 McFarlane (HL) (n 1 above) 109。

213 Mukheiber (n 159 above) [50]。

214 McFarlane (HL) (n 1 above), 81 (Lord Steyn)。

215 ibid 81。

216 Cattanach (HCA) (n 3 above) [51], [57] (McHugh and Gummow JJ), [176] (Kirby J), [302] (Callinan J)。

217 Rees (HL) (n 55 above) [4]。

218 Weinrib (n 202 above), 352。

219 与以下相反：Todd, 'Wrongful Conception' (2005) n 164 above, 532。

220 Allan (n 73 above), 584, 引自 Sherlock v Stillwater Clinic 260 NW 2d (1977) 174-75。

221 McFarlane (HL) (n 1 above), 96。

222 X v Bedfordshire County Council [1995] 2 AC 633 (CA), 663, 反复重申于：Van Colle v Chief Constable of Hertfordshire Police; Smith v Chief Constable of Sussex Police [2008] UKHL 50, [2009] 1 AC 225, [56] (不同意)。

223 Rees (HL) (n 55 above), [8]。

224 McFarlane (HL) (n 1 above), 96, 引用 White v Chief Constable of South Yorkshire Police [1999] 2 AC 455, 510-11, 对以下上诉：Frost v Chief Constable of South Yorkshire Police [1997] 3 WLR 1194。

225 McFarlane (HL) (n 1 above), 82, 83。

226 ibid 82。

227 Cattanach (HCA) (n 3 above) [135]。

228 ibid [136], [137], [151], [177]。

229 Fairchild v Glenhaven Funeral Services Ltd [2002] UKHL 22, [2003] 1 AC 32, [36]。

230 Parkinson (n 57 above) [82]。

231 ibid 283。

232 Rees v Darlington Memorial Hospital NHS Trust [2002] EWCA Civ 88 [2003] QB 20 [55]。

233 Rees (HL) (n 55 above) [29]。

234 McFarlane (HL) (n 1 above), 83。

235 Rees (HL) [6] (同注释 55) 引用了 Cattanach (HCA) [178](同注释 3)。宾

汉法官赞扬了澳大利亚高等法院成员在卡塔纳克案中给出的清晰而敏锐的不同意见(但没有赞扬麦克法兰案的小组成员)。

236 Rees (HL) (n 55 above) [121]。

237 Hoyano (n 78 above), 905。

238 Cattanach (HCA) (n 3 above) [301]。

239 Hon Justice Ipp, Review of the Law of Negligence—Final Report (Commonwealth of Australia September 2002)。

240 虽然该小组重申其职权关注的是法律原则，而不是侵权制度的负担能力: P Cane, 'Reforming Tort Law in Australia: a Personal Perspective' (2003) 27 Melbourne University Law Review 649。

241 C Zinn, 'Doctor Who Botched Sterilisation Has To Pay Cost of Raising Child' (2003) 327 British Medical Journal 183; 也见由以下资料引用的新闻稿和媒体文章: Bradfi eld (n 101 above), 301, 315。

242 P Cane, 'The Doctor, the Stork and the Court: a Modern Morality Play' (2004) 120 Law Quarterly Review 23, 26。

243 2003 年《民事责任法》(Civil Liability Act)(昆士兰州)[排除了绝育失败(第 49A 条), 避孕程序或建议失败(第 49B 条)的抚养费; 2002 年《民事责任法》(新南威尔士州)] 第 71(1) 条(适用于所有与儿童出生相关的起诉理由; 排除了抚养费和收入损失);1936 年《民事责任法》(南澳大利亚州)第 67 条(排除了许多起诉理由中的儿童抚养费用)。这些法规保留了因儿童残疾而产生的额外费用的索赔权。

244 Eg Cattanach (HCA) (n 3 above) [138], [162], [180] (Kirby J)。

245 Cane, 'Another Failed Sterilisation' (2004) n 195 above, 191。

246 例如，在一起由于产前检查没有发现胎儿缺少双臂导致不当出生的案例中，父母得到了 180 万英镑的赔偿金: "Wrongful Birth Claim-Child Missing Upper Limbs Bilaterally: CW v NHS Hospital Trust" (2011) 17 Clinical Risk 234。

247 H McGregor, M Spencer and J Picton, McGregor on Damages, 19th edn (London, Sweet & Maxwell, 2014) para 38-290。

248 Cattanach (HCA) (n 3 above) [161] (Kirby J); Bradfi eld (n 101 above), 314 (Bradfi eld being Resident Medical Offi cer, the Alfred Hospital, Melbourne)。

249 Varma and Gupta (2007) (n 27 above)。

250 Cattanach (HCA) (n 3 above) [151]。

251 Hoyano (n 78 above), 892, Kirby J in Cattanach (HCA) (n 3 above) [128]引用。

252 J Steele, 'Scepticism of the Law of Negligence' (1993) 52 CLJ 437, 也由 Kirby J in Cattanach (HCA) (n 3 above) [128] 引用。

第十一章

切斯特诉阿夫沙尔案
Chester v Afshar

萨拉·格林（Sarah Green）

切斯特诉阿夫沙尔案（Chester v Afshar）[1]并不是一个值得称颂的里程碑判例。在此案中，上议院为了体现其奉为圭臬的公正原则，牺牲了对过失行为中的因果关系一贯探究。一项判决是否对普通法有价值，仅取决于这项判决是否明示了一条永不可再次被践踏的道路。然而，切斯特诉阿夫沙尔案既不符合传统的因果关系原则，也没有任何已有的例外情况来支持这项判决。简而言之，此案难称里程碑判例。这对于过失侵权行为来说是一件好事，但是对那些受到此案不寻常的裁定影响的人来说并不是一件好事。

在切斯特诉阿夫沙尔案中，被告对原告施行了选择性手术，以缓解其严重的背痛。尽管被告并无疏忽地完成了手术，但原告仍受到了严重的神经损伤并因此导致部分瘫痪。被告并未履行注意义务，他并未警告患者手术造成的这种瘫痪的风险为1%~2%。此案的难点在于因果关系。因为原告并没有争辩说如果有人告知她存在风险，她将永远不会进行手术；或者如果医师及时告知风险，她也许会找另外一位医师做手术[2]。她的理由仅仅是，如果医师及时警告她在手术过程中存在固有的风险，她也许不会同意在她与医师会面的3天之内就进行手术，而是会寻求更多的建议，看看有没有替代方案。上议院（宾汉姆法官和霍夫曼法官的反对意见）认为阿夫沙尔先生负有责任。因为原告在没有被告知存在风险的情况下，最终受到了损害，因此可以认为是被告未履行告知义务而导致原告受到了损害。因此，上议院实际上是维护了原告的自主权。但是在过失行为中，单纯的妨害他人的自主权绝对不是一种按规定来说可起诉的伤害类型[3]。

大多数法官（霍普法官、斯蒂恩法官和沃克法官）裁决，尽管依据传统的因果关系原则，切斯特小姐不能获得损害赔偿[4]，然而应该采纳她的索赔请求。这个结论得到了两个最重要的论点支持：第一，她在受到伤害时，医师尚对她有注意义务；第二，如果她的赔偿请求被驳回，类似的注意义务将会变得毫无意义。关于这一点，我认为每一条观点都不足以支持法官做出与实际因果关系原则背道而驰的判决。第一，损害发生时医师尚具有注意义务并不意味着这两者之间存在因果关系。相反，它类似一种制约装置。我们应首先判断因果关系是否存在，之后再判定因果关系是否存在于这一范围内。因此，具有因果关系的两要素在法律上可以被认为是完全无关的，因为它产生的后果并不在被告注意义务的范围之内。然而，我们并不能因此说，仅仅因为某件事情的后果（并不是由我们正在讨论的要素引起的）恰巧损害了被告负责保护的患者的健康，就可以认为一件没有因果关系的事件能在法律上被认为存在关联。这显然是一个不合逻辑的推论，并且，毫无意外，这种观点并没有在其他过失侵权行为案中出现过[5]。在切斯特案中，通过盖然性权衡，被告的疏忽行为并未导致原告有更大的损失。因为如果被告告知了原告相关风险，原告可能会在另一天冒同样的风险进行手术（无论手术做得多么仔细，手术中罹患马尾综合征的风险仍然会有1%~2%）。因此，被告没有尽到告知义务并没有使切斯特小姐的境况更糟糕。这个事实表明此事与被告的责任范围无关：在侵权行为中，个人没有义务补偿不是由他们造成的损失。

第二，如果在被告未履行注意义务与原告受到损害之间没有建立起事实上的因果关系，那么不承担责任对注意义务的内容没有任何影响。在过失行为的探究中，未履行注意义务是对过失行为索赔胜诉的必要不充分条件。这必然意味着，虽然未履行责任，但只要没有造成损害（或者至少只要权衡概率后，不会产生由此引起的损害），就会免于疏忽责任的惩罚。这并不会有损于注意义务的价值或意义。应该是由侵权法来保护患者的尊严和选择权，即侵权法认为医务人员有告知的义务；而不是法院的意愿，即为了患者的利益而忽视对因果关系的考量。如果未履行注意义务并未导致原告受到损失，那么裁定被告没有责任并未妨害该权利。它仅仅表明虽然患者不能行使这项权力，但这种情况并未造成任何损失。在切斯特案的异议判决中，宾汉姆法官十分清楚这一点的重要性：

就我来说，我不认为法律应该试图以这种方式加强这种权利，要求被告为其可能造成的巨大损失进行赔偿，被告侵犯这种权利并未使原告的身体状况变得更差[6]。

当然，一般来说，在过失行为中，造成损害是索赔的关键，虽然阿夫沙尔先生存在过失行为，且切斯特女士受到损害，但是这两者之间的关联并不符合该原理的预期。过失行为和损害在同一个情景下发生只不过是一种巧合。在这种情况下，如果未履行某项义务并未增加出现这种结果的风险，那么这种结果将被认为是巧合的。一个经常引用的例子是，某名原告的腿被被告弄断。在他去往医院时，乘坐的救护车又被雷电击中。就被告的行为来说，原告死于雷击这个事实纯属巧合，因为一般来说打断一个人的腿并不会增加其死于雷击的概率。在切斯特诉阿夫沙尔案中，切斯特女士受到损伤（由马尾综合征引起的瘫痪）的风险是手术过程中不可避免的，并且此风险不会也不可能因为医师未能告知患者而增加。

斯台普顿（Stapleton）教授不同意这一观点。他认为如果更多的医师不告知患者这种风险，那么会有更多的患者选择做手术。这将产生更多的瘫痪病例[7]。因为最终结果使这种伤害发生的概率将会增加。因此，马尾综合征与医师未进行警告之间的关系并不是巧合的。

在斯台普顿的陈述中，她十分清楚地指出这个问题应是这类事件的总发生率，而不是任意一件给定的事件中伤害发生的概率。不幸的是，这正是她的论点站不住脚的地方。如果过失行为的侵权主要考虑的是损害的影响范围，并且其宣称的目标是使风险最低，那么这将是一个有说服力的论据。这是法律经济学家会赞成的观点，但是这不是英国关于过失行为的法律所依赖的前提。在当前情况下侵权法的主要目的是牺牲分配正义以实现纠正正义价值[8]。因此，我们更应考虑这名被告是否增加了原告受到损失的风险，这比任何对于全体公民的宏观层面考量都要重要。照这种说法，切斯特女士罹患马尾综合征与阿夫沙尔先生未能事前给予警告这两件事之间没有因果关系。那些认为阿夫沙尔先生有责任的法官都承认这个事实[9]。但尽管如此，他们还是认为有足够的“政策方面”的考量支持他们判决阿夫沙尔先生应负赔偿责任[10]。

在阿夫沙尔案中，原告损害的产生与被告未履行义务之间的巧合性为我们指明了分析此案的正确方向。此判决引人注目的特点之一便是，此案不适用任何公认的过失行为的分析类型。因此，此案经常被定性为“未尽告知义务”案件，并且经常被作为一个单独类型进行分析[11]。但在现实生活中，切斯特诉阿夫沙尔案是一个机会丧失案件。当然这是在描述其分析类型。它没有提到依据那些特定的事实，患者是否真的失去了机会。将切斯特案如此分类，不仅会在更广泛的过失行为侵权中达成一致性，而且有助于我们对此案进行更加清晰的分析。

历史上，过失行为中的机会丧失案件被分为两种：一种涉及人们丧失了获得经济利益的机会，另一种意指人们丧失了获得更好治疗效果的机会。因为在此案中法院看上去想要弥补原告经济方面的损失而不是后者，因此，这种分类方法可能引起一些道德上的不安。这是很不幸的，尤其是不必要的。事实上，我们要对两种实际情况进行区分。这两种实际情况在法庭上都能作为机会丧失索赔的正常手段。然而，真正的区别不在于诉讼请求是为了经济损失还是未能获得更好的治疗效果[12]。相反，这些诉讼请求应该依据如下原则进行区分。

类型一：机会的存在与违反义务无关，因此，违反义务影响的是原告利用这种机会的能力[13]，但不是机会本身。这种是真正的机会丧失案件。在这里，法律所关注的不确定性是指原告是否已经无法使用独立于双方当事人之外的机会。首要问题是原先自主权是否受到侵害，以及必须说明为什么要权衡违反义务而导致原告丢失机会情况恶化的可能性。然而，由此造成的损失应该按照机会的重要程度来度量，而不论成功的概率是否超过50%[14]。这是因为机会本身的固有不确定性不会受到被告所做的任何事情的影响，因此，法律不需要以某种方式解决这一问题。在法律层面上，我们仅需要考量如何量化机会。

类型二：机会的存在与是否履行义务相互依存，因为未履行义务会影响机会本身的存在和内容。事实上，这根本不是机会丧失案件，因为在这里认为机会已经丧失，这是在用未经证实的假定进行论证。这里存在的问题不是原告是否可以利用已有的机会（就像第一种情况所描述的），而是这种机会在被告履行了义务的情况下是否仍然存在。因此，在这种情况下，证据是必须经过盖然性权衡。因为法律在这种情况下需要解决的不确定性是被告未履行义务是否损害了原告本应拥有的机会。换句话说，被告人是否使事情向更坏的方面发展。因此，这类案件体现的是传统的因果关系问题。只是因为原告预料到最终可能判决被告没有责任，于是试图重新拟定这个问题，因此在实际情况中，这种案件被表述为与机会丧失有关。然而，按照这种重新拟定的逻辑，所有的过失行为都可以按照机会丧失来重新理解，因为司法程序处理确定无疑的事情。

一旦我们承认这种分类方法，现行普通法立场中的明显不一致性将会消失：真正的机会丧失案件的诉讼请求（类型一）将会得到支持，只要能够证明被告未履行义务，并因此妨碍原告获得一个独立的机会。另一方面，单纯的传统索赔要求也必然会失败（在第二类案件中，被告未履行义务的行为经盖然性权衡并未使事情向更坏的方面发展），并且这个结果并不会因为将其重新定义为机会丧失案件而发生任何改变。因此，正如我们可以看到的，大多数第二类案件为医疗过失行为索赔。似乎法律更加偏向于补偿物质利益上的损失而不是身体的完整性的损伤。然而，正确的分析方法认为事实并不是这样。例如，切斯特诉阿夫沙尔案是可能涉及机会丧失的医疗过失行为案件。尽管现在的观点是切斯特先生本应没有责任，但是这与物质利益的损失无关，而与特定事件发生的顺序有关，并且实际上最终在此案中原告并未丧失任何机会。

联合枫叶诉西盟斯律师行案[15]（Allied Maples v Simmons and Simmons）是一个典型的第一类案件。本案的被告是律师，其过失行为在于起草的收购合同而使原告失去了在谈判中取得更有利条件的机会。原告依据这份合同，认为他们可以在收购行为中免于责任，但实际上并非如此。如果他们知道自身的弱势，他们也许会在合同结束之前从供应商那里尝试获得保护。上诉法院决定支持原告的诉求并且裁定在可能的情况下，应该参照不存在过失行为的情况来评估赔偿金。此案的结论是，只要存在一个真正的而不是投机的成功机会，就没有必要使一个积极的结果变得更有可能出现。此案符合第一类案件的特征，律师存在失职，但并未影响机会的存在和内容，机会的存在与律师的行为无关。因此，就机会本身而言，与因果问题无关，而只与后续的量化问题相关。然而，律师未尽到责任确实影响了原告获得此机会。正是这个问题，即被告对原告自主权的影响，才是真正的因果所在。因此，这个问题的答案必须由原告在盖然性权衡的基础上确定。

依据这些证据，法官认为被告的失职行为确实对原告和供应商之间的讨价还价产生了影响。他发现，如果原告进一步谈判，他们有一个可衡量的机会以获得更好的条件，这至少在日后将会签署的合同上对他们的租赁责任有一定的保护[16]。

在这种案件中[17]，原告必须证明的是，被告违反义务使他无法利用机会，并且这一机会独立于原告与被告之间的关系及其互动而存在。因此，这成为一个简单的具体的因果问题：若被告不存在过失行为，原告是否更有可能获得一个现在已经失去的机会。

这种类型的案件与第二类案件之间的区别可以参考与机会丧失有关诉讼的两个英国裁定。第一个是霍特森诉东伯克郡地方卫生署案[18]（Hotson v East Berkshire Area Health Authority），第二个是格雷格诉斯科特案[19]（Gregg v Scott）。在第一起案件中，原告是一名13岁男孩，他从树上跌下，左髋部受伤[20]。他到被告医院治疗，但被告出于疏忽，在整整五天的时间里没有做出正确的诊断及采取正确的治疗方法。最终原告发生骨骺缺血性坏死，涉及髋关节的残疾并且可以肯定会继发性骨关节炎。在审判中，西蒙·布朗法官（Simon Brown J）经审理查明后发现，即使原告得到了正确的诊断和及时的治疗，仍有75%的风险发生缺血性坏死，但布朗法官最终判决被告按照损失的25%对原告进行赔偿。其理由是被告的过失剥夺了原告那概率为25%被治愈的机会。在上诉法院同意的情况下，上议院决定支持被告，并维持审判法官的裁定意见。在摔伤之后，患者已经存在75%的概率发生缺血性坏死，在盖然性平衡的基础上，认为摔倒是造成受伤的唯一原因。然而，法院并没有明确排除“机会丧失”的可能性，在这里“机会丧失”可能成为被告胜诉的根据[21]。

在格雷格诉斯科特（Greg v Scott）案中，原告于1994年11月造访被告——全科医师斯科特，主诉为左臂下有肿块。被告诊断为良性脂肪瘤。由于没有将原告转介给专科医师，因此，被告被认定未尽到注意义务。患者于1995年8月由另外一名全科医师转介给专科医师，并且直到1995年11月才见到这名专科医师。活检显示，原告实际上患上了非霍奇金淋巴瘤。主审法官认为，原告在造访被告时，被“治愈”的机会（在这种情况下定义为病情在10年内得到缓解）为42%，但是由于被告的过失行为，未能正确诊断病情，导致延误9个月，从而将治愈的机会减少到了25%。然而，由于原告首先只有42%的治愈概率，他无法在盖然性概率的基础上证明若他的病情没有被延误，他可能会获得更好的结果。鉴于这一事实，原告认为，由于被告的过失行为，他丧失了被治愈的机会。在这样做的时候，他向法院提出了一个与霍特森案的法院所处理案件中相似的问题，即这样的损失是否应获得损害赔偿。

上议院以3∶2的比例率（霍菲德和尼科尔法官反对）驳回了原告的上诉请求，并认为（仍然）不准备将机会丧失诉讼扩展为临床过失行为案件。实质上，格雷格先生被告知，他不能从斯科特医师获得损害赔偿，因为他无法在盖然性平衡的基础上证明后者的疏忽导致他的预期寿命缩短。同时根据审判法官所发现的事实，已经确定被告的过失行为将流行病学意义上存活的可能性降低了17%，上议院正确地否认这是可诉讼的损害。正如霍夫曼法官所说：“若我们将损失赔偿的判定标准由极有可能的因果关系下降为有可能的因果关系，这种变化的激进程度堪比立法[22]。”

法院选择按照传统做法，即首先在盖然性平衡的基础上，判断被告过失行为与原告的可诉损害之间的因果关系。法院这样做是认识到所有因果关系问题的共同特征是不知情，并再次引用霍夫曼法官的话：“我们所缺乏的是知悉事实真相，而法律处理这一问题的方法是举证责任[23]。”

换句话说，虽然法律不能绝对准确地处理问题，但至少能做的是预期可能性。霍特森案和格雷格案的共同之处在于，按照传统的因果关系方法，原告的索赔请求不能成立，因为在任何一种情况下原告的境况并未因被告未尽到注意义务而变得更差的可能性都很大。这两项诉求的表述被误导性地归类为“机会丧失”，试图回避举证责任。因为在这种情况下，原告需要举证由“已经很可能遭受不利结果”变成了“因被告未尽到注意义务而更可能遭受不利结果”。这个说法至少从人类的角度来看是容易理解的，因为大多数人会认为即使有极小的概率能避免对他们身体健康造成不利的结果，这也有巨大意义。从法律意义上，这种机会与其说是可能发生的预测，不如说是对司法误差范围的近似估评。

如果有统计数据证明，25% 的人有机会从某种伤害中恢复，75% 的人不能。这并不意味着受伤了但并没有恢复的人就丧失了 25% 的机会。他也许根本就不会失去任何东西。他所要做的就是证明他是这 25% 中之一。这样的话，他的损失就是由被告的疏忽造成的。统计数字本身并不能给他一个诉讼理由。如果原告成功地证明他是 25% 中的之一并且被告剥夺了这个机会，合乎逻辑的结果就是给他 100% 的赔偿金（着重强调）[24]。

正如强调中所示，第二类案件的不确定性在于原告是否曾经有机会。而这是一个能影响判决的不确定性，必须通过平衡盖然性来决定。

正如联合枫叶案所示，被告的失职造成机会丧失的说法在侵权法中并不少见。在合同法中也明确规定，原告可以追回损害赔偿。这种损害赔偿是根据特定利益的百分比计算得出的，并且被告的违约行为已经剥夺了原告获得这部分收益的机会。例如，在卓别林诉希克斯案（Chaplin v Hicks）中[25]，法院判决原告获得相当于 1/4 机会的损害赔偿，即如果她按照合同所约定的获得与被告见面的机会，那么她将会在竞赛中入围决赛[26]，成为 12 名最具天赋 / 美貌的人之一。在这些第一类案件下，我们寻求答案时考量的是机会是什么，机会包含什么，以及如何评估。所有这些考量均不涉及被告的违约行为，也不涉及原告与被告之间的关系。因此，这些答案将不会告诉我们被告的失职与原告受到的损害之间的关联或因果关系。既然在这种情况下，存在独立于当事人之间关系的机会，而被告的行为可以妨害到原告的机会，所以一个合理的问题是根据盖然性平衡，被告的行为是否导致了原告“失去机会”。换句话说，被告是否阻止原告利用这些可辩识的机会呢？例如，在联合枫叶案中，原告与律师的关系对于他们能够从供应商获得让步的机会没有任何影响[27]。重要的是确定在盖然性平衡的基础上被告是否实际上妨害了原告利用这样的机会。

然而，这种结论不能建立在第二类事实场景上。在这种情况下，从对被告的违约是否使原告境况变得更差这一问题中不能分离出来一个独立可量化的机会。例如，在格雷格案和温森案这类第二类案件中，原告获得更好的身体状况的机会与被告诊断中的疏忽密不可分。因此，相关的“机会”不能独立于违约行为进行评估，因为机会是受疏忽行为限制和决定的。鉴于没有任何无关的东西将原告排除在外，因此，问题不在于在盖然性平衡的基础上原告的机会是否受到妨害，而是原告首先是否具有这样的机会。这是第二类病例问题的关键所在，但同样的问题在第一类案件中甚至都不是问题。在后者中，机会的存在是给定的，尽管它需要量化。

在联合枫叶案中，一个事实被着重强调，即若被告未出现疏忽行为，可能出现的结果部分取决于独立第三方的行为[28]。虽然这已被认为是判决的一个特点[29]，但为何如此并不明确。第一类案件的关键不在于原告希望取得的机会是否独立于第三方的行为，而只在于它是否独立于原告与被告之间的互动而存在。在切斯特诉阿夫沙尔案中就是这样。此案本身就是第一类案件，涉及的机会与人类的行为无关。切斯特诉阿夫沙尔案的“机会”是 1%~2% 发生马尾综合征的风险。这种风险是外科手术所固有的。同样的风险当然可以被表述为 98%~99% 的概率不会出现这种不利的结果。正如斯图尔特·史密斯在联合枫叶案中所阐明的那样，重要的并不是这种不确定性在多大程度上被认识到：“原则上获得利益的机会与避免损失的机会之间没有任何差异[30]。”

正是这种 98%~99% 不会受伤的可能性构成了切斯特案中的独

立机会。这类似于联合枫叶案中的原告在谈判中获得更有利条件的可能性，或卓别林诉希克斯案中年轻女演员获得利润丰厚的合同的可能性[31]。与这些案件一样，切斯特案中的可能性并不受争议双方之间发生的任何事情的影响。相反，他们的关系只决定了原告是否可以利用这个机会[32]。阿夫沙尔先生没有提醒他的患者，这仅仅意味着他将在 1994 年 11 月 21 日（星期一）进行手术，而不是之后的某个时间。因此，切斯特女士发生马尾综合征的风险为 1%~2%（同时，她也有了 98%~99% 的概率避免这种可能性）。但是，若阿夫沙尔先生并未出现疏忽行为，切斯特女士可能会根据自己已有的信息，在另一天，冒相同的风险（并拥有相同的概率避免风险）进行手术。因此，在这种情况下，未履行注意义务并没有像联合枫叶案或卓别林诉希克斯案中那样，影响她利用独立机会的能力。然而，它仍然是第一类判例，因为在某些情况下医师的疏忽行为可能造成这样的效果。例如，如果她能够证明她将不会经历外科手术，从而自己有 100% 的机会避免马尾综合征。

当然，在 1994 年 11 月 21 日，概率很小的风险确实不幸发生在了切斯特小姐的身上，对她来说后果十分严重。然而，这与疏忽行为无关。侵权法不是为了补偿因不幸而蒙受损失的人，除了意识形态上的因素，这样做是不合情理的。过失行为案件中对因果关系考量的目的是纠正而不是分配，法院随意忽略这一点是对普通法的妨碍：

可以令人接受的法律必须具有一致性。法律必须有原则。一个案件或一种类型的案件与另一种案件有所不同的基础应该是透明的、能够辨明的。当判决并未遵循惯用的原则时，若想避免类似因疑难案件产生恶法的批评，这样做的依据必须是理性和合理的[33]。

怀着对切斯特案中占大多数法官的敬意，我想说在第一类案件中考虑原告所拥有的机会造成的后果，这既不是“理性的”，也不是“合理的”。此案的关键在于原告是否有机会获得这一机会。在这种情况下她的自主权才会被被告的行为所妨碍。然而在此案中，涉及的机会完全独立于被告的行为。被告不应该因为机会出现的方式而被认为有罪。而正是从所了解到的事实中，我们可以知道没有出现机会丧失的情况。因为根据定义，这种机会必须曾被利用。如果像法官和评注法学派所做的那样[34]，将先天 1%~2% 的受伤风险与我们事后所知的 100% 的事件发生的概率进行比较，这显然是毫无根据的。如果手术在几天之后才进行，原告有很大的可能性不会受伤（因为有 98%~99% 的概率不会受伤），但若因此便得出结论，被告的过失行为对原告造成了损害，因为它使原告承受了现在已知发生的 100% 风险，这显然不是在同类事物之间进行比较。11 月 28 日进行手术受伤的概率很低，但是若 11 月 21 日进行手术，受伤的概率同样很低。两个事件之间的唯一区别是，我们（现在）知道到了其中一个的结果。但这个不幸的结果与被告的行为之间是独立的，并且他们的发生具有巧合性[35]。简单地说，被告对原告的境况没有任何影响，因此不应承担过失责任。

若案件中存在对于因果关系的争议，不可避免地那些赞成偏离传统方法的人寄希望于费尔柴尔德诉格林黑文殡仪馆案[36]（Fairchild v Glenhaven Funeral Services）的原则。这个有争议的费尔柴尔德原则诞生于麦吉诉国家煤炭委员会案（McGhee v National Coal Board）[37]，最近在显凯微支诉格里夫案[38]（Sienkiewicz v Grief）中经过了仔细审查。费尔柴尔德原则是为了处理雇员因暴露于有害物质而导致疾病的情况（在这两个判例中分别是间皮瘤和石棉肺）。如果两名或两名以上雇主并未尽到保护雇员的责任，使雇员接触危险物质，那么即使从医学角度无法将疾病归因于特定时期或者持续性的有害物质接触，雇主仍将为雇员的损失负责[39]。在这种情况下，传统的“如果不是”不再适用，因为间皮瘤的确切病因尚不清楚，所以没有足够的信息用“若不是”来检验[40]。基本上说是，若应用这一原则，原告无须在盖然性平衡的基础上证明被告的行为造成自己受到伤害，原告只需要证明被告的行为实质上增加了他受到伤害的风险即可。

事实上，值得注意的是，在切斯特案中上议院唯一提出反对意见的两名法官也参与了费尔柴尔德案，并做出了一致裁决。因此，他们显然是赞成一种经过修改的因果关系原则。只是他们并不认为切斯特案应该适用这种原则。相对而言，这是正确的，原因有以下几个。首先，费尔柴尔德案处理的情况与切斯特案并不相同。费尔柴尔德原则很特殊，其本质是当法院面临证据缺失问题时，此原则会提供一个解决办法。换句话说，它是为修改传统的因果原则而制定的，否则原告就不可能证明被告的违反义务是造成事故的原因。此原则在过去几年中受到多次仔细的审查。这一点已经被最高法院确认：

当然，费尔柴尔德原则的例外性是源于我们现在医学知识的局限。如果有一天我们在医学上可以确定究竟是哪种或哪些纤维导致恶性突变并确定纤维的来源，那么这种原则将从根源上不复存在。到那时，通过适合的医学上的证据，原告将能够在盖然性平衡的基础上证明哪一名或哪几名被告负有责任。因此，我们也就不再需要费尔柴尔德原则了。但毕竟直到那个时刻尚未到来之前，挡在我们面前的名叫“不确定性”的巨石仍然存在[41]。

简而言之，这个问题在切斯特案中不是问题，并不存在“不确定性”巨石。尽管在因果问题应该是什么上，大多数法官和少数法官之间仍然存在分歧，但每一场审判中都有可能有类似的考量；而这种情况不会出现在适用费尔柴尔德原则的案件中[42]。对于法庭来说，真正适用费尔柴尔德原则的案件是“在没有足够的信息以常规方式确定因果关系的情况下，是否应修改确定因果关系的方法[43]？”相比之下，切斯特案的根本问题是若按传统方法探寻因果关系，被告将会没有责任。那么在这种情况下，因果关系探究的原则是否应该被调整[44]？而且，在费尔柴尔德原则中，责任产生的基础是被告大幅度增加员工患间皮瘤的风险，而在切斯特案中，未尽到注意义务无论如何都不会增加原告受到伤害的风险。两者之间的概念差异是显而易见的。

费尔柴尔德原则适用的基础是，虽然尚不清楚间皮瘤的确切病因，但人们普遍认为它是由一个单一因素——石棉引起的。尽管在显凯微支诉格里夫案（Sienkiewicz v Grief）[45] 的附带意见中有人质疑这两者的相关性，这一观点也是最高法院对费尔柴尔德原则的最新态度，但它仍是应用费尔柴尔德原则的重要限制。维西尔诉埃塞克斯地区卫生署案（Wilsher v Essex Area Health Authority）[46] 便可以证明这一点。在此案中，上议院拒绝应用费尔柴尔德原则 [47]，因为原告受到伤害有五种可能的原因，而被告的过失行为只能影响其中一种 [48]。单一因素的限制确保被告产生的风险与实际上对原告造成损害的风险之间存在联系。没有这一限制，任何可能使原告承受风险的被告都会负有责任。此外，切斯特案中原告遭受伤害不仅有数个可能的原因 [49]。与维西尔案不同的是，被告的疏忽甚至不是这些可能原因之一。因此，若费尔柴尔德原则不适用于维西尔案这样的案件，更进一步来说，它也不应适用于切斯特案。

在费尔柴尔德案中，霍夫曼法官曾十分谨慎地强调：此案中确立的原则应用的范围不应过于广泛，以至于此原则并没有考虑到一些足以影响判决是否公平的显著差别 [50]，而仅仅是强加责任。因此，将此原则应用于切斯特案这样有明显区别的案件，显然不符合费尔柴尔德原则设计者的原意。事实上，尽管宾汉姆法官在费尔柴尔德案中承认，随着时间推移，费尔柴尔德原则会被类推适用和逐步发展 [51]，他仍然认为切斯特案中的责任认定是“对于已有的正确原则的背离” [52]。因为在两案之间的十年中，上诉法院并未有意扩大费尔柴尔德原则应用的范围，所以切斯特案看上去愈发例外，其正当性是建立在费尔柴尔德原则基础上是极其脆弱和站不住脚的。切斯特诉阿夫沙尔案甚至不是一个疑难案件。此案也不应该生成这样一种恶法。但现实如此，使此案足以成为里程碑判例。现在我们只能祈盼少有人问津这个判例。

（孙 言 王 岳译）

注 释

1 Chester v Afshar [2004] UKHL 41。

2 Cf Chappell v Hart [1998] HCA 55, (1998) 195 CLR 232。

3 也 见：Rees v Darlington Memorial Hospital NHS Trust [2003] UKHL 52, and D Nolan, 'New Forms of Damage in Negligence' (2007) 70 Modern Law Review 59, 70。

4 因为她没有争辩，若医师告知了她相关的风险，她将在任何时候都不会做这场手术。如果她成功地证明了这一点，她将建立传统上的因果关系。

5 尽管沃克和斯蒂文法官将此案与另一因果关系的例外案件——费尔柴尔德诉格林黑文殡仪馆案相类比，但他们的情况远远不能类比，我们会在下文提到这一点。

6 Chester (n 1 above) [9]。

7 See J Stapleton, 'Occam's Razor Reveals an Orthodox Basis for Chester v Afshar' (2006) 122 Law Quarterly Review 426, 441。

8 这个问题涉及的范围非常广，远远超出了当前讨论的范围。幸运的是，这个问题已经被比我更擅长于此的人解决了。见：J Gardner, 'What is Tort Law For? Part 1: The Place of Corrective Justice' (2011) 30 Law and Philosophy 1; E Weinrib, The Idea of Private Law, revised edn (Oxford, Oxford University Press, 2012); J Coleman, The Practice of Principle (Oxford, Oxford University Press, 2011); A Beever, Rediscovering the Law of Negligence (Oxford, Hart Publishing, 2009)。

9 Chester (n 1 above) [22], [81] and [101]. See also R Stevens, Torts and Rights (Oxford, Oxford University Press, 2007), 165。

10 ibid [22] (Lord Steyn), [87] (Lord Hope), [101] (Lord Walker)。

11 此案也被定性为"特殊因果关系问题"，见 J Steele, Tort Law: Text, Cases and Materials, 2nd edn (Oxford, Oxford University Press, 2009)；"碰巧造成的损失"，见 R Stevens, Torts and Rights (Oxford, Oxford University Press, 2007)；"本应该发生的事情"，见 WVH Rogers (ed)，Winfi eld & Jolowicz on Tort, 18th edn (London, Sweet & Maxwell, 2010)。根据 MA Jones and

AM Dugdale (eds), Clerk & Lindsell on Torts, 20th edn (London, Sweet & Maxwell, 2010) 第 2–14 页。据说此案是自成一类的“第三类”（第一类指原告在接受了合理建议后无论如何都会做出与之前相同的选择，而第二类指原告做出不同的选择）。

12 下面的论述会证明“未能获得”不是一个难以定义的概念。

13 参见霍善法官在 Chester v Afshar（2004）UKHL 41,（81）中所说:“她应该被告知的风险不是由于事前没有给予警告而造成的。作为手术过程中不可避免的风险，患马尾综合征的风险本身就存在。无论手术进行得多么巧妙和谨慎，都无法避免该风险。”

14 只要成功的概率超过投机：见：Stuart-Smith LJ in Allied Maples v Simmons & Simmons [1995] 4 All ER 907; [1995] 1 WLR 1602, 1614。

15 Allied Maples Group Ltd v Simmons and Simmons (a firm) [1995] 4 All ER 907, [1995] 1 WLR 1602。

16 ibid 1620 (Hobhouse LJ)。

17 其他案例包括 Kitchen v RAF Association [1958] 1 WLR 563 和 Yardley v Coombes (1963) 107 Solicitors Journal 575。

18 Hotson v East Berkshire Area Health Authority [1988] UKHL 1, [1987] AC 750 (HL)。

19 Gregg v Scott [2005] UKHL 2。

20 更确切地说，他的左骨骺板。

21 Hotson (n 18 above) 786。

22 Gregg (n 19 above) [90]。

23 ibid [79]。

24 Hotson v East Berkshire HA [1987] 1 All ER 210 (CA) 223 (Croom-Johnson LJ)。

25 引自 Chaplin v Hicks [1911] 2 KB 786。在该案中尤为清楚地阐明了这一点。也可参见 Hotson v East Berkshire Area Health Authority [1987] AC 750, 785 中麦基（Macky）法官的判决，以及：H Reece, ‘Losses of Chances in the Law’ (1996) 59 Modern Law Review 188, 197。

26 尽管有人认为，如果上诉法院做出与陪审团相反的判决，认为这一偶然事件是由被告人本人的决定造成的，那么根据法院可假定被告会做出最有利于自身的决定的原则，不应判给原告任何赔偿金。参见 A Burrows, Remedies for Torts and Breach of Contract, 3rd edn (Oxford, Oxford University Press, 2004) 54, fn 4. 也可参见 A Burrows, ‘Uncertainty about Uncertainty: Damages for Loss of a Chance’ [2008] Journal of Personal Injury Law 31, fn 44。

27 在现实世界中，他们不可能这样做，这就解释了为什么他们丧失了机会。

28 Allied Maples (n 15 above) 1609 (Stuart-Smith LJ)。

29 M Simpson, A Dugdale and M Jones (eds), Clerk & Lindsell on Torts, 20th edn (Sweet & Maxwell, London, 2010) 2–23。

30 Allied Maples (n 15 above) 1611。

31 关于法院最终接受的事实版本，参见 Burrows(同注释 26)。

32 机会本身独立于双方的关系和行为，因为从证据上来看，这是该过程的固有风险，并且不受调查进行的方式的影响。

33 Fairchild v Glenhaven Funeral Services Ltd [2003] 1 AC 32, 36 (Lord Nicholls)。

34 例如，见：Stapleton (n 7 above), and Lord Steyn in Chester (n 1 above) [21]。

35 这比费斯丘夫（SF: Shchoff）预期的更进一步，见：Fischoff, 'Heuristics and Biases in Hindsight' in D Kahneman，P Slovic and A Tversky (eds), Judgment Under Uncertainty: Heuristics and Biases (Cambridge，Cambridge University Press，1982)。在这篇文章中，他讨论了一旦知道结果，即被认为具有内在确定性的现象。

36 Fairchild v Glenhaven Funeral Services Ltd [2003] 1 AC 32。

37 麦吉诉国家煤炭委员会案 [1993]：在这个稍早一些的案件中，原告在长期接触砖粉之后患上了皮炎，但因医学专家无法确认皮炎是由于被告的非侵权行为（工作期间接触粉尘）还是被告的侵权行为（在原告骑车回家时，因为被告不提供淋浴而身上不得不一直带着粉尘），产生了证据缺失。最终，法院认定被告的行为事实上增加了原告患皮炎的风险。这一原则之后又再次出现在了费尔柴尔德案中，后者使这一原则赫赫有名。

38 Sienkiewicz v Grief (UK) Ltd [2011] UKSC 10。

39 如果损伤是间皮瘤和石棉，则由相关雇主共同和分别赔偿 (s 3 2006 年《赔偿法》)。如果损伤不是间皮瘤或石棉所致，且该原则适用，则由相关雇主分别赔偿，因为存在下面定义的“不确定性巨石”。

40 这是显凯微支定义的“不确定性巨石”，作为费尔柴尔德原则不适用的情况下的责任检验标准。见下文。

41 Sienkiewicz v Grief [2011] UKSC 10, [142] (Lord Rodger)。

42 值得注意的案例还包括 Barker v Corus (同注释 39)，and Sienkiewicz v Grief (同注释 41)。

43 Fairchild [42] (Lord Nicholls), [67] (Lord Hoffmann), [114] (Lord Hutton) 和 [170] (Lord Rodger)。

44 Chester (n 1 above) [61]。

45 Sienkiewicz (n 41 above) [187]。

46 Wilsher v Essex Area Health Authority [1987] 1 AC 1074。

47 最初作为麦吉案原则（同注释37）。后来在确定费尔柴尔德原则时，众议院明确表示维西尔案仍然值得借鉴：Fairchild (n 36 above) [70] (Lord Hoffmann)。

48 上议院拒绝在这种情况下应用费尔柴尔德原则，因为被告的过失行为只能影响五种可能造成原告受伤的原因中的一种。

49 例如，原告的体质、原告病情的严重性、医师的技术以及手术本身的性质，而不包括手术在哪天进行。

50 Fairchild (n 36 above) [60]。

51 ibid [34]。

52 ibid [9]。

第十二章

R(适用伯克案)诉医学总会案 [2004] ；伯克诉英国案 [2006]: 当时或预先请求：为临终权利而斗争

R(on the Application of Burke) v General Medical Council [2004]; Burke v United Kingdom [2006]: Contemporaneous and Advance Requests: The Fight for Rights at the End of Life

肖恩 · D · 帕丁森 (Shaun D Pattinson)

1. 导　　言

在一个讲座中，肯 · 梅森 (Ken Mason) 曾试着找出过去三十年中英国五个最重要的医疗法律判例[1]。他在伯克起诉[2]之前就做出了选择，但是即便如此，他仍然把上诉法院的裁定作为选择之一，我对这五个案例持有保留态度。事实上，在梅森挑选的判例中只有一个属于 15 个里程碑判例[3]。有大量医疗法律判例能够阐释医疗法律的内容、革新医疗法律的原则，并可能成为法律未来的重要组成部分。那么为什么这一章要专注于伯克案呢?

伯克案有两个突出的特点：第一，在诸多患者要求继续进行人工营养和水分补充（artificial nutrition and hydration，ANH）[4]的判例中，目前它是唯一具有开创意义的。第二，该案的结果之所以重大，不在于该案做了什么，而在于该案没有做什么。蒙比法官（Munby J）做出的一审判决承认了患者拥有合法权利以接受维持生命的治疗，但是上诉法院推翻了这个一审判决并得到了欧洲人权法院（Europe Court Human Rights，ECtHR）的支持。许多评论员支持推翻蒙比法官的判决，并且纷纷宣称推翻他的决定是“完全正确的”[5]，还认为蒙比法官的决定“不能令人满意”[6]，并且推翻他的决定也“不令人吃惊”[7]。

本章将会讨论对一审判决的解读缺乏同情心，以至于上诉法院失去了适度承认潜在的弱势患者合法权益的机会。而且，尽管法律在某种程度上承认患者拥有如蒙比法官建议的那样，有接受治疗的权利，但是后续的判例法更看重无行为能力患者之前立下的自主愿望，而不是像上诉法庭在伯克案中赞同的那种方式。

对当事人既定情境有着足够认知并能据此做出合理选择的能力和决策机构所要求的合法有效决策能力之间存在着差距，一个有关初步术语问题也随之出现[8]。决策机构考虑的最低要求是沟通能力。如果一个患者失去了沟通的能力，他仍然有足够的思考认知能力来做出决定[9]。在其他文章中，我曾把认知决策能力称为胜任力（competence），合法决策能力称为能力（capacity[10]）。在伯克案中，蒙比法官和上诉法院恰恰以其他方式使用了这些标签[11]。2005年的《心智能力法》中的两级测试是法律决策权威部门的测试。它要求患者有交流的能力，因此，在法学术语中这种测试被当成一种能力测试。当使用这项测试的时候，我们发现伯克案中术语的使用可能令人迷惑。在本章中，除了引述之外我会使用我们的用语。

2. 背　景

莱斯利·伯克（Leslie Burke）患有退行性脑部疾病，这最终会导致他不能吞咽，并只能靠ANH维持生命。有证据表明伯克将会经历三个阶段：第一阶段，他意识清醒并且有行为能力；第二阶段，他能够明白自己生存的环境和所处的困境，但是没有办法进行交流（正如闭锁综合征患者的表现）；第三阶段，他会陷入昏迷[12]。因此，用我的话说，开始时他会同时拥有行为能力（capacity）和认知决策能力（competence），然后失去行为能力，最终失去认知决策能力。

医学总会（General Medical Council，GMC）的指南[13]允许医疗机构在伯克仍然清醒的时候（第一阶段和第二阶段）停止ANH，但伯克并不想就此渴死[14]，他感到非常焦虑。因此，他就医学总会的指南提起了司法审查程序。他声称根据《欧洲人权公约》中第二条"生命的权利"、第三条"禁止非人道和有辱人格的治疗"和第八条"尊重个人和家庭的生命权利"，医学总会的指南不能保护他的权利。当蒙比法官准备宣布医学总会指南中有一部分不合法的时候[15]，上诉法院持有不同意见，并且伯克案后来在斯特拉斯堡提起的审查申请也以同样的理由被全部驳回了。

蒙比法官的审判书共计225段，有六个声明[16]：前三个声明与伯克案密切相关，另外三个声明与医学总会的指南有关。根据第一个声明，当伯克有行为能力或他立下合法预先指令时，他的决定是清晰明确的（这些决定当然也包括了要求得到ANH）。至少是在他没有濒死或者昏迷的情况下，尊重其预嘱才符合他的最佳利益。根据第二个及第三个声明，伯克的所有类似决定都意味着：在他濒死或者陷入昏迷之前，一所医院需要为其安排ANH，主治医师需要为其继续安排ANH，或者是把伯克送到一位愿意为他提供这样服务的医师那里。另外三条声明详细说明了医学总会指南中一些段落的不合法及其原因。这个指南被针对性地评价为“缺少对延续生命足够的有利推定，主要包括在患者没有认为活着是不能忍受的情况下，患者能够接受的维持生命的治疗以及这类治疗是否符合患者的最佳利益”。一般来说，没有法院的批准，医务人员停止一位无行为能力患者的 ANH 的行为是非法的[17]。

推翻了蒙比法官声明的上诉法院说他们已经充分阐释了与患者有关的法律[18]。伯克先生没有与相关的医师会谈，即便这些医师主张伯克先生病情恶化后停止用以维持生命的 ANH。在法院看来，伯克先生也没有做出一个预先决策[19]。法院认为医学总会的指南并不违法，伯克先生也能通过一些方法从医学总会得到不停止用药的保证。在上诉法庭中给出如此判决的菲利普斯大法官（Lord Phillips）认为伯克的请求没有任何有实质意义的目的。根据他的说法，习惯法（如《欧洲人权公约》的第二条）把这样的责任加诸医务工作者，即“只要这些治疗能够延长他的生命并符合他的意愿，就需要给伯克这样的有行为能力患者提供 ANH”，这一点是毋庸置疑的[20]。在这种情况下，若医师停止了对患者的 ANH 并导致了患者死亡，那这位医师将会被认为是谋杀[21]。

在不少于 7 位参与者提交了意见书之后，上诉法院坚决声明法院不是“公众建议中心”[22]。他们采取了一些措施，以便将未来的司法介入限制在最终裁制者的范围内。在治疗一位无行为能力的患者时，医务工作者没有法律义务来征得法院批准，即便治疗方案包括停止提供 ANH[23]。

欧洲人权法院认为伯克的申请是“显然无正当理由的”[24]。斯特拉斯堡法院认为英国法律在第 2、3、8、14 条的范围内充分地保障了伯克的权利。法院自认为“非常满意这种推定，即国内法非常支持尽可能维持患者的生命，这也与《欧洲人权公约》的精神保持一致”。进一步说，医师在停止 ANH 时，没有法定义务获得法院的授权，因为这意味着“过度规范”。同时，对任何人都不能违背《欧洲人权公约》第14条规定而区别对待，无论患者有没有行为能力，他都不能要求医师违背其职业素养做出决定，并给予违背医师意愿的治疗。

3．保留和移除拥有行为能力患者的维持生命治疗

蒙比法官和上诉法院都承认：当伯克拥有行为能力时，只要能够延长他的生命，并且符合他的意愿，医务人员就有责任为其提供ANH。但是，如何得出这个结论及其所涉及的范围，在这方面双方存在分歧。本质的分歧在于蒙比法官通过论述伯克拥有的权利来支持他的观点，上诉法院则是完全通过论述习惯法加诸于医务人员的责任来自证其说。

为了能够满足一系列法律和道德的原则，蒙比法官考查了习惯法和《欧洲人权公约》，包括1998年《人权法案》在国内的影响[25]。他的理念指出三项重点：生命神圣（受第二条保护）、尊严权（第三条）和自主权（第八条）。分析判例法还可以得出患者享有权利有尊严地死去。这些判例法主要来自第三条，包含如下内容：患者有权申请或拒绝治疗，以避免"没有尊严地死去"这一结果[26]。自主权则得到更多的关注。许多习惯法的权威部门都宣称有行为能力的患者有权当前或通过预嘱来拒绝治疗，这也被看作是对自主权"本质属性"的说明[27]。第8条提到"一个人有权决定自己如何度过生命最后的时光，并有权管理自己的死亡"。这也显示患者享有自主权的重要性[28]。

相比之下，上诉法院判定蒙比法官提到的习惯法权威仅限于"至高无上的拒绝治疗的权利"以及"自主权不意味着患者有权坚持要求接受某种特定的医疗服务"[29]。这也正如上诉法院声明的那样：因为习惯法表明了"一旦患者被医院接纳，那么根据习惯法，医务人员就有责任照顾这位患者"[30]，所以给有行为能力的患者提供ANH是

医务人员的积极义务[31]。这一义务又会凌驾于拒绝接受 ANH 的有能力患者的意愿之上，但是如果患者希望由 ANH 维持生命，这却不是提供这次服务的义务的渊源。

这也因此造成了一审判决与上诉法院判决之间的主要分歧。蒙比法官推断，当伯克有行为能力时，他有权坚持接受用以维持生命的 ANH。然而，上诉法院推断，伯克只不过是医务人员提供服务这项法定义务的受益人，他唯一的权利是拒绝这些服务。斯特拉斯堡法院并没有参加这个问题的讨论。它关心的是伯克有哪些受到保护的权利，而非如同之前国内采取的方法那样去得出一个结论。斯特拉斯堡法院因此非常满意上诉法院提出的条款，即“对有行为能力并没有放弃治疗的患者停止提供维持生命的 ANH，这一做法视同谋杀”[32]。

蒙比法官与上诉法院之间在方式和方法上还存在两个重要的分歧。

第一，对于在伯克病情的最后阶段中 ANH 会加速死亡而非延长生命这一与事实相反的论述，两派有着不同的回应。蒙比法官认为患者自主权的诉求意味着，只要符合患者的要求，医务人员在此情况下需要为其提供 ANH[33]。相比之下，上诉法院规定“如果医师认为治疗方案不符合患者的临床需求，患者无权要求医师提供此项服务”[34]。上诉法院的回应也就意味着医师掌握了决定权。但是为什么医师在最低限度地延长患者生命这一优先权面前，患者为最低限度地延长生命要求解渴的优先权应被拒绝？正如福斯特（Foster）指出的，上诉法院所持的奇怪立场意味着，在患者最为虚弱的时候，他被法律遗弃了[35]。是否停止治疗不仅仅是一个医学上的决定，更是一个应当由患者自行做出的决定，因为它涉及患者的自身利益。考虑到禁止安乐死的政策，上诉法院的方案站不住脚。在法律上，应患者要求提供缩短生命的 ANH 并不等同于应患者要求对其进行注射处死。公认的是，如果姑息治疗的附带效果是缩短寿命，那么医师是可以合法地采取姑息治疗方法的[36]。

第二，上诉法院把全部注意力放在 ANH 上，然而蒙比法官涉及的范围更为宽广。初步来说，他清楚地表达了他并非涉及稀缺资源的优先权和分配，或者是实验性或者未经试验的治疗方法。这些情况在 ANH 的语境中并不存在[37]。这一点被有些人解读为蒙比法官理念的覆盖范围不仅仅涉及了 ANH，还包括所有常用的延长生命的治疗，或者如上诉法院所说的"不只延长生命的治疗"[38]。恕我直言，上诉法院是最无情的，而蒙比法官的判决清晰地建立在伯克的诉求和医学总会指南中"关于一般情况下停止或者不提供 ANH 和延长生命的治疗"的条款之上[39]，他也不断提到"延长生命的治疗"[40]。

许多学术评论家不承认患者拥有申请常用的延长生命的治疗服务的权利，包括 ANH 在内。吉伦（Gillon）认为这种论述支持这一观点，即"常见的延长生命治疗实属无益且浪费，特别是给患者提供人工营养和水合物"[41]。梅森（Mason）和劳里（Laurie）声称为蒙比的理念感到惋惜，认为他把权利基础论置于义务基础论之上[42]。然而，这两种观点反对以权利为本的论调，而是着眼于专业角度和资源有限性。在这个案件中，需要进行深入分析的问题是哪些医疗服务应被看作是无益且浪费的，我们是否应当坚持权利本位的角度优于责任本位的角度？在其他文献中，我已经论述了权利本位方法在理论上具有取胜之处[43]。

蒙比法官在方法上让自主权占据了极大的分量。他依据普雷蒂诉英国案（Pretty v UK）[44]，证明了《欧洲人权公约》第 8 条中包含"一个人选择如何度过人生中最后的时光，并且选择如何死亡"的内容[45]，不过《欧洲人权公约》第 8 条第 1 款的精神在普雷蒂案被欧洲人权法院受审之前就已经被英国上议院否决了[46]。有关 1998 年《人权法案》第 2 条的制例法说明，国内的低级法院应该受到高级法院裁决的约束，即便这些法院与欧洲人权法院的裁判并不一致[47]。在任何情况下，蒙比法官对《欧洲人权公约》第 8 条的解释都代表着英国最高上诉法院的观点。为了与欧洲人权法院保持一致，该法院在普雷蒂案中背离了自己最初的判断[48]。

在我看来，比格斯（Biggs）的坚持是正确的。他认为考虑权利本位方法的扩展潜力可以通过简单限制伯克案中的权利上诉来处理[49]。在类似伯克的处境中，在其昏迷之前对其提供ANH并没有引起如上诉法院所说的任何资源分配上的困难。其他延长生命的疗法和其他患者所处的情况可能会引起其他问题，但是正如比格斯所提到的，未来的案件可以通过设置安全措施来充分保护其他人的权利。

4. 对没有行为能力的患者保留或移除维持生命的治疗

上诉法院认为蒙比法官的声明涉及的范围已经远远超出了伯克先生目前所关心的问题[50]。上诉法院还尤为关注如何解决蒙比法官在声明中提到的有关无行为能力患者的问题，即伯克先生在病情晚期有可能保持行为能力的情况。上诉法院还说："我们不知道伯克先生是否把他目前的担心与疾病晚期的情况联系起来了。如果的确如此，我们不得不说伯克先生的担心为时尚早。"我对蒙比法官深表敬意，他的判定清楚地表达了这样的意思：

原告希望能在自然死亡之前有人能给他喂食，并适当喂水。他不希望停止ANH。他不希望因为口渴而死亡。他不希望由医师做出他是否值得活着的决定[51]。

伯克表达了他对自己死前生命的安排，这意味着他的顾虑的确与生命的最后阶段有关。事实上，如同后文所言，我们应该明白的是伯克正在做一个预嘱，这种决定不能被视为"为时尚早而放弃"[52]。伯克的顾虑之所以被视做为时过早，可能是因为伯克的诊断结果并不确定，同时他在第二阶段停留的时间可能极为短暂。然而，伯克在第二阶段的时间可能比预期更长。值得注意的是，有关的判例法杂乱无章，充斥着关于急性衰竭医学预测的判例，其中有一些医学预测是错误的[53]。所以，自从法院认定伯克的病情可能进入三个阶段，蒙比法官应伯克的要求来审视相关法律，并在伯克不能够表达他的意见时做出正当的决策。

蒙比法官和上诉法院都同意接受“最佳利益标准”可用于无行为能力患者的观点。但是上诉法院对蒙比法官关于“最佳利益标准”的解释提出异议。前文中提到，2005年《心智能力法》是在蒙比法官与上诉法院做出判决之间通过的，并在两年之后正式生效。上诉法院坚定地认为该法案的条款与习惯法中的观点是一致的[54]。

蒙比法官深度检视了有关判例法，包括永久性植物状态下的患者和无行为能力但仍有知觉的患者有权无限期依赖ANH存活的情况。蒙比法官说：

在支持延长患者生命的措施上存在很强的推定，在特殊情况下或对于濒死患者的挽救，为了患者的最佳利益，往往是采取一些这样的措施。即使有所怀疑，那么这种怀疑也应当是向着利于维持生命的方向去解决。但是履行这样的责任不是毫无例外的。由于生命的尊严和生命的延续一样重要，后者可能会让步于前者。采取生命延长治疗时，实现患者最佳利益的标准是：这些治疗是不是难以忍受的。如果生命延长治疗提供了一些益处，那就应当提供这样的治疗；除非患者认为这样的治疗难以忍受[55]。

上诉法院在引用这些话时着重强调了最后两句。法院宣称“如果没有我们强调的那两句话”，就没有理由会反对前文的总结[56]。上诉法院否定了“患者最佳利益的标准是维持生命是否难以忍受病痛”这一说法，并且认为永久性植物状态下的患者和无行为能力但仍有知觉的患者处境与伯克的情况相去甚远。关于濒死的患者（也就是上诉法院反常地声明，与伯克在这个生命阶段的合法诉求无关）[57]，上诉法院不仅认为“治疗是否难以忍受”并不是最符合患者利益决策的标准，还认为没有一种标准能够适用于所有情况[58]。所以我们应当如何对生命的最后阶段解读和进行“最佳利益衡量”呢？上诉法院声明了应当在客观的测试中明确如何使用“最佳利益”这一说法，除此之外拒绝提供任何建议[59]。这样的解释似乎只不过是出于否认这样一种需求，即考虑伯克主观理解继续提供 ANH 的益处这种权重。伯克清楚地表达了不要因饥渴而死的诉求。这也表明他把在生命最后阶段不忍受饥渴当做一种益处。从他的观点来说，持续的 ANH 不仅不是无用的，而且是难以忍受的，反而是符合他的最佳利益。

上诉法院对于最为符合患者利益的解释过于武断，法官没有深入研究任何判例法，并似乎认为适用客观最佳利益标准是不言而喻的。当涉及 2005 年的法案时，上诉法院解释说：“第四部分只不过要求当他人考虑什么是患者的最佳利益时，把这样的要求考虑在内罢了[60]。”但后来的判例法已经表明此上诉法院更重视无行为能力患者的预先自主意愿。

在安特里学院 NHS 基金会诉詹姆斯案（Aintree University Hospitals NHS Foundation Trust v James）中，最高法院认为 2005 年的法案适用于处在最低清醒程度的患者[61]。大卫·詹姆斯患有多器官衰竭，并出现严重的脑部损伤，依靠人工呼吸机维系生命。医院信托意欲宣称：在詹姆斯病情恶化的情况下，给予一些损伤性的治疗，以符合他的最佳利益。黑尔女士反复申明，思考的出发点是“活下去是患者的最佳利益”这一强大的假设，但是这并不是绝对的，因为在某些情况下实施维持生命的治疗并不符合患者的最佳利益。这样的论述也得到了最高法院法官的支持[62]。

黑尔女士指出：“某些判例（不包括永久植物状态患者）支持‘治疗是否难以忍受’可以作为评价决策的标准，这些判例中的法律判决也更加倾向于平衡各方利益[63]。”但是她面对的是一审法官和上诉法院在“无用”这一相关标准含义上的冲突。一审法官质疑治疗措施是否会在效用上来说是无用的或者对患者无益的。上诉法院否认了该法官对“最佳利益”的解释，并解释说如果治疗措施没有出现预期的治疗或安慰效果，那么这种治疗就是无用的。最高法院支持的是一审法官的观点[64]。如果患者认为活下去的好处比负担更多的话，即便治疗措施没有实际的治疗或者安慰效果，它也是有利于患者的[65]。

值得注意的是，上诉法院在上诉审判中否认这一说法，即“最佳利益测试”需要对患者的愿望和感受进行客观评价。黑尔女士说：

用“最佳利益检验”的目的在于从患者的角度考虑相关事情。这不是说一定要遵从患者的意愿，但是至少一个具有完全行为能力患者的意愿应当受到遵从。我们不可能得到所有我们想要的。也有时不可能弄明白一个无行为能力患者的意愿……在这样的情况下，应该尽可能弄明白并考量患者的愿望、感受、信仰、价值观或者其他对他来说重要的因素。这些因素恰恰是患者作为一个独立的个体做决定时会考虑的内容[66]。

在安特里案（Aintree）中，很多观点与伯克案中上诉法院的说法并不一致。首先，上诉法院拒绝接受伯克对于他在病情第二阶段有所顾虑的事实，这意味着上诉法院把其单方面对伯克的诉求和感受的评价当作伯克真正的诉求和感受。黑尔女士认为应禁止这种行为。事实上，上诉法院清楚地表达了拒绝从患者角度进行客观的“最佳利益衡量”的建议，这与最高法院的立场恰恰相反。

在伯克案中，上诉法院也不认为“治疗是否难以忍受”或者“治疗是否有用”可以作为有指导意义的概念，用以评价治疗措施是否符合濒死患者的利益。然而，黑尔女士认为这两个概念都有一定的现实意义。当然，黑尔女士并不是在为蒙比法官提出的治疗权寻求辩护，但是她尤其强调应当重视患者先前有关“什么医疗决策对他有利或什么对他不利”的预嘱。最高法院的观点认为当伯克在病情的第二阶段进入最低清醒的状况时，他的关心和要求更加难以拒绝。对于我来说，似乎最高法院的说法支持了一种较强的推定：伯克在死前都有权接受 ANH，而不采取上诉法院的说法。

5．预先指示

上诉法院针对蒙比法官的声明远远超越伯克目前的顾虑。这一点给出的另外一个解释是，这些声明强调了预先指示的预立医嘱作用（有时也被称作生前预嘱），但是伯克先生并没有立下这样的预嘱[67]。如前所述，伯克担心他未来会像一个患有闭锁综合征但保持清醒的患者一样。他也关心未来在诉讼期间自己的处境。因此，他应该立下一个有效的生前预嘱来说明：他希望在死前都接受 ANH。蒙比法官认为生前预嘱中的具体用语决定了一些问题的解决，这可能误导了上诉法院[68]。蒙比法官并没有说伯克没有立下生前预嘱，但是承认随着时间的推移和伯克陷入昏迷，生前预嘱的具体形式发生了变化。

蒙比法官认为基于尊严权和自主权，应视预先拒绝为合法权利，这也可以扩展到预先要求 ANH 的权利。根据他的说法，第 3 条规定的一个无行为能力患者的尊严权意味着："如果他立下了有效并且与治疗措施相关的预先指示，要求保护他免受精神或肉体痛楚是必要的，那么他申请 ANH 的决定原则上是具有决定性意义的[69]。"

这是另一个与上诉法院相悖的说法。这说明普通法在预先要求的问题上与《心智能力法》（2005 年）是一致的[70]。该法案提出，在评估什么是符合患者最佳利益的决策时［在第 4 节（6）（a）中提到］，预先要求应被视做患者做出的一项重要决策。但第 26 节提到，预先要求并没有与预先放弃一样的法律约束力。上诉法院没有深入地分析第 26 条的内容。事实上这一部分并没有说患者预先放弃治疗的请求具有法律约束力。第 26 条（1）条中说患者提出的有效预先决定在立下时就具有了法律效力，并且能够在是否继续或者放弃治疗的问题出现的时候产生决定性的影响。换句话说，第 26 条是说患者事先提出放弃治疗的申请与当时提出放弃治疗的申请具有同等的法律效力。而普通法认为当时提出的放弃治疗申请才具有法律约束力[71]。

之后的判例法确认2005年的法案如果和习惯法一样保护了患者的预先决定权，那么2005年的法案条款也代替了习惯法[72]。但是习惯法可能没有把对个人的保护延伸到2005年法案所保护的范围[73]。进一步说，在《人权法案》(1998年)第3条的指导下，2005年法案的条款必须尽可能地保护《欧洲人权公约》中提到的人权。因此，如果处在生命末期的患者对ANH提出了预先请求，那么法院可能会承认这个请求的法律约束力。判例法并没有支持这样的陈述，但是现如今，“最佳利益标准”已经被法律承认为更重视“赋予患者自身预先意愿和感受”的程序。这一点与上诉法院在伯克案中的表述并不一致。

让我们再来看一下X初级保健信托诉XB案(X Primary Care Trust v XB[74])。泰斯法官(Theis J)在意的并不是伯克案中的预先要求，而是患者不接受相应治疗的预嘱。但是，泰斯法官对无行为能力患者预嘱的解释确实很有指导意义。首先，患者通过书面预嘱拒绝接受向气管中插入真空管的侵入性换气机。而通过研究口头证供，泰斯法官解释了患者的意愿是不接受“侵入性的换气治疗”。其次，他不认为在有效期限之前的“有效截止日期”意味着他的预嘱有时间限制，如果非要这么解释的话，那就违背了患者的意愿。因此，泰斯法官发现解释患者的预嘱能够最大程度地了解患者的真实意愿。与之相反的是，上诉法院甚至不认为伯克的陈述可以作为他的预嘱。

6. 法院介入的必要性

蒙比法官认为，在许多情况下，医务人员停止对一位无行为能力患者的ANH属于非法行为。如果他们得到了法院的批准，则另当别论[75]。比如，如果有证据证明一位无行为能力的患者在类似情况下希望能够继续接受ANH，那么医师就不能停止或者不提供这样的治疗服务[76]。他的这种观点就包含在适用于格拉斯诉英国案（Glass v UK）欧洲人权法院的决定（列于第8条[77]）之中。这项决定认为良好地执行患者的预嘱是一项法律要求。

然而，根据上诉法院的说法，蒙比法官错误地把这件事情当作一项法律责任[78]。据说在格拉斯诉英国案中，法官根据斯特拉斯堡对英国法律的解释和格拉斯案中原告为儿童的情况，充分地对医师的行为进行了考量[79]。当问题发生在无行为能力的成人身上时，法院有权声明并保持其法律地位[80]。这样的声明不过详细说明了，在有或者没有这样的声明时，情况会有怎样的不同。在有些情况下，医师可以请求法院批准停止治疗。比如，在布兰德案中，英国上议院批准了停止一位永久性植物状态下患者的ANH。在这种情况下，医师向法院提出申请是一种良好的做法[81]。

上诉法院认为上议院没有立法权并表达了异议[82]。这段话中表达了这样的说法：

在刑法范围内，法院没有权利因为某种行为合法，而判定除此以外的情况是非法的；法院也没有权利因为某种行为非法，而判定除此以外的行为是合法的。这一原则也适用于民法中的情况[83]。

欧洲人权法院没有理由怀疑这种观点与《欧洲人权公约》规定Burke拥有的权利是一致的。斯特拉斯堡法院感到满意的一点是：医师因为面临着刑法和民法的制裁，所以会就争议焦点咨询相关人士的法律建议。法院提出：

由于医师（特别是急救室的医务人员）承担着规定繁琐的重大责任，他们需要常常征求法院的意见。他们也因此可以免于寻求更多的保护。

上诉法院引起的这项争辩聚焦于让法院参与医务决策是否是一种良好的做法，或者说是良好的法律要求，欧洲人权法院因此主持了这次的辩论。

上诉法院主要着眼于重症监护学会（Intensive Care Society）做

出的预判。该机构认为蒙比法官给此类申请定下的标准会导致法院每天需要审核 10 个这样的申请[84]。有无足够的资源对这些申请进行处理影响了上诉法院的立场，让该院认为伯克在病情发展到第二阶段，也就是他个人的意愿和临床诊断在是否持续提供 ANH 上出现分歧的时候，无权享有一个公正的审判。伯克不仅无权享有 ANH，他也没有权利让法官对他的案子进行考量。不幸的是，上诉法院不认为在存在争议时，他们可以考虑给出一个声明是好的做法。显然这意味着上诉法院需要处理的申请会比按照蒙比法官的做法来得少，因为伯克这样的患者需要在提起诉讼之前尽可能地咨询相关人士的建议[85]。上诉法院至少应该明白，比起处在永远植物人状态下的患者，停止 ANH 对“最低清醒状态”患者的伤害更大。

7. 结　论

在过去数十年中，医事法律实践中的普遍指导原则是不要在患者自主权的问题上实行医疗家长主义[86]。伯克代表的是一部分值得注意的例外情况患者。这些患者也因为蒙比法官“开创性”的审判而获救[87]。这个问题不意味着患者永远都应该得到他们想要的，而黑尔女士正确地把这样的愿望视作不能达到的目标。但是上诉法院让伯克这样的患者生活在恐惧之中，让他们害怕自己陷入失去意识并且不能因为饥渴而抱怨的境地时，更加容易受到伤害时，他们对 ANH 的需求会因为临床的诊断和缺乏正义审判而被拒绝。在安特里案中，最高法院的判决至少令人安心一些。法院依据“最佳利益标准”尝试寻找此类患者的真实意愿，并且对于他们所立下的预嘱给予足够的重视。

（林传培　王　岳 译）

注 释

1 R(on the application of Burke) v General Medical Council [2004] EWHC 1879 (hereafter HC); [2005] EWCA Civ 1003, [2005] 3 FCR 169 (hereafter CA); Burke v United Kingdom (Application No 19807/06), 11 July 2006。

2 Mason's selection: Re B [1981] 1 WLR 1421, Gillick v Norfolk and Wisbech Area Health Authority [1986] AC 112, Re MB [1997] 2 FCR 541, Attorney-General's Reference (No 3 of 1994) [1998] AC 245 and R v Cox (1992) 12 BMLR 38。

3 根据原文，这一条注释应该是第 4 条注释。第 3 条注释是文章名，不需要翻译。第 4 条注释已有译文，且翻译内容准确无误，故此处不再翻译。

4 最新的医学总会提供的指南汇总使用的是“临床辅助营养和水分补充”，而不是“人工营养和水分补充”，参见医学总会的《临终治疗与关怀：优秀决策实践》(医学总会，2010 年刊) 第三段，本章使用了与伯克起诉案相同的语言。

5 R Gillon, 'Why the GMC is Right to Appeal Over Life Prolonging Treatment' (2004) 329 British Medical Journal 810, 810。

6 JK Mason and GT Laurie, 'Personal Autonomy and the Right to Treatment: A Note on R (on the application of Burke) v General Medical Council' (2005) 9 Edinburgh Law Review 123, 132。

7 Emily Jackson, Medical Law (Oxford, Oxford University Press, 2013) 968。

8 认知能力和法律行为能力的区别可参见 Re W (A Minor) (Medical Treatment: Court's Jurisdiction) [1993] Fam 64, esp [84] and [86]。在该案中，一个有完全理解能力的儿童在父母的同意下被剥夺了拒绝治疗的法定权利。

9 马柏法官 [HC (45)] 指出，马斯蒂尔大法官在亚耳黛耳 NHS 信托基金诉布兰德案 [1993] AC 789，897 中，提到了一名吉兰 - 巴雷综合征患者。这名患者具有理性，但被困在一具无法做出反应的躯体里，因此只能保持沉默。

10 延伸阅读：SD Pattinson，Medical Law and Ethics, 4th edn (London，Sweet & Maxwell，2014) ch 5。

11 例如，“一个因为无法沟通而没有认知决策能力患者的智力和感觉功能可能没有任何缺陷” [HC (45)]，以及“一个患者如果有能力进行理性决策并通过沟通表达出他的决策，那么他是有认知决策能力的” [CA (10)]。

12 HC [170]；CA [36]。

13 见：General Medical Council, Withholding and Withdrawing Life-prolonging

Treatments: Good Practice in Decision-making (GMC, 2002)。

14 HC [6]。

15 GMC (n 13 above) paras 13, 16, 32, 42 and 81。

16 HC [225]。

17 HC [202]。

18 CA [20]。上诉法院的判决是由菲利普斯大法官给出的。

19 CA [22]。

20 CA [39]–[40]。

21 CA [34]。

22 CA [20]–[21]。

23 CA [70]。

24 Burke v UK (Application No 19807/06), 11 July 2006。

25 HC esp [73]。

26 HC [166]。关于蒙比法官推论的有尊严地死去的权利带来的潜在影响的分析，参见：John Coggon, 'Could the Right to Die with Dignity Represent a New Right to Die in English Law ?'(2006) 14 Medical Law Review 219。

27 HC [75]。引用的案例包括 Re C [1994] 1 WLR 290, St George's Healthcare NHS Trust v S [1999] Fam 26 以及 Re B [2002] EWHC 429 (Fam)。

28 HC [130], [166] and [178]。

29 CA [31]。

30 CA [32], 注意机关案例由蒙比法官在 HC [82]–[87] 案中引用。

31 CA [32]。

32 Burke v United Kingdom (Application No 19807/06), 11 July 2006。

33 HC [116]。

34 CA [55]。

35 C Foster, 'Burke: A Tale of Unhappy Endings' [2005] Journal of Personal Injury Law 293, 298。

36 HC [104] 和 CA [63] 中都同意这一点。关于相关判例法的讨论参见 Pattinson (同注释 10)，第 14-017 段。

37 HC [27]–[28]。

38 CA [20]："人们认为它(蒙比法官的理念)广泛地影响了接受治疗权，而不仅仅局限于延长生命的治疗。"

39 HC [9]。

40 See eg HC [98] and [116]。

41 Gillon (n 5 above) 810。

42 引 自：JK Mason and GT Laurie, 'Personal Autonomy and the Right to

Treatment: A Note on R (on the application of Burke) v General Medical Council' (2005) 9 Edinburgh Law Review 123，特别注意 127 页和 131 页。

43 SD Pattinson, Infl uencing Traits (Aldershot, Ashgate, 2002) ch 1 and Pattinson (n 10 above) ch 16。

44 Pretty v United Kingdom (Application No 2346/02) (2002) 35 EHRR 1。

45 HC [130], [166] and [178]。

46 R (on the application of Pretty) v Director of Public Prosecutions [2001] UKHL 61。

47 见: Kay v Lambeth London Borough Council [2006] UKHL 10。 该 案后来被解读并应用于 R (on the application of Purdy) v Director of Public Prosecutions [2008] EWHC 2565，[45] ; [2009] EWCA Civ 92，[54] ; [2009] UKHL 45，[32] 等案中。我认为这种对国内先例的处理方式在原则上是错误的，而且与宾汉大法官在 Kay 案中的实际推理背道而驰，见 SD Pattinson，'The Human Rights Act and the Doctrine of Precedent' (2015) 35 Legal Studies 142。

48 Purdy [2009] UKHL 45, [36]。

49 引 自 H Biggs，'Taking Account of the Views of the Patient, but only if the Clinician (and the Court) Agrees—R (Burke) v General Medical Council' (2007) 19 Child & Family Law Quarterly 225。

50 CA [22]。

51 HC [6]。

52 关于这一观点更早的表述参见: SD Pattinson, Medical Law and Ethics, 1st edn(London, Sweet & Maxwell, 2006) 484-86, esp fn 44。

53 例 如，Re C [1994] 1 WLR 290 和 R v Portsmouth Hospitals NHS Trust ex parte Glass [1999] 2 FLR 905 中对患者的预期寿命做出的消极预测最终被证明是错误的。

54 CA [57]。

55 HC [116], 在 CA [61] 中引用。

56 CA [61]。

57 CA [56]。

58 CA [63]。

59 CA [29]。

60 CA [57]。

61 Aintree University Hospitals NHS Foundation Trust v James [2013] UKSC 67。

62 ibid [35]。

63 ibid [37]。

64 ibid, esp [40]。

65 ibid [40]。

66 ibid [45]。

67 HC [22]。

68 HC [175]。

69 HC [169]。

70 CA [57]。

71 See eg Re T [1993] Fam 95 and Re B [2002] EWHC 429。

72 Eg ZH v Metropolitan Police Commissioner [2012] EWHC 604, [44]。

73 例如，Re L [2012] EWCA Civ 253 中上诉法院确认法院可以进行干预，以保护仅满足 2005 年法案行为能力测试(因此不属于该法案的保护范围)，但由于强制性和不正当影响等因素而无法行使自主选择权的成年人。

74 X Primary Care Trust v XB [2012] EWHC 1390。

75 HC [202]。

76 HC [214]。

77 Glass v United Kingdom [2004] 1 FLR 1019 (2004) 39 EHRR 15。

78 HC [210]。

79 CA [75]–[80]。

80 CA [71]。

81 CA [71]。

82 比较法律的解释理论，参见例如 R Dworkin, Law's Empire (Oxford, Hart Publishing, 1986) 和法律的宣告理论，参见例如 A Beever, 'The Declaratory Theory of Law' (2013) 33 Oxford Journal of Legal Studies 421。

83 CA [71]。

84 CA [69]。

85 CA [13]。

86 见：Pattinson (n 10 above), chs 4 and 5。

87 P Fennell, 'The Right to Require Life-Prolonging Treatment' (2004) 12 Medical Law Review 306, 315。

第十三章

死亡权和帮助权：R（关于普尔迪的申请）诉检察长案 [2009] 及其遗留问题
The Right to Die and the Right to Help: R(on the Application of Purdy) v Director of Public Prosecutions [2009] and Its Legacy

凯特·格林斯（Kate Greasley）

1．背景：有关安乐死与协助自杀的英国法律

A．安乐死

词条“仁慈的谋杀”和“安乐死”通常用来定义一种特定类别的谋杀行为。通常指在受害者的要求下，行为人出于利他主义，帮助结束受害者难以忍受的痛苦。这种痛苦多源于不治之症或慢性疾病。尽管近来人们对安乐死的态度发生了变化，但其法律地位仍然没有改变。虽然安乐死通常被视为与其他类型的谋杀行为不同，但它仍适用于大部分谋杀或过失杀人（程度减轻则适用）的法律。英国法律中谋杀的定义为犯人蓄意杀害受害人，或使受害人严重受伤而令其死亡的行为，即便行凶者的目的是为了解除被害者的痛苦，这也仍然属于谋杀。不过，也存在例外，例如这样一种场景：医师并无杀

人意图，出于减轻患者的痛苦开出“治疗方案”，但由于已知的副作用，该治疗方案加速了患者的死亡。这就是“双重效果说”，它有效地使医师免于因给临终患者提供致命剂量的止痛药而承担谋杀或过失杀人的责任[1]。

与英国法律禁止的主动杀害行为不同，若患者本人无法做出决定，且医务人员认为治疗不符合患者的最佳利益，或患者本人十分拒绝这种治疗，医务人员可以撤销维持患者生命的治疗或不采取干预治疗以挽救其生命。英国国会上议院在判决艾尔代尔国家卫生服务体系信托诉布兰德案（Airedale NHS Trust v Bland）时强调了主动杀人行为与不采取医学干预挽救患者的行为的根本差异。上议院认为如果不符合患者的最佳利益，照看永久性植物人的医师可以撤掉维持其生命的人工营养物和水，但医师不可以采用关掉维持患者生命的机器等主动干预措施杀死患者[2]。正如布朗尼·威金森大法官（Browne-Wilkinson LJ）所说：“有意结束他人生命的积极行为就是谋杀[3]。”

然而，除此之外，当有能力做出决定的患者拒绝治疗时，无论这种行为是否符合他的最佳利益，法律上都不允许医务人员为其提供或继续进行治疗。因此，在 Re B[4] 案中，一个四肢瘫痪的女性希望能够关掉维持她的呼吸设备，因为她意识清醒，所以法院判决看管她的医师满足她的愿望[5]。在宣布这个判决时，巴特勒 - 斯洛斯（Butler-Sloss）夫人表达了对该女性做出这个会导致她生命结束的决定的遗憾。她甚至恳请患者能够重新考虑这个决定，但她认为这种违背患者意愿的持续人工供氧设备是对患者身体的一种非法侵犯。从这个判例可以很明显地看出，在许多判例中允许合法取消维持生命的治疗方式与医疗同意法是对立的。众所周知，在医学律师看来，对能自主做出决定的患者所做的任何未达成共识的治疗都是一种侵犯，即使维持患者的生命必须使用这种治疗［也可见于 S 诉圣乔治医院信托基金案（S v St George’s Hospital Trust[6]）］。

B．协助或教唆自杀

协助或教唆他人自杀的法律法规与执行安乐死的法律法规不同。1961 年《自杀法》(Suicide Act) 废除了自杀罪，但第 2（1）条规定协助他人自杀定罪为单独的可公诉罪行。自从 2009 年修正《死因裁判官及正义法》[7]，第 2(1)条规定符合以下条件者即为犯罪(272 页):

(a)被告是否有教唆或协助他人自杀或企图自杀的行为。

(b)被告的行为是为了教唆或协助自杀或企图自杀[8]。

1961 年《自杀法》第 1（c）条规定，该罪行最高可判处 14 年徒刑，但第 2（4）条指出未经检察长(Director of Public Prosecutions, DPP) 同意禁止提出对该罪行的指控。起诉裁量权的存在及行使该权利一直是协助自杀法的关键。正如我们所看到的，在普尔迪案中，这是一个核心问题。虽然第 2（1）条毫无例外地将所有鼓励或协助自杀的事件定义为刑事犯罪，但检察记录表明并非如此。在普尔迪诉讼之前，从未对协助亲人前往国外(通常是瑞士)的专门诊所寻求专业人士帮忙结束生命的人提起诉讼。在普尔迪案的判决中，有人(霍普大法官)指出在已知的 115 个判例中，只有 8 个类似的案件被提交给检察长，要求其做出可能的起诉决定[9]。实际上，检察长采取了非官方政策拒绝起诉那些出于同情而协助亲人自杀的人。这些患者因无法忍受病痛折磨而乞求他人帮助其结束生命，我把这称为“同情援助案件”。这种做法至少非正式地将这一特定违反第 2（1）条规定的行为归为犯罪行为之外。简而言之，检察长在第 2（1）条中的同情援助案件中采用了故意无视的政策。

在同情援助案件中，检察机关宽大处理的原因显而易见。至少大部分公众强烈反对对那些处于悲惨情况下，不是出于谋财而答应亲人要求来帮助他们死亡的人进行极大的处罚。但是，在法定死亡权的支持者看来，不起诉的非官方政策并不是一个可以接受的解决办法，他们主要有两个论点。第一，根据《欧洲人权公约》，在受害者的请求下帮助终止其痛苦，协助其自杀，从认定协助者的刑事责任非法干涉了受害人的权利，包括第 8 条所提到的私人生活和家庭生活的权利，需要负刑事责任。第二，他们不满检察长政策的不公正性。有人认为，这违反了法律的公平警告和一致性的标准。这些论据被提交给负责普雷蒂诉检察长案［R（Pretty）v DPP］的上议院[10]。上诉人戴安娜·普雷蒂（Diane Pretty）患有运动神经元疾病。这是一种无法治愈的退行性疾病，使她越来越虚弱。她想要寻求检察长确认，丈夫可以陪同她去瑞士的一个自杀诊所帮助她自杀，而免于被起诉。当检察长拒绝时，她抱怨说，拒绝给予这种确认，以及 1961 年法令禁止协助自杀，违反了她的《欧洲人权公约》权利。一个关键的争论点是，第 8 条中所提到的尊重私人和家庭生活的权利是否包括自己选择方式和时间来提前终止自己的生命。

上议院拒绝了普雷蒂声称她终止生命的愿望属于第 8 条或其他任何公约所规定的权利。上议院认为，受第 8 条保护的个人自主权并不包括选择自己的死亡。这进一步说明，即使私人和家庭生活的权利受到威胁，政府"也有充分理由证明了现有法律和其应用的正当性"[11]。

普雷蒂随后向欧洲人权法院请求审查上议院的决定。在普雷蒂诉英国案（Pretty v UK）中[12]，欧洲人权法院与上议院关于《欧洲人权公约》第 8 条的含义产生了分歧。欧洲人权法院认为普雷蒂结束生命的愿望确实援引了该条款下的权利。然而，它继续提出，尽管第 8 条所述权利受到禁止协助自杀的侵害，根据《欧洲人权公约》第 8（2）条的规定，这种侵权行为是合理限制，符合公众利益。这个利益的本质，用法院的话来说，就是"通过保护弱势群体来维护生命，特别是针对那些无法对打算结束生命或协助结束生命行为做出知情决定的人"[13]。法院认为有必要保护弱势群体免遭可能发生的潜在侵权行为，这种必要将第 2（1）条的罪行定为"在民主社会是必要的"，尽管这确实对第 8 条权利施加了限制，像普雷蒂案[14]。

普雷蒂案进一步辩论，即使法律是出于公共保护的正当目的，第 2（1）条全面禁止协助自杀是不合理的，但法院并没有被说服。法院注意到尽管法律承认没有例外，但起诉自由裁量权意味着，如果起诉明显失当，检察长也可以选择不起诉。所以全面禁止实际上是一个相称的措施，英国法律禁止协助自杀是符合《欧洲人权公约》的。

2．普尔迪裁决

在普雷蒂案结束几年后，关于法律在协助自杀案件中的立场的议题又回到了聚光灯下。2008 年 12 月，检察长公开宣布，他决定不起诉丹尼尔·詹姆斯（Daniel James）的亲友。詹姆斯是一名 23 岁橄榄球运动员，在一次训练事故中不幸患永久性瘫痪。他的亲友帮助詹姆斯结束了生命。詹姆斯的父母帮助他去瑞士的一个安乐死诊所结束生命。检察长公布了在这种特殊情况下他不起诉的理由[15]。原因之一就是詹姆斯心智正常，他的父母也没有鼓励他自杀，反而一直鼓励他活下去。他的父母忍受着极大的痛苦，最终还是答应并协助他自杀。

黛比·普尔迪在詹姆斯声明之前就已提起案件。普尔迪患有多发性硬化症，这是一种不可治愈的进行性疾病，攻击神经系统。像普雷蒂一样，普尔迪预计一段时间后她的生活将变得不能忍受，因此向高等法院申请，如果丈夫普恩特陪同她前往外国的自杀诊所，他不会因《自杀法》而面临指控。高等法院拒绝了这一请求，于是普尔迪将案件提交给了上诉法院，理由与普雷蒂案所述相同[16]。上诉法院否认普尔迪的第 8 条权利受法律禁止协助自杀的束缚，这与欧洲人权法院的裁决相反，尽管上诉法院自身就受到上议院决定的限制。普尔迪的律师提出的第二个诉称则是，因为对协助自杀的后果没有给予足够的警告，所以在援助案件中，检察官拒绝澄明对第 2（1）

条违反者的起诉政策的做法违法。对律师的这一诉求，法院也驳回了。上诉法院首席法官认为，争议的难点在于第 2（1）条对有关责任的规定是完全清楚的。因此，在她丈夫的案件中，普尔迪实则不是在寻求检察官对法律的澄明，而是寻求保证检察官行使检察自由裁量权的方式。虽然法院对这对夫妇所处的“糟糕困境”表示同情，但仍不接受检察官拒绝对普恩特免于起诉违反了法律的可预见性要求这一观点。

普尔迪在上诉法院受挫后又接着向上议院提出上诉，并得到了明显不同的裁决结果[17]。与之前普雷蒂一案的裁决不同，法院按照斯特拉斯堡的裁决，同意普尔迪所声称的全面禁止协助自杀行为侵犯了第 8 条中她的私人和家庭生活权利，并一致同意检察长有义务发布关于起诉第 2（1）条罪犯的正式准则。霍普大法官（Lord Hope）做出这种主要判断，表达了他明确支持欧洲人权法院在普雷蒂一案的态度，认为私人生活和自我决定的权利包括了不“被迫在年老或身体、精神过早衰老的状态下保持生命存续，这与自我认同与个人认同观念存在强烈冲突”[18]。

因此，像斯特拉斯堡法院一样，接下来上议院还要考虑根据《欧洲人权公约》第 8(2)条的规定，妨碍第 8 条权利是否“与法律相符”，以及“在民主社会是必要的”。法院对遵守第 8（2）条要求的理解是决定检察长需要正式发布政策的关键。正如霍普法官所解释的，《欧洲人权公约》的合法性原则要求法律法规对于受他们影响的人来说应该足够准确、可及和可预见。因此，鉴于《欧洲人权公约》的权利受到第 2（1）条规定的侵害，普尔迪女士有权要求得到有关违反法律后果的高度确定性。反过来，这要求“法律必须明确地说明任何授予主管当局此种酌处权的范围及其行使方式”[19]。简而言之，霍普大法官认为，任何限制公约权利的法律所需要的可预见性和明确性标准，对于该法律有关的起诉裁量权来说同样需要。

因此，唯一问题就是，检察长的政策是否能为普尔迪及其丈夫提供足够的指导，以达到《欧洲人权公约》的合法标准。法院的回答是否定的。这部分推理的重点是《检察官法典》(*Code for Crown Prosecutors*) 所载的指导意见。这是一份书面规范，概述了检察机关行使其酌处权的一般指导原则。检察长辩称，《检察长法典》中的指导足以符合有关明确性及可预见性的标准。但上议院并不同意这一说法。由于《检察长法典》并不明确地适用所有罪行，所以他们认为这对于协助自杀这一特定罪行的起诉，其可能性的阐述并不足够。这就需要说明在这些起诉决定中可能考虑的因素。在这方面，詹姆斯的决定就是一个例子。检察长发表公开政策声明，解释了不作起诉詹姆斯自杀协助者的决定，证明了一般的《检察长法典》没有提供可以解释针对具体决定的指导规则。最后，法院要求检察长"发布具体的针对性政策"。这些政策需要对赞成和反对那些协助或鼓励自杀者的起诉情况进行概述[20]。

总而言之，普尔迪案的裁决并没有给英国的协助自杀法带来实质性的改变。1961 年《自杀法》第 2（1）条仍然存在，并未被宣布与任何《欧洲人权公约》权利不符。第 2（1）条没有任何法律例外，至少在形式上来说，它同样适用于那些协助患有绝症的家庭成员死亡的情况。相反，这个案件的主要结果是，像在普尔迪这样的情况下不起诉的非官方政策，需要通过编纂变得更加正式。裁决的核心是两个基础前提：第 8 条关于私人和家庭生活的权利让步于协助自杀的犯罪化，但刑事法律要明确化。

3. 影响后果及尼克林森诉讼

在上议院判决普尔迪案之后，关于协助自杀的法律和公众辩论有了一些重大发展。首先，为了回应司法裁决，检察官下令制定了《关于鼓励或协助自杀案件检察机关的政策》(Policy for Prosecutors in

Respet of Cases of Encouraging or Assisting Sucide《2010 年政策》)[21]。该政策列出了各方面有关支持和反对检控第 2(1)条罪犯公众利益的因素。倾向于起诉的因素包括受害人缺乏形成自愿、知情和确定自杀意图的能力;嫌疑人对受害者实施自杀存在任何压力或非利他动机,例如,从受害者死亡中获得经济利益。另一方面,反对起诉的因素包括能够证明嫌疑人"完全出于同情"的证据,嫌疑人试图劝阻受害者自己选择的自杀行为,嫌疑人已经向警察报告自杀并全力协助他们进行调查。在导言中,《2010 年政策》解释说该政策并没有以任何方式"非刑罪化"鼓励或协助自杀的罪行,以及其中没有任何内容可以确保违反第 2(1)条规定的人免受惩罚。该政策也表示列表上所提供的公共利益因素并非"详尽无遗",而且每个案件仍将根据个人情况具体处理。

对许多人来说,普尔迪的法庭斗争是协助自杀法变革的重要必要条件之一。2010 年 9 月,福尔克纳大法官(Lord Falconer)召集委员会,详细考虑现行的法律情况是否足够完善,并探讨了是否存在一些关于法律改革令人信服的理由。在 2009 年《验尸官和司法法》(Coroners and Justice Act)的辩论期间,福尔克纳大法官已经提出对协助自杀的法律进行了自由修正。如果通过了这一法案,将会从第 2(1)条中抽除一些协助自杀的形式。该修正案以 194 票对 141 被否决[22]。现在,随着普尔迪案的势头,福尔克纳委员会重新花费了一年多的时间,听取了有关法律改革的证据和论据,并对荷兰和美国俄勒冈等司法管辖区进行了个案研究访问。这些地区已解除了对协助死亡的全面禁止。

委员会通过一份长达 400 页的文件得出结论,认为目前协助死亡的法律地位是"不充分、不连贯的",并发现了一起有效判例。该判例中,家属在精心制定的资格标准和保障范围内为终末期患者提供辅助死亡选择[23]。这些标准的关键要素包括以下几点:患者必须年满 18 岁,患有终末期疾病,并表达了明确清晰的死亡意图,以及必须核查从患者开始要求死亡到最终行使死亡之间至少有两周的间隔。还有人建议，最终的杀害行为必须由患者自己行使或至少参与行使。换句话说，委员会设想适合部分非刑罪化的，只有协助自杀而不是任何形式的自愿安乐死。然而，委员会结论的权威性却因委员们倾向于倡导法律改革的建议而妥协。在小组召集之前，在12人中有9人已经公开表示自己会在协助自杀法律上做出改变的承诺。此外，这个委员会并不是由政府建立的，而是由两名公众人物［特里·普拉切特（Terry Pratcher）和伯纳德·刘易斯（Bernard Lewis）］发起和资助的。他们是公认的协助自杀合法化的支持者。事实上，一些权威的组织和个人（包括英国医学学会）出于对其进行课题的担忧而拒绝向委员会提供证据。

最后，上议院关于普尔迪案的裁决为下一次和最近的法院挑战协助自杀法律铺路，这是非常重要的，如尼克林森案。托尼·尼克林森（Tony Wicklinson）是一名刚过50岁的男子，由于脑卒中而患有所谓的“闭锁综合征”。这使他完全瘫痪，无法说话，全身能够进行的动作仅限于眨眼。尼克林森发现自己的处境无法忍受，希望结束生命，不过这需要他人的帮助。他最初将案件提交给高等法院，认为英国法律将谋杀罪应用于应他请求而终结他生命的医师，医师对这一点应给予必要的抗辩理由（或“两害相权取其轻”原则）。他还要求宣布，协助自杀的法律不符合第8条私人生活权利，就像之前的普雷迪和普尔迪所要求的那样。可以预见的是，高等法院驳回了这一论点，即认为自愿安乐死可能是一种必要的杀人形式，因此不属于谋杀的范畴的观点[24]。

在高等法院驳回他的申诉后，尼克林森立即绝食，不久便离世了。法院允许他的妻子简·尼克林森（Jane Wicklinson）代表他进行上诉裁决，但在上诉法院那里得到了同样的裁决结果[25]。关于第8条的诉求，上诉法院法官托尔森（Toulson LJ）认为，第2（1）条与《欧洲人权公约》权利的兼容性已经由“最高级别”司法机构确定，但他可能会拒绝任何情况下托尼·尼克林森的主张。理由是在欧洲法律范围内，英国在建立协助自杀法方面具有广泛的“国家裁量权”。另外，法律改革也是议会的事。

简·尼克林森最终向最高法院提起诉讼。法院于 2014 年 7 月做出了判决[26]。托尼·尼克林森的诉求与另一名索赔人保罗·兰姆（Paul Lamb）和一名匿名人［我们称他为马丁（Martin）］的案件结合在了一起。他们都患有类似于托尼·尼克林森的严重瘫痪，并希望有人能够帮助结束他们的生命[27]。简·尼克林森和兰姆争辩说，目前禁止协助自杀，对于不能容忍的痛苦和明确表达死亡的愿望的人来说是不合适的，是对兰姆和托尼·尼克林森第 8 条权利的无理干预。马丁的论点则有所不同，他重新提出了检察政策的问题。在提出普尔迪判决的论据中，他声称 2010 年政策的条款仍然不够清楚，因为它没有给出关于协助他人死亡的医疗保健人员或护理人员可能提起诉讼的具体指导。

9 名最高法院法官组成的全体小组审议了 3 名上诉人的申诉。简·尼克林森和兰姆的上诉以 7∶2 的票数被驳回。按照普尔迪判决的推理，法院一致认为，《自杀法》第 2（1）条确实干涉了英国公民的第 8 条权利，即希望控制自己死亡的方式和时间，但需要他人帮助。不过，大多数人驳斥了上诉，理由是应由议会决定现行法律是否与这些权利不一致，并据此进行修改。4 名法官认为法院缺乏决定协助自杀法是否符合第 8 条的宪法权力，并应尊重议会对此的评估。在这个议题上议会更有资格做出决定。另外 5 名法官则认为法院具有在协助自杀等问题上做出与法律不一致的决定的宪法权限。但是，这 5 名中的 3 人［马修斯大法官（Lord Mance）、恩伯格大法官（Lord Neuberger）和威尔逊大法官（Lord Wilson）］认为，在给予议会根据现有判决重新考虑和修改法律的机会之前，法院这样做是不适当的。只有 2 名法官——黑尔夫人和凯尔大法官准备发表与现行禁令不一致的声明。他们认为对于那些明确表示自愿死亡愿望的人来说，现在的禁令显然不符合第 8 条，因为它对权利造成不适当的干涉。

在马丁问题上，法官则一致站在检察长那边，认为 2010 年的政策不需要进一步对其合法性进行澄清。法院对普尔迪原则（指出检察长必须说明他的政策，以符合《欧洲人权公约》的可预见性要求）以及法院可以规定该政策需要采取的措施的建议作了重要的区分。它得出结论，法院最多可以做到要求检察长在起诉决定中指出相关因素。因此，实际上，法院对马丁案的裁决限制了普尔迪案主要原则的延伸，限制了检察政策的细化和明确。

4. 检察官自由裁量权和可预见性的标准

A. 澄清或提前豁免？

正如所看到的，最高法院在处理尼克林森案时赞同普尔迪案的中心规则。该法则在法律上要求检察长发表与鼓励或协助自杀相关的检察政策，以达到明确性和可预见性的标准。对于同情援助案件，视而不见的非官方政策并不足够。利益相关方如普尔迪和她的丈夫需要更多的关于影响起诉帮助者的信息。简而言之，请求人要求有权能够更准确地预测起诉结果，上议院也同意了这一要求。

最高法院在尼克林森案中拒绝马丁的申诉，似乎对普尔迪原则施加了限制，同时也明确了其基本效力。检察长必须发布他的政策，以确保禁止协助死亡依法行事，不过检察长没有必要提及检察机关如何对待那些与“受害者”不是亲朋好友的人的具体指导。颁布支持或反对起诉的一般因素便足以满足可适用的可预见性和明确性标准。

除了休斯法官，法院在处理尼克林森案时并未怀疑原来的普尔迪原则。关于原则的关键问题是法律上是否需要规定，当违反第 2（1）条时应如何监督酌处权。从某种角度来看，由于协助自杀一直属于刑事定罪，普尔迪案中对该问题的肯定回答似乎有些奇怪。尽管法院坚持认为检察官公布该政策不等同于保证对第2（1）条违反者免于起诉，但执行这一命令的根本原因似乎在于有必要为那些预谋协助自杀的人提供更大的确定性。然而，从表面上来看，基于可预见性的起诉以及保留第2（1）条罪行而没有任何正式例外，这种争论仍然紧张。这种紧张关系可能是通过事先依靠一个借口的类比而形成。

刑法中的借口可以基于减缓因素减轻罪犯的责任或惩罚，但这种行为仍然是违法的，但比起典型的违反禁令的行为，倒没有那么应受指责[28]。如果这确实是辩解的理论基础，那么如果违法者在犯罪前就利用这些责任减免因素，那么这些减缓因素就不能以同样的方式减少责任，特别是这种想法在一开始就促进违法者下决心犯罪时。在这种情况下，给予违法者这种借口会有效地将申辩因素从减轻的原因转变为存在特定特征的犯罪资格。类似地，可以说，通过命令正式阐明反对起诉协助自杀的因素，普尔迪案有效地为违反第2（1）条的罪犯提供了预期的保证，那就是可能会出现溯及宽大处理的情况。可能会有人争辩，与其说新政策的效果是检察官对那些似乎并无罪过罪犯的仁慈，倒不如说是这种新政策为这种违法行为提供了非正式的赦免。在这种情况下，有意违法的人可能会被免责。

如果这一情况属实，也并不能以任何方式削弱认为对普尔迪这样案件的协助人的起诉完全不合适的广泛观点；或让人怀疑在这些情况下协助人的利他动机。然而，如果普尔迪类案件的具体特征只是妨碍公共利益，而不构成犯罪，那么就可以认定给予罪犯事先确保其责任减轻的做法与协助自杀的法律地位不一致。

在尼克林森案中，休斯大法官提到了普尔迪原则。他指出，在普尔迪一案中上议院忽略了“事件发生后对一切事实进行审查和提前豁免特定种类违法行为”的区别[29]。虽然他承认肯定会有不符合公众利益的违反第2（1）条的罪犯被起诉，但他指出，“犯罪记录中的每一项罪行都是如此”[30]。然而，他认为，在没有“跨越宪法界限”的情况下，检察长不能事先确定这类人员，并为一群潜在的违法者提供豁免权。关于可预见性的标准，他认为，违反第 2（1）条的罪犯有权获得的唯一信息就是检察官会审查任何特定案件的所有事实，并决定起诉案件是否属于公共利益[31]。他认为，就法律上的可预见性来说，国家没有义务为那些思考协助他人自杀的人就“起诉的可能性”给出答案。

根据检察长在起诉类似案件方面的记录来看，普尔迪要求有更清楚的检察政策，这一点似乎更符合有效要求保证她丈夫被豁免的请求这一特点。正如霍普大法官所判断的那样，在考虑普尔迪案件时，没有对“旅游自杀”的唆使者提出起诉，并且在已知的 115 个案件中，关于检控的决定检察长只提及了其中 8 个案件[32]。同样，关于尼克林森案，纽伯格大法官（Neuberger L）强调检察长的证据，只有一个判例根据第 2（1）条被成功起诉。在这一判例中，被告为一名想要自杀的弱势人士提供汽油和打火机，并使其遭受严重灼伤[33]。检察长告知处理尼克林森一案的法院，从 1998 年至 2011 年，英国共有 215 人在瑞士使用了“尊严”（Dignitas）辅助诊所的服务，但没有人因提供协助而被起诉[34]。从这一记录来看，如果普尔迪的丈夫协助她出国自杀，关于起诉决定似乎没有什么实际的疑问。如果普恩特先生被起诉，那么他将会是数以千计协助者中第一个在这种情况下面对这样的后果的人。

如果有少数出于同情而协助他人自杀的人员因他们的行为被起诉，那么普尔迪所声称的法院政策不够明确这一点会更可信。正如现在所看到的，她所声称的缺乏清楚地说明她丈夫这种情况的明确政策只是缺乏官方说明罢了。在判决普尔迪案时，纽伯格大法官甚至称这种法律辩论有一丝“不切实际”的味道，因为普尔迪女士应该清楚丈夫不会被起诉，特别是根据詹姆斯的陈述，这一点应该是确定的[35]。毫无疑问，非正式政策是清楚的，只是缺乏关于她丈夫不会被起诉的官方保证。

然而，更深入地看待霍普大法官对普尔迪一案的大部分判断，可能会发现在审议中起诉政策的明确性不是那么重要，因为需要有前瞻性确保实践的一致性，并防止随意行使起诉酌处权。霍普大法官认为，赋予起诉自由裁量权的法律并不一定不符合可预见性的要求，只要"自由裁量权范围和行使方式"足够明确，从而能保护个人免遭"任意酌处权"的干扰即可[36]。在尼克林森一案中，纽伯格大法官继续这种推理，并解释了最初的普尔迪原则，具体如下：

检察长发布守则或政策的目的不是让那些希望犯罪的人能够提前知道是否可以摆脱犯罪指控，而是为了确保实际中可行和原则上适当，检察长的政策是公开的，人人可以知道其内容，可以看出检察长是否"以一贯之"[37]。

一致性和非任意性是正义的标准，当然也适用于起诉决策。不过，有人可能会质疑这些标准在第2（1）条中是否真的会出现问题，特别是考虑到迄今为止实践中明确一致的做法。法院承认这一点，在某种意义上说，甚至是普尔迪所要求的（她所要求的是正式承认一些起诉实践，事实上一直非正式地实行着）。正如记录所显示的，即使没有正式阐明，也可能存在一致性，在这方面没有什么需要纠正的。相反，如果法院认为发布政策会阻止未来任意性的威胁，那么可能会引起一个问题，即为什么更需要通过具体指导来防止在协助自杀方面任意行使起诉裁量权，而任何其他刑事犯罪不需要呢？

B．区分协助自杀

最后介绍普尔迪案提出的主要原理的另一个可能问题。正如休斯大法官所指出的，对于任何刑事罪行的指控来说，如果检控机关认为其不符合公众利益，就会保留酌情权起诉。但是，在没有其他罪行的情况下，如果检察长未能出具起诉指引，就会违反法律的可预见性和明确性标准。例如，假设偷窃或殴打，他们并不能要求更清楚地知道影响起诉可能性结果的因素。这与 1961 年法令第 2（1）条到底有何不同？

这引起了一个有趣的问题，即援助自杀作为刑事犯罪的独特性。纽伯格大法官在判决普尔迪案中注意到，事实上检察长已经发表了一些关于起诉其他罪行的具体指导意见（参见普尔迪案件，布朗阁下第 84 段详细列出了其他声明，其中包括关于起诉强奸、家庭暴力以及"同性恋和异性恋仇恨犯罪"的声明）[38]。他认可检察长的论点。即在所有这些情况下，现有的声明是为了保护受害者而不是罪犯的利益，但也简单地强调了第 2（1）条的"不寻常的特征"，即潜在的"受害者"（普尔迪）在这种情况下要求澄清的。在随后的关于尼克林森判决中，纽伯格大法官发表了他的理解。这一理解是关于第 2（1）条罪行独特性的禁令以及需要明确颁布与之相关的起诉政策。他强调"协助自杀起诉酌处权"之所以重要，部分原因是实行这一权力的"公众重要性"和"公众关注度"[39]。他还解释说，因为普尔迪的第 8 条权利受到禁止协助自杀的侵犯（法院承认的这一点，与欧洲人权法院对普雷蒂的裁决一致），所以她有权明确知道违法行为的后果。

毫无疑问，有一个更明确的政策对普尔迪自身有益，甚至可能最有益。当提到更为详细的政策对她来说是"实际价值"时，纽伯格大法官总结了普尔迪这种利益的性质，并因她的处境表达了一些"道德和情感上的安慰"。如果能更确定丈夫是否可能因为陪同她到瑞士而被起诉，普尔迪自己所得的好处显而易见。她需要丈夫的帮助来结束自己的生命，并担心他可能无法逃避刑事责任。这一担心明显会间接限制了她自决权的行使。

不过可能有人会问，这是否不能适用于其他刑事禁令，在某些情况下这些禁令会影响受保护权。例如，为了避免挨饿，小偷偷走了食物。在这种情况下，犯盗窃罪是保护生命权的唯一途径。也就是说在这种情况下，全面禁止盗窃会干扰受保护的权利（《欧洲人权公约》第 2 条）。可能如果英国最高法院认为，全面禁止偷盗与《欧洲人权公约》的权利是不相容的，那么法院会直截了当地回答说，因为全面禁止的形式是正当、相称的，所以没有不兼容的结果（可以设想，相称推理的一般主旨是这样的：只有全面禁止盗窃才能保护私有财产）。但这并不阻碍基本的普尔迪原则的运作。全面禁令也被认为是合理并相称的，但法院仍然认为，为了使该禁令符合法律，需要有关起诉的具体指引。按照普尔迪原则，我们可能会问：那些预计需要偷窃以行使基本权利的人能否要求提供具体的检控政策？

当然，起诉为了避免饿死而盗窃的行为可能是不符合公共利益的一个典型例子。但是，仅仅因为全面禁令和受保护权利（甚至与生命权一样重要）间的潜在冲突，就在缺少特殊犯罪公诉政策的情况下不遵照法律禁止盗窃，这样做就正确吗？很难想象可以冒险得出这样的论据。

一些刑事罪行当然已被欧洲人权法院认定干涉《欧洲人权公约》权利。例如，在 A、B 和 C 诉爱尔兰案（A, B, and C v Ireland）中，法院认为，尽管成员国在平衡干涉与限制堕胎上有广泛的“国家裁量权”[40]，但是《欧洲人权公约》第 8 条规定的私人生活权依然受到堕胎负刑事责任的威胁。然而，再次追踪普尔迪案发展的推理，似乎可以认为，在法律范围之外进行堕胎的人可以有权要求有关堕胎的具体起诉政策[41]。

但是，正如纽伯格大法官在尼克林森案中所认识到的那样，单提出协助自杀不仅仅因为涉及《欧洲人权公约》规定的权利。正如法官所理解的，第 2（1）条的独特性不仅在于禁令涉及《欧洲人权公约》权利，而且在许多情况下，这种罪行具有“综合特征”，所有这一切都指向要求明确的指导[42]。他列举了一下这些“独特”的特征：

第一，第 2（1）条规定，协助别人（除被协助人外的其他人，以任何方式）实施某种行为是犯罪。第二，受害者不仅是一个自愿参与的人，而且是策动者。第三，除非实施犯罪，否则受害者的第 8 条权利就会被侵犯。第四，犯罪者并不情愿参与，但出于同情受害者而不是其他刺激犯罪的情绪进行犯罪[43]。

第三个特征即除非犯罪行为，否则“受害者”的权利将被不能得到保障，这是在其他刑事犯罪中非常罕见的一个特征，尽管在适当的条件下可能也会出现。例如，在受害人的指示下犯殴打罪，但是这种同意不构成有效抗辩[44]。在这种情况下，该犯罪行为不受受害者同意影响。因为当伤害达到一定程度时，法律无法认可这种同意（英国法律的门槛是“实际身体伤害”）[45]。这些罪行发生的背景最有可能是亲密关系，这使得至少有争议的是，由于不能合法地同意伤害超过一定限度，受害人的私权受到犯罪行为的危害。与协助自杀相同，出于公共政策的原因，基本的侵权行为不会受到正当的全面禁止决定的影响。这只会意味着这种侵权行为是合法的[46]。然而，如果法律承认受害人私生活的权利受到这种罪行的侵犯（可以肯定地提出令人信服的案件），这种类型的判例就反映了协助自杀案件在纽伯格大法官提出的第三个特征。

纽伯格大法官的第四点是，第2（1）条罪犯往往是“不情愿地”帮助实施犯罪行为，以同情而不是自私的利益为动机。这在自愿和非自愿安乐死以及协助自杀上都是如此，而且事实上，从范例上来说确实如此。就这样，正如恩伯格大法官首先指出的那样，第2（1）条规定辅助犯罪行为的行为本身不是一种罪行，自杀本身已被1961年的《自杀法》否定。不过，我不认为自杀非刑罪化背后的理由是自杀不是一个应该避免的伤害。如果这正确的话，我们将很难去解释所有其他通常用来防止人们自杀的准强制性方法，例如，对精神科病房进行监禁。相反，将犯罪责任附加到那些自杀或试图这样做的人身上并没有意义，并且会产生反作用力（后者需要医疗援助而不是刑事制裁），这会支持肯定自杀非刑罪化。如果这样做是正确的，那么对自杀进行非刑罪化的理由就与改善对其援助犯罪化的理由无关。

纽伯格大法官又说，之所以普尔迪案的判决是这样的，正是因为这四个特征都是违反第2（1）条法律的可能要素。这些特征出现在违反第 2（1）条法律行为中的可能性在很多其他判例中都有体现，而且本案也有代表性地证明了这一点。因此，纽伯格大法官将此案件视为该条法律“独有”的可能性。在某个人协助另一个人自杀时，几乎总是这样的情况：“受害人”不仅自愿参与其中，而且常常策动他人协助自己。协助者的协助自杀行为也总是出于利他动机（至少协助者是这么认为的）。据此，纽伯格法官认为，第 2（1）条法律的特别之处并不在于其能对没有真正犯下罪行的人也能执行，而是在于其对罪犯的起诉往往是不当的。当然，如果对协助自杀的不当起诉不是个例，而是经常发生，那么人们可能会立即质疑：为什么协助自杀要承担刑事责任（相关的更深层次的讨论见下文）。不仅如此，人们还可能会质疑，纽伯格大法官的言论是否可视为对协助自杀行为本质的断言，即协助者不应当被惩罚，他们可能根本没错，因为他们只是在自杀者的允许下进行了协助。如果人们坚信这一点，无论是否有特殊情况，支持刑事处罚的一方就会在争论中落于下风。

5．广泛争论

在协助死亡合法化的持续争论中，人们逐渐将关注点放在对道德原则和实用主义问题的考虑上，大量相关文献也应运而生[47]。在普雷蒂诉检察长案［R（Pretty）V DPP］中，斯蒂恩大法官（Lord Steyn）有条理地总结了相关争论的特点，具体内容如下：

争论双方的观点涉及面都很广泛。以罗马天主教会和伊斯兰教等宗教的观点，以及一些无神论者和不可知论者的世俗观点看来，人的生命是神圣的。无论如何，安乐死和协助自杀是不可取的。但是，有数百万人与前者的信仰不同，而且对其中大部分人来说，个人的自主权更为重要，因此，个人有权决定自己死亡的时间和方式。但是，功利主义的观点认为情况并非如此。并不是所有家庭都能无私地关爱患者而不关心治疗费用，因此，疾病晚期的患者和因绝症而遭受痛苦的人往往处于弱势地位。

由此可见，协助自杀有被滥用的风险。有些人可能会被说服，认为自己想要自杀，或者应该去自杀。另一种观点认为，当人们理解寻死的病情晚期患者的真正想法后，他们就不应该强迫患者违背原本的意志去忍受不愿再忍受的生活。但这种观点遭到一些人的强烈抵制。他们觉得这是一种社会道德的滑坡。还有观点认为，在医疗监督下，安乐死和协助自杀将破坏医师与患者之间的信任关系，而且相关防护措施也难以实行。总之，伦理学家、医学专家和大众对此进行了无休止的争论[48]。

首先我们发现，人们对普尔迪案的关注点（在某种程度上也适用于尼克林森一案）局限于对检察长义务的质疑——即检察长应该颁布相应指南。这转移了人们对斯蒂恩大法官所归纳的有关协助自杀核心问题的关注。事实上，这些担忧一直都是讨论的焦点，对指引法律论证方向也有重要意义。正是由于两个法院都是初次意识到与黛比·普尔迪处境类似的人由于法律禁止协助自杀而忍受了极端的痛苦，他们才对协助自杀的起诉指导进行了讨论。如果法院没有意识到像普尔迪这样的人对放宽法律有重大的利益，那么他们不会去提升起诉指导的合法性。只有先确定禁令干涉到了普尔迪的第 8 条权利，法院才需要质问干涉是否合法。而且作为质询的部分，探究起诉裁量权是否需要具有可预见性。

反对协助自杀部分合法化的传统观点在法律观点体系中占据相当重要的地位，这是因为协助自杀的合法化可能加大弱势群体的自杀压力。为了保护这类人的感受性需求，防止弱势群体因协助自杀合法化而放大的压力选择结束自己生命，所有法院（如欧洲人权法院、审理普尔迪案的上议院和审理尼克林森案的最高法院）认可这一观点，并将它作为全面禁止协助自杀的主要法律依据。如果没有这种依据，这个禁令会以干预第 8 条法律这样一个简单的判断而被取消，而且会被宣布违背《欧洲人权公约》所规定的权利。就这样，保护这些弱势群体的“合法目的”(“legitimate aim”)援引了第8(2)条的可能适用范围，使现存的法律问题成为对该禁令的质问，即该禁令在量刑、清晰度和可预见性方面是否符合法律要求。

因此，在许多方面，普尔迪案和尼克林森案的法律观点体系都遵循当代有关协助自杀的公开争论的特点。这种争论不再是对生命神圣这一绝对原则的争论，而是在放松对协助自杀禁令可能带来的消极影响下，对如何平衡受控死亡案件中利益纠纷的争论。无论是法庭争论还是公开争论，协助像普尔迪或尼克林森等人自杀的基本道德性上的许可性都没有受到严格的审查[49]。相反，争论已经转到在不滥用的情况下为协助自杀提供可编纂成法律条款的特例的可能性。斯特拉斯堡法院曾在普雷蒂诉英国案中表达了对协助自杀滥用的担忧。在解释这一点时法院指出，正是疾病晚期患者群体的“阶级脆弱性”为有争议的法律提供了依据[50]。法院认为“无法对旨在终止或协助终止其生命的行为采取明智的决策”[51]。在普尔迪案中，黑尔夫人将某些群体的人(她当时)描述为容易遭受各种压力、明显或不明显地认为自己的人生对他人是毫无价值的负担[52]。

当然，协助自杀合法化的支持者通常不会把这种对“道德滑坡”的考虑放在心上，因为他们觉得这只是过度的风险规避和危言耸听。为了证明这种有代表性的担忧言过其实，他们还经常列举其他协助自杀被合法化司法管辖区的判例作为证据[53]。他们觉得，如果有正确的防卫措施和适当的条件要求[比如遵循福尔克纳委员会(Falconer Commission)的建议]，在特殊情况下提供合法的协助自杀服务未必危及弱势群体。

然而，这种反驳的疏漏之处在于，他们没能理解有关“滑坡效应”观点的全部内容——从对疾病晚期患者或绝症患者的直接操纵和胁迫到更深层次的担忧，即协助自杀合法化会潜在影响公众对严重残疾人或奄奄一息患者的普遍态度，特别是在这类人对自己生命价值的评价方面。这是另一种意义上的滑坡效应，在对法律的改变上表现出貌似合理且可能无法消除的副作用，其影响也远远超过了第一种滑坡。人们究竟需要怎样的措施才能防止诸如自己毫无价值以及自己是别人的负担等想法，进而产生明确且确定的想死的想法呢？在这种情况下，法律上的选择性可能影响这些想法，或任何引起这种想法的一般态度，而且很难想象如何才能消除这种影响。如果一个重症晚期或身患绝症的患者认为自己不再值得活下去，并且被部分地告知法律允许她想死愿望的达成，那么她肯定会与那些认为她的苟延残喘确实难以忍受的人想法一致。

在解释尼克林森案时，纽伯格大法官从细微的角度对这类滑坡效应的顾虑提出了合理的见解。他认为，大众对弱势群体的担心主要体现在两个方面：一是直接担心那些没有自杀想法却感觉自己背负自杀义务的人，二是担心法律允许协助自杀会对弱势群体传达更为广泛的信息，导致他们自杀或寻求协助自杀的风险升高，而事实上，他们往往并不需要这么做[54]。

他又指出，尽管福尔克纳报告中对所述证据影响的陈述并没有表明在荷兰、俄勒冈州或瑞士（所有允许在限定条件下协助自杀的地方）存在滥用法律的情况，负面证据也不常见，但他认为人们不能因为把这种担心当做“不切实际的幻想”而不予理睬[55]。尽管黑尔女士在尼克林森案的最终判决中支持原告，但她也和纽伯格大法官有相同的看法：在一个受法律管制的框架内，区别过度压力下选择协助自杀的人和不是在过度压力下选择协助自杀的人是非常困难的。

然而，黑尔女士认为，对最高法院来说，探究并没有以这样的让步告终。人们仍需考虑均衡问题。申请人争辩说，第 2（1）条禁令是对他们第 8 条权利的过度干涉，原因之一是尽管它旨在合法保护弱势群体，但不存在特殊情况的一般性禁止只是过度保护；在一个受管制的框架内允许一些特殊情况发生的禁令同样能发挥作用。然而，在替代方案中，申请人提出了对利益衡量的不同观点。他们声称在第2条中的全面禁令没有权衡他们的利益与易受到不适当影响而选择自杀的弱势群体的利益[56]。这引出了一种在对协助自杀的法律争论中迄今未被广泛考虑的可能性，并且在普尔迪案的裁决中并没有得到体现。也许这不应该是一个意料之中的结论——应该不惜一切代价防止不适当的压力产生。或许法律允许的特殊情况可能有被利用的风险，因为对于这些人来说，担负这种风险是值得的，这为普尔迪和尼克林森等被困在难以忍受的境地时提供了解脱路线。在评论尼克林森案时，黑尔女士提出了一个有关权衡的问题——为了保护其他人而强迫上诉人苟延残喘是否过分了[57]。她说:“任何了解上诉人活着的理由和感受的人都不会质疑他们饱受法律的残忍和强迫之苦。他们苟延残喘地活着，只是为了防止对其他人造成不良影响[58]。”

黑尔女士最终认为，无论如何，一般性禁令保护弱势群体不受可能的法律滥用危害，这一点过头了（她认为法律系统能够辨别这些少数人，并允许其选择协助自杀）[59]，至少，她的言论可以为人们接受放宽禁令所带来的一定风险提供了可能。对于那些不认为道德滑坡风险能被消除的人来说，这场争论的根本在于对可能产生的不正当压力和遭受难以忍受折磨的人的利益相权衡。毫无疑问，一些人会不赞同以任何程度的道德滑坡为代价实现协助自杀的合法化。另一方面，很多人在了解到尼克林森艰难、痛苦的生活，以及他不顾一切地想要摆脱这种生活的决心之后，可能会发现自己和黑尔女士一样，想知道法律是否是因为对可能存在利用法律漏洞的情况，才拒绝解除对这些人的禁令。

笔者认为，在这种权衡中，没有完全阻止那些发现自己的生活难以忍受、坚持明确的自杀愿望的人寻求协助自杀意义重大。一如以往，无论禁止与否，审判长的政策很明显是不会起诉在特定条件下（如普尔迪案和尼克林森案）提供自杀协助（通常是在陪同出国时提供的）的亲戚朋友。然而，禁令对那些需要或希望协助自杀的人仍有严格的限制性意义。只有在朋友或亲戚的自愿协助下，有出国手段和能力的人才能在专业医护人员的帮助下死亡[60]。限制对协助者的从轻处罚（可以确信）有效地阻止了这些人得到英国专业医护人员的服务，拒绝他们选择在自己家里平静地死亡。这种情况最终导致的严重结果之一是，患者在预见到他们的生活将变得无法忍受但身体状况又不允许出国时，可能会在自己仍未失去生命的意义时就安排去国外寻求自杀协助，普尔迪认为她也将被迫这么做。

如果确实存在不正当影响，那么人们应该怎样把这些问题和传统意义上的担忧进行比较呢？这个问题直击协助自杀争论的核心。审理尼克林森案的法官就如何看待这场“最后决赛”产生了分歧。曼斯大法官（Lord Mance）承认，到当前状况下的“剩余风险”仍在可接受范围内，那么确实存在一定的问题[61]，但是他依然认为，最好让议会参与这种微妙的权衡工作，特别是因为自普雷蒂案的判决以来，法院没有得到更多的有关这类风险的新鲜有力的证据。他认为，均衡问题的解决最终需要“价值判断”——具体而言，就是对在放宽对防卫措施的引入后引发的风险和可接受风险的判断，以及如何对这类风险与尼克林森先生和拉姆先生（Lamb）等人利益的衡量[62]。鉴于这种情况，议会对“证据的价值及根据情况做出选择”的评估给予了高度重视[63]。

黑尔女士则认为情况截然不同。正如她所见，只要人们能够找到一种明确的论证结构，那么它就能立即被使用。就像普尔迪和尼克林森案中一样，针对协助自杀的一般性禁令妥协于申请人的第 8 条权利。禁令的捍卫者需要解释这是合理的——因为这是经过权衡的，而不是对特例的支持——这不会对弱势群体产生太大的风险[64]。黑尔女士认为，这是一个“原则”问题而不是“证据”问题[65]。对权利的一定干涉与对潜在滥用行为（即使是在严格限制的特殊情况下）的无根据的担忧相互冲突时，人们应该支持通过允许特例情况来避免干涉的做法。

黑尔女士的原则可能值得进一步考虑。无论这个原则是怎样的，像普尔迪和尼克林森这类人的利益应该如何与那些假设可能屈服于不合理生活压力的少数人的利益相比较，这依然是一个与协助自杀的法律和伦理相关的问题。或许曼斯大法官是正确的——他认为从根本上来说这是个价值判断问题，而不是对证据的争论。尽管普尔迪案的裁决并没有解决这个权衡问题，但其结论为有关协助自杀的法律争论的核心观点奠定了基础。

一再坚持之下，英国法律第一次将“死亡的权利”列入第 8 条涵盖范围。审理普尔迪案的法院重新设定了关于协助自杀的法律推理条款，然后集中讨论了为保障他人这项权利应该受到怎样程度的限制，以及这些限制的必要性。无论对“死亡的权利”的怀疑论者可能会由第 8 条的结论想到什么，显然普尔迪案之后，将会在禁止协助自杀违反基本权利的这一前提下，继续影响未来法律争论的形式。

（黄　翠　杨健一　王　岳 译）

注　释

1 见：Airedale NHS Trust v Bland [1993] AC 789 (Lord Goff of Chieveley), [867]。在本书第五章中进行了讨论。

2 Ibid。

3 ibid [885]。

4 Re B (Adult, refusal of medical treatment) [2002] 2 All ER 449, Re B(Adult, refusal of medical treatment)。

5 Re B (Adult, refusal of medical treatment) [2002] 2 All ER 449。

6 S v St George' s Hospital Trust [1998] 3 All ER 673. 讨论见本书第 11 章。

7 Coroners and Justice Act 2009, s 59(2)。

8 上议院判决普尔迪案时，尚未修改的相关条款表明当一个人帮助、教唆、参谋或促成他人自杀即为犯罪。

9 R (on the application of Purdy) v Director of Public Prosecutions [2009] UKHL 45 (Lord Hope), [30]。

10 R (on the application of Pretty) v Director of Public Prosecutions [2001]

UKHL 61。
11 ibid (Lord Bingham), [30]。
12 Pretty v United Kingdom (2002) 35 EHRR 1。
13 ibid [74]。
14 ibid [78]。
15 见：K Starmer, 'Decision on Prosecution——The Death by Suicide of Daniel James'(9 December 2008): www.cps.gov.uk/news/articles/death_by_suicide_of_daniel_james。
16 R (on the application of Purdy) v Director of Public Prosecutions [2009] EWCA Civ 92。
17 R (Purdy) (HL) (n 8 above)。
18 Pretty (n 11 above) [36]。
19 Purdy (n 8 above) (Lord Hope) [43]。
20 ibid [56]。
21 完整版可在以下网站获取：www.cps.gov.uk/publications/prosecution/assisted_suicide_policy.html。
22 HL Deb vol 712 cols 596–643 (7 July 2009)。
23 'The Commission on Assisted Dying' (2011), Demos: www.demos.co.uk/fi les/476_ CoAD_FinalReport_158x240_I_web_single-NEW_.pdf?1328113363。
24 R (on the application of Nicklinson) v Ministry of Justice [2012] EWHC 304 (QB)。
25 R (on the application of Nicklinson) v Ministry of Justice; R (on the application of AM) v Director of Public Prosecutions [2012] EWHC 2381 (Admin)。
26 R (on the application of Nicklinson and Another) v Ministry of Justice; R (AM) v Director of Public Prosecutions [2014] UKSC 38。
27 实际上马丁的声明已经被纳入了尼克林森在早期上诉法院的申诉。
28 更进步的解释参见：JL Austin, 'A Plea for Excuses' in JO Urmson and GJ Warnock (eds), Austin, Philosophical Papers, 3rd edn (Oxford, Oxford University Press, 1979) 85; J Gardner, 'The Gist of Excuses' (1997) 2 Buffalo Criminal Law Review 575; and J Horder, 'Excusing Crime' (Oxford, Oxford University Press, 2004)。
29 Nicklinson (n 25 above) (Lord Hughes) [276]。
30 ibid [277]。
31 ibid [278]。
32 Purdy (n 8 above) (Lord Hope) [30]。

33 Nicklinson (n 25 above) (Lord Neuberger) [48]。

34 ibid。

35 Purdy (n 8 above) (Lord Neuberger) [97]。

36 Purdy (n 8 above) (Lord Hope) [41]。

37 Nicklinson (n 25 above) [141]。

38 引自普尔迪（同注释 8)（恩伯格法官）[104]。布朗大法官在第 [84] 段中列出了关于起诉其他罪行的具体指导意见，其中包括起诉强奸、家庭暴力以及“恐同性恋者和恐跨性别者犯罪”。

39 Nicklinson (n 25 above) [39]。

40 A, B, and C v Ireland [2010] ECHR 2032。

41 包　括：Offences Against the Person Act 1861, ss 58 and 59, the Infant Life Preservation Act 1929, s 1。

42 ibid [133]。

43 ibid。

44 见：R v Brown [1994] 1 AC 212。

45 ibid。

46 在 R 诉布朗案（同上）中，坦普尔顿大法官思考并驳回了上诉人的上诉，此上诉涉及为了达到性满足的目的，对他人造成了轻微伤害。这属于私人和家庭生活权利的范围，但坦普尔顿大法官认为即使上诉人声称行使这种权利，第 8 条也不能使“禁止暴力”的禁令无效。法院认为这种为了防止暴力侵害，这个禁令是正当的。

47 其　中　包　括：Keown, Euthanasia, Ethics, and Public Policy: An Argument Against Legalisation (Cambridge, Cambridge University Press, 2002) 以 及 J Keown (ed), Euthanasia Examined (Cambridge, Cambridge University Press, 1995); LW Sumner, Assisted Death: A Study in Ethics and Law (Oxford, Oxford University Press, 2013)；M Warnock and E Mac Donald, Easeful Death: Is there a Case for Assisted Dying? (Oxford, Oxford University Press, 2008)。

48 Pretty (n 9 above) [54]。

49 参见尼克林森 [90]（同注释 25）。该案中恩伯格大法官生命的神圣性这个论点实际上只是在“重复对弱势群体的生命关怀”。

50 Pretty v UK (n 11 above) [64]。

51 ibid [74]。

52 Purdy (n 8 above) [65], 引自：Lord Mance in Nicklinson (n 25 above), at [81]。

53 参见例如：S Smith, ‘Evidence for the Practical Slippery Slope in the Debate on Physician-Assisted Suicide and Euthanasia’ (2005) (13) Medical Law

Review 17。

54 Nicklinson (n 25 above) [86]。

55 ibid [88]。

56 ibid [83]。

57 ibid [313]。

58 Ibid。

59 ibid [314]。

60 Lord Neuberger highlighted some of these existing problems in Nicklinson (n 25 above) [109]。

61 曼斯大法官指出，最近在加拿大一起有关协助死亡的案件中，不列颠哥伦比亚省最高法院驳回了加拿大政府的观点，坚持其限制性立法的合理性，因为其目的是消除对弱势群体的任何风险 (see Carter v Canada (Attorney-General) 2012 BCSC 886)。

62 ibid [189]。

63 Ibid。

64 Ibid [319]-[321]。

65 Ibid [320]。

第十四章

叶尔沃什等诉北布里斯托尔 NHS 信托案 [2009]

Yearworth and Others v North Bristol NHS Trust [2009]

洛阿内·斯基恩(Loane Skene)

1. 导　　言

在乔纳森·叶尔沃什等人起诉北布里斯托尔 NHS 信托案(Jonathan Yearworth and Others v North Bristol NHS Trust)[1]中，英格兰和威尔士上诉法院认为，六名男子进行癌症治疗之前储存冷冻精液，在精液因疏忽被摧毁后他们有权得到赔偿。法院认为，这些人为了他们自身利益而储存精液，构成了委托关系。这个裁决十分重要，因为英格兰和威尔士的法律与其他普通法的国家一样，之前并没有意识到器官或组织提供者有对其身体或被取走的身体物质的所有权。在澳大利亚的杜德沃德诉斯彭斯案(Doodeward v Spence)[2]和英国早期的许多案件中，都不认为这些东西称得上是"财产"。根据杜德沃德案的特殊原则[3]，其他人可以通过从事工作[4]、使用技能或对其赋予不同的属性，从而获得持有、控制乃至出售此类材料的合法权利，但是没有人可以合法地"拥有"它们。对叶尔沃什案的信托属性分析为提供者本人在不考虑其他因素的情况下，提供了获得其身体材料因受托人疏忽造成损失而获取补偿的权利。

本章解释了叶尔沃什案中上诉法院的裁决，以及该案对这一领域法律发展的影响。

2. 案件事实

叶尔沃什案的原告是六名被诊断患有癌症的男子。在开始化疗前，他们将精液储存在布里斯托尔的南米德医院（Southmead Hospital）。被告是北布里斯托尔 NHS 信托，它对该医院负责。如判决所述[5]，这些男子将其精液（含有精子）储存起来，因为将来可能会用到。其中有几个人授权以后使用精液来治疗指定患者（b）。每个人都签署了精液存储的同意书。同意书表示他们可以在精子使用前的任何时候撤回同意或更改同意书的条款（b）。化疗后，在这些男子试图取回储存的精液时，却发现由于储存罐液氮量低于必要的水平，精液已经受到无法挽回的破坏。听到这个消息，他们自然而然地担忧起来，并以过失为由提起诉讼。其中五人声称，由于“正处于化疗结束后的虚弱时期”，他们在精神上受到了伤害。被告也承认精液是因疏忽而被毁坏的。但是，法院在判决中认为他们的索赔申请过于“局限和琐碎”，且损失赔偿的价值也相对较低。

A．“人身损害”赔偿

声称遭受精神伤害和痛苦的五名男子认为，该信托存储精液的医院违背了注意义务，因此对他们造成了“人身伤害”及“财产损失”[6]。被告也承认自身存在违背注意义务的行为，但不认为其行为对男子造成了人身伤害或财产损失。

男子要求的“人身伤害”索赔很快被驳回[7]。法院认为，对从体内取出的身体物质造成的损伤算不上是“人身伤害”。身体产生并被取出的物质在存储中毁坏会造成身体上的伤害或“人身伤害”，这听起来就十分荒谬。

B．“财产损失”赔偿

另一方面，男人的财产损失索赔要求得到了满足。最初，这些人仅仅以过失的侵权行为 [13] 为由提出索赔（就像人身伤害索赔一样）[8]。但后来在上诉法院的要求下，他们提出了有关委托行为的观点[9]。这暗示了法院做出最终决定的依据。法院认定，为将来使用而存储精液是一种委托行为。其存放的单位要依据财产委托法以及民事侵权法承担相应责任。这种协议类似于合同。在此类情况下，对于无偿受助人的精神痛苦可以给予适度的补偿[10]。

将委托法作为男子获得赔偿的法律依据具有重要的法律意义。为了成功地获得自己的精液作为财产委托的索赔，他们必须首先证实存储的精液在财产范畴内；其次，他们对该财产具有“合法所有权”或“拥有权”（为了方便起见，法院将两者合称为“所有权”）。

因此，将精液归类为财产是最为重要的第一步。但这显然与建立已久、被视为通则的杜德沃德原则（Doodeward principle）（人的身体和身体产生的物质不属于财产）相违背[11]。但是，这种情况可以追溯到 20 世纪早期。从那时起，“身体物质受所有权支配”[12] 这一观点在许多特殊情况中已得到承认，其中一些还是经法院讨论过的。此外，法院还批判了杜德沃德原则。法院认为，仅依照建立在 [a] 原则上的普通法是远远不够的。因为它是一个与人的尸体所有权（d）相关的特例。而且，这个原则“并不那么合乎逻辑”，因此“我们倾向于在更广泛的基础上得出结论”（d）、（e）。

此外，如今医学的发展需要重新分析普通法对活人身体部分或产物的所有权问题，无论是出于对当前目的（即疏忽行为）的考虑，还是其他目的的考虑（a）。

因此，法院打算重新审视这一领域的法律。

根据案件事实，上诉法院认为这些男子确实拥有他们“所射精子的所有权”[13]。“所有权”一词曾被宽泛地使用。这可能意味着这些男子比其他人在法律上更有权行使这种财产权，包括拥有财产和销售所得[14]。的确，他们除了所有权外，也有其他权利，如自己使用精液的权利，禁止他人使用的权利，以及将其销毁的权利[15]。然而，法院并没有直说。相反，法院用“占有权”代替了“所有权”，用占有权归属的法律依据来支持他们的判决。

不仅如此，法院还认为，在“侵权赔偿”中，这些人拥有他们精子的所有权[16]。也就是说，如果供他们日后使用的储存精液因疏忽而被摧毁，他们可以对这一财产委托申请索赔。他们应该也有权因为“财产”被不当破坏而提起诉讼（虽然在案件中没有涉及，法院也没有考虑这一问题）。转换索赔可能是依据占有权（对除所有者以外的人）以及完全所有权（对任何人）进行的[17]。

在判决存储精液的委托问题时，法院考虑了以下几点。首先，这些人是在保留控制权的基础上储存了精液。“他们射精的唯一目的是，在某些情况下，它可能被用于他们的自身利益”（f）（ii）。这些男人可以随意决定精子的使用方式——即他们有权决定“精子不被以指定方式使用”[45]（f）（ii）；他们可以“要求破坏精子”，这也是“所有权的基本特征”[45]（f）（iii）。虽然“决定”精子使用方式的权利受到关于在生殖治疗中使用储存精液方面的立法限制：“许多法规都限制了个人使用自己财产的能力”（F）（ii），但这与本案并无关联。精子必须在储存期结束时被摧毁，但除了他们本人之外，没有人对这些精子拥有任何权利。

其次，各方都认为精液将被用于以后需要使用的人，不管是为了他们自己的治疗，还是他们授权供其他患者使用。法院说，不需要去考虑其他人可能使用精液的情况，如捐赠者或捐赠者指定的受赠者可能就捐献物提出索赔要求（b），但问题的关键在于精液是为了供以后使用，而不是由特定的人使用。如果他们的意图是精液应该被存放并供其他人使用[18]（并且存储方同意），这应该就构成了一种委托关系（就像被存精液是供产生精液的男人使用一样）。任何旨在之后使用的指示都会否定提供人将该材料视为“废弃物”的意图。在叶尔沃茨案中（或在合同中，如果这种安排也在考虑范围内的话），“委托人”可以就委托一事提出诉讼，或者第三方可以要求作为委托人的代表[19]，甚至以他的名义提出诉讼，如果 1999 年《英国合同法》实施的话，那么委托人理应获得赔偿，合同也应该保障他的利益[20]。

再次，精液不仅是因为男人打算以后可能用到才储存的。男子们让对方了解到自己的意图，对方也在了解具体情况的基础上同意储存。“委托已经答应冷冻和储存”精液以供这些人将来使用。在同意保管这种类型财产的同时，它也承担了相应的安全保存责任（c）。这是一种非常类似于“无偿委托”的合同。

换句话说，存储的精液不能被认为是“被遗弃的人体组织”，尽管其他情况下往往不这么认为。男子们的法律顾问将精液和其他从身体分离的遗弃“产品”中区分开来（如剪下的头发、切除的组织和截肢）[21]。尽管上诉法院认为这类身体物质相当有限，但它依然认可遗弃原则，消除了这种物质产生任何财产利益的可能。法院提到了美国的一起相似判例，即华盛顿大学起诉加泰罗尼亚案（Washington University v Catalona）[22]。在这起判例中，华盛顿大学被当做受赠者，而不是接受委托者，因为“捐助者已经放弃了其组织的任何所有者权益”[23]。因此，使用该组织开发新技术或产品（如诊断测试或细胞系）的研究人员可能会获得专利权益，而提供人不能从中获利[24]。

在叶尔沃茨案中有一件事没有解释，就是男子们最初储存精液时他们财产权的法律渊源。根据委托原则，财产委托的“先决条件”是委托人对被委托物有财产利益，但是在判决中没有探讨这一点。显然，法院认为委托行为本身已经确定了男子对存储精液的权利。但是，如果他们没有得到第三方的同意就取走并委托精液以供自己使用的话，这种“委托”想必不会让法院将精液视为他们的“财产”，从而精液因疏忽被毁坏时，他们有权得到赔偿。他们需要拥有某种类型的优先法律权利，一种可以形成委托关系的财产权。

最先男人的财产利益问题是怎样出现的呢？答案可能在于杜德沃德案中对所有权的声明，以及在这种情况下多个支持所有权的法律依据。除了“劳动或技能”“不同属性”标准使身体物质具有财产属性，赋予使用该物质工作的人所有权外，一个拥有某物的人有合法占有该物品的权利，除非有其他人能够证明自己有优先权利拥有此物。审理杜德沃德案的两位法官［格里菲斯审判长（Griffiths CJ）和巴顿法官（Barton J）］也接受这一观点[25]。

自叶尔沃茨案以来，很多澳大利亚案件都认可提供人（或其代表）拥有所有权这一观点。比如在贝兹利案（Bazley）[26]、爱德华兹案（Edwards）[27]和 Re H 案[28]中，几位寡妇不仅有权拥有已故丈夫所储存的精液，而且可以将其用于生育治疗[29]，或选择将之销毁。此外，提供人（或代表）的财产权范围可能超越其财产的占有、使用和处置上，也包括荣誉分类法[30]中被广泛引用的“随财产所有权而拥有的一组权利”中，销售和其他交易获利行为也涵盖在内（尽管在人体组织捐赠和生殖治疗方面的立法通常禁止出售身体物质、配子和胚胎）。正如在贝兹利案中怀特法官（White J）所强调的，审理叶尔沃茨案的法院认可了“委托人的财产权”。而且，正如前文提到的，审理叶尔沃茨案件的上诉法院忽略了“法定所有权”和“占有权”。爱德华兹女士拥有“财产权”。因此，可能会出现通过使用一些切除的身体物质来获得利润（如出售头发用于假发制作）的情况。

3．自叶尔沃茨案以来的发展

自从叶尔沃茨案结案以来，学术界对这一判例及其影响[31]有广泛的评论。一些评论家坚决支持用财产法做出判决[32]，其他人却表现得更为谨慎，甚至持反对意见[33]。然而，在考虑叶尔沃茨案在法律发展中的影响时，应该指出的是，杜德沃德原则并没有完全被否决。上诉法院指出了在某些情况下人类尸体和人类尸体的一部分能被纳入财产范畴的情况及相关判例。它引用了 R 诉凯莉和林赛案（R v Kelly and Lindsay）[34]（这起判例的审判又反过来引用了杜德沃德原则），即“尸体的一部分能够纳入财产范畴——如果通过诸如解剖或保存技术的使用，获得了不同属性”或者

即使没有获得不同的属性，如果它们具有超越其存在的用途或意义，也可以在可能时供将来使用……例如，它们被用于器官移植手术，提取 DNA，或作为试验的展示[35]。

但如前所述，这不是法院对叶尔沃茨案最终判决的法律基础。相反，由于精液的委托，法院更为注重原告本身的权利[36]。

上诉法院显然不支持“杜德沃德原则的特殊情况”，并且正如前所述，法院是以其他理由做出的判决。然而，如前所述，法律仍然允许人们通过“劳动或技能”或改变身体物质使其具有“不同的属性”而从中获得财产利益。此外，杜德沃德原则构成了适用于英格兰、威尔士和北爱尔兰的 2004 年《人体组织法》（Human Tissue Act）第 39（2）（c）条的基础，指的就是“技能的应用”[37]。

在澳大利亚，有不少关于储存精液权利相关的案件[38]，但这些案件主要涉及寡妇的权利，而不是男子本身的权利。因为澳大利亚的州法院受到高等法院裁决的约束，所以此类案件的判决一直遵循杜德沃德原则。尽管因为有充分的法律依据支持这些寡妇，她们才有权拥有已故伴侣的精液（即使精液在伴侣去世后被移走），但这种权利的产生是由于精液被认为是仅为了男子自身的利益而被存储的（或收集）。根据杜德沃德原则，存储和收集被看成是精液被当做财产所需要的“劳动或技能”。寡妇拥有精液的所有权，因为储存或收集精液的医师被认为是他们的代理人[39]。

在英国，其他方面的讨论表明，叶尔沃茨案所述的原则可能不会被更广泛地应用。2011 年，那斐尔生命伦理学委员会（Nuffield Council on Bioethics）提出意见，认为人们应该更加专注提供人可能需要的权利（随财产所有权而拥有的一组衍生权利）[40]，而不是关注被切除的身体组织是否属于财产[41]。然后，法律就可以区分供者控制财产和获得赔偿有关（即以滥用为由的补偿，而不是以经济所得形式的补偿）方面发起人的财产权益以及收益有关的财产权益[42]。

澳大利亚法律改革委员会（Australian Law Reform Commission）在 2003 年提出，对移除的身体组织的权利应该通过隐私法而非财产法进行规制[43]。相关权利于 1998 年已在新南威尔士州立法通过[44]。

自从叶尔沃茨案以来，人们用财产法来救济身体组织的问题毫无进展。传统上，对身体组织应该用利他主义和自治原则来管理，而不是以财产法为依据[45]；应该遵循道德准则，而不是法律法规。不管是在英国[46]还是澳大利亚[47]，这些指导方针都不断地被审视和更新。但是，在英格兰、威尔士以及北爱尔兰实施 2004 年《人体组织法》，在苏格兰实施 2006 年《人体组织法》，在包括苏格兰在内的整个英国，未经提供人同意就持有旨在分析身体组织的脱氧核糖核酸（deoxyribonuclei acd，DNA），并使用研究结果属于犯罪行为[48]。

4. 结　　论

叶尔沃茨案是第一起将人的身体组织储存视为信托的案件。这对组织的提供者意义重大。作为委托人，他们有财产所有权，因此根据财产法的一般原则，如果被委托的身体组织因为过失被毁坏，他们有权得到赔偿。这是一个重大的变化——以前的司法推理是基于杜德沃德案的“非财产原则”对移除的身体组织进行解释。根据这一原则，只有通过使用该组织从事“劳动或技能”，或改变组织使其获得“不同的属性”，才能拥有该组织的所有权。因此，权利属于使用该组织工作的人而不是提供人。审理叶尔沃茨案时，法院初步承认了至少在某些情况下提供人拥有对从身体移走的身体组织的所有权。然而，这个结论是否会得到更广泛的应用还有待观察。正如评论家所指出的，法院对叶尔沃茨案的决定非常务实，但没有考虑到财产概念建立所基于的“道德基础”[49]。同样，法院没有深究证明这些人有权占有委托的精液之法律依据。不出所料的是，财产法是否是规范身体组织法律纠纷的最佳手段，人们对这一问题仍然观点不一[50]。

（杨健一 王 岳 译）

注 释

1 Jonathan Yearworth and others v North Bristol NHS Trust [2009] EWCA Civ 37 (Yearworth); 网址见：www.bailii.org/ew/cases/EWCA/Civ/2009/37.html。

2 Doodeward v Spence (1908) 6 CLR 406; [1908] HCA 45 (Doodeward); this case is discussed in chapter 1 in this volume。

3 这一“特殊原则”写在 Doodeward [14] (Griffi ths CJ)(同注释 2)。之后澳大利亚、英国和威尔士的许多案例采用了这个特殊原则。这一原则也被写入了英国立法中——《人体组织法》2004 s 39(2)(c)。禁止用于商业交易的移植用人体物质不包括“由于人类技能的应用而成为财产主体的物质”。2004 年《人体组织法》规定了死者身体物质的清理、储存和后续使用，但只规定了活人身体物质的储存和使用。《人体组织法》(苏格兰)2006 年规定了苏格兰地区的相关事项，但没有类似条款。精液不受 2004 年《人体组织法》的管辖，而是受 1990 年《人工受精和胚胎法》(Human Fertilisation and Embryology Act 1990) 的管辖。

4 这些人往往(可能也是提供人)承担“劳动或技能”，或者赋予被移除的物质“不同的属性”。但这一点没有权威定义。

5 除非另作说明，本段中以及本章内后面出现的引言都引自该判决书。

6 一名男子在诉讼前死亡，由其遗产管理人提起诉讼。

7 如果法院接受这一观点，那么损害会归为由疏忽造成的伤害，法院则不需要考虑精子属于财产或是否受所有权支配。

8 合同中出现过失侵权也是可能的，但由于该服务是由英国 NHS 提供的，当时男性没有支付精液的储存费用，因此本案中不考虑合同。

9 委托行为本身就是一项创新："在叶尔沃什案判决之前，除了转换、侵犯货物和其他相关的侵权行为，是否可以就'委托'提起诉讼是一个争论不断的问题"：I Goold and M Quigley, 'Human Biomaterials: A Property Approach' in I Goold et al (eds), Persons, Parts and Property. How should we regulate Human Tissue in the 21st Century? 1st edn (Oxford , Hart Publishing, 2014)。戈尔德和魁尔列还关注了其他评论家对于这一观点的重要评论，包括：J Lee, 'The Fertile Imagination of the Common Law: Yearworth v North Bristol' (2009) 17 Torts Law Journal 130; C Hawes, 'Property Interests in Body Parts: Yearworth v North Bristol NHS' (2010) 73 Modern Law Review 130。

10 赔偿问题转交县法院裁定。

11 Doodeward (n 2 above)。

12 身体物质可以归为财产的发现往往是出于实际的原因，比如盗窃、消费者保护和法医鉴定。

13 Yearworth (n 1 above) [45](f)。

14 Concise Australian Legal Dictionary, 4th edn (Chatsworth NSW, Lexis Nexis, 2011) 421, definition of 'ownership'。

15 如判决书 [(42)(D)] 所说，其中一些权利可能受 1990 年《人工受精和胚胎法》(Human Fertilisation and Embryology Act）的限制。但无论如何，这些男性有这些权利。

16 Yearworth (n 1 above) [47]。

17 参见，例如：Kuwait Airways Corporation v Iraqi Airways Company and Others [2002] 2 AC 883 第 [38] 条："同时剥夺使用和占有权"；RFV Heuston and RA Buckley, Salmond and Heuston on the Law of Torts, 21st edn (London, Sweet & Maxwell, 1996) 97-98。

18 就像以下一样：Hecht v Superior Court of Los Angeles County (Kane) 20 Cal Rpt 2d 275 (1993)（引自叶尔沃什 [40]。也可参见 Kate Jane Bazley v Wesley Monash IVF Pty Ltd [2010] QSC 118 (Bazley) 第 [20] 条。此案中一名已故的男子打算根据遗嘱遗赠精液，以便在死后可以重新规划精液的使用，因此法院认为精液是其财产）。

19 比较贝兹利案 (同注释 18)，"委托财产权 (可授权) 委托人或其代表要求归还委托的财产" [30](着重强调)。

20 这种合同也限制了合同修订人的权力。这可能对"控制"这一问题意义重大，因为这是委托行为中委托人自身权利的基础。

21 一般来说，精液也属于这类物质。

22 Washington University v Catalona 437 F Supp 2d 985 (2006), US District Court, Eastern District of Missouri (a decision later affi rmed by the US Court of Appeals, 8th Circuit: 490 F 3d 667)。

23 如叶尔沃什案 (同注释 1) 第 [48] 条上诉法院所说。

24 例如：in Moore v Regents of the University of California 793 P 2d 479 (1990)。

25 第三位法官希金斯法官并不认为先前的所有者拥有比后来的所有者更大的权利，即使前者在早期的交易中被非法剥夺了该项权利。本书的第一章讨论了杜德沃德案件的这些方面。

26 Kate Jane Bazley v Wesley Monash IVF Pty Ltd [2010] QSC 118。

27 Jocelyn Edwards; Re the estate of the late Mark Edwards [2011] NSWSC 478。

28 Re H, AE (No 3) [2013] SASC 196。

29 根据一些州关于死后使用储存配子的立法。

30 所谓的“一组权利”包括买卖、使用、转让、借出或禁止他人使用等权利。以本案为例，受托人有权拥有这些精液，但若无委托人或提供人的同意，则无权出售或销毁它们。

31 例 如：Lee (同 注 释 9); SHE Harmon and G Laurie, ‘Yearworth v. North Bristol NHS Trust: Property, Principles, Precedents and Paradigms’ (2010) 69 Cambridge Law Journal 476; Harmon, HE Shawn, ‘Yearworth v. North Bristol NHS Trust: A Property Case of Uncertain Significance?’ (2010) 13 Medicine, Health Care & Philosophy 343; Hawes (同注释 9) ; J Wall, ‘The legal status of body parts: A framework’ (2011) Oxford Journal of Legal Studies 1; L Skene, ‘Proprietary Interests in Human Bodily Material: Yearworth, Recent Australian Cases on Stored Semen and their Implications’ (2012) 20 Medical Law Review 227; J Wall, ‘The trespasses of property law’ (2014) 40 Journal of Medical Ethics 19: doi:10.1136/medethics-2013-101439。最近有几篇关于人身体物质的管制的特刊发表在以下期刊上：Journal of Medical Ethics ((2013) vol 40(10)) 和 Journal of Law and Medicine [(2013) vol 21)]。2014 年英国还出版了一本关于这个话题的书：Goold et al (eds) (同注释 9)。

32 例如：I Goold and M Quigley, ‘Human Biomaterials: The Case for a Property Approach’ in Goold et al (eds) (同注释 9) ; JW Harris, Property and Justice (Oxford, Clarendon Press, 1996) 351 ：“每个人都应该被视为其身体任何分离部分的主人”; G Laurie, Genetic Privacy, A Challenge to Medico-Legal Norms (Cambridge, Cambridge University Press, 2002) 321 ：“医事法的下一个里程碑将是在法律上承认自我所有权”。斯蒂恩大法官讨论了不同类型的产权以及在某些情况下将身体物质视为财产和将其作为财产处理

的区别，参见：L Skene，'Raising issues with a property approach', ch 19 in Goold et al (eds) (同注释 9)。

33 见：J Herring and P-L Chau, 'Relational bodies'(2013) 21 Journal of Law & Medicine 294; L Skene, 'Raising issues' (同注释 31); J Wall (2014)(同注释 31)。赫林、朝和斯蒂恩建议，可能需要全面的立法来涵盖特定情况。2004 年《人体组织法》(适用于英国、威尔士和北爱尔兰) 以及英国人类受精和胚胎管理局的程序说明了可采用的监管结构类型。

34 R v Kelly; R v Lindsay [1998] EWCA Crim 1578; [1999] QB 621。

35 被以下引用：R v Kelly; R v Lindsay (n 34 above) 630 G–631 E (Rose LJ)。

36 判决只考虑储存的精液。供以后使用而储存的其他身体物质方面也可能会出现类似的争论，比如用于自体输血的血液被移除，或者将供以后使用的儿童的脐带血液移除。由于生殖潜能丧失而导致心理上的痛苦，因此人们可能不把精液归入上述物质。但遇到类似情况时，失去储存血液的人同样也会感到痛苦。

37 See (n 3 above)。

38 Kate Jane Bazley v Wesley Monash IVF Pty Ltd [2010] QSC 118; Jocelyn Edwards; Re the estate of the late Mark Edwards [2011] NSWSC 478; Re H, AE (No 3) [2013] SASC 196。

39 See Skene (n 31 above)。

40 奥诺雷 (如上述 30)。所谓的"一组权利"包括买卖、使用、转让、借出或禁止他人使用等权利。

41 引自：Nuffield Council on Bioethics, Human Bodies: Donation for Medicine and Research (October 2011) available at: www.nuffi eldbioethics.org/sites/default/fi les/Donation_full_report. pdf (accessed 21 July 2014) 16-17, para 70。同样,哈蒙认为,"叶尔沃什案中使用的财产这种表达是一种隐喻""一种在新的生物经济中将某种程度的控制权延伸至行为人，包括身体组织的提供者的手段……以及一种在提供补救措施时确保公正的实用的手段"：哈蒙 (同注释 31) 346 ；也可参见哈蒙和带里 (同注释 31) ："财产只是一种用以达到某种结果的方便工具"。

42 Nuffi eld Council (n 41 above) [7.20]。

43 引自：Australian Law Reform Commission, Essentially Yours: The Protection of Human Genetic Information in Australia (Report 96, 2003), 网址见：www.alrc.gov.au/publications/1-introduction-inquiry/essentially-yours (accessed 22 July 2014)。参见 Recommendations 8-2a("个人信息"应当被定义为包括身体样本) ; 20-2(应该使用联邦隐私法来规范组织样本的持有，而不是人体组织法)。

44 1998 年《隐私和个人信息保护法》(Privacy and Personal Information Protection Act)(NSW) s 4(2)，该法将“个人信息”定义为包括身体样本。

45 1998 年《隐私和个人信息保护法》(NSW) s 4(2)。该法将“个人信息”定义为包括身体样本。

46 引 自：Human Tissue Authority, Code of Practice-Consent (Code 1, 2009) at www.hta.gov.uk/_ db/_documents/2006-07-04_Approved_by_Parliament_-_Code_of_Practice_1_-_Consent.pdf (accessed 22 July 2014); Human Tissue Authority, Code of Practice-Research (Code 9, 2009) at: www.hta.gov.uk/policiesandcodesofpractice/codesofpractice.cfm (accessed 22 July 2014)。人体组织管理局授权 800 多个机构存储和使用人体组织，用于研究、治疗患者、验尸、教学和公共展览等目的。

47 National Health and Medical Research Council [Australia], National Statement on Ethical Conduct in Human Research (1998), Updated March 2014, Australia: Canberra, at: www.nhmrc. gov.au/_fi les_nhmrc/publications/attachments/e72_national_statement_march_2014_140331. pdf (accessed 22 July 2014)。

48 Human Tissue Act 2004, s 45; Human Tissue Scotland Act 2006, s 16 (bodily material from a deceased person)。

49 Harmon and Laurie (n 31 above)。

50 See (n 31 above)。

第十五章

A、B 和 C 诉爱尔兰案 [2010] A, B and C v Ireland[2010]

伊莫金·古尔德（Imogen Goold）

1. 导　　言

A、B、C 上诉欧洲人权法院（European Court of Human Rights）与《欧洲人权公约》第 8 条有关。第 8 条阐述的隐私权并没有授予上诉者堕胎的权利。然而，爱尔兰法律没能提供可靠的程序告知女性是否有资格在爱尔兰进行合法堕胎。

从某些角度来说，A、B、C 诉爱尔兰案（A，B and C v Ireland）是一个反地标的案件。它代表着放弃跟随美国最高法院在罗伊诉韦德案中开创性的堕胎提议，即承认堕胎是受宪法保护的隐私权，美国女性有权进行堕胎。当美国法院认为隐私权和国家保护胎儿义务之间的平衡点是基于堕胎女性时，欧洲人权法院却选择把这个平衡点交给成员国去考量。因此，欧洲人权法院拒绝承认女性有堕胎权。保罗·隆基（Paolo Rochi）说："等待欧洲版罗伊·韦德案的希望破灭了[1]。"这一决定不仅对爱尔兰乃至整个欧洲的堕胎法有着衍生影响，还进而对道德问题（常常与医学相关）如何在欧洲环境下解决有着深远的影响。

2. 社会和法律背景

爱尔兰的堕胎法是欧洲中最严格的法案之一，仅次于马耳他规定的“不允许任何理由的堕胎”[2]。因此，它的法律是“不寻常的，尽管不是独一无二的残酷”[3]。与英国一样，在爱尔兰违法堕胎属于犯罪行为。2013年以前，根据1861年《侵犯人身法》(Offences Against the Person Act)58和59条，堕胎一直被视为犯罪，以此来阻止堕胎的发生和堕胎企图[4]。违反了这一法令将会被监禁，甚至是终身监禁。司法意见和法律措施都很明确，那就是不存在合法的堕胎行为[5]。

转折发生在1983年，也就是爱尔兰宪法第八修正案(Eight Amendment to the Irish Constitution)的出台。其中的第40.3.3条写道：国家承认未出生胎儿的权利，也承认其母亲具有同等的权利。在可行范围内，法律尊重并保护该权利[6]。

施拉·麦基尼斯(Sheelagh McGuinness)表示这一修正案是为了回应罗伊诉韦德案(Roe V Wade)[7]的决定，明确堕胎在当时的爱尔兰是被禁止的[8]。它给予了爱尔兰政府保护未出生胎儿生命的义务。除了这一反堕胎的意图外，这一条款表达了胎儿和孕妇平等权利的平衡。基于对母亲生命的保护，这为爱尔兰合法堕胎的发展打开了一扇门(也许并非有意为之)[9]。然而，爱尔兰并未能明确地对40.3.3条做出解读，并且也没有提供决定女性何时有资格进行堕胎的程序。这种不明确性让医师和孕妇都不确定到底什么是被允许的，并且它还让爱尔兰警方得以限制孕妇到别的地方堕胎。这就形成了一种情形，菲奥娜·朗德斯(Fiona de Londras)描述其为“由于法律上的模糊和警察监管边界不清，限制了女性堕胎”。她解释道：

从一开始就很清楚一些法律条款需要去明确在不违反1861年《侵犯人身法》58条的情况下，临床干预何时并且如何发生的……然而，这样的法律并没有出现。确实，在第八修正案出台时，不仅没有法律去阐明这一点，女性还因怀有堕胎的目的（在任何情况下）而被禁止旅行。有报道说，许多女性被阻止离开国家，因为怀疑她们旅行的目的是去堕胎[10]。

直至1992年，在司法上才确认40.3.3条给合法堕胎提供了依据，这一年是爱尔兰堕胎法历史上的分水岭，做出了权利应该如何平衡的关键性决定。首席检察官诉X案（Attorney-General v X）是关于一个被强奸而怀孕的14岁女孩[11]。在通知了爱尔兰警察之后，女孩和她的父母认为最好的办法就是去英格兰堕胎。父母将他们的决定通知了警察，是因为想询问将被堕胎胎儿的组织用于强奸案调查是否可行。警察向检察官寻求建议，检察官进而通知了首席检察官。后者从最高法院获得了暂时性阻止令，阻止被告干预未出生胎儿的生命权，在九个月内不让一家三口离开管辖区域，并且阻止他们在管辖区域内外实施堕胎。

女孩和父母当时在英格兰，听到这个消息后立即取消了堕胎计划，回到爱尔兰，对禁令提出了质疑。他们指出他们有权利离开爱尔兰，到其他堕胎合法的地方进行堕胎。并且如果堕胎的请求被拒绝，女孩很可能会自杀，从而给她的生命安全带来危害。他们的行动最初失败了，因为科斯特洛法官（Costello J）许可该禁令是永远有效的。他辨称40.3.3条要求他保护所有未出生胎儿的生命，并且不堕胎给女孩生命带来的风险比给胎儿带来的风险要低（因为对胎儿的风险是确定的，然而对女孩的却不然）。因此，阻止她进行堕胎是正确的。他承认女孩有权离开爱尔兰接受治疗，但是爱尔兰可以以违反公共政策为由限制其权利（在这里要保护未出生胎儿的生命），阻止其离开爱尔兰进行堕胎[12]。女孩和父母上诉到了最高法院。

X案在爱尔兰堕胎法的历史上是一个关键性事件，因为最高法院明确宣布40.3.3条表达了当母亲的生命存在真实重大危险时，堕胎是允许的[13]。并且，阐明这一风险不必是"母亲立即或者不可避免的死亡”，因为这一条件不能“足以维护母亲的生命权”[14]。最高法院明确说明女性存在的自杀风险足够让堕胎合法，但是如果风险是危害精神或身体健康的话那理由就不足够。这个案件的关键性还体现在最高法院宣称想要堕胎的女性可以离开爱尔兰到别的地方实施堕胎，并且会得到关于那么做可能性的相关信息。因此，阻止女性到别的地方堕胎且拒绝给予有关信息是违法的[15]。

在 1983 修改案颁布后将近十年间，40.3.3 条一直是这么被解读的。然而，在这段时间内爱尔兰政府没能通过能够明确修改案效力的法律。施拉·麦基尼斯（Sheelagh McGuinness）将爱尔兰政府的行为恰当地总结为“严重的不作为”[16]。这种情况让那些寻求堕胎的女性和帮助她们实现堕胎的医师都陷入不知所措的境地。如果医师违法提供堕胎，就可能受到刑事处分，因此医师就更加无法为有需求的女性进行堕胎。这也令情况更加恶化。

1992 年 11 月，大多数公众对 40.3.3 条的解读的认可通过公民投票得到验证。爱尔兰民众被询问是否：

（A）自杀不应该作为令堕胎合法的理由。

（B）女性应该自由离开爱尔兰进行堕胎。

以及

（C）在爱尔兰应该可以自由获取堕胎服务的相关信息。

大多数人认为自杀应该成为施行堕胎的理由，并且支持女性自由离开爱尔兰并获得相关信息[17]。于是，爱尔兰宪法增加了第十三、十四修订案，保证了居住在爱尔兰的女性具有获取在其他国家进行堕胎的可能性的信息，以及离开爱尔兰进行堕胎的权利[18]。因为这一修订案具有争议性，2002 年，对自杀是否应作为堕胎的理由重新进行了公民投票，结果还是和当初一样，赞成方以轻微的优势获胜[19]。X 案中的判决同样体现在了之后的案件中，包括 1998 年的 A 和 B 诉东部卫生署、地方法院法官玛丽·法比和 C 以及首席检察官（通知方）A and B v Eastern Health Board，District Judge Mary Faby and C， and the Attorney-General（notice Party）(一般认为是C案）[20]。

在X案判决的同一年，欧洲人权法院在另一个案件Open door咨询公司和都柏林健康女性中心（Dublin Well Woman）诉爱尔兰（以下简称Open Door）中认为，爱尔兰政府违背了《欧洲人权宪法》第十条规定的保障表达自由的义务（以下简称《宪法》），限制了在爱尔兰以外的地区提供堕胎咨询服务。法院认为这一限制给寻求堕胎的女性带来了健康上的风险，因此是不正确的[21]。

考虑到这些事件，人们认为在X和Open Door两个案件中40.3.3条范围的解释将会给司法实践带来改变，在对母亲的生命带来威胁的基础上，只要有一个清晰的可以接受的理由就可以实施堕胎，并且离开爱尔兰接受堕胎是被允许的，堕胎的相关信息也是可以获取的。然而事实并非如此。就像麦基尼斯所评论的，在A、B和C案中，判例法和成文法并没有展示爱尔兰堕胎法的全部，“必须考虑到政府对该问题严重的不作为，这是很关键的”[22]。

这种不作为已经在1992年被X案中的法官所注意。麦凯西法官（Mclarthy J）说：“立法机关没能颁布合适的法律[关于40.3.3条]不再只是不幸的，而是不可饶恕的[23]。”不考虑这一评论，就像麦基尼斯点明的，除了在X和之后几个案件，这种不作为一直在持续，一直持续到A、B和C案件判决时[24]。没有法律保证女性进行堕胎的程序，就导致怀孕女性和医师都十分困惑，不知堕胎如何合法实施。这种困惑的状态甚至持续到A，B和C案之后，直到2013年，法律才最终被通过，随着2012年萨维塔·哈拉帕纳瓦（Savita Halapanavar）之死，医师的评论可以显示这一点[25]。例如，爱尔兰妇产科研究所（Irish Institute of Obstetricians and Gynaecologists）的彼得·博伊兰（Peter Boylan）医师说：“现状就如同达摩克利斯之剑悬在我们的头上……如果我们带着善意的意图做事情，但结果却是违法的，那么结果对于医疗从业者而言是非常严重的。”在X案和后A、B和C案之间的那些年里，只实施了一小步，并且这一小步还是退化的一步。回应 Open Door 案中欧洲人权法院的决定，爱尔兰政府实施了一小步，即在 1995 年通过了信息法案（州外终止妊娠服务），准许医师和其他咨询机构在爱尔兰外提供寻求堕胎的相关信息。然而，除了 X 案中的判决外，这一法案仅限制于一对一咨询，并且咨询机构并不能与寻求堕胎的女性进行预约[26]。没有其他依据 X 案判决的堕胎相关法律即将出台。

在这一不清晰的法律背景下，总是有女性被阻止离开爱尔兰实施堕胎，比如 2007 年 D 小姐的例子[27]。D 小姐 17 岁，得知肚子里的胎儿是一个无脑儿，生产后无法存活。D 小姐尝试离开爱尔兰去英格兰进行堕胎，但是医疗卫生服务局为了阻止她，就让警察逮捕她，并且签证局也拒绝给她提供签证。她告上了最高法院，从而得到了离开爱尔兰的权利。值得注意的是，D 小姐拒绝采取威胁自杀的方式。

麦基尼斯强调爱尔兰政府在堕胎问题的不作为导致 1983 年前堕胎的禁令一直执行。他是正确的。如同我们看到的，甚至在 A、B 和 C 案后，欧洲人权法院要求爱尔兰政府必须制定清晰的法律，政府还是又花了两年才通过了相关法律。毫无疑问，爱尔兰政府不断抓住每一个机会，否认在境内实施堕胎是合法的。最终，在 40.3.3 条修订 30 年后规定了堕胎程序的法律才被通过。当女性的生命面临实质性而非仅仅是理论上的风险时，她有权利在合法的程序下堕胎。在那时，成千上万名女性不得不冒着生命的危险怀着并不想要的孩子，因为她们得不到相关的信息，在边境被遣返，或者仅仅是无力承担去英格兰堕胎的费用，尽管这是合法的。还有许多其他人被迫离开英格兰，仅仅是因为她们堕胎的理由不被政府认可，尽管这些理由受到最高法院和人民的支持，她们就不得不在旅途中承担着本不必要的心理负担，并且健康也受到威胁。

3. 事实和诉求

这个案件与三个去英格兰实施堕胎的女性有关，在本案中称为A，B和C。2005年8月，案件提高欧洲人权。2009年12月9日，17位法官审理了此案。法院于2010年12月做出裁决。

A. 申诉者A

A在2004年末意外怀孕，本来她以为伴侣是不育的。在了解到她在爱尔兰是没有权利堕胎后，她向贷款机构以高额的利息贷了一笔钱，秘密地来到英格兰，并在怀孕九周半的情况下于一家私人诊所实施堕胎。她花了三周时间才得以实现。

A想堕胎有多个层面的理由。在意外怀孕时她还没有结婚，没有工作而且存在经济困难。她已经有四个幼小的孩子，因为她存在酒精成瘾的问题，孩子们都被放在看护所。最小的孩子身有残疾。每次怀孕时她还存在抑郁问题，并且在2004年再次怀孕时也曾与抑郁症抗争。除了这些困难，她尝试在这次怀孕之前的一年保持清醒，并与社会工作者一起工作，从而获得孩子的抚养权。她担心再次怀孕会加重抑郁程度，并且对清醒程度有损。她隐瞒了寻求堕胎的行动，并保证不会错过与孩子见面。她保证在堕胎后的第二天就回家，从而及时地见最小的孩子。

在回都柏林的火车上，A突然开始大出血，于是在火车站被救护车送到了附近的医院，做了宫颈扩张和刮宫术。随后几周她经历了疼痛、恶心和持续的出血，但没有进一步寻求治疗。

在申诉期间，她再一次怀孕并且生下了第五个孩子。同样，她再一次忍受着孕期抑郁。她重新获得了三个孩子的抚养权，但是持续与抑郁抗争着。根据判例报告，她坚持认为2005年终止妊娠是正确的决定[28]。

B．申诉者B

B的判例与A的情况有些相似之处，尽管她怀孕的背景有所不同。由于口服避孕药失效，B同样在2004年末意外怀孕。与A一样，她认为在爱尔兰是没有权利堕胎的。两个医师警告她发生宫外孕的风险很大。她也因为觉得没有能力独自抚养孩子，从而想终止妊娠。她在2004年末寻求了咨询，并在2005年初发现自己并非是宫外孕[29]。1月中旬，她下定了决心，但是缺少钱，于是向朋友借钱来到了英格兰实施堕胎。她在英格兰呆了两个晚上，手术前后各呆了一天。她没有给诊所提供任何亲人的信息，并且隐瞒了爱尔兰的地址，以确保家人不会知道她堕胎的事。

与A一样，她在回程路上突然发生出血。堕胎后的两周，她在都柏林的一家诊所就医。这家诊所与她在英格兰堕胎的诊所是有关联的[30]。

C．申诉者C

从某些方面来讲，C的判例与A和B显著不同，这从她不同的申诉和结果中可以反映出。C在爱尔兰居住，并有立陶宛国籍。在意外怀孕之前的三年内，她一直接受癌症治疗。她之前与医师谈论了怀孕问题，得知虽然癌症治疗对于怀孕有什么影响尚不清楚，但是她所接受的化疗会在前三个月对胎儿的生长造成损害。当癌症情况改善了，她却不小心意外怀孕了。她向许多医师寻求建议，包括她自己的医师，但是（她宣称）她没有得到足够的关于怀孕对自身健康影响的信息。在她看来，她还没能得到足够的关于之前癌症检查对于胎儿影响的信息。她将信息获取的不足归结于爱尔兰堕胎法的寒蝉效应。

2005年3月，在怀胎的头三个月内，她来到英格兰进行堕胎。她做出这个决定部分是因为不确定继续妊娠的风险。由于她从她咨询的医师那里没有得到足够的信息，她就自己上网搜寻相关信息。她本来想采用药物堕胎，但是因为没有在英格兰找到诊所可以接待非居民，因此她需要等待 8 周才可以进行手术堕胎。和 A、B 一样，她也在返程中出现了并发症，包括流血和感染。这是不完全堕胎造成的后果。

4．针对第2、3、14条的请求

A、B 和 C 都声称爱尔兰的堕胎法损害了她们在《欧洲人权公约》第 3、8、13、14 条下的权利。C 进一步声称爱尔兰政府对堕胎的限制损害了她第 2 条的权利。

爱尔兰政府质疑她们所诉的可接受性，包括她们没能按照第 35 条的规定接受国内的治疗[31]。A、B、C 辩称爱尔兰政府并没有提供适当的国内救济办法，尤其是在对已有法律限制性的解读下。她们强调要使问题得以解决，需要及时在怀孕早期解决这个问题[32]。法院发现在 A、B 的申诉中，她们在国内没有求助于任何补救办法，因为她们认为不在国内既有法律的范围内并不存在这些办法。如果她们尝试要求在既有法律下她们有权利进行堕胎，那么她们肯定会失败，从而不被要求以这种方式寻求堕胎。由于这个原因，她们的申诉是可以接受的[33]。对于 C 关于第 8 条的申诉，未能用尽国内救济不会使申诉变得不可接受，因为她的申诉在根本上是基于她（以及医师）都不清楚是否她的生命威胁足以使堕胎合法。

A. 第 2 条

《欧洲人权公约》第 2 条表明每个人的生命权都被法律保护。C 宣称爱尔兰政府没能实行 40.3.3 条，意味着即使孕妇的生命受到威胁，堕胎也是不允许的。法院宣称这一申诉没有根据，因为她并没有在爱尔兰以外被禁止进行堕胎。由于对自己生命健康的担忧从而不得不承担旅途进行堕胎的风险，这与她依据第8条的申诉相关，但是不足以适用第2条[34]。

B. 依第3条之诉求

《欧洲人权公约》第3条禁止“不人道有辱人格的对待或惩罚”[35]。所有三名申诉者宣称自己受第3条保护的权利受到了侵害，因为堕胎的犯罪化“侵犯女人的尊严，导致女人的污名化，增加了她们的焦虑”[36]。她们进而诉称仅有的两个选择——离开爱尔兰或者继续妊娠——这两者都有损她们的尊严。法院认为所有三名申诉者的申诉在35（2）和（3）项下是没有事实根据的，因为严重性都没有达到最低标准[37]。

C. 依第14条之诉求

所有三名申诉者宣称她们受到了歧视，从而侵犯了第14条保护的权利（免受歧视）。然而法院反对这一点，并根据第8条处理了相关问题[38]。

5. 依第8条之诉求

A和B宣称爱尔兰对堕胎的限制，排除了对健康和生命的威胁作为终止妊娠的理由，干预了私人生活的权利。C的申诉类似而略有不同，因为她有可能在合法堕胎的范围内。她宣称40.3.3条合法实施的缺失干预了隐私权，因为不清楚她是否有合法堕胎的权利。这三人都宣称她们的申诉在第8条保护的范围内，因为怀孕和堕胎都具有私密性。

A．第 8 条的操作和堕胎的权利

作为公约的缔约者，在 2003 年将《欧洲人权公约》引入爱尔兰法律的爱尔兰政府有国际义务让公约保护的权利生效[39]。这些责任包括保护 8（1）条的隐私权，即“每个人的隐私、家庭生活、家庭和通信都有权得到尊重”[40]。

法院表示，“私人生活”是《欧洲人权公约》内一个非常宽泛的概念，同意对堕胎的法律控制干扰了女性私人生活的说法。关于堕胎的问题与第 8 条紧密相关，法院认为：

对怀孕的法律干预触及了私人生活的边界，包括自主权、自我发展以及与其他人和外界建立、发展关系……还有身体和心理的完整性[41]。

A 和 B 由于健康和幸福原因寻求堕胎，法院同意她们的申诉在第 8 条保护的权利范围内[42]。由于 C 的申诉基于无法确认 C 自己是否符合合法堕胎的要求（来自法律对信息提供的寒蝉效应），这也符合第八条保护的范围。

第 8 条给缔约国带来了两种责任，确保隐私权得到保护：一个是消极的责任，不去干扰个体私人生活；另一个是积极的责任，确保隐私权得到有效的尊重[43]。这个可能需要向公众提供法律框架、资源和指导，从而确保成功实行。申诉者需要证明政府未能履行两个责任中的一个，从而侵犯了其隐私权。

然而，与《欧洲人权公约》内其他权利不同，隐私权是有限度的权利，意味着政府在某些情况下可以干预，这和 8（2）条一致：

行使这一权力不应受政府当局的干涉，但是以下情况除外：符合法律，并且在民主社会中为了国家的安全、公众的安全和国家的经济利益，防止骚乱和犯罪，保护健康和道德，保护其他人的权利和自由[44]。

因此，决定干预是否合理合法，法院需要考虑是否：

这一干预符合法律（也就是说，国内法律或法规有规定），为了合法的目的[在8（2）条中有罗列]，这一干预在民主社会中是必要的；以及这一干预与其合法目的是相适应的（有时表达为：不要用大锤敲坚果）[45]。

干预与目的之间必须有联系。干预必须对实现目的是必要的，但是又不能超出需要的范围。有必要决定是否干预，法院赋予缔约国"国家裁量权"去决定如何平衡权利受到侵害者的利益与干预所带来的社会利益。这一国家裁量权的范围取决于相关权利的性质以及成员国对于如何平衡权利保护和其他考量因素。如果达成共识，则国家裁量权的范围会被缩小。

欧洲人权法院明确表示，第8条"不能理解为同意堕胎"[46]。相反，在8(2)条下决定对权利的干预是否合理是必要的。在法院看来，放在堕胎的背景下，女性的隐私权需要与其他权利相平衡，这些包括未出生孩子的权利[47]。法院要考虑道德保护是否属于合法的目的，并且爱尔兰政府达成的平衡在民主社会中是必要的且恰当的。案件的关键问题是法院赋予爱尔兰国家裁量权的范围有多大。宽泛的范围会使其保持法律的限制性，而狭窄的范围会使这些法律超出了欧洲关于堕胎的共识，从而侵犯了怀孕女性的隐私权。

伊丽莎白·威克斯（Elizabeth Wicks）表示："欧洲人权法院在A、B、C之前关于堕胎有一个共同认识：欧洲人权法院不愿意用自己的观点代替缔约国的观点[48]。"事实确是如此。它拒绝表达对于生命什么时候开始以及怀孕是否是一个单纯的隐私问题的立场，而是赋予成员国裁量权去制定针对这些问题的法律[49]。就像我们会看到的，A、B、C成为"反地标"案件的部分原因是它确认并维持了堕胎的现状，通过再一次证明对于堕胎（如果没有其他道德敏感性问题），成员国会被赋予宽泛的裁量权。这使得爱尔兰政府维持其限制性的法律框架，这让评论家表示很失望，如亚当·瓦格纳（Adam Wager）说，这一决定是"有趣的，但没有开创性[50]"。

B．A 和 B 的诉讼——消极义务

A 和 B 提出了一系列理由支持自己的诉讼：她们的第 8 条的权利受到了侵害，因为她们被禁止在爱尔兰境内实施堕胎，哪怕给身心健康带来了威胁。她们强调怀孕是私人生活的隐私。她们承认法律的目的是保护胎儿生命，但是也表示法律这一目的并没有被实现。爱尔兰女性被允许离开国家进行堕胎，从而仍然有许多女性实施堕胎终止妊娠[51]。她们声称，爱尔兰的立场不再反映爱尔兰人民的观点。有证据表明这些观点从 1983 年后显著地改变了[52]。她们认为，法院不应该再依照 1992 年“Open Door”案件中达成的平衡来判决。这是关键争论之一，认为不需要保护爱尔兰的道德准则达到法律目前的程度。如果这个观点被接受，保护爱尔兰道德准则就不再是违背第 8 条侵害女性权利的理由。

她们其他关键的论点是，法律并不是平衡保护未出生的胎儿权利与孕妇的隐私权之间的恰当手段。她们承认保护胎儿生命是正当的目标，只有依据第 8 条“母亲的健康幸福被给予了恰当的照顾”时才可以被接受[53]。这一点并没有被实现，因为女性常常不得不在孕晚期进行手术堕胎，而不是接受安全的药物堕胎（例如，英格兰的诊所不会进行没有随访护理的药物堕胎）。而且，女性被污名化。她们承受着心理负担。离开爱尔兰寻求堕胎，否则在爱尔兰堕胎就属于违法。贫困的女性由于经济困难还会被歧视[54]。

爱尔兰政府回应，爱尔兰法律是基于“植根于社会结构的深远的道德价值观，以及法律立场是通过平等的激烈辩论定义的”[55]。A 和 B 要求改变现有法律，从而与欧洲其他国家保持一致，这“违背了各个国家民主程序的重要性和基本角色，以及对缔约国传统和价值观多样性的接受。[56]”

政府还表示当这一观点是合法的目标并且受到爱尔兰人民支持时，不应该由法院来审查它的道德正确性。在这一点上，爱尔兰政

府强调人民意愿已经得到多次投票和公众参与的检验。

在什么是合适的裁量权范围上，爱尔兰政府表示这一范围应该是宽泛的，基于在Vo诉法国案（Vov France）中的决定，以及缺少对于生命何时开始这一问题的一致意见[57]。它反驳堕胎法的一致意见的存在，并且进一步表示“没有可识别的证据表明一些国家的法律处于需要在其余国家实施的临界点”[58]。

法院对A和B的主张意见不一。所有人都同意采取干预，而且这种干预符合法律，并且法律本身是容易理解的[59]。关键问题是在威胁健康和生命时禁止堕胎是否是合理的。为了回答这个问题，法院需要决定这一行为是否有合法的目的，以及为此采取的步骤在民主社会里是恰当且必要的。

（i）合法的目的和共识问题

法院认为爱尔兰法律确实“有着维护道德的合法目的，其中之一就是保护未出生胎儿的权利”[60]。法院认为爱尔兰法律反映社会基本道德标准是合法的，并且法院发现法律也是这么做的[61]。就如在Open Door案里，法院表示保护未出生胎儿权利是保护爱尔兰道德价值观的一个方面[62]。大多数人不赞成爱尔兰人民对于堕胎的公众舆论已经转向更大的自由化[63]。法院认为爱尔兰人民支持在《马斯特里赫特和里斯本条约》（Maostrich and Lisbon Treaties）中加入“反堕胎”条款的驳斥了爱尔兰堕胎的观念已经变得更自由的说法。然而，麦基尼斯表示这是爱尔兰公众支持这些条款背后原因的简化：

> 这些条款的出现是由于害怕欧洲化会导致强迫爱尔兰人实施堕胎。它们的出现有着多重因素：事实上，它们并不仅是大众关于堕胎的态度的直接反映，而是政治层面的讨价还价，吸引反对堕胎的特殊利益群体，从而获得大多数意见[64]。

她提供了这些条款的广泛背景，表示民众对条款的支持能否证明大多数人支持爱尔兰对堕胎的限制措施，是值得“怀疑的[65]”。斯蒂恩·司迈特（Stijin Smet）也批判了大多数人没能对爱尔兰大众观点已经改变的证据给予足够的重视，或者对于堕胎的接受度比大多数人认为的要低[66]。

无论如何，法院首先考虑的是扩大合法终止妊娠违背了爱尔兰的道德观。这一道德观以及保护它的需要正是与女性隐私权相平衡的合法目的。大多数人认为尽管这一平衡在其他缔约国中如何达成会有所不同，由于潜在的道德观不同，在爱尔兰如何平衡两者也会不同。

这一点是大多数人争论的重要方面之一，事关它如何导致最终决定的做出，以及它对未来堕胎案件的影响。大多数人认为合法的目的部分是保护未出生胎儿的生命，引用了 Vo 诉法国案说明，决定生命何时开始是非常困难的，并且欧洲各缔约国对这一点缺乏共识。于是，它转变了案件中的争论焦点，不再关注对于堕胎理由的共识，而是主张需要考虑的是未出生胎儿的地位。在后文会看到，这为爱尔兰施行宽泛的管理堕胎的国家裁量权铺平了道路。

(ii)这在民主社会中是必要的吗?

既然爱尔兰法律追求合法目的，这就成为了关键的问题：对于隐私权的限制是否“在民主社会中是必要的”。这一点成立的话，这一限制必须由于“紧迫的社会需要”，并且这一限制必须是合理的[67]。在这一点上，法院认为需要平衡 A 与 B 的隐私权与保护深深地植根于爱尔兰人民的道德价值观以及随之而来的保护未出生胎儿生命的需要。法院在如何达成这一平衡上产生了分歧。有六位法官反对最终判决持异议。

法院有权力赋予缔约国“国家裁量权”，让它们自己决定如何达成平衡，因为国家内部的情况只有各国家自己最清楚。这也允许不同国家对道德问题持不同的意见，虽然不是无限制的。当问题与人的同一性的重要方面相关时，如堕胎问题，需要缩小裁量权范围。然而，在一些敏感的道德问题上，它可能会更宽泛。堕胎问题尤为敏感。这也就成为了爱尔兰政府拥有宽泛的裁量权的理由，从而遵循境内的道德观去管理堕胎问题[68]。

决定裁量权范围的另一个因素是欧洲各缔约国是否对这一问题有共识。如果有，可能就意味着范围需要更为广泛。法院在这一点上的看法被严重批判，并且法院自身也产生了分歧。大多数人认为对于堕胎，成员国之间存在广泛共识：大多数国家允许“基于比爱尔兰法律规定的更广泛的理由”实施堕胎[69]。这本应意味着这一事务上的自由裁量权应当比较狭窄，但是法院利用“欧洲各国在生命从何时开始这一问题上没有广泛的共识”这一点回避了上述结论。在大众看来，这在堕胎问题上是具有基础性的地位的，也决定了爱尔兰政府在平衡胎儿和母亲权利方面的裁量余地。大多数人认为，缔约国之间在生命的起始点上是没有达成共识的，在欧洲的法学体系中也不存在这样的共识（引用了之前在 Vo 诉法国案中的判决）[70]。科学也不能就生命的开始这一问题给出最终的答案。法院也未达成共识。因此，大众认为其他缔约成员国在母婴权利平衡方面的规定并不能成为法院判定这种禁令是否影响公平的决定因素[71]。这种缺少共识的现状使母亲和胎儿权利之间的平衡问题有很大的自由裁量余地。这种余地也许已经大到可以让爱尔兰施行这样限制性的法律。

在这一方面，大众所采取的策略不管是在庭审中还是在学术界都饱受争议。反对的法官认为大众的这种策略存在很大问题。任一个国家的道德观点凌驾于整个欧洲的共识之上（并且这种观点还与共识相违背），这是一种全新的、真实存在且危险的对于法院判例法的违背[72]。反对者适当地将大众对于这一问题的重新定义解释为对于生命何时起始的争议（在这一点上欧洲国家并不存在共识）。然而，他们认为关键问题不在于欧洲在生命的开始时间上是否存在共识，而在于是否该为了 A 和 B 基于《欧洲人权公约》第 8 条的权利得到恰当保护而允许其堕胎。他们认为

“法院所面临的问题是，不论生命是开始于出生前还是出生后，胚胎的权利是否能平衡母亲的生命权、自主权以及发展的权利。答

案似乎是显而易见的。在欧洲各国之间存在着相当强烈的共识，不管科学、宗教和哲学在生命开始的节点上有多少不同的定义，母亲的生命权，以及在大部分国家，她的健康，是被认为比胎儿的生命权更重要的[73]。”

伊丽莎白·威客（Elizabeth Wicks）指出，反对者在这一问题上的批评得以强化：

“因为大多数人无法说明缺少生命起始时间的共识比欧洲广泛存在的提供相比爱尔兰更宽松的堕胎法律的共识对这一问题更有意义。承认这一共识，又在决定爱尔兰在堕胎事务的自由裁量权方面忽略这个共识，是一种动摇了《欧洲人权公约》义务的不佳举措。即使法院没有与之前出现的少数存在道德共识的情况下限制自由裁量权的范围这一做法背道而驰，自由裁量权本身就已经足够引起争议了[74]。”

保罗·龙基（Palo Ronchi）也指出这一原则的使用完全没有服从斯特拉斯堡的权威。当存在广泛的共识时，斯特拉斯堡一般会缩减各国自由行动的空间[75]。

威客提到了一个类似事件。英国的法院是如何处理原本在跨性别者的性别改变方面具有较大的自由裁量权，但是当欧洲各国在此问题上产生了共识后，自由度就得到了缩减[76]。她认为拒绝使用堕胎方面的共识来缩小爱尔兰法院的自由裁量权是大多数人对过去做法的背离[77]。

这是A、B、C案称为里程碑式案件的一个方面，因为它们预示着欧洲人权法院愿意背离他们此前的法理来取得一个他们所认为的正确结果。这可能在医事法的其他方面存在深远的影响，因为这一领域有许多与堕胎相似的道德争议——辅助生殖技术的获取、临终关怀以及出生前的基因诊断等。如果法院准备允许缔约国罔顾堕胎方面的共识而各自行动，当各国法院在类似的问题上可以就自己所支持的观点提出敏感的道德上的理由，那么A、B、C当然有可能会成为他们所能够援引的证据，支持这种背道而驰的事。这会带来严重的问题，因为它与《欧洲人权公约》保护欧盟所有公民的权利这一点相违背，并进一步允许各国基于不可接受的理由在某些问题上采取收紧的策略，而这将会影响到《欧洲人权公约》权利的保护。从更深层次意义上来说，这一判决也损害了自由裁量的原则，具有超越医事法判例更深远的影响。

大众的策略另一方面似乎暗示在生命的开始节点没有共识的情况下，其他对待堕胎更为宽松的国家所取得的平衡也不能作为在母亲与胎儿权利平衡方面具有可以缩小自由裁量权的共识的标志。但是虽然生命是否开始与能否堕胎之间的确存在联系，在生命开始问题上的不确定并不意味着不能做出是否堕胎的决定。例如，朱蒂斯·贾维斯·汤普森（Judith Jarvic Thompson）曾经在生命始于受孕的基础上做出了支持堕胎的有力论证[78]。我们之所以不应当将生命开始与平衡母亲和胎儿的权利两个问题合并，部分是因为（就像反对者说的那样）还会有其他与生命开始无关的因素影响母亲和胎儿的权利平衡。相关国家的道德观点是一个因素（受到法律和《欧洲人权公约》承认的），胎儿出生后的福利水平也是其中之一。虽然因为胎儿畸形进行的堕胎在爱尔兰是否合法还尚有争议，它可能会成为影响权利平衡的一个因素，孩子可能出生在一个极端困难的环境中，又或者完全无法出生。生命的开始只是是否应当堕胎的一个因素，将共识问题缩减到生命开始的问题上来，大众对缔约国之间的共识及相关问题有一些误解。

对于生命开始方面共识的缺少以及科学在这一方面的无能为力预示着在这一事务上存在合理的不同意见的可能。因此，各国允许宗教信仰自由以及个人对于道德问题持不同看法，所以应当给予堕胎更宽松的环境。最好的方法是采用一定程度上考虑到了胎儿的生命价值的宽松体制，它可以允许接受堕胎的人坚持自己的想法，也可以让不接受堕胎的人自由选择不终止意外的妊娠。

当然，对于那些认为堕胎是谋杀无辜的人而言，这种宽松的处理方式总是不正确的。但这正是关于生命何时开始缺少共识这一问题的讨论的核心——如果我们在某一问题上有争论，那么法律就不应当基于一方的观点（比如生命始于受孕）而忽视另一方的观点来制定。因此，在这一事务上没有共识的情况下，大众关于自由裁量权应当被扩大（允许爱尔兰继续限制堕胎）的论点实际上预示着不接受这一观点的人同样也受这一观点的约束。这种多数人优先的论点在后文中会进行讨论。在此，我们想说的是，虽然欧洲成员国并没有关于生命开始时间的共识，各国的法律却恰恰证明了这种宽松的策略是广受欢迎的。因此，与多数人的观点相悖，本就应该达成共识，缩小自由裁量的空间。

反对者认为法院的决定

第一次因为“深厚的道德观点”无视了欧洲国家之间的共识。即使认为这些道德观念深深植根于大多数爱尔兰人民，让它凌驾于与之相反的整个欧洲的共识之上，这仍然是一种危险的对于判例法的违背。目前在这些判例法中还没有就决定自由裁量权的道德或是其他信仰进行区分[79]。

除了这些考虑外，提供了爱尔兰更大的自由裁量权后，法院就必须决定这一平衡是否是公平且是必须的。因为较大的自由度以及受到保护的传统观念，大众认为既然爱尔兰允许女性出国进行堕胎手术，允许机构提供相关信息，允许在胎儿威胁母亲生命的情况下进行堕胎，这种平衡还是可以接受的。A 和 B 的申诉才因此受到驳回。

判决的效果，就像 Ronchi 所说的那样，是为了给大众一个法院同意的，仅限于爱尔兰的政策[80]。这一政策对于大众来说是一个合理途径。通过这一途径，可以使女性在自由做出涉及隐私的决定与维护爱尔兰传统道德规范之间达到良好平衡。但有很多人持反对意见，我们会在下文中加以说明。

C．C的观点——积极义务

除了A和B提出的观点，C也认为堕胎缺少执行宪法规定的堕胎权的法律。她认为难以定义“真实且重大”的生命威胁，也没有办法获得释明[81]。干预第8条规定的隐私权的法律必须足够清楚明白，让个人知道自己的权利什么时候受到了影响[82]。因此，为了对C的申诉给出判断，法院必须决定爱尔兰政府是否有义务提供清晰有效且可用的手段来决定她是否有权在自己的生命受到威胁时终止妊娠。爱尔兰政府称自己提供了这样的手段。她可以首先咨询自己的医师，医师可以为她评估风险。或者，她本可以向当地法院提起宪法诉讼来确定自己是否有权堕胎。欧洲人权法院驳回了这两项理由。

与A、B两案所持立场不同的是，法院在C案的裁决中保持了一致意见。法院认为爱尔兰政府应当采取积极措施，确保C案基于第8条的权利得到了保护。政府的失败在于没有将条款40.3.3通过立法。这一情况也由于1861年侵犯人身法而没有得到修订，以及缺少对于医务人员判定“真实且重大风险”的规定而恶化。女性能否堕胎的标准模糊。这些方面的确是也使女性在爱尔兰寻求合法的堕胎变得困难[83]。法院明确表示宪法赋予的任何权利都不能只是理论上可行，都必须通过立法而取得实效。

> 当女性与她的医师之间、或者不同医师之间意见相左时，或者在女性或医师出现符合情理的犹豫时，缺乏一种审查和决策机制以判断某个特定案件所呈现的女性生命威胁是否符合进行合法堕胎的资格要求[84]。

这种不确定性带来了权利保护上的失败。这产生于对于条款40.3.3操作性立法的缺失，也尤其是因为缺少判定什么情况可以受制于这一条款的机制。

法院并没有因为爱尔兰政府的论点动摇，而做出与泰西娅诉波兰一案中相同的判决。它认为只要堕胎是被允许的，当地就应当确定可以进行堕胎的条件以及建立相应的程序来判定某个人是否满足条件。它认为当地法律不充分，医师无法判定患者的情况是否适用于条款 40.3.3。有多个组织就这一点提出过建议，包括英国孕期咨询服务处和医师库联合提交的建议。医师表示他们一方面受到谋杀的指控，另一方面又没有清晰的法律、伦理或医学方面的指南[85]。正如威客所说的，这说明“在爱尔兰，通过终止妊娠来保全性命有都点儿幻想的意味”。而且鉴于上述两个组织都没有提出终止妊娠来拯救孕妇生命的实例，看起来在现实中合法的堕胎在爱尔兰根本就不存在[86]。

法院同意了这一点，

因为这种强大的不确定性，法院认为 1861 年法律中关于犯罪的条款对于医师和想要堕胎的女性来说显然是非常可怕的，不管事实上是否已根据法律对他们提起诉讼。不管是第三个申请人还是医师都面临着犯罪的风险，也可能会因为一次医疗咨询所做出的，因为威胁生命所以堕胎（却在事后发现不适用于条款 40.3.3）这一决定而入狱。医师也面临职业纪律处分，甚至严厉的制裁[87]。

因此，这种可能犯罪的风险阻止了 C 获取足够的信息和指导来确定自己是否可以合法地堕胎。条款 40.3.3 满足条件和施行方面指导的缺失以及医师对于自己可能的错误判断带来严重后果的担忧都表明没有措施可以决定什么时候隐私权可以受到干涉。因此，法院没有将咨询医师认定为她保护自己权利的有效方式。就像麦吉尼斯所写的：“本案的判决例证了政府选择使用授权和怀疑方式来使堕胎便利化这种方法来进行堕胎立法会出现什么结果[88]。”

欧洲人权法院也驳回了爱尔兰政府关于 C 本可以在法庭上说清这件事的观点，同时也就不承认法院应当作为一个“决定堕胎是否合法的场所”[89]。法院怀疑这种举措的效力，认为它不适当，并认为苏格兰的法院“并不应是一个决定女性是否有权堕胎的初级场所”[90]。

法院指责了爱尔兰政府在条款 40.3.3 施行方面的立法缺失，这导致了“理论上合法堕胎的权利与实际的不相符合”[91]。芭芭拉·修森（Barbara Hewson）把这些事实简单地概括为“可恶的”[92]。

实际上第 8 条在 C 的案件中是被违反的。法院认为爱尔兰政府需要就 C 所受的非经济损失进行补偿，她因此获得了 15 000 欧元。法院并没有指导爱尔兰政府进行具体的措施来处理违规行为，而是指出其他缔约国已经就什么情况可以合法堕胎进行了立法，也制订了相应的程序来判断什么样的情形符合合法堕胎的标准。

法院承认这些规定的实施是一种“敏感且复杂的工作”，但肯定是可以实现的。尤其是爱尔兰政府不需要改动法律，而只需要澄清已经宽松的禁止性规定的界限究竟何在。所以实现这些规定并不会对爱尔兰社会造成不利后果，因为这等于使公民投票后宪法第 40.3.3 条已赋予的权利生效实施而已[93]。

爱尔兰政府在执行法院判决方面行动缓慢，与此前在堕胎问题上的迟疑不决也遥相呼应。欧洲议会部长委员会不管是对于爱尔兰政府过渡性规定的施行还是真正执行判决都存在担忧[94]。爱尔兰政府最终召集了一个专家组来商讨如何执行这一判决。专家组在 2012 年 11 月份给出了报告。它认为立法在执行判决上是有必要的，缺少一点都不行。1 个月后，爱尔兰政府选择了推进立法和制定指南的计划。这会影响到可行化的进程以及爱尔兰最高法院 20 年前在 X 一案中的判决。2013 年上半年，在与议会卫生委员会进行商讨后，《孕期保护生命法》（Protection of Life During Pregnancy）于 2013 年 7 月在爱尔兰通过。

此法案废除了 1861 年《侵犯人身法》（Offences Against the Person Act）第 58 条和 59 条规定，但在其第 22 条中仍然对堕胎做出了一般情况下的禁止。法案规定，故意毁灭未出生的人类生命可以被处以罚款或 14 年以下监禁。此法案确立了 X 案适用的原则，即当女性因为怀孕受到明确且重大的生命威胁，并且只有通过终止妊娠才能去除威胁时，进行堕胎是合法的。这种风险必须由两名医师认定，除非在紧急情况下且一人的意见足够充分[95]。第 9 条表明自杀的可能性也是使堕胎合法的依据之一，只要 3 名医师均认定这种风险现实存在且重大，只能通过终止妊娠来消除[96]。第 18 条规定本法中的任何一处都没有禁止女性离开爱尔兰（去进行堕胎手术），或是向女性提供出国进行堕胎手术的相关信息。

6．A、B、C案的影响以及为什么称得上具有里程碑意义

A、B、C 三案对于爱尔兰产生了重要的影响，至少迫使得爱尔兰政府明确了法律规定。另外，它们还影响了未来在欧洲如何处理堕胎，以及其他敏感的医事法问题。A、B、C 案的重要性并不在于它们在多大程度上改变了爱尔兰或欧洲的法律——它们实际上并没有。欧洲人权法院没有要求爱尔兰立法放松对堕胎的限制，只是要求它对目前的例外规定有更加清晰的定义。然而，因为在 A、B、C 案判决之前缺乏清晰的解释，此后爱尔兰的法律修正表明更加清晰的法律规定会使女性在生命受到威胁时能更简便地获取堕胎服务。如果其他缔约国想要沿用 A、B、C 案以前爱尔兰政府的策略的话，显然仍会存在缺少明确规定所带来的挑战。可以认为，如果一些国家利用立法上的不明确来阻止服务的获取，这种清晰化的措施应当在医学的其他方面如安乐死或出生前基因诊断中使用。

对于爱尔兰来说，在堕胎问题上，这些判决似乎认定女性应当离开爱尔兰与亲属的照护，而到遥远的异国进行堕胎手术（如果她们的生命没有受到威胁的话）。正如麦吉尼斯所说的：

“法院争议性地使用了自由裁量权以及仅仅关注爱尔兰公众的想法，迫使像 A 和 B 这样的人每年都需要背井离乡，忍受隐密与耻辱，去英国等地寻求合法且正规的堕胎服务。这样的方法也依赖于这些女

性有能力出行，是一种实际上受到国境线阻隔的世界主义观点[97]。”

在爱尔兰，很多女性不能享受到这种旅行自由，她们的隐私权也因此未得到充分保护。很多评论家指出，对很多爱尔兰女性来说，出国进行堕胎手术根本就是一种幻想，无法保护第 8 条所规定的权利。问题不仅在于心理、生理以及经济上的负担，还在于女性是否应该为了堕胎而承受这些负担。如果某种权利保护措施是有效的，那么所有女性都应该能够进行这种旅行，但显然很多人不可以。丽莎·史密斯（Lisa Smyth）对此有贴切的描述：“对于那些发现自己怀孕了但是没有健康或经济资源来做出任何选择的女性，去国外堕胎的可能性不过是一种小小的安慰罢了[98]。”

因此，尽管法院要求爱尔兰政府将规定明确化（就像 C 案中一样），以确保像 C 一样的女性的隐私权得到恰当的保护，A 和 B 一类女性仍然需要有足够的资源才能保障自己的权利。对有些人来说，她们需要签证才能在各个国家之间旅行，也可能需要签证才能在手术之后回到爱尔兰[99]。

在这一方面，判决的更大意义在于它与玛丽·吉尔马丁（Mary Gilmartiu）所说的“流动性”这一欧盟的核心相违背。理论上欧盟成员国的居民应当自由地在欧盟各国中行动，不管在哪个国家都能进行工作以及获得医疗等服务[100]。她认为将实施堕胎这一问题简单地用“去别的国家进行”来解决，爱尔兰政府是在避开问题的关键。反对者也同样这么认为[101]。共识对于自由裁量权的影响与追求流动性的目标是相符的。不允许各国过度地远离既存的共识是一种保证欧盟的公民在各个国家之间流动时不会牺牲《欧洲人权公约》赋予自己的权利的手段。这就是 A、B、C 三起案件的判决令人担忧的原因之一。它们并没有尊重各国之间的共识以缩小自由裁量权。

威客做出了相似的论述：

“尽管这种允许女性出国堕胎的虚情假意可能已经是爱尔兰政府妥协的产物，法院作为一个保护人权的机构，也不应该在这样一个普遍认为女性权利高于胎儿的地方如此热情地同意这一做法。既然已经承认女性在出国寻求祖国所禁止的医疗服务时面临着很大的心理负担，法院本应该更不愿意把这种心理负担作为尊重女性私生活的保证[102]”。

另外，这些判决显示如果别的国家采取了保护某项权利的措施，某个国家就不需要在自己的境内保护这些权利。即使在A、B、C案之后，爱尔兰政府也因为依靠其他国家，特别是英国，来为需要的爱尔兰女性提供堕胎服务而广受批评。工党政治家罗杰·道兹（Rogar Dowds）在2012年萨维塔·哈拉帕纳瓦尔（Savita Halappanavar）去世之后表示，爱尔兰在堕胎问题上的回避已经持续了多年："事实是如果不是英国离我们这么近，国家早就该通过允许堕胎的法案来防止女性死在非法的小诊所中了[103]。"

对于这样复杂的问题来说，这种解决方法显然是不令人满意的。判决可能也会对其他问题，包括试管婴儿、安乐死和产前基因诊断造成影响。即使在其他领域也有关于权利平衡的共识存在，法院也可以根据这个逻辑进行判决。如果某个国家想要允许安乐死而另一国禁止，只要国与国之间允许往来，即使需要增加公民的负担，这也是可以接受的。英国目前采取的就是这种方法，而没有考虑到让终末期患者必须搭乘飞机才能终结自己的痛苦这件事情是非常不适当的。

从更大的范围来说，通过允许爱尔兰使用宽松的自由裁量权来限制堕胎，欧洲人权法院表明了自己的立场。在道德层面敏感的问题上，法院趋向于减少旨在权利保护的干预行为。斯梅在罗纳德·德沃金（Ronald Dworkin）和乔治·莱特斯（George Letsas）之后也提出，法院接受了所谓爱尔兰国内关于堕胎的共识而对第8条规定的权利做出权衡并严格限制堕胎的使用。大众在这一方面出现了“亲多数主义”的偏见，也就忽视了少数人的权利[104]。在斯梅看来，在有公众道德介入的利益关系权衡方面使用自由裁量权是不明智的，不论欧洲范围内是不是存在共识[105]。

她是对的。法庭这么做，是在用多数人的道德观念来建立更加严格的限制（就像爱尔兰的做法一样），而在道德上少数群体也受制于这一规则，他们的隐私权也就成为幻影。

对于那些支持在爱尔兰等国放宽堕胎限制的人来说，A、B、C三案可能不会像看起来那样作为与罗伊诉威德案（Roe v. Wade）相反的标志性案件。可以说法庭的判决，与Vo一起，预示着欧洲人权法院并不愿意更进一步地承认胚胎的生命权。他们本来可以，却没有这么做。实际上，当法院支持爱尔兰政府允许国民出国堕胎时，它并没有支持爱尔兰非常弱的保护胚胎生命的观点。之所以称其为弱，是因为爱尔兰政府允许女性去别的国家终止妊娠。这种不一致性因为信息提供受到允许而变得更加强烈。爱尔兰政府甚至可以帮助女性了解如何合法堕胎，只要这种帮助意味着找到一个国外的机构来完成工作。威克斯有力地表示：

“如果爱尔兰国民及政府的观点意义特别重大，以至于成为他们民主社会延续的话，去国外堕胎怎么会是可以容忍的呢？如果胎儿的生命是值得得到完整的承认和保护的，对于爱尔兰女性，为什么宪法规定，她们有跨过小小的爱尔兰海去进行终止妊娠的权利呢？这种虚伪的解决方法完全不可行，也不能在伦理上站住脚[106]。”

这就是爱尔兰式解决方案的问题核心所在，也是大众认为最有说服力的方面。这意味着如果其他采用相似限制性措施的国家也面临类似的挑战，他们也会希望女性能够出国进行堕胎手术。这对于那些支持女性自主选择权的人来说是黑暗中难得的一点亮光。

这也预示着在大众的立场中这一点可能面临重大挑战，在未来的案件中也有可能不会占主导地位。的确，A、B、C案中的一些法官提到了后续可能出现的一些问题。格拉法官和卡萨德沃尔法官认为大众给了爱尔兰更大的自由裁量权，使其得以限制“一种重要的权利”是不正确的。他们认为，在这种情况下通常会涉及女性为了自身健康而寻求堕胎，因此应当缩小自由裁量权。他们尤其批评和不满的是大众也没有指出判定危险或是安全或人身健康的标准，以及一些特殊例外情形[107]。

尽管他们认为A和B所受的威胁属于这样一个小的范围，但其他更大但不致命的威胁有可能并不属于该范围。这是一个需要注意的问题

“我们不能排除风险更大的判例存在的可能性。在这种判例中，女性的健康受到了更加严重的威胁。她们也想要终止妊娠，国家对于这类堕胎的禁令可以认为就是不恰当的，也是应当在爱尔兰的自由裁量权以外的[108]。”

可能在不同的情况下，法院会考虑减小爱尔兰的自由裁量权，或是至少判定这种平衡是不充分的。相似的，如果共识得以进一步确立，或是爱尔兰人的观念发生变化，这种赋予爱尔兰的自由裁量权也不再是可持续的。乔纳森·赫林评论道，既然法院对于爱尔兰公众的观念如此依赖，一旦观念改变，他们也就很难维持这样严格的法律[109]。

7. 结　　论

A、B、C三案的判决从两个层面上来说是保守的。它们既没有改变爱尔兰对于堕胎的态度，也没有对欧洲的立法做出贡献[110]。修森直接地表示“这根本就不是罗诉韦德案”[111]。然而，尽管有些人认为A、B、C是在堕胎严格受限的国家扩大女性权利的一次失败，有些人，如瓦格纳，认为承认堕胎属于第8条所规定的隐私权就可能促使判决方面的放宽，这与罗诉韦德案的作用相一致[112]。A、B、C案没有为堕胎的争议画上句号，也正如赫林所说，未来堕胎的权利得到承认仍然是可能的[113]。实际上，赫林表示从某一方面上来说这三起案件的确承认了堕胎是一项权利（基于第8条的权利），但是它

是一种有限的权利，在爱尔兰社会中可能会被公众道德规范之类的担忧所压制。

其他人，例如，威客指出，法院在缔约国中应当扩大可进行堕胎的条件范围这一共识的承认。

“提示未来法庭在堕胎事务上会采用更为干涉性的姿态。尽管此案中法院愿意给予爱尔兰更大的自由（即使他们的主张违背欧洲共识），因为爱尔兰在胎儿权利方面有特殊且坚定的立场，法院对于共识明确承认实际上预示着这种放任某国政府与国际共识背道而驰的做法很快就会停止。英国在跨性别者性别改变方面的立法就是一个典型的例子。也许各国可以任意平衡母亲和胎儿权利的日子快要结束了。只要法院继续不明确承认胎儿拥有完整的生命权，母亲权利优先的可能性就是存在的。但是现在，法庭在A、B、C诉爱尔兰案中想要做的，是确保女性在其所在国判定堕胎非法的情况下仍能取得终止妊娠服务。这是保护爱尔兰女性权利的关键一步，却避开了长久以来在堕胎上的法律与道德争议。法院能持续多长时间这种做法是很值得怀疑的[114]。”

不管未来堕胎的条件会变得如何宽泛，本案判决的一个关键影响就是它确定了当堕胎是被允许的，判断何时可以进行堕胎必须要有明确的指南。模糊且令人迷惑的标准是不够的，相关立法必须给出明确的指引来确定堕胎何时合法，又在何时不合法[115]。用混淆和迷惑性的规定来阻止可能拯救生命的堕胎服务是不能容忍的。

8. 后　　记

在本章交稿的那一周，媒体报道的一起判例表明爱尔兰新法律正在被以一种限制性的方式解读。事实还不清楚，爱尔兰政府也仅仅给出了有限的回应，因此这一案件应该被谨慎看待。2014年8月，爱尔兰独立报（*Irish Independent*）报道一位生活在都柏林的 Y 女士依据 2013 年《孕期保护生命法》第 9 条寻求堕胎。她当时怀孕 8 周，并且这次怀孕是由于强奸导致的。她是一个外国人，因此并不能自由地进出爱尔兰[116]。

她声称自己有自杀倾向，也向媒体证实了这一点[117]。根据她的说法，从第一次验孕之后，她就接触了爱尔兰家庭计划协会（Irish Family Planning Association，IFPA）。后者告诉她堕胎在爱尔兰并不合法，但她可以去英国寻求这类服务。她被告知因为各种手续准备工作，需要等待 6 周才能出国[118]。她声称自己与爱尔兰家庭计划协会进行了多次接触，并相信前往英格兰的准备工作正在进行中。最终，她被告知旅行和进行堕胎的总费用超过 1500 欧元，她并不能负担。此时她处在孕 16 周，并且开始尝试自杀[119]。她第一次尝试了自杀，但是受到了干扰。随后她找到了一个全科医师，后者将其转交给了一家医院，在那里她得到了精神病学的评估。那时她已经怀孕 24 周。一开始，她被告知堕胎可以进行，但是几天后，她又被告知现在的情况已经不允许堕胎，她只能进行剖宫产[120]。手术之前，一份由两名精神科医师和一名妇产科医师签字的文件被交到她的手中。她的堕胎申请被驳回了（即使 3 名医师同意因为她的自杀倾向进行堕胎），认为进行剖宫产才是平衡胎儿与母亲权利的最好选择[121]。

在这名女性看来，此时她并没有第二种选择。最终她同意了进行手术（虽然一开始她试图绝食抗议）[122]。通过手术，婴儿在 25 周时出生，并且在报道时仍停留在医院中。婴儿似乎正受到监护。爱尔兰健康服务管理署（Irish Health Service Executive，HSE）就此时进行了回应。它指出剖宫产在孕妇由于自杀倾向需要终止妊娠的情况下是一种合法的措施[123]。

为什么我们需该如何看待该法的适用？这个判例被称为新法受到的第一次检验。有些批评家指出现在很多女性还是不能获得终止妊娠的服务，即使是基于法案规定的理由[124]。供选医师组织认为这一判例显示新法同样存在缺陷，因为它也想要在母亲和胎儿之间取得权利上的平衡。“如果一个年轻的强奸受害者因具有自杀倾向而被认为可以进行堕胎，却没有办法获取堕胎服务，那么法律和它的实施就有致命的缺陷[125]”。

这一组织呼吁第8修正案。梅雷亚·德恩顿·特（Mairead Enright）质疑此案是否想通过“后门”将一个标准带入这一法律中，使得其他在24周左右寻求堕胎的女性遭受相同的对待[126]。时间会证明恩顿特是否是对的。但这个判例的确证明保留剖宫产的选项使本法提供了一个动机，从而使人延迟堕胎直到满足要求。它仍然创设了拒绝女性选择的途径，否认了法律确认的必须要保护的，也是宪法保障的女性权利。

事实上，这种动机有没有影响Y女士一事，在没有了解所有事实的情况下很难确定最后的结果，但是本案显然提供了关于此事可以如何发展以及保健和法律制度如何回应的一个例子。如果，就像看起来一样，此事中存在明显且不公正的延迟，直到堕胎不能进行，那么我们就像恩顿特所说的那样，支持了欧洲人权法院在A、B、C案的判决——过分的拖延和低效的措施使得宪法赋予的堕胎权利不能得到保护和实施[127]。如果早一些向Y女士提供堕胎服务，剖宫产就不会成为一个可以平衡她与胎儿利益的方法而得以实施。堕胎就会成为在她存在自杀倾向时保护她的权利的唯一方法（就像法律规定的那样）。也许拖延才使剖宫产成为了唯一选择。或者，是由于其他原因，也许是确定她是否有自杀倾向或者她是否能够出国，导致的延迟。在没有更多信息的情况下，我们无法合理地说究竟是什么造成了这一延迟。

然而，我们知道的是在25周进行剖宫产在新法的框架中是可接受的。我们也可以质疑这种做法究竟在何种意义上来说是最好的选择（因为此时出生的婴儿成活率低下，并且很可能伴有身体或精神上的问题）。只有60%~70% 25周出生的婴儿能够存活，其中有

40% 会出现严重的残疾（包括严重的耳聋和失明、行走困难和脑瘫）。只有不到 1/4 的婴儿可以在此时间段出生，存活且不留下残疾[128]。对某些人来说，残疾的人生也好过没有人生，这当然是有道理的。但是故意使一个本来可以健康出生的婴儿遭受死亡或是严重残疾的威胁，这就非常有问题了。如果一个人真的相信未出生的胎儿享有与母亲同样的生命权，在胎儿具有存活能力以前禁止一切堕胎行为不是与这个论点更加统一吗？在这一点上，我们并没有讨论的余地，但是这一判例以及它所体现出的法律实施问题引出了关于什么才是这种情况下的最佳选择这一严肃的伦理问题。

本案还引出了母亲的理由问题。Y 女士受到了强奸，却不能在爱尔兰的法律下终止妊娠。像她一样不能出国的女性仍然在靠自己的力量来应对这种侵犯所带来的可能持续终身的结果。因为这种侵犯使她产生了自杀倾向，法律本应向她提供她所想要的堕胎服务，而它却没有。她表示："当我来到这个国家的时候，我以为我能忘记痛苦……这道（剖宫产带来的）伤疤永远不会消失。它会不断地提醒我，我仍在承受痛苦[129]"。

她的孩子受到了照顾。她的精神状态看起来很脆弱。她是一个受到相当大的创伤以至于想要结束生命的女性。但是他人所认为的最好的结果居然是逼迫她进行剖宫产，诞下一个极不成熟的婴儿，而这只会使得这个已经承受了创伤的女性受到进一步的伤害。我们应该质疑，治疗一位受过侵犯的女性最好的方法并是不是再侵犯她一次。对于这位女性权利保护的考量似乎没有被包括在本判例的决定过程中，而婴儿的长远利益从很多方面得到了考虑。就像本判例所体现的那样，新的法律带来的问题可能比它解决的还要多。

注　释

1　P Ronchi, 'Case Comment: A, B and C v Ireland: Europe's Roe v Wade still has to wait' (2011) 127 Law Quarterly Review 365, 369。

2 安道尔共和国与圣马力诺采取了与爱尔兰相似的途径。

3 E Wicks, 'A, B and C v Ireland: Abortion Law under the European Convention on Human Rights' (2011) 11 Human Rights Law Review 556, 557。

4 如后文所述，最近第 58 和第 59 条被 2013 年《怀孕期间生命保护法》的 S 5 废止了。他们被 S 22 取代，这将使剥夺未出生的生命成为一种可处以监禁或监禁长达 14 年的罪行。

5 参见例如 1979 年《健康（计划生育）法》第 10 条，其中规定该法案中的任何内容都不应被理解为授权采购堕胎。另见基恩法官在保护未出生婴儿（爱尔兰）有限公司 (SPUC) 诉 Grogan 等 [1989] IR 753 中的评论 (obiter)。

6 1932 年宪法第八修正案，其中引用的文本作为第 (3) 款插入第 40.3 条。

7 Roe v Wade 410 US 113 (1973)。

8 S McGuinness, 'A, B, and C leads to D (for Delegation)' (2011) 19 Medical Law Review 476, 478。

9 第 40.3.3 条在堕胎的方式人是不寻常的，因为它赋予了未出生的胎儿生命权，然后指示国家在切实可行的范围内维护和维护这项权利，同时也考虑到了母亲的生命权，从而导致两种权利的冲突，而不是一步步解决胎儿生命权的问题，通过简单规定何时堕胎是合法的。芭芭拉·休森认为'"法律的措辞可以被严格解读'也可以自由解读"，特别是关于"未出生"并没有明确定义。然而，正如条款要求给予母亲的权利给予充分的考虑，它要求尊重胎儿的生命，表明平衡是有利于胎儿的。

10 F de Londras, 'Suicide and Abortion: Analysing the Legislative Options in Ireland' (2013) Medico-Legal Journal of Ireland 4, 5。

11 Attorney-General v X [1992] 1 IR 1。

12 ibid [2]。

13 ibid [3]。

14 ibid [3]。

15 ibid [3]。

16 McGuinness, 'A, B, and C' (2011) n 8 above, 480。

17 分别查看第十二、十三和十四修正案的公民投票结果：Elections Ireland: electionsireland.org/results/referendum。

18 1992 年《爱尔兰宪法》第 40.3.3 条修正案于 1992 年 12 月 23 日由 1992 年《宪法第十三修正案》和 1992 年《宪法第十四修正案》做出。

19 '25th Amendment Protection of Human Life in Pregnancy', Elections Ireland: electionsireland。

org/results/referendum/refresult.cfm?ref=200225R. 50.42% were in favour of rejection。

20 1998 年的 A 和 B 诉东部卫生署、地方法院法官玛丽· 法比和 C，以及首席检察官 (通知方)。在这个案子中个，一个 13 岁的女孩被强奸后怀孕，最高法院承认她有自杀的风险，所以被允许在爱尔兰内实施堕胎。

21 Open door 咨询公司和 Dublin Well Woman 中心诉爱尔兰。这个案子是在 SPUC v Open door 咨询公司和郡柏林健康女性中心做出的决定后的上诉。1986 年，SPUC 受到了最高法院的禁令，禁止 Open door 咨询公司和郡柏林健康女性中心给女性提供在爱尔兰外堕胎的信息。这一组织要求最高法院推翻这一禁令，但是遭到了拒绝，于是上诉到了欧洲人权法院。

22 McGuinness (n 8 above) 480。

23 X (n 11 above) 147。

24 就像我们看到的那样，即使欧洲人权法院做出 A、B 和 C 案的决定之后，爱尔兰政府也花了超过两年半的时间才去采取合适的行动。

25 25 D Dalby, 'Inquiry Sought in Death in Ireland After Abortion Was Denied', New York Times (New York City, 22 November 2012): www.nytimes.com/2012/11/23/world/europe/inquiry-sought-in-death-in-ireland-after-abortion-was-denied.html?_r=0。

26 1995 年《信息管理 (国家终止怀孕服务) 法》。

27 D (A Minor) v District Judge Brennan, Unreported, 9 May 2007 (High Court)。

28 A, B and C v Ireland [2010] ECHR 2032, [13]–[17]。

29 这种情况发生在受精卵植入子宫外 (通常在输卵管中的一个)，至少有一半这样的妊娠是不能发育的，而且会自然流产。然而，如果继续生长，卵子就会生长，并可能破坏它植入的结构，导致输卵管破裂。例如，会导致内出血，这对孕妇来说是致命的，也被认为是医疗紧急情况。因此，如果早期发现宫外孕，通常的治疗方法是使用甲氨蝶呤来阻止发育，然后被身体吸收。如果发现较晚，则需要手术切除。两种方法都可以有效终止妊娠。

30 A, B and C (n 28 above), [18]–[21]。

31 ibid [132]–[136]。

32 ibid [137]–[141]。

33 ibid [149]。

34 ibid [158]–[159]。

35 除了折磨。

36 ibid [161]。

37 ibid [160]–[165]。

38 ibid [269]–[270]。

39 European Convention on Human Rights Act 2003, ss 3, 4。
40 Council of Europe, European Convention for the Protection of Human Rights and Fundamental Freedoms, as amended by Protocols Nos 11 and 14, 4 November 1950, ETS 5, Article 8(1)。
41 A, B and C (n 28 above), [106]–[107]。
42 ibid [212]–214]。
43 见：eg Marckx v Belgium (1979–80) 2 EHRR 330, [31]。
44 European Convention for the Protection of Human Rights and Fundamental Freedoms (n 40 above), Article 8(2)。
45 Ministry of Justice (UK), Human Rights: Human Lives——A Handbook for Public Authorities (Ministry of Justice, 2006) 57。
46 A, B and C (n 28 above) [214]。
47 ibid [213]。
48 Wicks, 'A, B and C' (2011) n 3 above, 556。
49 Wicks (n 3 above) 556。
50 见，例如：A Wagner, 'Ireland abortion ruling—the aftermath', UK Human Rights Blog, 1 Crown Offi ce Row, 24 December 2010: ukhumanrightsblog.com/2010/12/24/ireland-abortion-ruling-the-aftermath。
51 据估计，每年有高达 4000 名爱尔兰女性到国外进行堕胎。'Human rights court to rule on Irish abortion rights', BBC News, 16 December 2010: www.bbc.co.uk/news/world-europe-12005803。
52 A, B and C (n 28 above) [170]。
53 ibid [172]。
54 ibid [173]。
55 ibid [180]。
56 ibid [180]。
57 欧洲人权法院拒绝定义何时是生命的开始。在 Vo 诉法国 [2004] 案 ECHR 326 中写道："在摘要中回答未出生的孩子是否符合第二条目的中的'人'是不可取的，也是不可能的。" Vo 诉法国 85-86。然而，伊丽莎白· 维克斯认为尽管有这一说法，其实法院含蓄地回答了这个问题："胎儿的生命与母亲的生命密切相关，并且可以被母亲保护。" 在维克斯看来，这一说法表明"法院认为胎儿是有生命的，这是毫无疑问的，然而，没有必要……要求第二条中'所有人'都能得到充分保护"。
58 A, B and C (n 28 above) [184]–[186]。
59 ibid [216]–[221]。
60 ibid [222]。

61 ibid [222]。
62 ibid [222]。
63 ibid [224]–[227]。
64 McGuinness (n 8 above) 476, 485。
65 McGuinness (n 8 above) 476, 486。
66 S Smet, 'A, B and C v Ireland: Abortion and the Margin of Appreciation', 17 December 2010, Strasbourg Observers: strasbourgobservers.com/2010/12/17/a-b-and-c-v-ireland- abortion-and-the-margin-of-appreciation。
67 A, B and C (n 28 above) [229]。
68 ibid [232]–[233]。
69 ibid [235]。
70 Ibid [235]-[236]。Vo v Franve (above n 57)。
71 Ibid [237]。
72 Ibid Joint dissent, [9]。
73 Ibid Joint dissent, [2]。
74 Wicks (n 3 above) 562。
75 Ronchi, 'Case Comment' (2011) n 1 above, 369。
76 Wicks (n 3 above) 561，引自：Goodwin v United Kingdom (1996) 35EHRR 447。
77 Wicks (n 3 above) 561。也见：Smet, 'A, B, and C' (2010) b 66 above。
78 JJ Tompson, 'A Defense of Abortion' (1971) 1 Philosophy and Public Affairs 1。
79 A, B, and C (n 28 above) Joint dissent, [9]。
80 Ronchi (n 1 above) 367。
81 参见：Liberty v United Kingdom (2009) 48 EHRR 1。
82 参见：Kruslin v France (1990) 12 EHRR 547。
83 A, B, and C (n 28 above) [253]。
84 Ibid [253]。
85 Ibid [207]。
86 Wicks (n 3 above) 569。
87 A, B, and C (n 28 above) [254]。
88 McGuinness (n 8 above) 476，引自：M Fox and T Murphy, "Irish Abortion: Seeking Refuge in a Jurisprudence of Doubt and Delegation" (1992) 19 Journal of Law and Society 454-66。
89 A, B, and C (n 28 above) [96]，引自：A and B v Eastern Health Board, Judge Mary Fahy and C, and the Attorney General (notice party) [1998] 1 IR 464。
90 Ibid [258]。

91 Ibid [264]。

92 B Hewson, 'Family: No Roe v Wade' (2011) 161 New Law Journal 119, 120。

93 A, B, and C (n 28 above) [266]。

94 'Govt response to ABC case to be examined', RTE News, 14 November 2012: www.rte.ie/news/2012/1114/345607-abortion-ireland-law。

95 Protection of Life During Pregnancy Act 2013 (Ireland) ss 7, 8。

96 Ibid s 9。

97 McGuinness (n 8 above) 476, 490。

98 L Smyth, 'Guest Post: Smyth on A, B and C' Human Rights in Ireland, 2 3 December 2010: humanrights.ie/civil-liberties/guest-post-smyth-on-ab-and-c/。

99 M Gilmartin, 'Abortion and the Politics of Mobility: Gilmartin on A, B and C' Human Rights in Ireland, 2 3 December 2010: humanrights.ie/international-lawinternational-human-rights/ abortion-and-the-politics-of-mobility-gilmartin-on-a-b-and-c。

100 Ibid。

101 Ibid。

102 Wicks (n 3 above) 563。

103 Dalby, 'Inquiry Sought' (2012) n 25 above。

104 Smet (n 66 above)。

105 Smet (n 66 above)。

106 Wicks (n 3 above) 563。

107 A, B and C (n 28 above), Concurring Opinion of Judge López Guerra and Judge Casadevall [3]– [5]。

108 Ibid [3]-[5]。

109 J Herring, Medical Law and Ethics, 3rd edn (Oxford, Oxford University Press, 2010) 308。

110 参见，例如：Wagner, 'Ireland abortion ruling' (2010) n 50 above。

111 Hewson, 'Family' (2011) n 9 above, 119。

112 A Wagner, 'Ireland must make access to abortion easier in life threatening situations', UK Human Rights Blog, 1 Crown Office Row, 16 December 2010: ukhumanrightsblog.com/2010/12/16/ ireland-must-change-law-to-make-abortion-easier-in-life-threatening-situations。

113 Herring, Medical Law and Ethics (2010) n 109 above, 308。

114 Wicks (n3 above) 565-66。

115 Herring (n 109 above) 308。

116 M Enright, 'Suicide and the Protection of Life in Pregnancy Act 2013', Human

Rights in Ireland, 1 6 August 2014: humanrights.ie/constitution-of-ireland/suicide-and-the-protectionof-life-in-pregnancy-act-2013 (accessed 1 September 2014)。

117 引 自: Holland, 'They said they could not do an abortion. I said, "You can leave me now to die. I don't want to live in this world anymore"', Irish Times, 19 August 2014: www.irishtimes. com/news/health/they-said-they-could-not-do-an-abortion-i-said-you-can-leave-me-now-todie-i-don-t-want-to-live-in-this-world-anymore-1.1901258 (accessed 1 September 2014); 'Rape victim forced to have a Caesarean in Ireland speaks out', Channel 4 News, 19 August 2014: www.channel4.com/news/abortion-suicide-rape-choice-ireland-victim-speaks (accessed 1 September 2014)。

118 Holland, 'They Said' (2014) n 117 above.

119 Ibid。

120 Ibid。

121 Enright, 'Suicide' (2104) n 116 above。

122 Holland (n 117 above)。

123 Ibid。

124 引 自: H McDonald, 'Woman denied abortion in Ireland "became pregnant after rape"', The Guardian, 1 8 August 2014: www.theguardian.com/world/2014/aug/18/ireland-womanforced-caesarean-pregnant-rape-friend (accessed 1 September 2014)。

125 Ibid。

126 Enright (n 116 above)。

127 Ibid。

128 引 自: Southampton University Hospital NHS Trust, 'Having an Extremely Premature Baby (Patient Information Factsheet)': www.uhs.nhs.uk/Media/Controlleddocuments/Patientinformation/Pregnancyandbirth/Havinganextremelyprematurebaby-patientinformation.pdf (accessed 1 September 2014)。

129 K Holland and R Mac Cormaic, 'Woman in Abortion Case Tells of Suicide Attempt', Irish Times, 1 9 August 2014: w www.irishtimes.com/news/health/woman-in-abortion-case-tellsof-suicide-attempt-1.1901256 (accessed 1 September 2014)。